Kraatz

Wirtschaftsstrafrecht

Wirtschaftsstrafrecht

von

Dr. Erik Kraatz
Professor an der Hochschule für
Wirtschaft und Recht Berlin

2. Auflage 2017

C.H.BECK

www.beck.de

ISBN 978 3 406 71244 9

Wilhelmstraße 9, 80801 München
Druck: Druckhaus Nomos
In den Lissen 12, 76547 Sinzheim

Satz: DTP-Vorlagen des Autors

Gedruckt auf säurefreiem, alterungsbeständigem Papier
(hergestellt aus chlorfrei gebleichtem Zellstoff)

Vorwort zur 2. Auflage

Das Wirtschaftsstrafrecht ist der Oberbegriff für alle Strafvorschriften, die im Bereich der Wirtschaft liegende Tatbestände unter Strafe stellen. Dieser Bereich ist vielfältig und umfasst neben Delikten aus dem Kernstrafrecht (wie dem Betrug oder der Untreue), die jedem Examenskandidaten geläufig sein sollten, mit den Delikten gegen den Wettbewerb, mit dem Kapitalmarktstrafrecht und mit dem Arbeitsstrafrecht Bereiche, die Gegenstand allein des Schwerpunktbereichsstudiums sind. Speziell an den Schwerpunktbereichsstudenten in seiner Examensvorbereitung richtet sich das vorliegende Lehrbuch, das zwar in seiner nun 2. Auflage erweitert bzw. modifiziert wurde im Hinblick auf die zahlreichen Änderungen, die der Gesetzgeber vorgenommen hat (Einführung der neuen Tatbestände der Bestechlichkeit und Bestechung im Gesundheitswesen [§§ 299a und b StGB] sowie des Sportwettenbetrugs und der Manipulation berufssportlicher Wettbewerbe [§§ 265c und d StGB], Ergänzung des § 299 StGB um Elemente des „Geschäftsherren-Modells", Umgestaltung der Bestechlichkeit und Bestechung von Mandatsträgern [§ 108e StGB], der §§ 38, 39 WpHG sowie der Einziehung und Einziehung von Taterträgen [vormals „Verfall"]), dennoch aber weiterhin bewusst kompakt gehalten wurde. Rechtsprechungs- und Literaturnachweise wurden daher auf ein Mindestmaß reduziert und beziehen sich primär auf dogmatische Streitigkeiten, um diese angemessen nachbearbeiten zu können. Abgeschlossen wurde das Manuskript Anfang Juni 2017, die mit Wirkung zum 1.7.2017 erfolgten Gesetzesänderungen wurden jedoch eingearbeitet. Verbesserungsvorschläge senden Sie bitte an erik.kraatz@hwr-berlin.de.

Mein Dank gilt zum einen Herrn Rechtsanwalt Dr. Klaus Winkler für seine verlagsseitige Betreuung sowie vor allem meiner „kleinen Familie" (Yvonne Drohmann und Maurice Kraatz), ohne deren Liebe, Unterstützung und Verständnis ein derartiges Werk parallel zur Wahrnehmung einer Professur und nebenberuflicher Tätigkeit in der vor allem strafprozessualen Praxis nicht realisierbar gewesen wäre.

Berlin, im Juni 2017 *Erik Kraatz*

Inhaltsverzeichnis

Vorwort zur 2. Auflage ... V

Abkürzungen und abgekürzt zitierte Literatur ... XIII

Kapitel 1. Einführung ... 1

I. Der Begriff des Wirtschaftsstrafrechts ... 1
1. Fehlen einer gesetzlichen Definition ... 1
2. Kriminologische Begriffsbestimmung ... 1
3. Prozessuale Begriffsbestimmung ... 2
4. Rechtsgutsbezogene Begriffsbestimmung ... 3
II. Kriminologische Aspekte des Wirtschaftsstrafrechts ... 4
III. Die historische Entwicklung des Wirtschaftsstrafrechts ... 4
IV. Nationale Rechtsquellen ... 5
V. Prinzipien der nationalen gesetzlichen Ausgestaltung ... 6
1. Akzessorietät der Straftatbestände ... 6
2. Ausgestaltung als Sonderdelikte ... 6
3. Ausgestaltung als abstrakte Gefährdungsdelikte ... 7
4. Verwendung von Blankettnormen ... 7
5. Verwendung von Generalklauseln ... 11
6. Bestrafung leichtfertiger Verhaltensweisen ... 12
7. Pönalisierung von Umgehungshandlungen ... 12
8. Gesetzliche Vermutungen ... 12
VI. Internationale, insbesondere europäische Bezüge ... 12
1. Europäisierung des Wirtschaftsstrafrechts ... 13
2. Völkerrechtliche Abkommen ... 14
3. Fremdrechtsanwendung ... 14

Kapitel 2. Unternehmensstrafrecht ... 19

I. Das Unternehmen als Adressat des Strafrechts ... 19
1. Heutige Rechtslage ... 19
2. Reformbestrebungen ... 20
II. Die Verantwortlichkeit der Unternehmensleitung ... 22
1. Täterschaft und Teilnahme (Überblick) ... 22
2. Organ-, Vertreter- und Beauftragtenhaftung (§§ 14 StGB, 9 OWiG) ... 23
3. Die horizontale Zurechnung auf der Leitungsebene ... 29

4. Die Verantwortlichkeit der Unternehmensleitung für das Verhalten der Unternehmensmitarbeiter ... 34
III. Problematik der strafrechtlichen Produkthaftung ... 44
1. Generelle Kausalität zwischen Produktverwendung und Schadenseintritt ... 46
2. Garantenstellung ... 47
IV. Beihilfe durch eine berufstypische Handlung ... 48
V. Spezielle Rechtfertigungsgründe im Unternehmensstrafrecht ... 51
VI. Sanktionen ... 51
1. Sanktionen gegen natürliche Personen ... 51
2. Sanktionen gegen das Unternehmen ... 54

Kapitel 3. Wirtschaftsstrafrechtliche Bereiche des Betrugs ... 66

I. Betrug (§ 263 StGB) ... 66
1. Vorbemerkungen ... 66
2. Objektiver Tatbestand ... 67
3. Subjektiver Tatbestand ... 85
4. Regelbeispiele (§ 263 III StGB) ... 86
5. Qualifikation (§ 263 V StGB) ... 87
6. Konkurrenzen ... 88
II. Computerbetrug (§ 263a StGB) ... 88
1. Allgemeine Vorbemerkungen ... 88
2. Objektiver Tatbestand ... 89
3. Subjektiver Tatbestand ... 95
III. Subventionsbetrug (§ 264 StGB) ... 95
1. Vorbemerkungen ... 95
2. Tathandlungen ... 97
3. Subjektiver Tatbestand ... 101
4. Regelbeispiele (§ 264 II StGB) ... 102
5. Qualifikation ... 102
6. Tätige Reue ... 102
7. Konkurrenzen ... 103
IV. Versicherungsbetrug und -missbrauch (§§ 263 III 2 Nr. 5, 265 StGB) ... 103
1. Der Versicherungsbetrug (§ 263 I, III 2 Nr. 5 StGB) ... 104
2. Der Versicherungsmissbrauch (§ 265 StGB) ... 105
3. Verhältnis zueinander ... 107

Kapitel 4. Untreue und Missbrauch von Scheck- und Kreditkarten ... 108

I. Untreue (§ 266 StGB) ... 108
1. Vorbemerkungen ... 108

2. Objektiver Tatbestand ... 110
3. Subjektiver Tatbestand ... 122
4. Besonders schwerer Fall, Strafantrag ... 122
II. Scheck- und Kreditkartenmissbrauch (§ 266b StGB) ... 122
1. Vorbemerkungen ... 122
2. Objektiver Tatbestand ... 123
3. Subjektiver Tatbestand ... 125
4. Konkurrenzen ... 125

Kapitel 5. Insolvenz- und Bilanzstrafrecht ... 126

I. Insolvenzstraftaten (§§ 283–283d StGB) ... 126
1. Vorbemerkungen ... 126
2. Bankrott (§ 283 StGB) ... 127
3. Verletzung der Buchführungspflicht (§ 283b StGB) ... 137
4. Gläubigerbegünstigung (§ 283c StGB) ... 138
5. Schuldnerbegünstigung (§ 283d StGB) ... 140
II. Insolvenzverschleppung (§ 15a IV, V InsO) ... 140
III. Vereiteln der Zwangsvollstreckung (§ 288 StGB) ... 142
IV. Bilanzstraftaten ... 143
1. Unrichtige Darstellung oder Verschleierung der Verhältnisse einer Kapitalgesellschaft ... 144
2. Falsche Angaben gegenüber Prüfern ... 145
3. Verletzung der Berichtspflicht durch Prüfer oder deren Gehilfen ... 145
V. Falschangabedelikte (§§ 399 AktG, 82 GmbHG) ... 146
1. § 399 AktG ... 146
2. § 82 GmbHG ... 148

Kapitel 6. Korruptionsdelikte ... 149

I. Korruption gegenüber Amtsträgern (§§ 331 ff. StGB) und Mandatsträgern (§ 108e StGB) ... 149
1. Vorbemerkungen ... 149
2. Vorteilsannahme (§ 331 StGB) ... 153
3. Bestechlichkeit (§ 332 StGB) ... 157
4. Vorteilsgewährung (§ 333 StGB) ... 159
5. Bestechung (§ 334 StGB) ... 160
6. Bestechung im Ausland (§ 335a StGB) ... 160
7. Bestechlichkeit und Bestechung von Mandatsträgern (§ 108e StGB) ... 160
II. Bestechlichkeit und Bestechung im geschäftlichen Verkehr (§ 299 StGB) ... 161
1. Vorbemerkungen ... 161
2. Bestechlichkeit (§ 299 I StGB) ... 163

3. Bestechung (§ 299 II StGB) ... 165
4. Handlungen im ausländischen Wettbewerb ... 166
5. Regelbeispiele ... 166
6. Strafantrag (§ 301 StGB) ... 167
7. Konkurrenzen ... 167
III. Bestechlichkeit und Bestechung im Gesundheitswesen (§§ 299a und b StGB) ... 167
1. Bestechlichkeit (§ 299a StGB) ... 168
2. Bestechung (§ 299b StGB) ... 170
IV. Sportwettenbetrug und Manipulation berufssportlicher Wettbewerbe (§§ 265c und d StGB) ... 170

Kapitel 7. Delikte gegen den Wettbewerb ... 172
I. Wettbewerbsbeschränkende Absprachen (§ 298 StGB) ... 172
1. Vorbemerkungen ... 172
2. Der objektive Tatbestand ... 174
3. Der subjektive Tatbestand ... 177
4. Tätige Reue, § 298 III StGB ... 177
5. Konkurrenzen ... 177
II. Kartellbußgeldrecht ... 178
1. Nationales Kartellordnungswidrigkeitenrecht ... 178
2. Europäisches Kartellordnungswidrigkeitenrecht ... 181
III. Straftaten nach dem UWG ... 182
1. Strafbare Werbung (§ 16 UWG) ... 182
2. Geheimnisverrat und Betriebsspionage (§ 17 UWG) ... 185
3. § 18 UWG (Vorlagenfreibeuterei) ... 190
4. § 19 UWG ... 190
IV. Geheimnisverrat nach dem KWG ... 190

Kapitel 8. Kapitalmarktstrafrecht ... 193
I. Kapitalanlagebetrug (§ 264a StGB) ... 193
1. Vorbemerkungen ... 193
2. Der objektive Tatbestand ... 195
3. Subjektiver Tatbestand ... 199
4. Tätige Reue ... 199
5. Verjährung und Konkurrenzen ... 199
II. Kreditbetrug (§ 265b StGB) ... 199
1. Vorbemerkungen ... 199
2. Der objektive Tatbestand ... 201
3. Der subjektive Tatbestand ... 203
4. Tätige Reue, § 265b II StGB ... 203
5. Konkurrenzen ... 203
III. Straftaten nach dem WpHG ... 204

1. Marktmanipulation (§ 38 I WpHG) ... 205
2. Insiderhandelsverbot (§ 38 III Nr. 1 WpHG) ... 208
3. Insider-Empfehlungs-, Verleitungs- und Offenlegungsverbot (§ 38 III Nr. 2 und 3 WpHG) ... 211
IV. Verleitung zur Börsenspekulation (§ 49 BörsG) ... 211
V. Straftaten nach dem KWG ... 212

Kapitel 9. Arbeitsstrafrecht ... 213

I. Vorenthalten und Veruntreuen von Arbeitsentgelt (§ 266a StGB) ... 213
1. Vorbemerkungen ... 213
2. Der objektive Tatbestand ... 215
3. Der subjektive Tatbestand ... 220
4. Rechtswidrigkeit ... 220
5. Regelbeispiele (§ 266a IV StGB) ... 221
6. Absehen von Strafe und persönlicher Strafaufhebungsgrund (§ 266a VI StGB) ... 221
7. Konkurrenzen ... 222
II. Illegale Beschäftigung ... 222
1. § 404 II Nr. 3 SGB III ... 222
2. § 10 SchwarzArbG ... 223
3. § 11 SchwarzArbG ... 223
III. Illegale Arbeitnehmerüberlassung ... 224
1. § 16 AÜG ... 224
2. § 15 AÜG ... 224
3. § 15a AÜG ... 224
IV. Straftaten nach dem Betriebsverfassungsgesetz ... 224

Sachverzeichnis ... 227

Abkürzungen und abgekürzt zitierte Literatur

aA	andere Ansicht
ABl.	Amtsblatt
Abs.	Absatz
AEUV	Vertrag über die Arbeitsweise der Europäischen Union
a.F.	alte Fassung
AG	Aktiengesellschaft/Amtsgericht
AktG	Aktiengesetz
Alt.	Alternative
AMG	Gesetz über den Verkehr mit Arzneimitteln (Arzneimittelgesetz)
Anm.	Anmerkung
AO	Abgabenordnung
A/R/R	*Achenbach, Hans/ Ransiek, Andreas/ Rönnau, Thomas:* Handbuch Wirtschaftsstrafrecht, 4. Aufl., Heidelberg 2015
ArbGG	Arbeitsgerichtsgesetz
ArbNErfG	Gesetz über Arbeitnehmererfindungen
Art.	Artikel
Assmann/Schneider, WpHG	*Assmann, Heinz-Dieter/Schneider, Uwe:* Wertpapierhandelsgesetz, 6.Aufl., Köln 2012
AÜG	Gesetz zur Regelung der Arbeitnehmerüberlassung
AufenthG	Gesetz über den Aufenthalt, die Erwerbstätigkeit und die Integration von Ausländern im Bundesgebiet (Aufenthaltsgesetz)
Aufl.	Auflage
AuR	Arbeit und Recht
AWG	Außenwirtschaftsgesetz
BaFin	Bundesanstalt für Finanzdienstleistungsaufsicht
BÄO	Bundesärzteordnung
BAföG	Bundesgesetz über individuelle Förderung der Ausbildung (Bundesausbildungsförderungsgesetz)
BAG	Bundesarbeitsgericht
BAK	Blutalkoholkonzentration
BApO	Bundes-Apothekerordnung
BauGB	Baugesetzbuch
BayObLG	Bayerisches Oberstes Landesgericht
BB	Betriebs-Berater
BBG	Bundesbeamtengesetz
BeckOK-StGB	Beck'scher Online-Kommentar StGB, hrsg. von Bernd von Heintschel-Heinegg, Edition 33, Stand: 1.12.2016, München 2016

BeckRS	Beck-Rechtsprechung
BetrVG	Betriebsverfassungsgesetz
BGB	Bürgerliches Gesetzbuch
BGBl. I	Bundesgesetzblatt Teil I
BGBl. II	Bundesgesetzblatt Teil II
BGH	Bundesgerichtshof
BGHR	BGH-Rechtsprechung
BGHSt	Amtliche Sammlung der Entscheidungen des Bundesgerichtshofes in Strafsachen
BGHZ	Amtliche Sammlung der Entscheidungen des Bundesgerichtshofes in Zivilsachen
Binding, BT 1	*Binding, Karl:* Lehrbuch des gemeinen deutschen Strafrechts, Besonderer Teil Band 1, Leipzig 1902
BMinG	Gesetz über die Rechtsverhältnisse der Mitglieder der Bundesregierung (Bundesministergesetz)
BNotO	Bundesnotarordnung
BörsG	Börsengesetz
Bohnert/Krenberger/Krumm, OWiG	*Bohnert, Joachim/Krenberger, Benjamin/Krumm, Carsten:* OWiG-Kommentar zum Ordnungswidrigkeitengesetz, 4. Aufl., München 2016
BOKraft	Verordnung über den Betrieb von Kraftfahrunternehmen im Personenverkehr
BRAO	Bundesrechtsanwaltsordnung
BSGE	Amtliche Sammlung der Entscheidungen des Bundessozialgerichts
BTÄO	Bundes-Tierärzteordnung
BT-Drs.	Bundestags-Drucksache
BVerfG	Bundesverfassungsgericht
BVerfGE	Amtliche Sammlung der Entscheidungen des Bundesverfassungsgerichts
bzgl.	bezüglich
bzw.	beziehungsweise
ChemG	Gesetz zum Schutz vor gefährlichen Stoffen (Chemikaliengesetz)
CR	Computer und Recht
ders.	derselbe
DJT	Deutscher Juristentag
DJZ	Deutsche Juristen-Zeitung
DRiZ	Deutsche Richterzeitung
EG	Europäische Gemeinschaften
Einf.	Einführung
Einl.	Einleitung
EnWZ	Zeitschrift für das gesamte Recht der Energiewirtschaft
Erbs/Kohlhaas	*Erbs, Georg/Kohlhaas, Max:* Strafrechtliche Nebengesetze, 212. Ergänzungslieferung, Stand: Januar 2017. München 2017
EStG	Einkommensteuergesetz

etc.	et cetera
EU	Europäische Union
EUBestG	Gesetz zu dem Protokoll vom 27. September 1996 zum Übereinkommen über den Schutz der finanziellen Interessen der Europäischen Gemeinschaften (EU-Bestechungsgesetz)
EuGH	Europäischer Gerichtshof
EuGH, Slg.	Sammlung der Rechtsprechung des Europäischen Gerichtshofs
EuZW	Europäische Zeitschrift für Wirtschaftsrecht
evtl.	eventuell
f.	folgende
ff.	fortfolgende
FiMaNoG	Gesetz zur Novellierung von Finanzmarktvorschriften auf Grund europäischer Rechtsakte; 1. FiMaNoG vom 30.6.2016 (BGBl. I, S. 1514)
Fischer	*Fischer, Thomas:* Strafgesetzbuch und Nebengesetze, 64. Aufl., München 2017
Freund, AT	*Freund, Georg:* Strafrecht Allgemeiner Teil, 2. Aufl., Berlin 2009
FS	Festschrift
GA	Goltdammer's Archiv für Strafrecht
GbR	Gesellschaft bürgerlichen Rechts
GedS	Gedächtnisschrift
GenG	Gesetz betreffend die Erwerbs- und Wirtschaftsgenossenschaften (Genossenschaftsgesetz)
GewO	Gewerbeordnung
G/J/W	*Graf, Jürgen Peter/ Jäger, Markus/ Wittig, Petra:* Wirtschafts- und Steuerstrafrecht, 2. Aufl., München 2017
GG	Grundgesetz
GmbH	Gesellschaft mit beschränkter Haftung
GmbHG	Gesetz betreffend die Gesellschaften mit beschränkter Haftung (GmbH-Gesetz)
GmbHR	GmbH-Rundschau
GOBT	Geschäftsordnung des Deutschen Bundestages
Göhler	*Göhler, Erich:* Ordnungswidrigkeitengesetz, 16. Aufl., München 2012
GRUR	Gewerblicher Rechtsschutz und Urheberrecht
GVG	Gerichtsverfassungsgericht
GWB	Gesetz gegen Wettbewerbsbeschränkungen
GWB-Novelle	Gesetz zur Änderung des Gesetzes gegen Wettbewerbsbeschränkungen; 8. GWB-Novelle vom 26.6.2013 (BGBl. I, S. 1738)
Hassemer, Produktverantwortung	*Hassemer, Winfried:* Produktverantwortung im modernen Strafrecht, 2. Aufl., Heidelberg 1996

HebG	Gesetz über den Beruf der Hebamme und des Entbindungspflegers (Hebammengesetz)
Hellmann/Beckemper	*Hellmann, Uwe/ Beckemper, Katharina:* Wirtschaftsstrafrecht, 4. Aufl., Stuttgart 2013
HGB	Handelsgesetzbuch
h.M.	herrschende Meinung
HOAI	Verordnung über die Honorare für Architekten- und Ingenieurleistungen (Honorarordnung für Architekten und Ingenieure)
HRRS	Online-Zeitschrift für Höchstrichterliche Rechtsprechung im Strafrecht
hrsg.	herausgegeben
HWG	Gesetz über die Werbung auf dem Gebiete des Heilwesens (Heilmittelwerbegesetz)
idR	in der Regel
iHv	in Höhe von
insb.	insbesondere
InsO	Insolvenzordnung
IntBestG	Gesetz zu dem Übereinkommen vom 17. Dezember 1997 über die Bekämpfung der Bestechung ausländischer Amtsträger im internationalen Geschäftsverkehr (Gesetz zur Bekämpfung internationaler Bestechung)
IRG	Gesetz über die internationale Rechtshilfe in Strafsachen
iSd	im Sinne des
IStGH-Gleichstellungsgesetz	Gesetz über das Ruhen der Verfolgungsverjährung und die Gleichstellung der Richter und Bediensteten des Internationalen Strafgerichtshofes vom 21.6.2002 (BGBl. I, S. 2144)
iVm	in Verbindung mit
Jescheck/Weigend, AT	*Jescheck, Hans-Heinrich/ Weigend, Thomas*: Lehrbuch des Strafrechts: Allgemeiner Teil, 5. Aufl., Berlin 1996
JA	Juristische Arbeitsblätter
Jakobs, AT	*Jakobs, Günther:* Strafrecht Allgemeiner Teil, 2. Aufl., Berlin 1991
JK	Jura-Kartei, Beilage der Juristischen Ausbildung
JR	Juristische Rundschau
Jura	Juristische Ausbildung
JuS	Juristische Schulung
JZ	Juristenzeitung
Kap.	Kapitel
KartellVO	Kartellverordnung
KG	Kammergericht
Kindhäuser, AT	*Kindhäuser, Urs:* Strafrecht Allgemeiner Teil, 7. Aufl., Baden-Baden 2015
KG	Kommanditgesellschaft/Kammergericht

KK-OWiG .... Karlsruher Kommentar zum Gesetz über Ordnungswidrigkeiten, hrsg. von Lothar Senge, 4. Aufl., München 2014

Köhler/Bornkamm, UWG .. *Köhler, Helmut/ Bornkamm, Joachim:* Gesetz gegen den unlauteren Wettbewerb, 35. Aufl., München 2017

KorrBekG .... Gesetz zur Bekämpfung der Korruption; 1. KorrBekG vom 13.8.1997 (BGBl. I, S. 2038 ff.); 2. KorrBekG vom 26.11.2015 (BGBl. I, S. 2025)

Kraatz, Fahrlässige Mittäterschaft *Kraatz, Erik:* Die fahrlässige Mittäterschaft, Berlin 2006

krit. .... kritisch

KrPflG .... Gesetz über die Berufe in der Krankenpflege (Krankenpflegegesetz)

KrWG .... Gesetz zur Förderung der Kreislaufwirtschaft und Sicherung der umweltverträglichen Bewirtschaftung von Abfällen (Kreislaufwirtschaftsgesetz)

Kudlich/Oğlakcioğlu .... *Kudlich, Hans/ Oğlakcioğlu, Temmuz Mustafa:* Wirtschaftsstrafrecht, 2. Aufl., Heidelberg 2014

Kühl, AT .... *Kühl, Kristian:* Strafrecht Allgemeiner Teil, 8. Aufl., München 2017

KWG .... Gesetz über das Kreditwesen (Kreditwesengesetz)

Lackner/Kühl .... *Lackner, Karl/ Kühl, Kristian:* Strafgesetzbuch – Kommentar, 28. Aufl., München 2014

LFGB .... Lebensmittel-, Bedarfsmittelgegenstände- und Futtermitelgesetzbuch

LG .... Landgericht

LK .... Leipziger Kommentar zum Strafgesetzbuch, Großkommentar, herausgegeben von Heinrich Wilhelm Laufhütte, Ruth Rissing-van Saan und Klaus Tiedemann, grundsätzlich 12. Aufl., Berlin 2006–2015, teilweise noch 11. Aufl., Berlin 1992–2005

MAR .... Verordnung (EU) Nr. 596/2014 des Europäischen Parlaments und des Rates vom 16. April 2014 über Marktmissbrauch (Marktmissbrauchsverordnung) (ABl. 2014 L 173, S. 1)

MaKonV .... Verordnung zur Konkretisierung des Verbotes der Marktmanipulation (Marktmanipulations-Konkretisierungsverordnung)

MarkenG .... Gesetz über den Schutz von Marken und sonstigen Kennzeichen (Markengesetz)

Maurach/Schroeder/ Maiwald, BT 1 .... *Maurach, Reinhart/ Schroeder, Friedrich-Christian/ Maiwald, Manfred:* Strafrecht Besonderer Teil, Teilband 1: Straftaten gegen Persönlichkeits- und Vermögenswerte, 10. Aufl., Heidelberg 2009

Maurach/Schroeder/ Maiwald, BT 2	*Maurach, Reinhart/ Schroeder, Friedrich-Christian/ Maiwald, Manfred:* Strafrecht Besonderer Teil, Teilband 2: Straftaten gegen Gesellschaftswerte, 10. Aufl., Heidelberg 2012
M/B	*Müller-Gugenberger, Christian:* Wirtschaftsstrafrecht, 6. Aufl., Köln 2015
MBO-Ä	(Muster-)Berufsordnung für die deutschen Ärztinnen und Ärzte
MDR	Monatsschrift für Deutsches Recht
medstra	Zeitschrift für Medizinstrafrecht
MiFID II	Richtlinie 2014/65/EU des Europäischen Parlaments und des Rates vom 15. Mai 2014 über Märkte für Finanzinstrumente sowie zur Änderung der Richtlinien 2002/92/EG und 2011/61/EU (ABl. L 173, S. 349)
MMR	MultiMedia und Recht
MOG	Gesetz zur Durchführung der Gemeinsamen Marktorganisationen und der Direktzahlungen (Marktorganisationsgesetz)
MoMiG	Gesetz zur Modernisierung des GmbH-Rechts und zur Bekämpfung von Missbräuchen (BGBl. 2008 I, S. 2026 ff.)
MPhG	Gesetz über die Berufe in der Physiotherapie (Masseur- und Physiotherapiegesetz)
MüKo-HGB	Münchener Kommentar zum Handelsgesetzbuch, hrsg. von Karsten Schmidt, 4. Aufl., München 2016, teilweise noch 3. Aufl., München 2012-2014
MüKo-StGB	Münchener Kommentar zum Strafgesetzbuch, hrsg. von Wolfgang Joecks und Klaus Miebach, 3.. Aufl., München 2016–17, teilweise noch 2. Aufl., München 2012–2015
MüKo-UWG	Münchener Kommentar zum Lauterbarkeitsrecht (UWG), hrsg. von Peter Heermann und Jochen Schlingloff, 2. Aufl., München 2014
mwN	mit weiteren Nachweisen
n.F.	neue Fassung
NJW	Neue Juristische Wochenschrift
NJW-RR	Neue Juristische Wochenschrift – Rechtsprechungs-Report Zivilrecht
NK-StGB	Nomos Kommentar zum Strafgesetzbuch, herausgegeben von Urs Kindhäuser, Ulfrid Neumann und Hans-Ullrich Paeffgen, 4. Aufl., Baden-Baden 2013
Nr.	Nummer
NStZ	Neue Zeitschrift für Strafrecht

NStZ-RR	Neue Zeitschrift für Strafrecht – Rechtsprechungs-Report
NVwZ	Neue Zeitschrift für Verwaltungsrecht
NZA	Neue Zeitschrift für Arbeitsrecht
NZG	Neue Zeitschrift für Gesellschaftsrecht
NZI	Neue Zeitschrift für das Recht der Insolvenz und Sanierung
NZV	Neue Zeitschrift für Verkehrsrecht
NZWiSt	Neue Zeitschrift für Wirtschafts-, Steuer- und Unternehmensstrafrecht
OHG	Offene Handelsgesellschaft
OLG	Oberlandesgericht
OLGR	OLG-Report
OrgKG	Gesetz zur Bekämpfung des illegalen Rauschgifthandels und anderer Erscheinungsformen der Organisierten Kriminalität vom 15.7.1992 (BGBl. 1992 I, S. 1302)
Otto, AT	*Otto, Harro:* Grundkurs Strafrecht – Allgemeine Strafrechtslehre, 7. Aufl., Berlin 2004
OWiG	Gesetz über Ordnungswidrigkeiten
PAngV	Preisangabenverordnung
Park	*Park, Tido:* Kapitalmarktstrafrecht, 3. Aufl., Baden-Baden 2013
ParlStG	Gesetz über die Rechtsverhältnisse der Parlamentarischen Staatssekretäre
ParteiG	Gesetz über die politischen Parteien (Parteiengesetz)
PartGG	Gesetz über Partnerschaftsgesellschaften Angehöriger Freier Berufe (Partnerschaftsgesellschaftsgesetz)
PatG	Patentgesetz
PKS	Polizeiliche Kriminalstatistik, hrsg. vom Bundeskriminalamt
PublG	Gesetz über die Rechnungslegung von bestimmten Unternehmen und Konzernen (Publizitätsgesetz)
Ransiek, Unternehmensstrafrecht	*Ransiek, Andreas:* Unternehmensstrafrecht, Heidelberg 1996
Rengier, BT I	*Rengier, Rudolf:* Strafrecht Besonderer Teil, Band 1: Vermögensdelikte, 19. Aufl., München 2017
RGSt	Amtliche Sammlung der Entscheidungen des Reichsgerichts in Strafsachen
RGZ	Amtliche Sammlung der Entscheidungen des Reichsgerichts in Zivilsachen
RiL	Richtlinie
RiStBV	Richtlinien für das Strafverfahren und das Bußgeldverfahren
Rn.	Randnummer

Roxin, AT I	*Roxin, Claus:* Strafrecht Allgemeiner Teil, Band I: Grundlagen – Der Aufbau der Verbrechenslehre, 4. Aufl., München 2005
Roxin, AT II	*Roxin, Claus:* Strafrecht Allgemeiner Teil, Band II: Besondere Erscheinungsformen der Straftat, München 2003
S.	Seite/Satz
Sch/Schr	*Schönke, Adolf/ Schröder, Horst:* Strafgesetzbuch-Kommentar, 29. Aufl., München 2014
Schröder, HbKap	*Schröder, Christian:* Handbuch Kapitalmarktstrafrecht, 3. Aufl., Köln 2015
SchwarzArbG	Gesetz zur Bekämpfung der Schwarzarbeit und illegalen Beschäftigung (Schwarzarbeitsbekämpfungsgesetz)
SeeArbG	Seearbeitsgesetz
SGB I	Sozialgesetzbuch – Erstes Buch – Allgemeiner Teil
SGB III	Sozialgesetzbuch – Drittes Buch – Arbeitsförderung
SGB IV	Sozialgesetzbuch – Viertes Buch – Gemeinsame Vorschriften für die Sozialversicherung
SGB V	Sozialgesetzbuch – Fünftes Buch – Gesetzliche Krankenversicherung
SGB VI	Sozialgesetzbuch – Sechstes Buch – Gesetzliche Rentenversicherung
SGB VII	Sozialgesetzbuch – Siebtes Buch – Gesetzliche Unfallversicherung
SK-StGB	Systematischer Kommentar zum Strafgesetzbuch, herausgegeben von Jürgen Wolter, 9. Aufl., Köln 2016, teilweise noch 8. Aufl. von Hans-Joachim Rudolphi, Eckhard Horn, Erich Samson, Hans-Ludwig Günther, Klaus Rogall, Arndt Sinn, Jürgen Wolter, Adreas Hoyer, Hero Schall, Ulrich Stein und Gereon Wolters, Stand: 148. Lieferung: Dezember 2014, Köln 2014
sog.	sogenannte/sogenannter/sogenannten
SprAuG	Gesetz über Sprecherausschüsse der leitenden Angestellten (Sprecherausschußgesetz)
SSW-StGB	*Satzger, Helmut/ Schluckebier, Wilhelm/ Widmaier, Gunther* (Hrsg.): Strafgesetzbuch-Kommentar, 3. Aufl., Köln 2016
StBerG	Steuerberatungsgesetz
StGB	Strafgesetzbuch
StGBÄndG	Gesetz zur Änderung des Strafgesetzbuchs; 51. StGBÄndG vom 11.4.2017 (BGBl. I, S. 815)
StPO	Strafprozeßordnung
StRÄndG	Strafrechtsänderungsgesetz; 48. StRÄndG vom 23.4.2014 (BGBl. I, S. 410)

StraFo	Strafverteidiger-Forum
StrRG	Gesetz zur Reform des Strafrechts; 6. StrRG vom 26.1.1998 (BGBl. I, S. 164)
StV	Strafverteidiger
SubvG	Gesetz gegen mißbräuchliche Inanspruchnahme von Subventionen (Subventionsgesetz)
TEHG	Gesetz über den Handel mit Berechtigungen zur Emission von Treibhausgasen (Treibhausgas-Emissionshandelsgesetz)
Tiedemann, BT	*Tiedemann, Klaus:* Wirtschaftsstrafrecht Besonderer Teil, 3.Aufl., München 2011
u.a.	unter anderem/und andere
UA	Unterabschnitt
UmwG	Umwandlungsgesetz
UrhG	Gesetz über Urheberrecht und verwandte Schutzrechte
UWG	Gesetz gegen den unlauteren Wettbewerb
Var.	Variante
VermBG	Gesetz zur Förderung der Vermögensbildung der Arbeitnehmer; 5. VermBG vom 4.3.1994 (BGBl. I, S. 406)
vgl.	vergleiche
VO (EG) 1/2003	Verordnung (EG) Nr. 1/2003 des Rates vom 16. Dezember 2002 zur Durchführung der in den Artikeln 81 und 82 des Vertrags niedergelegten Wettbewerbsregeln (ABl. EG, Nr. L 1 S. 1)
VOB/A	Vergabe- und Vertragsordnung für Bauleistungen, Teil A: Allgemeine Bestimmungen für die Vergabe von Bauleistungen
Vol.	Volume
VOL/A	Vergabe- und Vertragsordnung für Leistungen, Teil A: Allgemeine Bestimmungen für die Vergabe von Leistungen
VRS	Verkehrsrechts-Sammlung
VTabakG	Vorläufiges Tabakgesetz
VVG	Versicherungsvertragsgesetz
VwVfG	Verwaltungsverfahrensgesetz
WaffG	Waffengesetz
WBeauftrG	Gesetz über den Wehrbeauftragten des Deutschen Bundestages
WEG	Gesetz über das Wohnungseigentum und das Dauerwohnrecht (Wohnungseigentumsgesetz)
Welzel, Strafrecht	*Welzel, Hans:* Das Deutsche Strafrecht, 11. Aufl., Berlin 1969
Wessels/Beulke/Satzger, AT	*Wessels, Johannes/ Beulke, Werner/ Satzger, Helmut:* Strafrecht Allgemeiner Teil, 46. Aufl., Heidelberg 2016

Wessels/Hettinger, BT 1	*Wessels, Johannes/ Hettinger, Michael:* Strafrecht Besonderer Teil 1, 40. Aufl., Heidelberg 2017
Wessels/Hillenkamp, BT 2	*Wessels, Johannes/ Hillenkamp, Thomas:* Strafrecht Besonderer Teil 2, 39. Aufl., Heidelberg 2016
WiKG	1.WiKG (BGBl. 1976 I, S. 2034); 2. WiKG (BGBl. 1986 I, S. 721)
WiStG	Gesetz zur weiteren Vereinfachung des Wirtschaftsstrafrechts (Wirtschaftsstrafgesetzbuch 1954)
Wittig	*Wittig, Petra:* Wirtschaftsstrafrecht, 4. Aufl., München 2017
W/J	*Wabnitz, Heinz-Bernd/ Janovsky, Thomas* (Hrsg.): Handbuch des Wirtschafts- und Steuerstrafrechts, 4. Aufl., München 2014
WM	Wertpapier-Mitteilungen
WpHG	Gesetz über den Wertpapierhandel (Wertpapierhandelsgesetz)
WPO	Gesetz über eine Berufsordnung der Wirtschaftsprüfer (Wirtschaftsprüferordnung)
WRP	Wettbewerb in Recht und Praxis
WStG	Wehrstrafgesetz
z.B.	zum Beispiel
ZGR	Zeitschrift für Unternehmens- und Gesellschaftsrecht
ZInsO	Zeitschrift für das gesamte Insolvenzrecht
ZIP	Zeitschrift für Wirtschaftsrecht und Insolvenzpraxis
ZIS	Zeitschrift für Internationale Strafrechtsdogmatik
ZPO	Zivilprozessordnung
ZStW	Zeitschrift für die gesamte Strafrechtswissenschaft
ZVG	Gesetz über die Zwangsversteigerung und die Zwangsverwaltung

Kapitel 1. Einführung

I. Der Begriff des Wirtschaftsstrafrechts

1 Das „Wirtschaftsstrafrecht“ umfasst als Phänomen mit langer, ins römische Recht zurückreichender Historie alle Zuwiderhandlungen im Bereich der Wirtschaft, d.h. Kriminalstrafen (Freiheitsstrafen oder Geldstrafen) sowie Ordnungswidrigkeiten, die zumeist durch das Hinzutreten bestimmter Folgen oder Umstände in Straftaten umschlagen können und so eine Differenzierung in „Wirtschaftsstrafrecht im engeren Sinne“ und „Wirtschaftsordnungswidrigkeitenrecht“ als nicht sinnvoll erscheinen lassen (vgl. nur *Achenbach*, StV 2008, 324; *Wittig*, § 1 Rn. 13).

1. Fehlen einer gesetzlichen Definition

2 Trotz einer jahrzehntelangen Verwendung des Begriffs „Wirtschaftsstrafrecht“ existiert bislang keine allgemein anerkannte gesetzliche Definition. Nach der Aufhebung des § 6 WiStG von 1949, der an die Folgen von Wirtschaftsdelikten anknüpfte, findet sich lediglich in § 30 IV Nr. 5 lit. b AO die generelle Festlegung, dass Wirtschaftsstraftaten, die zur Durchbrechung des Steuergeheimnisses berechtigen, vorlägen, wenn sie „nach ihrer Begehungsweise oder wegen des Umfangs des durch sie verursachten Schadens geeignet sind, die wirtschaftliche Ordnung erheblich zu stören oder das Vertrauen der Allgemeinheit auf die Redlichkeit des geschäftlichen Verkehrs oder auf die ordnungsgemäße Arbeit der Behörden und der öffentlichen Einrichtungen erheblich zu erschüttern“. Eine hinreichende Definition mit materiell-rechtlichen Abgrenzungskriterien stellt dies jedoch nicht dar (kritisch *Wittig*, § 2 Rn. 1). Eine solche ist wohl auch nicht erreichbar. Hierzu ist die zu regelnde Materie sowohl tatsächlich (mit stetig neuen Erscheinungsformen) als auch rechtlich (nach dem Scheitern eines Wirtschaftsstrafgesetzes zerstreut in einer Vielzahl von Vorschriften, insbesondere des Nebenstrafrechts) viel zu komplex und existieren auch kriminalpolitisch zu unterschiedliche Vorstellungen der Wirtschaftskriminalität.

2. Kriminologische Begriffsbestimmung

3 Obwohl das Phänomen der Wirtschaftskriminalität bereits Ende des 19. Jahrhunderts beschrieben wurde, war es erstmals *Edwin H. Suther-*

land (American Sociological Review Vol. 5 [1940], S. 1 [9]; *ders.*, White-Collar-Crime, 1949), der im Jahre 1939 die Wirtschaftskriminalität täterbezogen als **„white collar criminality“** („Weiße-Kragen-Kriminalität“) definierte, um gesellschaftskritisch zu betonen, dass kriminelles Verhalten nicht nur ein Phänomen der Unterschicht der Bevölkerung sei: Wirtschaftsstraftaten seien Delikte, die von einer ehrbaren Person mit hohem sozialem Ansehen im Rahmen ihres Berufes und unter Verletzung des Vertrauens, das man ihnen entgegenbringt, begangen würden. Diese Begriffsbestimmung erwies sich jedoch einerseits als zu eng, als sie das Vorliegen einer Wirtschaftsstraftat vom Status des Täters („hohes Tier“) abhängig machte, andererseits aber auch zu weit, als jedes kriminelle Verhalten in Ausübung eines Berufs erfasst wurde, auch wenn dieses keinerlei Bezug zur Wirtschaft aufwies.

Letzterer Vorwurf trifft gleichfalls den Begriff des **„occupational crime“** („Berufsstrafrecht“), der sich im angelsächsischen Schrifttum in Fortentwicklung von *Sutherlands* Ansatz (Erweiterung auch auf untergeordnete Angestellte: alle Delikte durch Personen im Staatsdienst, Geschäftsleben oder in Ausübung eines freien Berufs) durchgesetzt hat. Soweit teilweise das Wesen des Wirtschaftsstrafrechts unternehmensbezogen als **„corporate crime“** („Verbandsstrafrecht“) betont wird, so ist auch dieser Begriff deutlich zu eng gewählt, würden hierdurch doch nur Straftaten juristischer Personen des Zivilrechts (begangen durch ihre Organe) erfasst und blieben Straftaten im Zusammenhang mit einer Offenen Handelsgesellschaft (OHG), Kommanditgesellschaft (KG) oder auch einer Gesellschaft bürgerlichen Rechts (GbR) außer Betracht. Zudem werden derartige kriminologische Systematisierungen dem verfassungsrechtlich (Art. 103 II GG) abgesicherten Tatstrafrecht (maßgeblich ist die Verwirklichung der gesetzlichen Tatbestandsmerkmale, nicht die Täterpersönlichkeit) nicht gerecht (so auch die Kritik an den kriminologischen Ansätzen von W/J/*Dannecker/Bülte*, Kap. 1 Rn. 6 f.). Dogmatisch erlangt diese Sichtweise einzig insoweit Bedeutung, als viele Wirtschaftsdelikte Sonderdelikte mit einem gesetzlich umschriebenen Täterkreis (z.B. Arbeitgeber: § 266a StGB) darstellen.

3. Prozessuale Begriffsbestimmung

4 Kennzeichnet man Wirtschaftsdelikte als alle Vermögensdelikte mit prozessualen (insbesondere Beweis-)Schwierigkeiten mit der Notwendigkeit einer verbesserten personellen, sachlichen und organisatorischen Ausstattung der Strafverfolgungsbehörden, so findet man einen Anhaltspunkt hierfür in § 74c I GVG, der einen (stetig vom Gesetzgeber aus rein praktischen Erwägungen erweiterten) Katalog an Straftaten enthält, die (mit rein prozessualen Folgen: Zuständigkeit der Wirtschaftsstrafkammer

beim Landgericht sowie der entsprechenden Schwerpunkt-Staatsanwaltschaft) als Wirtschaftsstraftaten angesehen werden. In den Nummern 1–5a finden sich hier enumerative Aufzählungen spezifischer Wirtschaftsdelikte (mit der unwiderlegbaren Vermutung einer Wirtschaftsstraftat), in Nr. 6 findet sich dagegen eine Aufzählung allgemeiner Straftaten des Kernstrafrechts, die zu („gekorenen" [*Kudlich/Oğlakcioğlu*, Rn. 7]) Wirtschaftsstraftaten im Sinne der Norm werden, wenn „zur Beurteilung des Falles besondere Kenntnisse des Wirtschaftslebens erforderlich sind". Der hiermit betonte strafprozessual-kriminaltaktische Aspekt der Notwendigkeit wirtschaftlicher Kenntnisse umfasst jedoch nur einen Teilaspekt der Wirtschaftskriminalität und kann damit allenfalls als Orientierungshilfe dienen, trägt jedoch dem Umstand nicht hinreichend Rechnung, dass das deutsche Strafrecht als Tatstrafrecht am Rechtsgutsgedanken orientiert ist (vgl. zur Kritik nur W/J/*Dannecker/Bülte*, Kap. 1 Rn. 8).

4. Rechtsgutsbezogene Begriffsbestimmung

Überwiegend wird sich dem Begriff der Wirtschaftskriminalität daher rechtsdogmatisch vom jeweiligen Schutzgut her genähert, wenngleich mit unterschiedlichen Definitionsversuchen: So reichen die Bestimmungen des geschützten Rechtsguts vom Schutz der gesamten Wirtschaft (*Bottke*, wistra 1991, 4: gesamte soziale Marktwirtschaft; *Tiedemann*, JuS 1989, 689 [691]: die staatliche Wirtschaftsordnung in ihrer Gesamtheit) – deutlich zu weit: alle Eigentums- und Vermögensdelikte würden erfasst! – bis hin zum Schutz nur der Volkswirtschaft und ihrer funktionell wichtigen Zweige und Einrichtungen (deutlich zu eng, da Individualinteressen nicht mitgeschützt würden). Vorzugswürdig erscheint es daher, Wirtschaftsstrafrecht umfassend als die Gesamtheit der Straftaten und Ordnungswidrigkeiten zu verstehen, die bei wirtschaftlicher Betätigung unter Missbrauch des im Wirtschaftsleben notwendigen Vertrauens begangen werden und die dem überindividuellen Rechtsgut des Wirtschaftslebens, dem Schutz von Instrumenten des Wirtschaftsverkehrs (z.B. Buchführung: §§ 331 ff. HGB oder Scheckkarten: § 266b StGB) oder dem Schutz Einzelner am Wirtschaftsleben Beteiligter zu schützen bestimmt sind (in diese Richtung *Hefendehl*, Kollektive Rechtsgüter im Strafrecht [2002], S. 252 f.; aA *Weigend*, FS Trifterer [1996], S. 695 [699]: die Kollektivrechtsgüter seien frei erfundene Gebilde). **5**

II. Kriminologische Aspekte des Wirtschaftsstrafrechts

6 Wirtschaftsdelikte lassen sich primär charakterisieren als komplexe, schwer aufzudeckende Sachverhalte (scheinbar legaler Verhaltensweisen) mit einem relativ kleinen Kreis an Tätern, die zumeist eine personelle Distanz zum Opfer aufweisen und sich in ihrem Sozialprofil vom sozialen Stereotyp des Kriminellen zumeist unterscheiden (überwiegend: männlich, 31–50 Jahre alt, verheiratet, gutes Bildungsniveau, der mittleren oder oberen Mittelschicht entstammend und ca. 10 Jahre im betroffenen Unternehmen gearbeitet: *Bussmann/Salvenmoser*, NStZ 2006, 203 [207]). Der jährlich durch Wirtschaftskriminalität verursachte Gesamtschaden(wegen des hohen Dunkelfeldes nur „blind" geschätzt) wird auf eine beträchtliche Schadenssumme zwischen 5 Milliarden Euro (*Kaiser/Schöch*, Kriminologie, 6. Aufl. 2006, Fall 9 Rn. 23) und 702 Milliarden DM (*Ricks*, Ökonomische Analyse der Wirtschaftskriminalität unter besonderer Berücksichtigung der Korruption und Bestechung [1995], S. 169) geschätzt. Eine große praktische Bedeutung nimmt auch die vorbeugende Bekämpfung der Wirtschaftskriminalität durch unternehmensinterne (Compliance) oder behördliche Kontrolle (z.B. durch die Bundesanstalt für Finanzdienstleistungen, das Bundeskartellamt oder das Bundesausfuhramt) ein.

III. Die historische Entwicklung des Wirtschaftsstrafrechts

7 Alle Gesellschaftsformen haben seit der Antike Eingriffe in den freien Wirtschaftsablauf (vor allem in Krisenzeiten) sanktioniert: So wurden bereits nach klassisch-römischem Recht Verstöße gegen das Verbot des Exports von Eisen und Waffen mit Strafe bedroht oder im Mittelalter die Fälschung von Münzen und Gewichten. Die Not des Ersten Weltkriegs und die Notwendigkeit der Schaffung einer alle Ressourcen ausschöpfenden Kriegswirtschaft führte zu strafbewehrten Kriegsverordnungen (insbesondere zur Preisregulierung). In der Weimarer Republik wurden insbesondere die wachsende Inflation sowie Kartelle (KartellVO 1923 mit Zweiteilung von Kriminal- und Ordnungsstrafen) bekämpft, unter dem Nationalsozialismus mit einem generalklauselartigem Kriegswirtschaftsrecht (mit einer Ordnungsstrafgewalt der Verwaltungsbehörden) umfassend die eingeführte Planwirtschaft. Nach dem Zweiten Weltkrieg diente das Wirtschaftsstrafrecht nicht mehr nur der Durchsetzung staatlicher Lenkungsmaßnahmen, sondern nur noch als „Spielregel" der eingeführten „sozialen Marktwirtschaft" und damit als lediglich äußere Grenze des „freien Spiels der Kräfte": Das Wirtschaftsstrafgesetz 1949 (WiStG) brachte eine Zweiteilung von Straftaten und Ordnungswidrigkeiten (mit

einem OWiG 1952 [BGBl. I, S.177]); durch das Gesetz zur Vereinfachung des Wirtschaftsstrafrechts 1954 (BGBl. 1954 I, S. 175) wurde das WiStG unter Wegfall zahlreicher Tatbestände reduziert auf einen Torso, mit praktischer Bedeutung verblieben nur die Mietpreisüberhöhung wie eine Mehrerlösabschöpfung. Nachdem eine 1972 eingesetzte Sachverständigenkommission zur Bekämpfung der Wirtschaftskriminalität vielfältige Reformen vorgeschlagen hatte, wurde das Wirtschaftsstrafrecht insbesondere 1976 mit dem 1. WiKG (Einfügung der §§ 264, 265b StGB, Neufassung der §§ 283 ff., 291 ff. StGB), 1986 mit dem 2. WiKG (Einfügung von Regelungen des Computerstrafrechts [§§ 202, 202a, 263a, 269 ff., 303a ff. StGB], des bargeldlosen Zahlungsverkehrs [insb. § 152a StGB], des Kapitalanlagebetrugs [§ 264a StGB] sowie einer „Geldbuße" gegen juristische Personen [§ 30 OWiG]), 1992 mit dem OrgKG (Einfügung von § 261 StGB) und 1997 mit dem 1. KorrBekG (Neugestaltung der §§ 331 ff. StGB, Einfügung der §§ 298, 299 StGB) umgestaltet. Das 6. StrRG führte 1998 zur Neuregelung von Regelbeispielen und Qualifikationen zentraler wirtschaftsstrafrechtlicher Vorschriften (§§ 263 III, V, 266 II StGB). Durch das 2. KorrBekG vom 20.11.2015 wurden die Vorschriften des EUBestG und des IntBestG in das StGB integriert (Rn. 290 ff.) und § 299 StGB im Sinne eines „Geschäftsherrenmodells" umgestaltet (Rn. 310 ff.). Das Gesetz zur Bekämpfung von Korruption im Gesundheitswesen vom 30.5.2016 (BGBl. I, S. 1254) fügte die Tatbestände der Bestechung und Bestechlichkeit im Gesundheitswesen in §§ 299a und b StGB ein (Rn. 321 ff.). Das 1. FiMaNoG vom 30.6.2016 (BGBl. I, S. 1514) gestaltete die §§ 38, 39 WpHG um, die seit 2.7.2016 durch die unmittelbar anwendbaren Vorschriften der (Marktmissbrauchsverordnung – MAR – ABl. 2014, L 173 S. 1) ausgefüllt werden (Rn. 399 ff.). Das 51. StGBÄndG vom 11.4.2017 fügte die Tatbestände des Sportwettenbetruges (§ 265c StGB) und der Manipulation von berufssportlichen Wettbewerben (§ 265d StGB) in das StGB ein (Rn. 326 f.). Schließlich führte das Gesetz zur Reform der strafrechtlichen Vermögensabschöpfung vom 13.4.2017 (BGBl. I, S. 872) zu einer grundlegenden Umgestaltung der §§ 73 ff. StGB mit Wirkung zum 1.7.2017 (Rn. 97 ff.).

IV. Nationale Rechtsquellen

Mangels Zusammenfassung in einem Gesetzeswerk ist das deutsche **8**
Wirtschaftsstrafrecht weit verstreut:

– Das **Wirtschaftsstrafgesetz 1949** enthält nur noch einen kleinen, unbedeutenden Teil des Wirtschaftsstrafrechts.

- Im **Strafgesetzbuch** sind vor allem die §§ 263 ff., 266 ff., 283 ff., 291, 298 ff., 331 ff. StGB zum Wirtschaftsstrafrecht zu zählen.
- Im **Nebenstrafrecht** lassen sich einzelne Gesetzesblöcke ausmachen: das Bilanzstrafrecht (§§ 331 ff. HGB), Strafvorschriften zum Schutz des geistigen Eigentums (PatG, UrhG), das Kapitalgesellschaftsstrafrecht (§§ 399 ff. AktG, 82 ff. GmbHG, §§ 148 ff. GenG), das Kapitalmarktstrafrecht (§§ 38, 39 WpHG), das Steuerstrafrecht (§§ 370 ff. AO), das Verbraucherschutzstrafrecht (§§ 58 ff. LFGB) und das Wettbewerbsstrafrecht (GWB, UWG).
- Durch das weite Verständnis des „Wirtschaftsstrafrechts" zählen hierzu auch Ordnungswidrigkeiten, die sich neben den Normen des Nebenstrafrechts auch dem **Gesetz über Ordnungswidrigkeiten** entnehmen lassen, das neben allgemeinen Bestimmungen auch einzelne Bußgeldtatbestände enthält, darunter insbesondere den „wirtschaftsstrafrechtlichen" § 130 OWiG (Verletzung der Aufsichtspflicht in Unternehmen).

V. Prinzipien der nationalen gesetzlichen Ausgestaltung

9 Angesichts der Vielschichtigkeit des Wirtschaftsstrafrechts lassen sich für deren Normen zwar keine einheitlichen, wohl aber einige für sie typische dogmatische wie kriminalpolitische Prinzipien ausmachen:

1. Akzessorietät der Straftatbestände

Weite Teile des Wirtschaftsstrafrechts sind akzessorisch zu außerstrafrechtlichen (insbesondere wirtschaftsrechtlichen) Verhaltensnormen. Bei ihnen stellt sich jeweils die Frage, ob und in welchem Maße sie auch akzessorisch (entsprechend dem zivil- bzw. verwaltungsrechtlichen Verständnis) oder aber autonom auszulegen sind.

2. Ausgestaltung als Sonderdelikte

10 Viele Wirtschaftsdelikte verlangen gesetzlich eine enge Beziehung des Täters zum geschützten Rechtsgut, so dass Täter hier nur sein kann, wer eine bestimmte gesetzliche Täterqualifikation aufweist: So kann etwa § 266a StGB nur vom Arbeitgeber, § 266 StGB nur vom Vermögensbetreuungspflichtigen oder § 283 StGB nur vom Schuldner begangen werden; für Teilnehmer gilt § 28 StGB. Dadurch erlangt für das moderne Wirtschaftsleben, das auf dem Grundsatz der Arbeitsteilung beruht, § 14 StGB eine enorme Bedeutung, der die Sonderpflicht auf Vertreter, insbesondere bei Unternehmen auf deren Organe erstreckt (dazu ausführlich unten Rn. 41 ff.).

3. Ausgestaltung als abstrakte Gefährdungsdelikte

Vor allem neuere Wirtschaftsstraftatbestände werden als abstrakte **11**
Gefährdungsdelikte ausgestaltet, bei denen dem Vermögensschutz des einzelnen am Wirtschaftsleben Beteiligten ein überindividuelles, soziales Interesse (als Teilelement des gesamten Wirtschaftslebens) als vergeistigtes Zwischenrechtsgut vorgelagert ist, deren Verletzung bereits die Strafbarkeit begründet; der Eintritt eines Schadens oder auch nur der Nachweis einer konkreten Gefährdung für das Vermögen eines Einzelnen ist nicht erforderlich.

Beispiele: Geschütztes Rechtsgut des Subventionsbetrugs (§ 264 StGB) ist das Allgemeininteresse an der staatlichen Wirtschaftsförderung (*Fischer*, § 264 Rn. 2a); beim Kreditbetrug (§ 265b StGB) ist es die Funktionsfähigkeit der Kreditwirtschaft (MüKo-StGB/*Wohlers/Mühlbauer*, § 265b Rn. 1).

Gegen diese Regelungstechnik wird zwar teilweise eingewandt, sie verlagere den Strafschutz zu weit nach vorne und sei kriminalpolitisch nicht mehr zu legitimieren (*Roxin*, AT I, § 2 Rn. 69 ff.). Erkennt man jedoch generell die Möglichkeit überindividueller Rechtsgüter an, die nicht konkret verletzt werden können, obwohl der am Wirtschaftsleben Teilnehmende auf deren Bestand vertrauen können muss, so kommt man um die Regelungstechnik abstrakter Gefährdungsdelikte nicht herum.

4. Verwendung von Blankettnormen

Für die Gesetzes- und Ordnungswidrigkeitentatbestände des Wirt- **12**
schaftsstrafrechts sind Blanketttatbestände geradezu typisch. Eine **Blankettnorm** stellt als „irrender Körper", der „seine Seele sucht" (*Binding*, Die Normen und ihre Übertretung, Band 1: Normen und Strafgesetze [Neudruck der 4. Aufl. 1965], S. 162), lediglich eine Strafdrohung auf, verweist bezüglich des Verbotsinhalts aber auf ein Gesetz, eine Verordnung, einen Verwaltungsakt oder einen unmittelbaren Rechtsakt der EU, die von einer anderen Stelle und zu einer anderen Zeit selbstständig erlassen werden (*Jescheck/Weigend*, AT, S. 111). Der Gesamttatbestand wird hier erst gebildet, indem die Ausfüllungsnorm in die Blankettnorm hereingelesen wird (sog. Inkorporationstheorie: BVerfGE 47, 285 [309 f.]; BGH JZ 1982, 301).

Beispiel: Nach § 1 WiStG wird bestraft, wer bestimmten gesetzlichen Sicherstellungsvorschriften zuwiderhandelt. – Nach §§ 52 II Nr. 1, 20 I Nr. 2 VTabakG wird bestraft, Tabakerzeugnisse geschäftsmäßig in den Verkehr zu bringen, die einer gemäß § 20 III Nr. 1 oder 2a VTabakG erlassenen Rechtsverordnung nicht entsprechen (hierzu BGH NJW 2016, 1251 ff.).

13 Von den Blankettnormen strikt zu unterscheiden sind **normative Tatbestandsmerkmale**, „die überhaupt nur unter logischer Voraussetzung einer Norm vorgestellt und gedacht werden können" (*Engisch*, FS Mezger [1954], S. 127 [147]); hierunter fallen Tatbestandsmerkmale in Form von Rechtsbegriffen, wertbezüglichen Begriffen und sinnbezüglichen Begriffen (vgl. *Jescheck/Weigend*, AT, S. 270).

Beispiele: Das Merkmal „fremd" iSd §§ 242, 246 StGB ist nach den jeweiligen Eigentumsvorschriften des BGB zu bestimmen.

14 Für die **Abgrenzung** werden unterschiedliche Kriterien vorgeschlagen:

(1) Teilweise wird vertreten, es sei formal darauf abzustellen, ob der Straftatbestand ausdrücklich oder nur stillschweigend auf andere Normen und Akte verweist (so BVerfGE 37, 201 [208 f.]). Hiergegen spricht aber, dass die genaue Formulierung der Verweisung teilweise zufällig vorgenommen wurde.

(2) Nach einer anderen Ansicht sei darauf abzustellen, ob der Tatbestand als Unrechtsvertypung inhaltlich „offen" (Blankettnorm) oder „geschlossen" (dann nur normative Tatbestandsmerkmale) sei. Diese Unterscheidung hängt aber selbst von einer Wertung ab: So könnte man § 370 AO sowohl als einen offenen Tatbestand begreifen, der durch die einzelnen steuerrechtlichen Normen auszulegen sei, andererseits aber auch als geschlossenen Tatbestand mit dem normativen Kriterium eines Verstoßes gegen steuerrechtliche Normen.

(3) In eine vergleichbare Richtung geht der (trotz aller Willkürlichkeiten auch dieser auf einer Wertung beruhenden Unterscheidung: kritisch zu jeder Differenzierung daher *Lüderssen*, wistra 1983, 223 [226]; *Radtke*, GmbHR 2008, 729 [736]) Vorschlag, Blankettnormen als Normen zu begreifen, bei denen der Unrechtstypus ohne die Ausfüllungsnorm nicht erkennbar sei, d.h. erst die Ausfüllungsnorm formuliere die strafbewehrte Pflicht. Bei Tatbeständen mit normativen Tatbestandsmerkmalen sei das Unrecht des Tatbestandes (d.h. der Sinn des strafrechtlichen Verbotes) dagegen trotz dieser normativen Tatbestandsmerkmale bereits aus sich heraus verständlich.

15 Diese Unterscheidung hat zwei wichtige **dogmatische Folgen**:

(1) **Bestimmtheitsgrundsatz:** Bei **Blankettnormen** vervollständigt erst das in Bezug genommene Gesetz das Strafgesetz und wird dessen Bestandteil, so dass der Gesamttatbestand dem Bestimmtheitsgrundsatz (Art. 103 II GG) unterfällt und damit auch das auszufüllende Gesetz (BVerfGE 14, 245 [252]; BGHSt 6, 30 [40]; BGHSt 28, 72 [73]). Bezieht sich der Verweis nicht auf ein förmliches Gesetz, sondern etwa im Rah-

men einer Verweisungskette auf eine Rechtsverordnung oder sogar auf einen bloßen Verwaltungsakt, so muss bereits der Blanketttatbestand selbst hinreichend bestimmt sein (vgl. Art. 104 I GG), darf doch nach dem Parlamentsvorbehalt nur der Gesetzgeber selbst die Verbotsmaterie formulieren; der blankettausfüllenden Norm darf „nur eine gewisse Spezifizierung des Tatbestands überlassen werden" (BGH NJW 2016, 1251 (1256); so bereits BGH NJW 2014, 325 (326)). Bei **normativen Tatbeständen** wird dagegen die Strafrechtsnorm nur im Sinne der herangezogenen Norm ausgelegt, so dass die herangezogene außerstrafrechtliche Vorschrift nicht am Bestimmtheitsgebot zu messen ist (BVerfGE 78, 205 [213]; BGHSt 37, 266 [272]).

Fall 1 (nach BVerfGE 75, 329): Der Lebensmittelhersteller L möchte eine besonders gesunde Margarine auf den Markt bringen und versieht diese mit 20 mg Vitamin A-acetat auf 1 kg. Strafbarkeit des L?

Auszug aus dem Lebensmittel- und Futtermittelgesetzbuch (LFGB)

§ 59. (1) Mit Freiheitsstrafe bis zu einem Jahr oder mit Geldstrafe wird bestraft, wer

21. einer Rechtsverordnung nach

a) § 7 Abs. 2 Nr. 1 […] zuwiderhandelt, soweit die Rechtsverordnung für einen bestimmten Tatbestand auf diese Strafvorschrift verweist.

Auszug aus der Verordnung über vitaminisierte Lebensmittel:

§ 1b. (1) Mit nachstehenden Beschränkungen werden zur Vitaminisierung zugelassen:

1. Vitamin A-acetat […] für Margarineerzeugnisse […] bis zu 10 mg auf 1 kg […]

§ 2a. […] (2) Nach § 59 I Nr. 21 lit. a LFGB wird bestraft, wer bei dem gewerbsmäßigen Herstellen von vitaminisierten Lebensmitteln, die dazu bestimmt sind, in den Verkehr gebracht zu werden, Zusatzstoffe über die in § 1b I festgesetzten Höchstmengen hinaus verwendet.

§ 59 I Nr. 21 lit. a LFGB ist nach der obigen Abgrenzung ein Blankettstrafgesetz, da der Unrechtsgehalt ohne Rückgriff auf weitere Normen nicht erkennbar ist. Bezieht sich das Bestimmtheitsgebot damit auf den „Gesamttatbestand", so sind Verweisungsketten hierbei zwar nicht bereits als solche unzulässig, bei komplexen, mehrfach geschalteten Verweisungen vermag der Täter jedoch nicht mehr ohne unzumutbaren Aufwand die auszufüllende Norm zu finden und damit den Gesamttatbestand zu bilden. Vorliegend kommt eine Rückverweisungstechnik hinzu, bei der die Frage über das „Ob" entgegen dem Parlamentsvorbehalt auf den Verordnungsgeber delegiert wurde und die daher als verfassungswidrig anzusehen ist.

Nebenbei: Auch eine Ausfüllung von Blankettstraftatbeständen durch **privatrechtliche Normen** wäre eine verfassungswidrige Entmachtung des Gesetzgebers, zumal privatrechtliche Regelungen einer ständigen (einem Täter nicht immer erkennbaren) Veränderung ausgesetzt wären. – Bei Verweisungen auf **EG-Verordnungen**, die trotz Inkorporation in die Blankettnorm Gemeinschaftsrecht verbleiben und daher weiter in diesem Sinne auszulegen sind, sind die Anforderungen an den Bestimmtheitsgrundsatz erhöht; dynamische Verweisungen („in der jeweils gültigen Fassung") sind genauso verfassungswidrig wie Rückverweisungsklauseln, durch die der deutsche Verordnungsgeber ermächtigt wird, zu entscheiden, welcher Verstoß gegen europäische Ge- oder Verbote zu einer Strafbarkeit führen soll (SSW–StGB/*Satzger*, § 1 Rn. 57).

16 (2) **Irrtum:**

Fall 2: G ist Geschäftsführer einer in wirtschaftliche Schwierigkeiten geratenen kleinen GmbH. Ihm war vom Finanzamt für die Erstellung der Steuerbilanz 2012 eine Frist bis 31. August 2013 bewilligt worden. Mitte August 2011 erstellte er die Handels- und Steuerbilanz. Er wird wegen verspäteter Bilanzaufstellung nach § 283 I Nr. 7 lit. b StGB angeklagt. In der Hauptverhandlung verteidigt sich G damit, er habe weder § 264 I 3 HGB gekannt noch gewusst, dass die entsprechende Verpflichtung hinsichtlich der Handelsbilanz nicht durch Erklärung des Finanzamts zur Steuerbilanz beeinflusst wird. Strafbarkeit des G?

Auszug aus dem Handelsgesetzbuch (HGB):

§ 264 Pflicht zur Aufstellung

(1) […] [4]Kleine Kapitalgesellschaften (§ 267 Abs. 1) brauchen den Lagebericht nicht aufzustellen; sie dürfen den Jahresabschluss auch später aufstellen, wenn dies einem ordnungsgemäßen Geschäftsgang entspricht, jedoch innerhalb der ersten sechs Monate des Geschäftsjahres.

Liest man § 264 I 4 HGB in den **Blanketttatbestand** des § 283 I Nr. 7 lit. b StGB hinein, so wird sein Inhalt zu deskriptiven Tatbestandsmerkmalen des Gesamttatbestandes „Wer es unterlässt, die Bilanz seines Vermögens […] innerhalb der ersten sechs Monate des [folgenden] Geschäftsjahres auszustellen" und der Vorsatz des G braucht sich daher lediglich darauf zu beziehen, dass er innerhalb der ersten sechs Monate die Handelsbilanz nicht aufgestellt hat. Da er diese Umstandskenntnis besaß, wäre er nach der Rechtsprechung nach § 283 I Nr. 7 b StGB zu bestrafen. Demgegenüber sieht die Literatur – obgleich in Einzelheiten sehr umstritten – im Sinne einer „weichen Schuldtheorie" im Irrtum über die Existenz der auszufüllenden Norm einen Verbotsirrtum (§ 17 StGB), während der Irrtum über Tatumstände der ausfüllenden Norm den Vorsatz ausschließe (§ 16 StGB) (*Roxin*, AT I, § 12 Rn. 111).

Bei **normativen Tatbestandsmerkmalen** müsse sich der Vorsatz im Sinne **17** einer Parallelwertung in der Laiensphäre auch auf die außerstrafrechtliche Wertung dieses Tatbestandsmerkmals beziehen (so etwa BGHSt 3, 248 [255]), bei der Steuerhinterziehung (§ 370 AO) also etwa auf den bestimmten Steueranspruch (BGHSt 5, 90 [92]) oder bei § 266 StGB auf einen Verstoß gegen bestimmte gesellschaftsrechtliche Pflichten. So schließt beispielsweise die irrige Annahme eines Anspruchs auf die beabsichtigte Bereicherung oder Zueignung den Vorsatz auf die Rechtswidrigkeit der beabsichtigten Bereicherung/Zueignung iSd §§ 242, 253, 263 StGB aus (vgl. etwa BGHSt 48, 322 [328 f.]; BGH NStZ 2008, 626). Bei gesamtbewertenden Merkmalen wie „Unwirtschaftlichkeit", „Unangemessenheit" etc. wird man zumindest eine Kenntnis der jeweiligen Bewertungskriterien verlangen müssen. Bei Fälschungshandlungen (z.B. Lebensmittelfälschung) muss der Vorsatz die Kenntnis der Normen für das echte Objekt umfassen (BGH GA 1962, 25).

5. Verwendung von Generalklauseln

Um eine Anpassung an veränderte Umstände des Wirtschaftslebens **18** zu ermöglichen, enthalten Wirtschaftsstrafnormen sowie -ordnungswidrigkeiten entweder selbst Generalklauseln, d.h. allgemein formulierte und auslegungsbedürftige Tatbestandsmerkmale, oder sie nehmen als Blankettnormen bzw. über normative Tatbestandsmerkmale Bezug auf Generalklauseln.

Beispiele: § 265b I Nr. 1 lit. a StGB verlangt eine Bilanzunrichtigkeit, § 283 I Nr. 2 StGB eine Unwirtschaftlichkeit von Ausgaben und die Pflichtwidrigkeit eines GmbH-Geschäftsführers iSd § 266 StGB beurteilt sich zumeist am von § 43 Abs. 1 GmbHG festgelegten oder jedenfalls vorausgesetzten Maßstab der „Sorgfalt eines ordentlichen Geschäftsmannes".

Im Hinblick auf den Bestimmtheitsgrundsatzes sind die General- **19** klauseln stets restriktiv auszulegen:

Beispiele: Bilanzen sind nur iSd § 265b StGB unrichtig, wenn die Wertangaben willkürlich sind bzw. handelsrechtlich als „schlechterdings nicht mehr vertretbar" erscheinen (Sch/Schr/*Perron*, § 265b Rn. 39). Bei der GmbH-Untreue muss die pflichtwidrige Entscheidung GmbH-rechtlich „unvertretbar" (*Rönnau/Hohn*, NStZ 2004, 113 [123]) bzw. „schlicht willkürlich" (*Otto*, FS Kohlmann [2003], S. 187 [202 f.]) sein (unten Rn. 206).

6. Bestrafung leichtfertiger Verhaltensweisen

20 Fahrlässigkeit ist grundsätzlich nur strafbar, wenn das Gesetz dies vorsieht (§ 15 StGB). Im Wirtschaftsstrafrecht, wo die Einführung abstrakter Gefährdungsdelikte nicht immer ausreicht, um den Schwierigkeiten des Vorsatznachweises bei arbeitsteiligem Vorgehen wirksam zu begegnen, gehört es geradezu zu einem Wesensmerkmal, dass das Gesetz zumeist eine bloße Leichtfertigkeit (qualifizierter Grad der Fahrlässigkeit, der in etwa der zivilrechtlichen Kategorie grober Fahrlässigkeit entspricht: BGHSt 14, 240 [255]; BGHSt 43, 158 [168]) ausreichen lässt.

Beispiele: Geldwäsche (§ 261 V StGB), Subventionsbetrug (§ 264 IV StGB), Bankrott (§ 283 IV und V StGB), Urheberrechtsverletzung (§ 108b UrhG) oder Steuerverkürzung (§ 378 AO).

7. Pönalisierung von Umgehungshandlungen

21 Täter versuchen häufig, Gesetzeslücken auszunutzen; wegen des Analogieverbots scheidet eine Strafbarkeit dann aus. In Teilen des Wirtschaftsstrafrechts hat der Gesetzgeber daher bewusst Umgehungsklauseln eingefügt (z.B. §§ 41 II, 42 AO, § 4 SubvG), durch die auf gesetzlich bestimmte Umgehungshandlungen die Straftatbestände (§§ 263, 264 StGB, 370 AO), die diese Umgehungshandlungen an sich nicht erfassen, doch noch Anwendung finden.

8. Gesetzliche Vermutungen

22 Gesetzliche Vermutungen, wie sie historisch sowie teilweise im ausländischen Strafrecht heutzutage immer noch zur wirkungsvollen Bekämpfung von Wirtschaftsdelikten eingesetzt werden, um typische Beweisschwierigkeiten umgehen zu können, sind national mit dem Schuldgrundsatz (Art. 1 I iVm Art. 2 I GG) nicht vereinbar.

23 Gleichfalls sind außerstrafrechtliche Vermutungen (z.B die Kaufmannseigenschaft des § 5 HGB) im Straf- und Ordnungswidrigkeitenrecht grundsätzlich nicht anzuwenden, es sei denn, das Strafrecht will gerade das außerstrafrechtliche Rechtsinstitut schützen.

VI. Internationale, insbesondere europäische Bezüge

24 Die Globalisierung der Märkte mit international agierenden Unternehmen zählt zu den großen Herausforderungen unserer Zeit, nicht nur aus wirtschafts- wie gesellschaftspolitischer Sicht, sondern zunehmend

auch aus (wirtschafts-)strafrechtlicher Sicht. Sie hat nicht nur dazu geführt, dass die nationalen Wirtschaftsstrafnormen in ihrem Anwendungsbereich (§§ 3 ff. StGB) auch ausländische Rechtsgüter (insb. Vermögen ausländischer Opfer) schützen, sondern auch, dass das Wirtschaftsstrafrecht zunehmend durch internationale Regelungen beeinflusst wird.

1. Europäisierung des Wirtschaftsstrafrechts

Den größten und mit Abstand wichtigsten Teil des übernationalen Rechts bildet das Europäische Recht: **25**

a) Europäische Kompetenzen zum Erlass von Strafrechtsnormen?

Die Kompetenz zum Erlass von Strafrechtsnormen ist jedoch „eines der elementaren Bestandteile der staatlichen Souveränität" (*Wittig*, § 3 Rn. 20), so dass den EG keinerlei Strafrechtskompetenz zugebilligt wurde (EuGH, NStZ 1999, 141) und sowohl das „europäische Primärrecht" (völkerrechtlich verbindliche Verträge) als auch das auf ihrer Grundlage von den Organen der EU erlassene „Sekundärrecht" zwar Bußgeldtatbestände und dem Verwaltungsrecht nahe stehende Sanktionen wie Subventionssperren und Strafzuschläge vorsah, nicht jedoch Kriminalstrafen. Seit Inkrafttreten des Vertrages von Lissabon (BGBl. 2008 II, S. 1038) enthält demgegenüber Art. 83 I AEUV für besondere Bereiche schwerer grenzüberschreitender Kriminalität (z.B. Geldwäsche, Korruption, Fälschung von Zahlungsmitteln und Computerkriminalität) die ausdrückliche Kompetenz, mittels (national umzusetzender) Richtlinien Mindestvorschriften zur Festlegung von Straftaten und Strafen zu erlassen („Mindestharmonisierung"). Art. 83 II AEUV enthält eine Annexkompetenz der EU zur Angleichung des Strafrechts in bereits harmonisierten Politikbereichen, sofern diese zur Durchführung der Politik der Union unerlässlich ist. Verfassungskonform sind diese Regelungen aber nur bei restriktiver Auslegung (BVerfGE 123, 267 [410 ff.]); das Subsidiaritäts- und Verhältnismäßigkeitsprinzip sind zu beachten (G/J/W/*Wittig*, Einf. Rn. 14b). Art. 325 AEUV sieht gar eine Kompetenz zum Erlass europäischer Strafnormen zum Schutz der finanziellen Interessen der EU vor.

b) Harmonisierung des Wirtschaftsstrafrechts

Nicht zu verschließen vermochte sich das nationale Strafrecht zudem der europäischen Harmonisierung der Strafnormen in einzelnen Wirtschaftssektoren durch Richtlinien (z.B. 4. Geldwäscherichtlinie [RiL (EU) Nr. 2015/849, ABl. 2015 L 141, S. 73], Insiderrichtlinie **26**

[RiL 89/592/EG, ABl. EG 1989, L 334/30], Marktmissbrauchsrichtlinie [RiL 2014/57/EU, ABl. 2014 L 173, S. 179]), bei deren Umsetzung dem nationalen Gesetzgeber die Sanktionswahl verblieb, wenngleich sich diese seit EuGH, NJW 1990, 2245 f. an den Kriterien „wirksam (effektiv), angemessen (verhältnismäßig) und abschreckend“ (Tiedemann, NJW 1993, 25 f.) orientieren muss. Zudem führte die inzwischen vergemeinschaftete 3. Säule der intergouvernementalen Zusammenarbeit zu einer Vielzahl von Rahmenbeschlüssen des Rates (Rahmenbeschluss 2000/413/JI vom 28.5.2001 zur Bekämpfung von Betrug und Fälschung im Zusammenhang mit unbaren Zahlungsmitteln, ABl. EG 2001, L 149/1; Rahmenbeschluss 2001/500/JI vom 26.6.2001 über Geldwäsche, ABl. EG 2001, L 182/1; Rahmenbeschluss 2003/568/JI vom 22.7.2003 zur Bekämpfung der Bestechung im privaten Sektor, ABl. EG 2003, L 192/54), deren Umsetzung national zu wesentlichen Änderungen der einschlägigen Wirtschaftsstrafnormen (z.B. §§ 152a, 261, 263a, 299 StGB) führte.

2. Völkerrechtliche Abkommen

27 Hierneben wurden auch außerhalb der EU völkerrechtliche Abkommen geschlossen, die den nationalen Gesetzgeber zur Angleichung der nationalen Vorschriften verpflichteten, z.B. das Übereinkommen des Europarates über Geldwäsche vom 8.11.1990, ETS No. 141, das „Protection des Intérêts Financiers“(PIF)-Abkommen zum Schutz der Finanzmittel der EU von 1995, das Strafrechtsübereinkommen des Europarates über Korruption vom 27.1.1999 (ETS No. 173) oder das Übereinkommen des Europarates über die Manipulation von Sportwettbewerben vom 18.9.2014 (SEV Nr. 215).

3. Fremdrechtsanwendung

28 Zudem hat der nationale Gesetzgeber nicht nur die Möglichkeit, zur Umschreibung des strafbaren Verhaltens auf EU-Normen zu verweisen. Tatbestände mit normativen Tatbestandsmerkmalen knüpfen sogar häufig akzessorisch an zivil- und öffentlich-rechtliche Wirtschaftslenkungsvorschriften an und sind daher grundsätzlich für eine Anbindung an Wirtschaftsnormen auch ausländischer Rechtsordnungen offen, wenngleich die Voraussetzungen einer derartigen inzidenten Fremdrechtsanwendung noch nicht abschließend geklärt sind (vgl. zu dieser Diskussion *Rönnau*, ZGR 2005, 832 ff.; *Mankowski/S. Bock*, ZStW 120 (2008), 704 ff.; *Radtke/Hoffmann*, EuZW 2009, 404 ff.).

Fall 3 (nach BGH wistra 2010, 268 ff.): A und T (russische Staatsangehörige) gründeten mit Hilfe eines in Belgien ansässigen Agenten eine Limited mit Sitz in Tortola nach dem Recht der British Virgin Islands mit Konten in Hamburg und in Dänemark, um als Vertragspartner des dänischen Herstellers Bang & Olufsen über Deutschland hochwertige Unterhaltungselektronik in die Nachfolgestaaten der früheren Sowjetunion unter Umgehung dortiger Einfuhr-, Umsatz- sowie Ertragssteuern zu exportieren; die „Schwarzeinnahmen" (10 Mio. €), die zwischen den gleichberechtigten Partnern und Direktoren A und T aufgeteilt werden sollten, wurden in bar in Plastiktüten in Bankschließfächern in Moskau deponiert. Als T Bargelder von mehreren Millionen Euro aus den „gemeinsamen Töpfen des Firmenkonstrukts" für eigene Zwecke verwendete, überwies A von Hamburg aus 1,8 Mio. € von den Konten der Limited auf seine privaten Konten in Österreich. Strafbarkeit des A nach § 266 StGB?

Hinweis: Nach section 57 (1) BVI [British Virgin Islands] Companies Act 2004 ist jede Mittelverwendung durch die Direktoren zulässig, wenn der Direktor is „satisfied, on reasonable grounds, that the company will, immediately after the distribution, satisfy the solvency test", d.h. „if the value of the company's assets exceeds its liabilities, and the company is able to pay its debts as they fall due" (section 56 [a]). Ein Verstoß hiergegen zieht nach dem Recht der British Virgin Islands nur zivilrechtliche, aber keine strafrechtlichen Folgen nach sich.

Dogmatisch empfiehlt sich für derartige Fremdrechtsanwendungsfälle eine vierstufige Prüfung (ausführlich *Kraatz*, JR 2011, 58 ff.): **29**

(1) Erste Stufe: Anwendbarkeit deutschen Strafrechts: In den einseitigen Kollisionsnormen der §§ 3 ff. StGB wird festgelegt, unter welchen Voraussetzungen das deutsche Strafrecht auf grenzüberschreitende Sachverhalte angewendet werden darf: Nach § 3 StGB gilt hiernach das deutsche Strafrecht für Taten, „die im Inland begangen werden", wenn der Täter also u.a. im Inland gehandelt hat (§ 9 I StGB). Da A die ihm vorgeworfene Pflichtverletzung in Form der Überweisung in Hamburg vorgenommen hat, liegt ein inländischer Handlungsort vor. Die Nationalität des Täters oder Opfers (Limited nach dem Recht der British Virgin Islands) ist in diesem Bereich noch irrelevant und kann wegen des Grundsatzes staatlicher Souveränität sowie des Bestimmtheitsprinzips (Art. 103 II GG), das nur durch ein deutsches Parlamentsgesetz erfüllt werden kann, unter keinen Umständen zur Anwendung ausländischen Strafrechts führen (ebenso *Ransiek/Hüls*, ZGR 2009, 157 [175]).

30 **(2) Zweite Stufe: Subsumtion ausländischen Wirtschaftsrechts:** Der Untreuetatbestand des § 266 StGB knüpft mit seiner Vermögensbetreuungspflicht akzessorisch an außerstrafrechtliche Normkomplexe und Wertungen an, „die das Verhältnis zwischen dem Vermögensinhaber und dem Vermögensverwalter im Einzelnen gestalten und so erst den Inhalt der – strafbewehrten – Pflicht und die Maßstäbe für deren Verletzung festlegen". Diese zumeist aus zivil- bzw. gesellschaftsrechtlichen Normen „folgende Pflichtwidrigkeit ist [eine] notwendige Voraussetzung der Untreuestrafbarkeit" (BVerfG, NJW 2010, 3209 [3213]). Nachdem der EuGH in diversen Grundsatzentscheidungen (EuGH, Slg. 1999, I–1459 ff. – „Centros"; EuGH, Slg. 2002, I-9919 ff. – „Überseering"; EuGH, Slg. 2003, I-10155 ff. – „Inspire Act"; EuGH, NJW 2009, 569 ff. – „Cartesio") die deutsche Sitztheorie, wonach beim Fehlen einer völkerrechtlichen Vereinbarung (Art. 3 Nr. 2 EGBGB) das Recht des Landes maßgeblich sei, in dem sich der tatsächliche Verwaltungssitz der Gesellschaft befinde (vgl. nur BGHZ 51, 27; BGHZ 151, 204 [206 f.]), mit der Niederlassungsfreiheit (Art. 49, 54 AEUV) für unvereinbar erklärt hat, ist für Gesellschaften in Mitgliedsstaaten der Europäischen Union deren Gründungsrecht maßgeblich (sog. Gründungstheorie: vgl. nur BGHZ 164, 148). Gleiches gilt für die British Virgin Islands, die gemäß Art. 198, 199 Nr. 5 und 203 AEUV iVm Anh. II assoziationsrechtlich in den Geltungsbereich der Niederlassungsfreiheit (Art. 49, 54 AEUV) einbezogen sind. Nach dem danach maßgeblichen sec. 57 (1) BVI Companies Act 2004 wäre die Mittelverwendung nur unzulässig, wenn aus Sicht des Direktors der „solvency test" nicht erfüllt würde, was vorliegend nicht festgestellt wurde.

31 **(3) Dritte Stufe: Verfassungsrechtliche Grenzen:** Selbst wenn man in der Verletzung der Vermögensbetreuungspflicht ein „komplexes normatives Tatbestandsmerkmal" (BVerfG, NJW 2010, 3209 [3213]) erblickt, so dass das ausländische Recht selbst nicht Art. 103 II GG unterfällt, so könnte man mit Teilen des Schrifttums vorliegend dennoch einen Verstoß gegen das Bestimmtheitsgebot annehmen, sofern der Bürger durch die Einbindung ausländischen Rechts kaum noch Tragweite und Anwendungsbereich des Straftatbestandes aus dem Gesetz selbst erkennen könne (so *Altenhain/Wietz*, NZG 2008, 569 [572]; *Rönnau*, ZGR 2005, 832 [856]). Auch *Radtkes* (GmbHR 2008, 729 [734 f.]) Hinweis, dass der Betroffene sich selbst für eine wirtschaftliche Betätigung nach ausländischem Recht entschieden habe, vermag den verfassungsrechtlichen Einwand nicht gänzlich zu entkräften, da es als zweifelhaft erscheint, jeden Direktor einer Limited – selbst jenen einer nur kleinen Limited – zum Rechtsexperten abzustempeln. Vielmehr sollte (vergleichbar zu Art. 6 EGBGB, der ausweislich § 73 S. 1 IRG [Rechtshilfe ist unzulässig, wenn sie „wesentlichen Grundsätzen

der deutschen Rechtsordnung widersprechen würde"] auch im deutschen Strafrecht verankert ist) vermittelnd darauf abgestellt werden, ob die sich aus der Fremdrechtsanwendung ergebende Strafbarkeit gegen Wertentscheidungen des deutschen Gesetzgebers verstößt. Sprich: Der deutsche Strafrichter hat hypothetisch zu prüfen, ob sich bei der Zugrundelegung der entsprechenden deutschen Rechtsnormen zur Ausfüllung des Straftatbestandes ebenfalls eine Strafbarkeit ergeben würde; nur dann ist die Fremdrechtsanwendung zulässig (ebenso *Mankowski/Stefanie Bock*, ZStW 120 [2008], 704 [718 ff.]). Das gilt für Blankettstrafgesetze wie für normative Tatbestände. Nur so ist für einen Bürger vorhersehbar, dass ein bestimmtes Verhalten in Deutschland nach hiesigen Wertentscheidungen für strafbar erachtet wird und nur so werden das Demokratieprinzip und die Kompetenzfunktion des Art. 103 Abs. 2 GG gewahrt. Für den Untreuetatbestand bedeutet dies, dass nationale außerstrafrechtliche Pflichtverletzungen dann untreuerelevant sind, wenn sie gegen ausdrückliche Parlamentsgesetze verstoßen oder wenn bei Entscheidungsspielräumen im vorgelagerten Bereich deren allgemein anerkannten Grenzen überschritten sind, die die Entscheidung „unvertretbar" (*Brammsen*, wistra 2009, 85 [88]) machen. Hiernach wäre vorliegend zu klären, ob die Entnahme für die Gesellschaft einen existenzvernichtenden Eingriff darstellte (vgl. zur Verankerung dieser Rechtsfigur in § 826 BGB grundlegend BGHZ 173, 246 ff. – „Trihotel") und ob ein gesellschaftsrechtlicher Anspruch auf den entnommenen Betrag bestand.

(4) Vierte Stufe: Europarechtliche Grenzen: Die inländische **32**
Strafhaftung der Schädigung einer nach dem Recht eines EU-Staates oder eines assoziierten Staates gegründeten Gesellschaft mit Sitz im Inland ist bei einem geringeren Schutzniveau im Gründungsstaat eine nationale Maßnahme, die die Ausübung der Niederlassungsfreiheit der Art. 49, 54 AEUV „behindern oder weniger attraktiv machen" kann (vgl. EuGH, Slg. 2003, I-10155 [10233]) und als Beschränkung rechtfertigungsbedürftig ist, ansonsten nach dem Neutralisierungsprinzip die Anwendbarkeit der Strafrechtsnorm außer Kraft setzen würde. Genau dies droht im **Fall 3**, da ein Verstoß gegen die Treuepflichten gegenüber der Limited für einen Direktor nach dem Common Law lediglich zivilrechtliche Haftungsansprüche nach sich zieht. Eine Rechtfertigung dieser Beschränkung verlangt nach dem „Vier-Konditionen-Test" Folgendes: Die Norm muss „in nicht diskriminierender Weise angewandt werden", sie muss „aus zwingenden Gründen des Allgemeininteresses gerechtfertigt sein", sie muss „zur Erreichung des verfolgten Ziels geeignet sein" und sie darf „nicht über das hinausgehen, was zur Erreichung dieses Ziels erforderlich ist" (vgl. EuGH, Slg. 2003, I-1055 [10233]). Ob in diesem Sinne der Vermögensschutz der Limited als

„zwingender Grund des Allgemeininteresses" ausreicht, kann bezweifelt werden – § 266 StGB wäre dann bereits nicht anwendbar.

Kapitel 2. Unternehmensstrafrecht

I. Das Unternehmen als Adressat des Strafrechts

1. Heutige Rechtslage

Durch die Rezeption des aus dem Römischen Recht stammenden Grundsatzes „societas delinquere non potest" (eine Gesellschaft kann sich nicht vergehen) können sich nach heutiger Rechtslage in Deutschland juristische Personen und Personenvereinigungen (trotz zivilrechtlicher Rechtsfähigkeit: § 31 BGB) nicht strafbar machen (vgl. nur BGHSt 3, 130 [132]): 33

a) Keine Handlungsfähigkeit: Bereits das Reichsgericht befand, dass „das Subjekt einer strafbaren Handlung [im Sinne eines vom Willen getragenen Verhaltens] nur eine physische Person sein" könne, „weder eine juristische Person noch eine zu einer juristischen Einheit gewordene Personenmehrheit" (RGSt 28, 103 [105]; ebenso RGSt 16, 121 [123]; RGSt 57, 101 [104]). Für sie können nur ihre Organe handeln, natürliche Personen, die einzig strafbar sein können (*Roxin*, AT I, § 8 Rn. 59). Im Schrifttum (*Heinitz*, 40. DJT 1953, S. 65 [84]; *Jescheck*, ZStW 65 [1953], 210 [212]) wird dies teilweise in Zweifel gezogen, da sich eine Handlung aus dem Beschluss einer Gesellschafterversammlung und des darauf beruhenden Organverhaltens ergeben könne und die Handlungsfähigkeit daher einzig zur Frage führe, inwieweit der Wille der im Organ versammelten Menschen dem Verband zugerechnet werden könne (in diese Richtung wohl auch BGHSt 37, 106 [114] mit einem unternehmensbezogenen Handlungsverständnis). 34

b) Jedenfalls fehlt juristischen Personen wie Personenverbänden das strafrechtliche Erfordernis der **Schuldfähigkeit**. Für einen Schuldspruch mit Geld- oder Freiheitsstrafe muss nach dem Schuldgrundsatz (Art. 1 I, 2 I GG sowie Art. 20 III GG: BVerfGE 45, 187 [259 f.]; BVerfGE 80, 244 [255]) zum Rechtsverstoß ein „sozialethischer Tadel" (*Kühl*, AT, § 10 Rn. 2) hinzukommen, also der individuelle Vorwurf an den Täter, „dass er sich nicht rechtmäßig verhalten, dass er sich für das Unrecht entschieden hat, obwohl er sich rechtmäßig verhalten, sich für das Recht hätte entscheiden können" (BGHSt 2, 194 [200]). Dieses sozialethische Versagen könne sich nur auf einzelmenschliche Persönlichkeiten beziehen (*Jescheck*, ZStW 65 [1953], 210 [213]; 35

BeckOK-StGB/*Momsen/Laudien*, § 14 Rn. 28b; *Otto*, Jura 1998, 409 [415 f.]; aA wohl BVerfGE 20, 323 [335 f.]).

36 **c)** Überwiegend wird auch eine **Straffähigkeit** von juristischen Personen und Personenvereinigungen verneint: Strafe erfordere mit der in ihnen liegenden sozialethischen Missbilligung eine Sühneleistung des Schuldigen, die nur von natürlichen Personen erbracht werden könne, nicht aber von Personenverbänden (*Jescheck*, ZStW 65 [1953], 210 [213 f.]; *Jescheck/Weigend*, AT, S. 227), denen es „an den Nervensträngen" fehle „die das Leid für die juristische Person zur Empfindung brächten" (*Kohler*, zitiert nach Engisch, 40. DJT 1953, S. E 7 [15]). Zwar könnte man Strafe als auch bloße Rechtsgütereinbuße (malum passionis) verstehen, die auch juristische Personen und Personenverbände treffen könnte. Ein derartiger Strafbegriff wäre aber (wie die Rechtsordnungen jener europäischen Länder zeigen, die eine Strafbarkeit von Verbänden anerkennen) contra legem vom Verhältnis zwischen Schuld und Sühne abgelöst und würde vielmehr dem nach Zweckgesichtspunkten orientierten verwaltungsrechtlichen Gedanken des Schutzes der öffentlichen Sicherheit und Ordnung dienen (*Jescheck*, ZStW 65 [1953], 210 [213 f.]). Eine Verbandsstrafe wäre faktisch eine Bestrafung sämtlicher Mitglieder unter einer Kollektivbezeichnung und damit entgegen dem Schuldprinzip auch jener Mitglieder, die an der inkriminierten Handlung nicht beteiligt waren (*Peglau*, JA 2001, 606 [609]).

37 Juristische Personen und Personenvereinigungen können dagegen einer Haftung nach dem Ordnungswidrigkeitenrecht unterworfen werden (§ 30 OWiG: hierzu unten Rn. 116 ff.), da das Bußgeldverfahren nicht der Ahndung kriminellen Unrechts dient, sondern der verwaltungsrechtlichen Pflichtenmahnung (BVerfGE 45, 272 [288 f.]). Da hiernach teils erhebliche Verbandsgeldbußen verhängt werden können, hat auch das deutsche Strafrecht im weitesten Sinne über diesen „Etikettenschwindel" längst „den ersten Schritt zum Konzept des Körperschaftsverbrechens […] getan" (LK/*Schünemann*, Vor § 25 Rn. 20).

2. Reformbestrebungen

38 Mit Blick auf die steigende Bedeutung der Wirtschaftskriminalität, bei der Täter zumeist (bewusst) aus Wirtschaftsunternehmen heraus agieren und der Bestrafung einzelner Unternehmensangehöriger durch die sich aus der innerbetrieblichen Arbeitsteilung ergebenden Verantwortungsteilung erhebliche rechtliche Hindernisse im Weg stehen (sog. „organisierte Unverantwortlichkeit"), plädieren Teile des Schrifttums (so etwa *Dannecker*, GA 2001, 101 ff.; *Volk*, JZ 1993, 429 ff.) mit Verweis auf die gesetzliche Anerkennung einer Strafbarkeit juristischer Personen und Verbänden in vielen anderen europäischen Staaten (auch

jenen ohne anglo-amerikanischem Rechtssystem, wo die Strafbarkeit von Unternehmen [corporate crime – Körperschaftsverbrechen] längst Tradition ist: z.B. Dänemark, Finnland, Frankreich, Belgien, Niederlande, Norwegen, Portugal, Schweden, Schweiz) auch in Deutschland für die Einführung einer eigenen Verbandsstrafbarkeit, wenngleich hierfür de lege ferenda verschiedene Modelle vorgeschlagen werden (umfassend hierzu LK/*Schünemann*, Vor § 25 Rn. 22 ff. mwN): (1) Nach dem „Maßregelmodell" soll der fehlenden Schuldfähigkeit durch (neu zu schaffende) verschuldensunabhängige Maßregeln begegnet werden, (2) nach dem (auf den Regelungen des Common Law beruhenden) „schlichten Zurechnungsmodell" durch eine Zurechnung des Organverhaltens und Organverschuldens zur Körperschaft, (3) nach dem „Schuldanalogiemodell" durch die Anerkennung einer eigenen Verbandsschuld in Form eines Organisationsverschuldens (unmittelbare „Betriebsführungsschuld") oder (4) nach dem „systemtheoretischen Modell" durch eine funktionale Äquivalenz zwischen Individual- und Unternehmensschuld, indem die Unternehmensschuld „als ein durch die Unternehmenskultur zum Ausdruck gebrachtes Manko an Rechtstreue" (*Gómez-Jara*, zitiert nach LK/*Schünemann*, Vor § 25 Rn. 25) betrachtet werde.

Nachdem sich die vom Bundesministerium der Justiz eingesetzte Kommission zur Reform des strafrechtlichen Sanktionensystems im Jahre 2000 mit eindeutiger Mehrheit (12:1 Stimmen) gegen die Einführung einer Verbandsstrafbarkeit ausgesprochen hat (S. 190 ff. des Abschlussberichts), galten die Reformbestrebungen als gescheitert. Durch den Beschluss der Justizministerkonferenz vom 9.11.2011, als Maßnahme zur Stärkung der Bekämpfung der Wirtschaftskriminalität auch „Elemente der Verbandsstrafe" zu erwägen (vgl. http://www.sachsen-anhalt.de/?id=47438), sowie den Koalitionsvertrag für die 18. Wahlperiode (S. 145), die Einführung eines Unternehmensstrafrechts zu prüfen, ist die Diskussion 2013 durch einen neuen Entwurf des Landes Nordrhein-Westfalen (einer an § 130 OWiG angelehnten Unternehmensstrafbarkeit: abrufbar unter www.justiz.nrw.de) wieder angeheizt worden. Angesichts der deutlichen Verschärfung im Ordnungswidrigkeitenrecht (Verzehnfachung der Bußgeldbeträge nach § 30 II 3 OWiG: unten Rn. 119) sowie durch die Regeln über die Vermögensabschöpfung (§§ 73 ff. StGB: unten Rn. 98 ff.) erscheint jedoch mehr denn je zweifelhaft, ob ein weiterer gesetzgeberischer Handlungsbedarf besteht (MüKo-StGB/*Joecks*, Einl. Rn. 125; *Rogall*, GA 2015, 260 ff.).

II. Die Verantwortlichkeit der Unternehmensleitung

1. Täterschaft und Teilnahme (Überblick)

39 Die Verteilung von Verantwortung innerhalb von Unternehmen (sowohl horizontal unter den einzelnen Mitgliedern der Leitungsebene sowie vertikal im Verhältnis zu den nachgeordneten Mitarbeitern), die sich zwangsläufig durch die arbeitsteilige Aufteilung komplexer wirtschaftlicher Abläufe ergibt, wird angesichts fehlender Unternehmensstrafbarkeit zur zentralen Frage des Unternehmensstrafrechts:

Soweit es hierbei um **Allgemeindelikte** geht, die von jedermann begangen werden können (z.B. Betrug), richtet sich das Maß strafrechtlicher Haftung nach den allgemeinen Vorschriften der §§ 25 ff. StGB. Hiernach ist gemäß der Rechtsprechung Täter, wer Täterwillen (animus auctoris) und nicht nur Teilnehmerwillen (animus socii) hat, wobei sich dies – anders als noch nach der streng subjektiven Theorie (RGSt 74, 84 [„Badewannen-Fall]; BGHSt 18, 87 [„Stachynski-Fall"]), die mit § 25 I Var. 1 StGB unvereinbar ist – nach Umfang, Intensität und Eigenhändigkeit der Tatbestandsverwirklichung, der objektiven Tatherrschaft, dem Willen hierzu sowie dem Tatinteresse bestimmt (sog. wertende Animus-Theorie: vgl. nur BGHSt 37, 289 [291]; BGH NStZ 2003, 253 [254]; BGH NStZ 2006, 94). Nach dem herrschenden Schrifttum ist Täter dagegen derjenige, der als Zentralgestalt des Handlungsgeschehens die Tatherrschaft besitzt, das Geschehen also anhalten und ablaufen lassen kann (Tatherrschaftslehre: vgl. nur *Roxin*, AT II, § 25 Rn. 10 ff.). Bei den Fahrlässigkeitsdelikten sei dagegen nur eine Alleintäterschaft möglich, Mittäterschaft soll nach überwiegender Ansicht (dazu unten Rn. 59) genauso ausgeschlossen sein wie eine Teilnahmestrafbarkeit (mangels vorsätzlicher rechtswidriger Haupttat).

Im **Ordnungswidrigkeitenrecht** gilt nach dem Einheitstäterbegriff des § 14 I 1 OWiG dagegen jeder als Täter, der sich an einer Ordnungswidrigkeit beteiligt.

40 Bei den im Wirtschaftsstrafrecht vermehrt auftretenden **Sonderdelikten**, die eine besondere Tätereigenschaft voraussetzen (oben Rn. 10), kann nur Täter sein, wer diese Eigenschaft aufweist (sog. Intraneus); Dritte (sog. Extranei), die diese Eigenschaft nicht erfüllen, können nicht Täter, sondern allenfalls Teilnehmer (Anstifter oder Gehilfe) sein, wobei es § 28 StGB zu beachten gilt. Dies führt auf den ersten Blick zu eklatanten Strafbarkeitslücken:

Fall 4 (Abwandlung von BGH NStZ-RR 2012, 13): A war geschäftsführender Gesellschafter der R-GmbH, die als Subunternehmerin auf Baustellen für andere Unternehmen tätig wurde. Um Sozialversicherungsbeiträge zu sparen, gründeten die Arbeitnehmer der R-GmbH eine Gesellschaft bürgerlichen Rechts (R-GbR), mit der die R-GmbH Werkverträge mit Leistungsverzeichnissen schloss. Rein tatsächlich verwahrte A jedoch selbst alle Geschäfts- und Bankunterlagen der R-GbR auf und erfolgte die Entlohnung der Arbeiter nicht nach den Werkverträgen, sondern nach den ihnen erteilten Arbeitsaufträgen auf Stundenlohnbasis. Beiträge zur Sozialversicherung wurden nicht an die sozialversicherungsrechtliche Einzugsstelle abgeführt. Strafbarkeit des A nach § 266a StGB?

Abwandlung: A fungierte lediglich formal als Geschäftsführer; die Kontrolle über die Gesellschaft lag tatsächlich allein bei den wirtschaftlich handelnden Hintermännern, die auch für die Aufbewahrung der Geschäftsunterlagen und die Entlohnung der Arbeiter allein zuständig waren. Ändert sich etwas an der Strafbarkeit von A?

Für die Beurteilung, ob ein sozialversicherungs- und lohnsteuerpflichtiges Arbeitsverhältnis vorliegt, sind allein die tatsächlichen Gegebenheiten maßgeblich, so dass die sich aus einem Arbeitsverhältnis ergebenden Beitragspflichten nicht durch eine abweichende vertragliche Gestaltung der Vertragsparteien beseitigt werden können (BGH NStZ-RR 2012, 13). Täter des § 266a StGB kann jedoch nur sein, wer „Arbeitgeber“ ist. Das Arbeitsverhältnis der Arbeiter besteht zur R-GmbH, die jedoch mangels Strafbarkeit juristischer Personen selbst nicht bestraft werden kann. Ihr Geschäftsführer ist zwar derjenige, der als im Unternehmen gesellschaftsrechtlich verantwortliche Person die Beiträge des Arbeitnehmers zur Sozialversicherung nicht an die sozialversicherungsrechtliche Einzugsstelle abgeführt hat, er ist selbst jedoch faktisch nicht „Arbeitgeber“ und könnte daher an sich nicht nach § 266a StGB bestraft werden (weiter unten Rn. 44).

2. Organ-, Vertreter- und Beauftragtenhaftung (§§ 14 StGB, 9 OWiG)

Damit die Sonderdelikte in diesen Fällen nicht leerlaufen, dehnt **41** § 14 StGB die Reichweite dieser Straftatbestände (bzw. § 9 OWiG die Reichweite entsprechender Ordnungswidrigkeitentatbestände) auf die Organe und gesetzlichen Vertreter (§ 14 I StGB bzw. § 9 I OWiG) sowie deren gewillkürt beauftragte Vertreter (§ 14 II StGB bzw. § 9 II OWiG) aus (*Fischer*, § 14 Rn. 1b; aA MüKo-StGB/*Radtke*, § 14 Rn. 5: § 14 StGB passe den Normbefehl an, so dass für den Vertreter eine angepasste eigenständige Strafnorm entstehe), die aufgrund ihrer Funktionsübernahme die Pflichten des Vertretenen übernommen haben (sog. Pflichtentheorie als Strafgrund des § 14 StGB: BeckOK-StGB/*Momsen/Laudien*, § 14 Rn. 8) und damit außerstrafrechtlich die Zuständigkeit für die Erfüllung der Pflichten des Vertretenen, an deren Verletzung die Strafnormen anknüpfen, erlangt haben (MüKo-StGB/*Radtke*, § 14 Rn. 23: Pflichtenteilhabe als Strafgrund; aA LK/*Schünemann*, § 14 Rn. 12: Garantentheorie).

Hinweis für die Fallbearbeitung: Es ist immer zunächst zu prüfen, ob sich die Tätereigenschaft des Organs bzw. des Vertreters nicht bereits durch eine Auslegung des täterschaftsbegründenden Merkmals ergibt (z.B. ob in einem Konzern nicht nur die Tochtergesellschaft iSd § 266 StGB vermögensbetreuungspflichtig ist, sondern auch deren Geschäftsführer). Erst wenn dies zu verneinen ist, ist § 14 StGB (bzw. § 9 OWiG) zu prüfen.

a) Besondere persönliche Merkmale beim Vertretenen/Auftraggeber

42 Der Anwendungsbereich dieser Verantwortungsverschiebung nach unten ist nur eröffnet, wenn tatbestandlich in der Person des Vertretenen bzw. Auftraggebers ein besonderes persönliches Merkmal vorliegt. Was hierzu zählt, ist im strafrechtlichen Schrifttum umstritten (umfassend hierzu NK-StGB/*Böse*, § 14 Rn. 12 ff.), während das ordnungswidrigkeitenrechtliche Schrifttum hiermit sehr viel pragmatischer umgehen (vgl. nur Göhler/*König*, § 9 Rn. 6). Nach überwiegender Ansicht besitzt der Begriff des besonderen persönlichen Merkmals hierbei einen anderen Begriffsinhalt als bei § 28 StGB:

Besondere persönliche Merkmale iSd §§ 14 StGB, 9 OWiG sind zumindest alle die für das Wirtschaftsstrafrecht relevanten Statusmerkmale, die die Sonderrolle eines wirtschaftlich Tätigen *objektiv* (!) beschreiben, sei es unmittelbar gesetzlich, sei es vermittelt über den Sachzusammenhang (A/R/R/*Achenbach*, 1. Teil 3. Kap. Rn. 7). Sie bedürfen zumeist (Eselsbrücke!) einer näheren gesetzlichen Konkretisierung.

Beispiele: Arbeitgeber (§ 266 a StGB), Gemeinschuldner (§§ 283 ff. StGB), Vollstreckungsschuldner, Bauleiter, Unternehmer (*Bohnert/Krenberger/Krumm*, OWiG, § 9 Rn. 4), Anlagenbetreiber.

43 **Keine besonderen persönlichen Merkmale** sind dagegen alle *subjektiven* Merkmale (d.h. Merkmale, die auf die Psyche des Täters abstellen oder Motive und Einstellungen beschreiben und daher nicht übertragbar sind!) sowie alle objektiv-täterschaftlichen Merkmale, mit denen das Gesetz nur den Rechtsgutsbezug des Verhaltens herstellt (zumeist keine Konkretisierung in gesetzlichen Vorschriften!) oder die bereits ihrer Art nach eine Anwendung des § 14 StGB ausschließen, d.h. Merkmale von eigenhändigen Delikten sowie insbesondere

höchstpersönliche Merkmale, bei denen der Normadressat nicht durch einen Dritten vertreten werden kann (*Fischer*, § 14 Rn. 2).

Beispiele: Zueignungsabsicht des § 242 StGB, Beamteneigenschaft bei Amtsdelikten nach § 11 I Nr. 2a StGB (MüKo-StGB/*Radtke*, § 14 Rn. 53).

b) Funktion des Täters

Die §§ 14 StGB, 9 OWiG verlangen das Handeln einer Person in einer bestimmten der aufgezählten Funktionen: 44

aa) Die §§ 14 I Nr. 1 StGB, 9 I Nr. 1 OWiG erfassen die **vertretungsberechtigten Organe einer** (bereits rechtswirksam entstandenen [NK-StGB/*Marxen*, § 14 Rn. 35] inländischen oder ausländischen [BGH NJW 2013, 3303]) **juristischen Person** nach bürgerlichem (z.B. Aktiengesellschaft – AG, Gesellschaft mit beschränkter Haftung – GmbH, rechtsfähiger Verein) oder öffentlichem Recht (Körperschaft, Anstalt, Stiftung) sowie die Mitglieder eines solchen Organs.

Beispiele: Vorstand sowie Vorstandsmitglieder einer Aktiengesellschaft (§§ 76, 78 AktG); Geschäftsführer einer GmbH (§ 35 GmbHG); Vorstand sowie Vorstandsmitglieder eines rechtsfähigen Vereins (§ 26 BGB); Vorstand sowie Vorstandsmitglieder einer Genossenschaft (§ 24 GenG).

Nicht erfasst sind dagegen: der Aufsichtsrat (und deren Mitglieder) einer Aktiengesellschaft; der nur formelle Schein-Geschäftsführer einer GmbH ohne eigene tatsächliche Kompetenzen im Innenverhältnis (KG wistra 2002, 313 [314]); Geschäftsführer der Vor-GmbH, da diese ein Organisationsgebilde sui generis darstellt (Sch/Schr/*Perron*, § 14 Rn. 15; *Wittig*, § 6 Rn. 85; aA LK/*Schünemann*, § 14 Rn. 44).

In **Fall 4** kann daher A als Geschäftsführer und damit gemäß § 35 I 1 GmbHG als vertretungsberechtigtes Organ der R-GmbH deren Arbeitgeber-Eigenschaft (als besonderes persönliches Merkmal) zugerechnet und A somit nach § 266a I StGB bestraft werden. In der **Abwandlung** entlastet es A nicht, dass er als bloßer **Strohmann** fungiert und die ihm kraft Gesetzes zustehenden Kompetenzen selbst nicht genutzt hat; maßgeblich ist seine formelle Geschäftsführerstellung, die im alle rechtlichen und damit tatsächlichen Handlungsmöglichkeiten verschafft (BGH NStZ 2017, 149; OLG Celle BeckRS 2017, 110011).

bb) Die §§ 14 I Nr. 2 StGB, 9 I Nr. 2 OWiG erfassen das Handeln 45
eines **vertretungsberechtigten Gesellschafters einer rechtsfähigen Personengesellschaft**, d.h. einer Offenen Handelsgesellschaft (OHG), einer Kommanditgesellschaft (KG), einer am Rechtsverkehr teilnehmenden Gesellschaft bürgerlichen Rechts (BGHZ 146, 342 ff.) oder einer Partnerschaftsgesellschaft nach dem PartGG.

Beispiele: Gesellschafter einer OHG, soweit sie nicht vertraglich von der Vertretung ausgeschlossen sind (§ 125 HGB); Komplementär einer Kommanditgesellschaft (§ 170 HGB); vertretungsberechtigter Gesellschafter einer Außen-GbR (§ 714 BGB).

Nicht erfasst sind dagegen: der Kommanditist einer Kommanditgesellschaft; der vertretungsberechtigte Gesellschafter einer nicht am Rechtsverkehr teilnehmenden Gesellschaft bürgerlichen Rechts; der Vorstand sowie Vorstandsmitglieder eines nicht rechtsfähigen Vereins.

Fall 5: Was ändert sich in **Fall 4**, wenn Arbeitgeber die R-GmbH & Co. KG wäre?

In **Fall 5** würde die Arbeitgeber-Eigenschaft der R-GmbH & Co. KG zunächst über § 14 I Nr. 2 StGB der R-GmbH als vertretungsberechtigter Komplementärin (§§ 161, 170 HGB) zugerechnet werden und sodann über § 14 I Nr. 1 StGB dem A als Geschäftsführer dieser GmbH (§ 35 I 1 GmbHG), so dass A auch in dieser Abwandlung nach § 266a I StGB bestraft werden kann.

46 **cc)** Gemäß §§ 14 I Nr. 3 StGB, 9 I OWiG sind schließlich die **gesetzlichen Vertreter einer anderen Person** erfasst.

Beispiele: Eltern (§§ 1626, 1626a, 1629 I 2 BGB) bzw. der allein sorgeberechtigte Elternteil (§§ 1678 I, 1680 I, III, 1626a II, 1671 I, 1629 I 3 BGB), Vormünder (§§ 1773, 1793 I BGB) und Betreuer (§ 1902 BGB); Insolvenzverwalter (§ 80 I InsO); Zwangsverwalter (§ 152 I ZVG) bzw. Nachlassverwalter (§ 1985 I BGB); Testamentsvollstrecker (§ 2205 f. BGB).

47 **dd)** Nach §§ 14 II StGB, 9 II OWiG werden auch bestimmte Formen **gewillkürter Vertretung** erfasst, nämlich nach **Nr. 1**, wenn jemand vom Inhaber eines Betriebs bzw. Unternehmens beauftragt worden ist, den Betrieb ganz oder zum Teil (z.B. einer Zweigniederlassung oder einer Abteilung im Unternehmen) zu leiten, d.h. nach innen und außen verantwortlich zu sein und selbstständig an Stelle des Betriebsinhabers Leitungsaufgaben wahrzunehmen (BGH NJW-RR 1989, 1185 f.). Die jeweilige **Nr. 2** erfasst demgegenüber Personen (auch Betriebsfremde: z.B. Rechtsanwälte, Wirtschaftsprüfer), die vom Betriebsinhaber ausdrücklich den hinreichend konkreten Auftrag (BGH NStZ 2016, 460) erhalten haben, in eigener Verantwortung einzelne betriebsbezogene Aufgaben wahrzunehmen, die primär dem Betriebsinhaber in seiner Eigenschaft als Betriebsinhaber obliegen. Die Überwachung und Kontrolle des Beauftragten steht seiner Eigenverantwortlichkeit hierbei nicht entgegen. Nach §§ 14 II 3 StGB, 9 II 3 OWiG gelten diese Fälle sinngemäß für Beauftragte, die für eine Stelle handeln, die Aufgaben der öffentlichen Verwaltung wahrnehmen.

48 **ee)** Nach §§ 14 III StGB, 9 III OWiG sind die jeweiligen Abs. 1 und 2 auch dann anzuwenden, wenn die Rechtshandlung, die die Vertretungsbefugnis nach Abs. 1 oder das Auftragsverhältnis nach Abs. 2 begründen

soll, rechtlich unwirksam ist, es jedoch dennoch **rein faktisch** zu einer **Vertreter- oder Beauftragtenstellung** gekommen ist.

> **Fall 6:** Was ändert sich in **Fall 4**, wenn A zwar nicht förmlich als Geschäftsführer der R-GmbH bestellt wurde, diese Tätigkeit aber im Einverständnis aller Gesellschafter ausübte?

§ 14 III StGB verlangt, dass der gesellschaftsrechtlich erforderliche **49** Bestellungsakt erfolgt und nur unwirksam ist. Ob die Norm darüber hinaus einer faktischen Betrachtungsweise derart zugänglich ist, dass auch der „**faktische Geschäftsführer**" erfasst ist, der – wie A in **Fall 6** – zwar rein tatsächlich Geschäftsführeraufgaben wahrnimmt, jedoch hierzu nicht durch einen rechtsunwirksamen Bestellungsakt bestimmt wurde, ist streitig: Die h.M. (BGHSt 21, 101 [103]; BGHSt 31, 118 [122]; BGHSt 46, 62 [64]) bejaht dies mit Blick auf die hinter § 14 III StGB stehende „faktische Betrachtungsweise", jedenfalls sofern die Tätigkeit des „faktischen Geschäftsführers" durch das zuständige Gesellschaftsorgan gebilligt werde, wofür teilweise eine Einstimmigkeit verlangt wird (Scholz/*Tiedemann*, GmbH-Gesetz [10. Aufl. 2010], § 84 Rn. 22), teilweise aber auch eine einfache Mehrheit (wie zumeist für den Bestellungsakt selbst) für ausreichend erachtet wird (OLG Karlsruhe NJW 2006, 1364; LK/*Schünemann*, § 14 Rn. 73). Nur dann liege nicht nur eine einseitige Wahrnehmung von Leitungsaufgaben durch den „faktischen Geschäftsführer" vor, sondern dieser sei hierzu (im Sinne einer konkludenten Bestellung: so BGHSt 46, 62 [65]) derart legitimiert, dass dies eine Strafbarkeitsausdehnung auf den Geschäftsführer rechtfertige. Nach anderer Ansicht (MüKo-StGB/*Radtke*, § 14 Rn. 124) überschreite eine Ausdehnung des § 14 III StGB auf „faktische Organe" ohne unwirksamen Bestellungsakt die Wortlautgrenze (Art. 103 II GG); Fälle des „faktischen Geschäftsführers" würden jedoch zumeist über § 14 II StGB erfasst. In **Fall 6** wurde A zwar weder nach dem Gesellschaftsvertrag (§ 6 III 2 GmbHG) noch durch einen Gesellschafterbeschluss (§ 46 Nr. 5 GmbHG) wirksam bestellt, nach h.M. kann ihm durch das Einverständnis der Gesellschafter aber die Arbeitgebereigenschaft zugerechnet werden, nach der Mindermeinung allenfalls über § 14 II StGB, sofern eine entsprechende ausdrückliche (!) Beauftragung erteilt wurde.

c) Handeln „als" Vertreter

> **Fall 7** (nach BGH NStZ 2009, 437): A war Geschäftsführer und Al- **50**
> leingesellschafter der A-GmbH, welche Komplementärin der A-

GmbH & Co. KG war, die mit mehreren Tochtergesellschaften einen weltweiten Produktvertrieb betrieb. Als alle Gesellschaften in finanzielle Schwierigkeiten gerieten, bestellte A den B zum Geschäftsführer der A-GmbH, wobei B eine rein erfolgsabhängige Geschäftsführervergütung erhalten sollte. Er konnte lediglich ein provisionspflichtiges Geschäft mit einem Provisionsvolumen von 200.000 € vermitteln. Dennoch stellte er, nachdem die Hausbanken Ende März nach einer Kündigung der Geschäftsverbindung Insolvenzanträge gegen die A-GmbH & Co. KG und sämtliche Produktionsgesellschaften gestellt hatten, der A-GmbH in Absprache mit A eine Provisionsrechnung über 2 Mio. € für tatsächlich nicht vermittelte Geschäfte. Die A-GmbH zahlte die 2 Mio. € gleichwohl an B aus, da dieser angekündigt hatte, andernfalls jede weitere Tätigkeit für die A-GmbH einzustellen. In der Folgezeit wurde das Insolvenzverfahren über das Vermögen der A-GmbH und eine Produktionsgesellschaft eröffnet. Strafbarkeit des B?

§ 283 I Nr. 1 StGB ist ein echtes Sonderdelikt des Schuldners. Deren Strafbarkeit kann über § 14 I Nr. 1 StGB auf den Geschäftsführer B ausgedehnt werden, sofern dieser im Rahmen der Rechnungstellung „als" Vertreter gehandelt hat. Dies verlangt nicht nur, dass das Handeln im objektiven Zusammenhang mit dem Aufgabenkreis des Vertretenen steht (*Radtke*, JR 2010, 233 [236]), sondern die Rechtsprechung verlangte jahrzehntelang, dass der Vertreter für den Vertretenen und wenigstens auch in deren Interesse tätig geworden sein müsse (sog. **Interessentheorie**: BGHSt 30, 127 [128]; BGHSt 34, 221 [223]); handelte das Organ oder der Vertreter ausschließlich eigennützig, so schied § 14 StGB aus. In **Fall 7** ist der A-GmbH durch die unberechtigte Vereinnahmung der 2 Mio. € kein Vorteil zugeflossen; sie erfolgte ausschließlich (trotz der Absprache mit Alleingesellschafter A) eigennützig, so dass nach der Interessentheorie § 283 I Nr. 1 StGB ausscheiden müsste und einzig eine Strafbarkeit nach § 266 StGB verbliebe, die jedoch wegen der Zustimmung des Alleingesellschafters A (diese ist nach allen Ansichten [Rn. 207] wirksam, da eine Gefährdung der wirtschaftlichen Existenz der A-GmbH nicht festgestellt wurde) ebenfalls ausscheidet. B wäre straflos.

51 Der **3. Strafsenat** meldete in der vorliegenden Entscheidung jedoch in einem obiter dictum (weil eine Strafbarkeit jedenfalls mangels hinreichender Feststellungen zur drohenden Zahlungsunfähigkeit ausscheide) berechtigte Zweifel an der Interessentheorie an, der sich auf einen Anfragebeschluss des 3. Strafsenats (BGH NStZ 2012, 89) inzwischen alle Senate angeschlossen haben: Der Gesetzeswortlaut fordere ein derart einschränkendes subjektives Element nicht, das (mit

eigennützigen Vermögensverschiebungen vom Firmenkonto auf das Privatkonto) gerade in der wirtschaftlichen Krise zu einer Strafbarkeitslücke bei einer Begehung durch Organe oder Vertreter von Kapitalgesellschaften führe, während ein Einzelkaufmann (bei ihm bedarf es nicht zusätzlich der Voraussetzungen des § 14 StGB!) für die gleiche Handlung strafbar wäre.

Im **Schrifttum** wird als Alternative teilweise vertreten, es komme 52
darauf an, ob die schädigende Handlung nur „bei Gelegenheit" oder sogar „in Ausübung" der Tätigkeit für den Vertretenen (nur dann § 14 StGB) erfolge, insbesondere in Ausnutzung der organspezifischen Einwirkungsmöglichkeiten (sog. **Funktionstheorie:** *Arloth*, NStZ 1990, 570 [574]; Sch/Schr/*Perron*, § 14 Rn. 26; *Tiedemann*, NJW 1986, 1842 [1844 f.]). Die Rechtsprechung tendiert inzwischen für das im Schrifttum ebenfalls vertretene sog. **Zurechnungsmodell** (ausführlich hierzu MüKo-StGB/*Radtke*, § 14 Rn. 66 ff.), d.h. „ob der Vertreter iSd § 14 StGB im Geschäftskreis des Vertretenen tätig geworden ist. Dies wird bei rechtsgeschäftlichem Handeln zu bejahen sein, wenn der Vertreter entweder im Namen des Vertretenen auftritt oder letzteren wegen der bestehenden Vertretungsmacht jedenfalls im Außenverhältnis die Rechtswirkungen des Geschäfts unmittelbar treffen [z.B. beim GmbH-Geschäftsführer nach § 35 GmbHG]. Gleiches gilt, wenn sich der Vertretene zur Erfüllung seiner außerstrafrechtlichen, aber gleichwohl strafbewehrten Pflichten (vgl. § 283 I Nr. 5–7 StGB) eines Vertreters bedient. Bei faktischem Handeln muss die Zustimmung des Vertretenen [d.h. der Gesellschaftergesamtheit] – unabhängig von der Rechtsform, in der dieser agiert – ebenfalls dazu führen, dass der Vertreter in seinem Auftrag handelt und ihm die Schuldnerstellung zugerechnet wird" (BGH NStZ 2012, 89 [91]); nur hierdurch komme es zu einer materiellen Äquivalenz zwischen dem Verhalten des Vertretenen und des Vertreters. Nach diesem vorzugswürdigen Modell, wäre in **Fall 7** angesichts der Zustimmung durch den Alleingesellschafter A eine Strafbarkeit des B nach § 283 I Nr. 1 StGB gegeben.

3. Die horizontale Zurechnung auf der Leitungsebene

a) Ressortprinzip und Allzuständigkeit

Fall 8 (nach OLGR Schleswig 2002, 96): B war neben A alleinver- 53
tretungsberechtigter Geschäftsführer der Briefdienstleistungen betreibenden G-GmbH. Während B für den Außendienst verantwortlich war (Vertrieb, EDV, Qualitätssicherung), übernahm A als Diplomkaufmann den Innenbereich (Personal, Recht, Controlling, Finanzen einschließlich Buchhaltung und Steuer). Angesichts eines

finanziellen Engpasses zahlte die G-GmbH die Arbeitnehmeranteile zur Sozialversicherung am 15.7. und 15.8. nicht mehr an die Krankenkassen. Nachdem A am 16.8. in Urlaub gefahren war, fielen B an diesem Tag mittels des Angestellten K die fehlenden Zahlungen sowie eine Unterdeckung der Gesellschaftskonten auf. Am 18.8. kündigte die Hausbank die Geschäftsbeziehung und stellte Insolvenzantrag. Das Insolvenzverfahren wurde Anfang November eröffnet. Strafbarkeit des B nach § 266a I StGB?

Vor allem in größeren Unternehmen ist eine Aufgabenteilung innerhalb der Gesamtgeschäftsleitung nach Geschäfts- und Verantwortungsbereichen üblich und führt aufgrund einer Normativierung des Täterbegriffs durch die Anerkennung (einer Begrenzung) von Verantwortungsbereichen dazu, dass Täter grundsätzlich nur derjenige innerhalb der Geschäftsleitung ist, zu dessen Funktions- und Verantwortungsbereich die strafbewehrte Pflicht zählt (sog. **Ressortprinzip**: vgl. nur BGHSt 37, 106 [126]). Die anderen Mitglieder der Geschäftsleitung können dagegen grundsätzlich auf die ordnungsgemäße Aufgabenerfüllung durch die zuständigen Geschäftsleiter vertrauen (sog. Vertrauensgrundsatz).

54 Diese Verantwortlichkeitsbegrenzung wird jedoch durch die aus dem Gesellschaftsrecht hergeleiteten Grundsätze der **Allzuständigkeit für die Belange der ganzen Gesellschaft** ergänzt, wonach alle Mitglieder der Geschäftsleitung sekundäre Überwachungspflichten treffen, sofern „Anhaltspunkte dafür bestehen, dass die Erfüllung der der Gesellschaft obliegenden Aufgaben durch den zuständigen Geschäftsführer nicht mehr gewährleistet ist“ (BGHZ 133, 370 [378]). Eine solche Überwachungspflicht bestehe vor allem in finanziellen Krisenzeiten, in denen die Erfüllung der Verbindlichkeit nicht mehr gewährleistet erscheint. Irrt der Täter über den Umfang dieser sekundären Überwachungspflicht, so liegt hierin nur ein (in der Regel vermeidbarer) Verbotsirrtum (§ 17 StGB: BGH BB 2001, 436 [437]).

Nach diesen Grundsätzen oblag in **Fall 8** zwar die Ressortzuständigkeit für den Bereich Finanzen dem A und war der B hiermit erst ab dem 16.8. befasst, zu dem der Tatbestand des § 266a I StGB bereits vollendet war. Objektiv traf den B, auf den die Strafbarkeit grundsätzlich nach § 14 I Nr. 1 StGB ausgedehnt wird (Arbeitgeber-Eigenschaft), aber kraft seiner Allzuständigkeit in der finanziellen Krisensituation eine Überwachungspflicht, die ihn objektiv an sich zum Eingreifen zwingen musste, zumal die Anforderungen bei der Abführung von Arbeitnehmerbeiträgen als streng angesehen werden, handele es sich bei den Beitragsanteilen doch um Gelder, die nicht zur freien Verfügung des Arbeitgebers stehen (OLGR Schleswig 2002, 96 [98]).

Subjektiv fehlte dem B insoweit jedoch jede Kenntnis von der Finanzkrise der Gesellschaft, so dass ihm ein fehlendes Eingreifen nicht vorgeworfen werden kann und eine Strafbarkeit nach § 266a I StGB somit – unabhängig von der Frage, ob der G-GmbH ein Nachkommen der Abführungspflicht angesichts der Finanzkrise der Gesellschaft überhaupt möglich war – entfällt.

b) Problematik der Kollegialentscheidungen

Entscheidungen in kollegial organisierten Gremien (z.B. Entscheidungen der Mitglieder des Vorstandes einer Aktiengesellschaft oder einer Geschäftsführergesamtheit bei GmbHs) sind für die moderne Leitung von Wirtschaftsunternehmen geradezu typisch. Regelmäßig führen diese Entscheidungen zwar unmittelbar nicht zu einer Rechtsgutsverletzung, sondern bedürfen erst der Umsetzung unter Einbeziehung weiterer Personen, für deren Verhalten die Kollegialentscheidung lediglich die Voraussetzungen trifft und sich daher in Bezug auf die eigentliche Umsetzungshandlung noch im an sich straflosen Vorbereitungsstadium befinden müsste. Angesichts der notwendigen Voraussetzung der Kollegialentscheidung für die Ausführungshandlung wird jedoch im Schrifttum teilweise eine Parallele zu einem im Hintergrund agierenden „Bandenchef" gezogen (*Jakobs*, FS Miyazawa [1995], S. 419 [425]), während der Bundesgerichtshof die Produktion und den Vertrieb von Produkten den Geschäftsführern unmittelbar als eigenes Handeln zurechnet (BGHSt 37, 106 [114]). Die Folge ist eine Vielzahl an Kausalitäts- und Täterschaftsfragen, wobei es folgende Konstellationen zu unterscheiden gilt: 55

aa) Einstimmiger Beschluss: Bedarf es für den Gremienbeschluss entsprechend der gesetzlichen Grundregelungen der Gesamtgeschäftsführung (§§ 35 II GmbHG, 77 I 1 AktG) der Zustimmung aller Gremiumsmitglieder und wird der Beschluss dann auch tatsächlich einstimmig gefasst, so liegt ein Fall der kumulativen Kausalität vor, so dass keine Ja-Stimme hinweggedacht werden kann, ohne dass das Zustandekommen des Beschlusses entfiele. 56

bb) Mehrheitsentscheidung mit einer Stimme: Genügt für das Zustandekommen des Beschlusses eine einfache Mehrheit und wird der Beschluss mit nur einer Stimme Mehrheit gefasst (z.B. 5:4-Stimmen), so liegt gleichfalls unter der Stimmgabe jener Gremiumsmitglieder, die mit „Ja" gestimmt haben, eine kumulative Kausalität vor. 57

cc) Mehrheitsentscheidung mit größerer Mehrheit: Höchst problematisch sind demgegenüber jene Fälle, in denen für eine Beschlussfassung eine einfache Mehrheit ausgereicht hätte, die Mehrheit aber so groß ausgefallen ist, dass selbst eine weitere „Nein"-Stimme statt einer 58

„Ja“-Stimme an der einfachen Mehrheit nichts geändert hätte (z.B. 6:3-Stimmen). Kann hier im konkreten Fall nicht angenommen werden, dass die anderen Befürworter des Beschlusses bei einer weiteren „Nein“-Stimme ihre Entscheidung noch einmal überdacht hätten, so würde an sich eine streng angewendete Äquivalenztheorie (Conditio sine qua non-Formel) dazu führen, dass sich jeder Befürworter des Beschlusses mit Verweis auf die übrigen, für sich ausreichenden „Ja-Stimmen“ freizeichnen könnte. Kein Gremiumsmitglied wäre vollverantwortlich, obwohl gerade die mit breiter Mehrheit gemeinsam übernommene Gesamtverantwortung die Grundlage für den Beschluss war. „Dass dies nicht rechtens sein kann, liegt auf der Hand“ (BGHSt 37, 106 [132]), so dass die h.M. von einer Kausalität der befürwortenden Stimmen ausgeht: dies liege im „Wesen“ der Kollegialentscheidung), wenngleich die dogmatischen Begründungsversuche hierfür ziemlich divergieren:

59 (1) Nach Ansicht des Bundesgerichtshofs begründe der gemeinschaftlich gefasste Entschluss zum Beschlussergebnis eine **Mittäterschaft**, so dass sich die Befürworter des Beschlusses ihr Abstimmungsverhalten über § 25 II StGB wechselseitig zurechnen lassen müssen (BGHSt 37, 106 [128 f.]; zustimmend *Beulke/Bachmann*, JuS 1992, 737 [742 f.]; *Kuhlen*, NStZ 1990, 566 [570]). Soweit dies auch für jene Gremiumsmitglieder gelten soll, die bei der konkreten Entscheidung zwar abwesend waren, in Kenntnis der ohne sie wirksam getroffenen Entscheidung diese aber billigen und sich für ihren Verantwortungsbereich zu eigen machen (BGHSt 37, 106 [129 f.]), so wird eine derartige **sukzessive Mittäterschaft** im Schrifttum zu Recht mit Verweis auf den gesetzlich nicht fixierten Zeitraum der Beendigung (Art. 103 II GG) sowie die Umgehung der Voraussetzungen der §§ 257 ff. StGB abgelehnt. Problematisch ist dieser Lösungsansatz auch in den (praktisch häufigeren) Fällen, in denen die Beschlussfassung lediglich fahrlässig erfolgte, die Gremiumsmitglieder also unter Verletzung der im Verkehr erforderlich Sorgfalt verkannt haben, dass sie durch ihren Beschluss einen gesetzlichen Tatbestand erfüllen: Eine derartige **fahrlässige Mittäterschaft** wird im Schrifttum zwar teilweise angenommen, da die gemeinsam mit anderen in Vollzug eines gemeinsamen Planes (Abstimmung) erfolgte pflichtwidrige Begründung von Gefahren für Rechtsgüter Dritter die gemeinschaftliche Verantwortung für die aus dem pflichtverletzenden Verhalten erwachsende Rechtsgutsverletzung begründe (*Otto*, Jura 1990, 47 [49]; ebenso *Brammsen*, Jura 1991, 533 [537 f.]; *Hilgendorf*, NStZ 1994, 561 [563]). Die h.M. lehnt dies aber zu Recht wegen fehlendem gemeinsamen Tatentschlusses, der bewusst auf ein deliktisches Verhalten (sprich: ein gemeinsames Handlungsprojekt mit deliktischem Sinnbezug bezogen ist) bezogen sein muss, ab (BGH bei *Martin*, DAR 1959, 67; OLG Schleswig NStZ 1982, 116 f.).

(2) Einige Autoren gehen von einer **alternativen Kausalität** aus, könne man doch alternativ jede einzelne Ja-Stimme hinwegdenken, nicht aber kumulativ mehrere oder gar alle Ja-Stimmen (*Kindhäuser*, AT, § 10 Rn. 41). **60**

(3) *Merz* (in G/J/W, Vor §§ 13 ff. Rn. 19) erblickt in der Mehrheitsentscheidung eine „**Kombination aus kumulativer und alternativer Kausalität**“: „Soweit die notwendige Mehrheit betroffen ist, liegt kumulative Kausalität vor und die Stimmen, die über die erforderliche Stimmenzahl hinausgehen, stehen zu den übrigen Stimmen in alternativer Kausalität, weil alle Stimmen zeitgleich wirken, so dass diese alternativ hinweggedacht werden dürfen und keinen Fall der unzulässigen Reserveursache darstellen.“ **61**

dd) Stimmenenthaltung: Die Kausalität einer Stimmenthaltung für einen Gremiumsbeschluss ist grundsätzlich zu verneinen und lediglich dann ausnahmsweise zu bejahen, wenn die Stimmenthaltung faktisch wie eine Zustimmung wirkt, wenn also nur eine Nein-Stimme das Zustandekommen des Beschlusses verhindert hätte. Eine Unterlassungsstrafbarkeit trifft den Täter auch in jenen Fällen, in denen er es versäumt hat, auf die anderen Gremienmitglieder einzuwirken, um die Beschlussfassung zu verhindern, sofern dies erfolgsversprechend gewesen wäre und er dies nicht resignierend unterließ. Vertreten wird auch, eine Strafbarkeit des enthaltenen Gremiumsmitglieds bereits in seiner Mitwirkung an der Abstimmung zu erblicken, wenn erst durch diese die Beschlussfähigkeit des Gremiums hergestellt wurde (BGH NJW 2006, 522 [527] – Mannesmann [in BGHSt 50, 331 ff. nicht abgedruckt]); hiergegen spricht aber, dass auch derjenige, der mit „Nein“ stimmt, die Beschlussfähigkeit herbeiführt hat und daher trotz seines Verhinderungsbemühens gleichfalls bestraft werden müsste (mit der Folge, dass alle Gremiumsmitglieder bestraft würden, unabhängig davon, wie sie abgestimmt haben: so auch die Kritik von *Wittig*, § 6 Rn. 48). **62**

ee) Unterlassungskausalität: Nach den obigen Grundsätzen sei auch zu entscheiden, wenn durch den Gremienbeschluss ein gebotenes Handeln unterlassen werde, d.h. wenn sämtliche Gremienmitglieder untätig bleiben und auf diese Weise den gebotenen Gremiumsbeschluss (z.B. auf Rückruf eines bereits ausgelieferten gesundheitsschädlichen Produkts) nicht herbeigeführt haben (BGHSt 37, 106 [126 f.]). **63**

4. Die Verantwortlichkeit der Unternehmensleitung für das Verhalten der Unternehmensmitarbeiter

a) Mittelbare Täterschaft kraft Organisationsherrschaft

64 Eine Form einer „Verantwortungsverlagerung nach oben" (*Wittig*, § 6 Rn. 102) stellt die mittelbare Täterschaft (§ 25 I Var. 2 StGB; nach h.M. neben § 14 OWiG auch im Ordnungswidrigkeitenrecht anwendbar: *Bohnert/Krenberger/Krumm*, OWiG, § 14 Rn. 11 ff.; KK-OWiG/*Rengier*, § 14 Rn. 87 ff.) dar, wonach der Täter („Hintermann") einen anderen („Tatmittler" bzw. „Vordermann") als sein „Werkzeug" einsetzt. Ein bloßes Über- und Unterordnungs-Verhältnis (z.B. Geschäftsführer gegenüber Angestellten) genügt hierfür freilich nicht, sondern es bedarf grundsätzlich eines nicht uneingeschränkt verantwortlich handelnden Tatmittlers (sprich: mit „deliktischem Defekt"), deren Verhalten aufgrund überlegener Stellung (kraft Willens- oder Irrtumsherrschaft) beherrschet wird. Verwirklicht dagegen der Vordermann alle Merkmale des gesetzlichen Tatbestandes, so ist er unmittelbarer Täter und scheidet nach dem Verantwortungsprinzip eine Strafbarkeit des Hintermannes als Täter grundsätzlich aus. Nur in wenigen Fällen wird ein „Täter hinter dem Täter" anerkannt, z.B. beim vermeidbaren Verbotsirrtum (BGHSt 35, 347 ff. – Katzenkönig). Eine Ausnahme soll auch in den Fällen der sog. „Organisationsherrschaft" gelten: Diese von *Roxin* vor dem Hintergrund auch des Eichmann-Prozesses in Jerusalem entwickelte Form der mittelbaren Täterschaft (*Roxin*, GA 1963, 193 ff.) verlangt, dass „der Hintermann durch Organisationsstrukturen bestimmte Rahmenbedingungen ausnutzt, innerhalb derer sein Tatbeitrag regelhafte Abläufe auslöst" (BGHSt 40, 218 [236]; BGHSt 45, 270 [296]) und der Hintermann dadurch die einzelnen Taten des Vordermannes, der als austauschbares Rädchen im Getriebe erscheine (sog. Fungibilität), nach Belieben bzw. bedingungslos lenken könne.

Fall 9 (nach BGH NStZ 2004, 457 ff.): A hatte seine Tierarztpraxis mit durchschnittlich zwölf angestellten Tierärzten und weiterem nichttierärztlichem Personal und seine tierärztliche Hausapotheke so organisiert, dass er einen möglichst großen Arzneimittelumsatz erzielte, da ihm von den Pharmafirmen Rabatte in Form von unberechneten Zusatzlieferungen gewährt wurden, deren Umfang sich an seinen Bezugsmengen orientierte. Seinen Anweisungen entsprechend wurden verschreibungspflichtige Arzneimittel aus seiner tierärztlichen Hausapotheke daher an Tierhalter weitergegeben, ohne dass deren Tiere durch den A oder einen bei ihm angestellten Tierarzt ordnungsgemäß behandelt wurden. Strafbarkeit des A?

Bereits in seinem grundsätzlichen „Mauerschützen-Urteil“ deutete der **BGH** an, dass eine derartige mittelbare Täterschaft kraft Organisationsherrschaft auch bei „unternehmerischen oder geschäftsähnlichen Organisationsstrukturen“ gegeben sei (BGHSt 40, 218 [236]) und übertrug in weiteren Entscheidungen diese Rechtsfigur ausdrücklich auf Wirtschaftsunternehmen (zustimmend: *Ransiek*, Unternehmensstrafrecht, S. 46 ff.). 65

Beispiele: mittelbare Täterschaft des formellen Geschäftsführers einer GmbH; mittelbare Täterschaft von Gesellschaftern, die durch Schulungen ihren Handelsvertretern Rahmendaten (für Betrugshandlungen) vorgaben (BGH NJW 2004, 375 [378]); mittelbare Täterschaft von Vorstandsmitgliedern im Konzern aufgrund ihrer Leitungsmacht (BGHSt 49, 147 ff. – „Bremer Vulkan“).

Diese Rechtsprechung ist im **Schrifttum** (zu Recht) vielfach kritisiert worden: Denn hinter der Rechtsfigur steht dogmatisch die Ausnutzung einer „psychischen Drucksituation“ des aufgrund der Austauschbarkeitsmöglichkeit bestehenden Gruppenzwangs („soziale Tatherrschaft“: so bereits *Kraatz*, Fahrlässige Mittäterschaft, S. 311 f.). Vergleichbare Drucksituationen und eine große Zahl auswechselbarer Tatmittler fehlen bei Wirtschaftsunternehmen jedoch zumeist. Zudem sollen derartige für den Hintermann tatherrschaftsbegründende Drucksituationen nur in Unrechtsstaaten oder in mafiösen Strukturen bestehen, also wenn sich die hierarchische Organisation außerhalb des Rechts befinde, bestehe ansonsten doch ein rechtliches Weigerungsrecht der potentiellen Vordermänner (*Roxin*, AT II, § 25 Rn. 130 und 138); diese Rechtsgelöstheit fehlt bei Wirtschaftsunternehmen, die ansonsten legale Geschäfte betreiben. Teile der Literatur nehmen daher in derartigen Fällen stattdessen eine Mittäterschaft an (so *Otto*, AT, § 21 Rn. 92). Hierbei wird jedoch verkannt, dass es zumeist an einem gemeinsamen Tatentschluss (ein bloßer Einpassungsentschluss genügt nicht!) sowie einer arbeitsteiligen Tatausführung (der Hintermann leistet keinen wesentlichen Tatbeitrag außer der Anweisung zur Tat) fehlen wird (*Roxin*, AT II, § 25 Rn. 121). In **Fall 9** ist daher richtigerweise von bloßer Anstiftung zu § 95 Abs. 1 Nr. 8, § 56a Abs. 1 Nr. 1 AMG (Abgabe verschreibungspflichtiger Arzneimittel ohne ordnungsgemäße Behandlung an Tierhalter) auszugehen. Der Grund, warum die Rechtsprechung trotzdem von mittelbarer Täterschaft ausgeht, liegt wohl in dieser verführerischen Möglichkeit, „schwierige Sachverhalte, in denen die Annahme anderer Täterschaftsformen häufig schon aus Beweisgründen scheitern muss, auf bestechend einfache Art und Weise zu lösen“ (*Rotsch*, JR 2004, 248 [251]) – der Leiter eines Unternehmens wird einfach für alles haftbar gemacht, was in seinem Betrieb geschieht und von seinem Wissen und Wollen auch nur in ganz allgemeiner Form umfasst ist. 66

b) Geschäftsherrenhaftung

67 Die gleiche Gefahr besteht für die Möglichkeit einer Unterlassungs(neben-)täterschaft des Unternehmensleiters für durch seine Mitarbeiter begangene Straftaten (sog. „Geschäftsherrenhaftung").

> **Fall 10** (nach BGHSt 57, 42 ff.): A war bei einem städtischen Bauhof Vorarbeiter einer Baukolonne. Ein Teil der ihm nachgeordneten Arbeiter fassten den Entschluss, den ihm verhassten B, der in einer anderen Kolonne tätig war, zu demütigen, womit sie auch gegenüber A lauthals prahlten („Den machen wir fertig!"). So versetzten sie ihm während der Arbeitszeit in zehn Fällen heftige Faustschläge gegen den Oberkörper, wodurch B schmerzhafte Hämatome erlitt. A war bei diesen Übergriffen stets anwesend und erkannte das bevorstehende Handeln seiner Arbeiter gegenüber B und dessen mögliche Folgen für B, schritt aber dennoch nicht ein. Strafbarkeit des A?

Fehlt eine ausdrückliche gesetzliche Anordnung einer Überwachergarantenstellung des Unternehmensleiters (so z.B. in § 111 I AktG [Überwachungsaufgabe des Aufsichtsrats im Verhältnis zur Geschäftsführung: BGHSt 47, 187 (201)]; 41 WStG, 123 SeeArbG), so ist noch immer umstritten, ob den Unternehmensleiter (oder Vorgesetzten) trotz des (sich aus der verfassungsrechtlich verankerten Privatautonomie ergebenden) Grundsatzes, dass niemand für das Verhalten anderer verantwortlich gemacht werden kann, auch in diesen Fällen (und damit allgemein) eine Garantenstellung trifft oder ob ihn nur das Risiko einer Geldbuße (§ 130 OWiG) trifft: **Teilweise** wird es wegen des Verantwortungsprinzips gänzlich abgelehnt, aus der Beziehung zwischen dem Betriebsinhaber und seinen Mitarbeitern („personale Herrschaft") eine Rechtspflicht zum Schutz der Rechtsgüter Dritter abzuleiten (*Kretschmer*, StraFo 2012, 259 [262]; SK-StGB/*Rudolphi/Stein*, § 13 Rn. 35a; *Wessels/Beulke/Satzger*, AT, Rn. 1015 ff.). **Überwiegend** wird jedoch eine Garantenstellung des Unternehmensleiters jedenfalls zur Abwendung aller betriebsbezogenen Straftaten (und Ordnungswidrigkeiten) angenommen, die die ihm nachgeordneten Mitarbeiter in Erfüllung der ihnen übertragenen Aufgaben verwirklichen (*Hellmann/Beckemper*, Rn. 951; Lackner/Kühl/*Kühl*, § 13 Rn. 14; *Lindemann/Sommer*, JuS 2015, 1057 [1059 f.]; *Roxin*, AT II, § 32 Rn. 137 ff.). Hierfür spricht, dass der Arbeitnehmer im Interesse des Geschäftsherrn tätig wird und die ihm eingeräumten Handlungsmöglichkeiten benutzt. Durch seine Eingliederung in das Unternehmen kann eine Zurechnung seiner betrieblich vorgenommenen Handlungen zum Unternehmen angenommen werden, für das der Unternehmensleiter umfassend verantwortlich ist. Gefolgt werden kann daher auch nicht einer **vermittelnden Ansicht** (*Jakobs*, AT, 29/36; LK/*Weigend*, § 13 Rn. 56), die eine derartige Überwachergarantenstellung auf die Fälle beschränkt, dass sich aus der Eigenart des Betriebs besondere typische Gefahren für die Allgemeinheit ergeben würden (z.B. Lieferung verbraucherschädlicher Produkte).

Hiernach hat der BGH in **Fall 10** nicht nur eine Beschützergarantenstellung (B war nicht in der Kolonne des A und damit in dessen Verantwortungsbereich) verneint, sondern mangels konkreten Betriebsbezugs auch eine Überwachergarantenstellung. Zwar werde teilweise vertreten, „Mobbing" sei eine in der Betriebsgemeinschaft allgemein angelegte Gefahr, weil für solche Taten der abgegrenzte soziale Raum des Betriebes ohne ausreichende Ausweichungsmöglichkeiten konstitutiv sei (*Wolmerath*, Mobbing [3. Aufl. 2007], Rn. 209). Damit würde nach Ansicht des BGH jedoch das Merkmal der Betriebsbezogenheit überdehnt, bestehe diese Gefahr doch in jedem Unternehmen mit mehr als einem Mitarbeiter und sei daher keine speziell dem konkreten städtischen Bauhof innewohnende Gefahr. Sprich: „Ein betriebsbezogenes Fehlverhalten eines Mitarbeiters setzt voraus, dass es mit dem Tätigkeitsbereich des konkreten Unternehmens, mit der Firmenpolitik oder unternehmerischen Weisungsbefugnissen in Zusammenhang steht" (*Roxin*, JR 2012, 305 [307]). Aus den gleichen Gründen (fehlender betriebsbezogener Zusammenhang) scheidet eine Strafbarkeit nach § 357 I StGB (Verleitung eines Untergebenen zu einer Straftat) aus und es verbleibt nur eine unterlassene Hilfeleistung (§ 323c I StGB) in zehn Fällen.

Daneben besteht natürlich die Möglichkeit einer Garantenstellung **68**
der Unternehmensleiter aufgrund von Verkehrssicherungspflichten (Haftung für eröffnete Gefahrenquellen: z.B. Haftung des Bauunternehmers für Gefahren aufgrund gefährlicher Baustelle: OLG Karlsruhe NJW 1977, 1930) oder Ingerenz (z.B. Vertrieb eines gesundheitsschädlichen Produktes).

Ein Sonderproblem betrifft die Frage, ob den **Compliance-Officer** **69**
(Compliance-Beauftragten) eine Garantenpflicht zur Verhinderung von Straftaten durch Unternehmensangehörige trifft:

Fall 11 (nach BGHSt 54, 44 ff.): Tarifexperte A, Leiter der Rechtsabteilung der B (Berliner Anstalt des öffentlichen Rechts), wurde zwischen 2000–2002 die Leitung der Innenrevisionsabteilung der B bezüglich der Straßenreinigung von Anliegergrundstücken mit Anschluss- und Benutzungszwang übertragen. B war gesetzlich verpflichtet, die Entgelte hierfür zu jeder Abrechnungsperiode neu zu berechnen. Dies erfolgte über eine von A geleitete Projektgruppe, die einen Vorschlag machte, der vom Vorstand und Aufsichtsrat genehmigt wurde, bevor auf dieser Grundlage den Grundstückseigentümern ein Endbetrag in Rechnung gestellt wurde, ohne die Berechnung aufzuzeigen. Für die Abrechnungsperiode 1999/2000 erfolgte irrtümlich eine falsche Berechnung, was zu einem überhöhten Tarif führte. Vorstandsmitglied C fiel der Fehler auf, er ließ ihn aber bewusst unbeanstandet. Die für die Abrechnungsperiode 2000/2001 neu gebildete Projektgruppe, der A nicht mehr angehörte, informierte A und C über den Fehler. C ordnete jedoch an, den Fehler fortzuführen, weil er hierdurch für die B Mehreinnahmen erzielen wollte. A erhielt von der Weisung des C Kenntnis, unterrichtete hierüber aber aus Loyalität weder seinen Vorgesetzten noch den Aufsichtsrat. Weisungsgemäß schlug die Projektgruppe einen überhöhten Tarif vor, der genehmigt wurde und auf deren Grundlage überhöhte Rechnungen an die Grundstückseigentümer ergingen, die diese beglichen. Strafbarkeit des A nach §§ 263 I, 25 I Var. 2, 13 I StGB bezüglich der Abrechnungsperiode 2000/2001?

A ließ es zu (Schwerpunkt der Vorwerfbarkeit), dass die überhöhten Tarife von den Gremien der B, die den Fehler nicht kannten, beschlossen und auf dieser Grundlage den Grundstückseigentümern überhöhte Rechnungen gestellt wurden. Eine Garantenstellung hierfür aus Ingerenz durch die fehlerhafte Tarifberechnung im Vorjahr unter seiner Leitung scheitert daran, dass der Tarif für jede Abrechnungsperiode uneingeschränkt neu bestimmt wird. Eine Garantenstellung könnte sich einzig aus der Übernahme der tatsächlichen Gewähr dafür ergeben, dass es zu keiner gesetzeswidrigen überhöhten Erhebung von Entgelten kommt: Zwar müsse zu einer vertraglichen Pflicht ein besonderes Vertrauensverhältnis hinzukommen, das den Übertragenden gerade dazu veranlasse, besondere Schutzpflichten zu überantworten (BGHSt 46, 196 [202 f.]), was bei der Übernahme der Innenrevision aber gegeben sei. Auch sei der Inhalt der sich hieraus ergebenden Garantenpflicht zwar nicht mit jener eines Compliance Officers vergleichbar, ausnahmsweise ergebe sich aber auch für einen Innenrevisor eine entsprechende Garantenpflicht, wenn er wie vorliegend bei einer Anstalt des öffentlichen Rechts beschäftigt sei, die den Anliegern gegenüber zu gesetzmäßiger Gebührenberechnung verpflichtet sei. Wegen fehlendem Täterwillen erblickte der BGH hierin dennoch nur eine Beihilfe durch Unterlassen zum Betrug in mittelbarer Täterschaft.

70 In einem viel beachteten *obiter dictum* erklärte der BGH in **Fall 11**, dass einen Compliance Officer wegen der Übernahme der Aufgabe der Verhinderung betriebsbezogener Straftaten als „notwendige Kehrseite“

„regelmäßig strafrechtlich eine Garantenpflicht iSd § 13 I StGB" treffe, „im Zusammenhang mit der Tätigkeit des Unternehmens stehende Straftaten von Unternehmensangehörigen zu verhindern" (BGHSt 54, 44 [50]). Erkennt man mit der h.M. eine Geschäftsherrenhaftung für betriebsbezogene Straftaten Untergebener an, die über die Beauftragung eines Compliance Officers auf diesen delegiert wird, so ist dies zwingend (zutreffend *Wittig*, § 6 Rn. 58b; aA *Kretschmer*, JR 2009, 474 ff.; *Mosbacher/Dierlamm*, NStZ 2010, 268 [269 ff.]).

Beachte abschließend: Es besteht keine Garantenstellung des Geschäftsführers im Verhältnis zu den Gesellschaftern (BGHSt 51, 29 [31 f.]) oder der Gesellschafter im Hinblick auf das Gesellschaftsvermögen oder gegenüber den anderen Mitgesellschaftern (bloße Loyalitätspflicht). – Ein Sonderwissen über schwarze Kassen oder andere rechtswidrige Strukturen wird selbstverständlich durch die bloße Einführung eines Compliance-Systems nachträglich nicht beseitigt (BGH wistra 2017, 193 – schwarze Kassen bei Siemens).

c) Die betriebliche Aufsichtspflichtverletzung (§ 130 OWiG)

Scheidet eine „Geschäftsherrenhaftung" im konkreten Fall aus, so ver- **71**
bleibt zumeist die Möglichkeit einer Ahndung als Ordnungswidrigkeit nach § 130 OWiG wegen einer betrieblichen Aufsichtspflichtverletzung.

Fall 12 (nach OLG Jena NStZ 2006, 533): Die B-GmbH ist ein zugelassenes Entsorgungsunternehmen, das durch die Geschäftsführer X und Y vertreten wird. Auf Grund vertraglicher Vereinbarung mit der K-GbR entleerten Mitarbeiter der B-GmbH die auf dem Betriebsgelände der K-GbR befindliche Regenwasserzisterne. Den Zisterneninhalt, mindestens 12 m^3 Schlamm, verbrachten sie auf ein nahe des Ablaufbereiches der Kläranlage im Uferbereich eines Flusses gelegenes Grundstück der K-GbR. Zuvor hatten sie sich mittels einer Geruchsprobe davon überzeugt, dass es sich nicht um Fäkalschlamm handelte. Die Analyse der noch am selben Tag durch Bedienstete der Stadtverwaltung, Untere Abfallbehörde, entnommenen Proben ergaben Blei- und Kupferwerte, die die festgelegten Vorsorgewerte um das Doppelte überschritten, so dass die Räumung des Materials angeordnet wurde. Kann die Stadtverwaltung wegen fahrlässigen Lagerns wassergefährdender Stoffe im Uferbereich – deren Tatbestandsmäßigkeit unterstellt – einen Bußgeldbescheid gegen die B-GmbH verhängen?

Die Verhängung einer Geldbuße gegen die B-GmbH als juristischer Person verlangt nach § 30 I OWiG die Feststellung einer von ihrem Organ begangenen Ordnungswidrigkeit, durch die Pflichten, welche die GmbH treffen, verletzt worden sind oder die GmbH bereichert ist oder werden sollte.

72 **aa) Vorbemerkungen: Kriminalpolitischer Zweck** des § 130 OWiG ist es, die Lücke zu schließen, die sich daraus ergibt, dass bestimmte betriebsbezogene Pflichten in der heutigen, durch Arbeitsteilung bestimmten Wirtschaftswelt infolge von Delegation oftmals von Personen zu erfüllen sind, die selbst nicht pflichtig sind, so dass bei Sonderdelikten dem tatsächlich handelnden Betriebsangehörigen gegenüber der Tatvorwurf nicht erworben werden kann; eine Vertreter- und Beauftragtenhaftung des Handelnden über § 9 OWiG scheitert daran, dass diese nur die Delegation an eigenverantwortliche Organe und Beauftragte erfasst, eine Organhaftung des Unternehmensleiters über § 9 OWiG daran, dass diesem selbst zumeist ein tatbestandsmäßiges Verhalten nicht vorgeworfen werden kann. Dies beseitigt § 130 OWiG durch einen eigenen Tatbestand, der eine Verantwortlichkeit des Betriebsinhabers für Zuwiderhandlungen anordnet, die in seinem Betrieb oder Unternehmen von Betriebsangehörigen begangen wurden und deren Begehung durch gehörige Aufsichtsmaßnahmen verhindert oder zumindest wesentlich erschwert worden wäre. Als bloßer Auffangtatbestand gelangt die Norm dennoch nur zur Anwendung, wenn der Täter (z.B. Unternehmensinhaber) keinen besonderen Straf- oder Ordnungswidrigkeitentatbestand verwirklicht (AG Solingen NJW 1996, 1607 [1608]).

73 **Geschütztes Rechtsgut** ist das durch die einzelne betriebsbezogene Straftat oder Ordnungswidrigkeit geschützte Rechtsgut (Göhler/*Gürtler*, § 130 Rn. 3a; KK-OWiG/*Rogall*, § 130 Rn. 14 ff.; aA BGHZ 125, 366 [373]: Interesse an der „Ordnung im Betrieb“). § 130 OWiG ist ein **konkretes Gefährdungsdelikt** (KK-OWiG/*Rogall*, § 130 Rn. 19; aA *Adam*, wistra 2003, 285 [289]: abstraktes Gefährdungsdelikt) in Gestalt eines **echten Unterlassungsdelikts**, bei dem sich das tatbestandliche Verhalten im Unterlassen der erforderlichen Aufsichtsmaßnahme erschöpft (BGH NStZ 1985, 77).

Aufbauschema (§ 130 OWiG)

I. Tatbestandsmäßigkeit

1. Objektiver Tatbestand

a) Täter: Betriebs- oder Unternehmensinhaber
b) Betriebstypische Gefahr solcher Zuwiderhandlungen, wie sie tatsächlich begangen worden sind
c) Unterlassen von Aufsichtsmaßnahmen, die zur Verhinderung von Zuwiderhandlungen erforderlich und zumutbar sind

2. Subjektiver Tatbestand

Vorsatz (sonst: nach § 130 I OWiG Fahrlässigkeit)

3. Objektive Bedingung der Ahndung

Zuwiderhandlung gegen Pflichten des Betriebsinhabers durch Betriebsangehörige (Anknüpfungstat) und Zurechnungszusammenhang

II. Rechtswidrigkeit

III. Vorwerfbarkeit

bb) Objektiver Tatbestand: Tauglicher Täter des § 130 OWiG kann nur der Inhaber eines Betriebes oder Unternehmens (z.B. einer Fabrik, einer Verkaufsstelle oder auch [weites Begriffsverständnis!] einer karikativen Einrichtung) oder eine ihm nach § 9 OWiG gleichgestellte Person sein, wie insbesondere der Betriebsleiter (§ 9 II 1 Nr. 1 OWiG) oder der Compliance-Officer (§ 9 II 1 Nr. 2 OWiG). Noch nicht abschließend geklärt ist, ob in einem Konzern die Muttergesellschaft eine Aufsichtspflicht über die Tochtergesellschaft hat, so dass die Organe der Muttergesellschaft (z.B. Vorstandsmitglieder) bei Zuwiderhandlungen der Organe der Tochtergesellschaft nach §§ 130, 9 OWiG haften können (dafür: KK-OWiG/*Rogall*, § 130 Rn. 27; bejahend bei legitimiertem oder faktischem Einfluss auf die Tochter: OLG München BeckRS 2015, 14184; dagegen Göhler/*Gürtler*, § 130 Rn. 5a: „unüberschaubare Zurechnungskaskaden", lediglich Beteiligung durch Unterlassen). 74

Unterlassen von Aufsichtsmaßnahmen: Die Aufsichtspflicht des Betriebsinhabers soll ex ante (Kein bloßer Schluss von erfolgter Zuwiderhandlung auf eine Unterlassung tauglicher Aufsichtsmaßnahmen!) sicherstellen, dass die betriebsbezogenen Ge- und Verbote aller Voraussicht nach eingehalten werden. Das Ausmaß der Aufsichtspflicht ist hierbei nicht nur betriebsbezogen und hängt von den jeweiligen Umständen des Einzelfalles ab (z.B. Größe und Organisation des Betriebs, Bedeutung zu beachtender Rechtsvorschriften, Qualifizierung der Mitarbeiter etc.), sondern es ist in verfassungskonformer Auslegung (restriktives Verständnis des [wegen der Abkopplung der konkret begangenen Zuwiderhandlung als bloßer objektiver Bedingung der Strafbarkeit von der Tathandlung des Unterlassens der erforderlichen Aufsichtsmaßnahmen] unbestimmten Erfordernisses einer Aufsichtspflichtverletzung) sogar auf Aufsichtspflichten zu begrenzen, die der Abwehr objektiv festzustellender betriebstypischer Gefahren solcher Zuwiderhandlungen dienen, wie sie sich in der vom Mitarbeiter dann 75 tatsächlich begangenen Zuwiderhandlung realisiert haben (grundlegend *Rogall*, ZStW 98 [1986], 588 [597 ff.]; ebenso A/R/R/*Achenbach*, 1. Teil 3. Kap. Rn. 53 f.). Dabei dürfen die Anforderungen natürlich nicht überspannt und keine Aufsichtspflichten verlangt werden, die nicht erforderlich und zumutbar sind (z.B. Belohnungen für Denunziationen, lückenlose Überwachung mit versteckten Videokameras etc.).

76 **Beispiele** für Aufsichtspflichten:

- **Organisatorische Maßnahmen:** sorgfältige Auswahl geeigneter und zuverlässiger Mitarbeiter, Gewährleistung einer lückenlosen Überwachung durch eine eingerichtete Revisionsabteilung („Compliance-Abteilung") in größeren Unternehmen mit einer ausreichenden Ausstattung mit personellen und sachlichen Mitteln.
- **Überwachungsmaßnahmen:** Maßnahmen zur (eigenen!) Überwachung der Einhaltung betriebsbezogener Pflichten (z.B. Überwachung einer verkehrssicheren Verladung von Waren auf Lkw [OLG Celle NStZ-RR 2007, 215]) inkl. überraschender, stichprobenartiger Kontrollen in Niederlassungen und Filialen, wobei die Häufigkeit der Kontrollen eine derartige Tiefe erreichen muss, dass ein realistisches Entdeckungsrisiko für die Mitarbeiter besteht.

> **Fall 13** (nach AG Hamburg BeckRS 2013, 01395): A und sein Geschäftspartner B betreiben gemeinsam (mit dem notwendigen Fachkundenachweis der Handelskammer) einen Taxenbetrieb mit mehreren angestellten Fahrern in Form einer GbR. Der angestellte Fahrer E begann seine zehnstündige Tagschicht als Taxifahrer um 8 Uhr morgens, ohne zuvor mit einem Verantwortlichen der GbR – die gegen 7 Uhr mit der Arbeit begonnen hatten – gesprochen zu haben. Zu diesem Zeitpunkt stand er unter dem Einfluss von Marihuana, nachdem er am Abend zuvor gegen 19 und 21 Uhr zwei Joints geraucht hatte. Daher hatte E bei Fahrtbeginn (klar erkennbar) glasige, wässrige Augen und leicht gerötete Bindehäute. Dies fiel einem Polizeibeamten im Laufe einer Verkehrskontrolle auf einem Rastplatz auf. Die um 12 Uhr bei ihm entnommene Blutprobe ergab eine nachgewiesene Konzentration an THC von 3,99 ng/ml (Schwellenwert: 1,0 ng/ml!). Kann gegen A wegen Verletzung von § 130 I OWiG eine Geldbuße verhängt werden?

In **Fall 13** trifft A gemeinsam mit seinem Partner gemäß § 3 I 3 BOKraft die Pflicht, dem Fahrer die Aufnahme der Fahrt zu untersagen, wenn ihm bekannt ist oder bekannt sein muss, dass dieser nicht befähigt oder geeignet ist, eine sichere ordnungsgemäße Beförderung zu gewährleisten. So hätte A den Betrieb so organisieren müssen, dass eine Verletzung dieser Pflicht hätte verhindert werden können. Dazu hätte gehört, dass A, sein Partner oder ein dazu abgestellter Beschäftigter der GbR vor Schichtbeginn die Fahrtüchtigkeit des Fahrers (zumindest oberflächlich) prüft, zumal selbst eine oberflächliche Überprüfung des E mit seinen glasigen Augen geeignet gewesen wäre, seine Fahruntüchtigkeit zu bemerken.

Keine Überwachungspflicht besteht dagegen bei Niederlassungen, die in einer juristisch selbstständigen Form geführt werden, da diese dann selbst die Inhaberin des Niederlassungsunternehmens ist. Eine Befreiung von der Aufsichtspflicht durch einen Verzicht auf das Direktionsrecht ist dagegen nicht möglich, da dies der Konzeption der §§ 9, 30, 130 OWiG widersprechen würde (*Rettenmaier/Palm*, NJW 2010, 2849).

– **Schulungsmaßnahmen:** umfassende Einweisung neuer Mitarbeiter, Gewährleistung einer regelmäßigen und systematischen Aus- und Weiterbildung der Beschäftigten inkl. einer ständigen Förderung des Rechtswahrungsbewusstseins der Mitarbeiter.

  In **Fall 12** haben die Mitarbeiter zwar gegen § 15 KrWG verstoßen, der Sachverhalt enthält jedoch keine Feststellungen dazu, „dass der Geschäftsführer die bei der Betroffenen beschäftigten Mitarbeiter im Hinblick auf die Einhaltung der entsprechenden abfall- und wasserrechtlichen Vorschriften nicht hinreichend eingewiesen und überwacht hat" (OLG Jena NStZ 2006, 533 [534]); nur dann wäre die Verhängung eines Bußgeldes nach § 30 iVm § 130 OWiG möglich.
– **Dokumentationspflichten:** Dokumentation der Aufsichtsmaßnahmen zur Gewährleistung von Transparenz sowie Drittkontrollen.

Sind in einem Betrieb bereits Zuwiderhandlungen vorgekommen **77**
(z.B. die Behörden haben bereits einen Bußgeldbescheid in gleicher Sache erlassen: OLG Koblenz VRS 50 [1976], 54 [57]), bestehen bereits Zweifel an der Geeignetheit von Mitarbeitern oder sind betroffene Rechtsfragen schwierig (z.B. mögliche Kartellverstöße bei Preisempfehlungen) oder einem ständigen Wandel unterworfen, so besteht eine Pflicht zu gesteigerten Aufsichtsmaßnahmen.

Sind mehrere Personen als Aufsichtspflichtige verantwortlich (ins- **78**
besondere auf einer Hierarchieebene: Grundsatz der Generalverantwortung!), können gegen sie gesonderte Verfahren durchgeführt und Geldbußen festgesetzt werden (Göhler/*Gürtler*, § 130 Rn. 8a); bei klarer Zuständigkeitsverteilung in einem Leitungsgremium haftet dagegen nur derjenige, der nach der unternehmensinternen Aufgabenverteilung für die Aufsichtspflicht zuständig ist (*Otto*, Jura 1998, 409 [414]). Die Verantwortlichkeit der übrigen Gremienmitglieder lebt dann erst wieder auf, wenn sich ihnen aufdrängen muss, dass das zuständige Organmitglied seine Pflichten offensichtlich vernachlässigt (OLG Naumburg NZV 1998, 41 [42]).

79 **cc) Subjektiver Tatbestand:** Die Aufsichtspflichtverletzung kann vorsätzlich oder fahrlässig begangen worden sein, wobei sich der Vorsatz oder die Fahrlässigkeit nur auf das Unterlassen der erforderlichen Aufsichtsmaßnahmen wie die konkrete Zuwiderhandlungsgefahr beziehen muss; eine bestimmte Zuwiderhandlung als Folge seiner Aufsichtspflichtverletzung muss der Täter dagegen nicht voraussehen oder auch nur voraussehen können (OLG Frankfurt a.M. wistra 1985, 38 [39]).

80 **dd) Objektive Bedingung der Ahndung:** Objektive Bedingung der Ahndung ist zunächst, dass im Betrieb eine mit Strafe oder Geldbuße bedrohte Zuwiderhandlung durch einen (nicht notwendigerweise namentlich bekannten) Mitarbeiter begangen wurde, wobei die Zuwiderhandlung nach h.M. (vgl. nur Göhler/*Gürtler*, § 130 Rn. 21; *Többens*, NStZ 1999, 1 [5]) nur dem äußeren Geschehensablauf einer Straftat oder Ordnungswidrigkeit und den subjektiven Tatbestand im Sinne eines natürlichen Vorsatzes wie zusätzlicher Absichten (da der Betriebsinhaber ansonsten schlechter gestellt worden wäre, als wenn er die Zuwiderhandlung selbst begangen hätte) entsprechen muss; nicht muss der Mitarbeiter auch die notwendige Tätereigenschaft besitzen oder auch nur vorwerfbar gehandelt haben. Zudem ist erforderlich, dass diese Anknüpfungstat bei gehöriger Aufsicht hätte verhindert oder (im Sinne der Risikoerhöhungslehre) aufgrund einer objektiv nachträglichen Prognose aus ex ante Sicht zumindest hätte wesentlich erschwert werden können (Verhinderungs-Klausel oder Zurechnungszusammenhang).

81 **ee) Sachliche Verfolgungszuständigkeit:** Sachlich zuständig für die Verfolgung der Aufsichtspflichtverletzung ist nach § 131 III OWiG im Falle einer mit Geldbuße bedrohten Anknüpfungstat die für die Verfolgung der Anknüpfungs-Zuwiderhandlung zuständige Verwaltungsbehörde, im Falle einer mit Strafe bedrohten Anknüpfungs-Zuwiderhandlung jene Verwaltungsbehörde, die zuständig wäre, „wenn die mit Strafe bedrohte Pflichtverletzung nur mit Geldbuße bedroht wäre“.

III. Problematik der strafrechtlichen Produkthaftung

82 Beginnend mit dem Contergan-Verfahren (hierzu LG Aachen, JZ 1971, 507) hatte sich die Strafjustiz mit einer Vielzahl von Fällen zu befassen, in denen jeweils der Unternehmensführung vorgeworfen wurde, Produkte auf den Markt gebracht zu haben, deren bestimmungsgemäßer Gebrauch bei den Kunden zu Gesundheitsschäden geführt hätten (BGHSt 37, 106 ff. – „Lederspray“; BGHSt 41, 206 ff. – „Holzschutzmittel“; Ermittlungsverfahren gegen Mitarbeiter der Degussa AG wegen des Vertriebs von Amalgamprodukten: hierzu *Hamm*,

StV 1997, 259 [163]; Verfahren gegen Mitarbeiter der Bayer AG im Lipobay-Fall). Verdeutlicht seien die – neben der Zurechenbarkeit von Kollegialentscheidungen (oben Rn. 55 ff.) weiteren – dogmatischen Probleme einer „strafrechtlichen Produkthaftung" anhand von deren „leading case" (*Hassemer*, JuS 1991, 253) aus dem Jahre 1990, der „Lederspray-Entscheidung":

Fall 14 (nach BGHSt 37, 106 ff.): Die W-GmbH befasste sich unter anderem mit der Herstellung von Schuh- und Lederpflegeartikeln. Dazu gehörten auch Ledersprays, die – abgefüllt in Treibgasdosen – zum Versprühen bestimmt waren und der Pflege dienten. Vertrieben wurden diese Produkte unter anderem durch die Tochterfirmen E-GmbH und S-GmbH, wobei das Produkt „E" über den Lebensmittelhandel und Produkt „S" über den Schuh- und Lederfachhandel vertrieben wurden. „Ab dem Spätherbst 1980 gingen bei der Firmengruppe Schadensmeldungen ein, in denen berichtet wurde, dass Personen nach dem Gebrauch von Ledersprays der bezeichneten Marken gesundheitliche Beeinträchtigungen erlitten hätten. Diese Beeinträchtigungen äußerten sich zumeist in Atembeschwerden, Husten, Übelkeit, Schüttelfrost und Fieber. Die Betroffenen mussten vielfach ärztliche Hilfe in Anspruch nehmen, bedurften oftmals stationärer Krankenhausbehandlung und kamen in nicht seltenen Fällen wegen ihres lebensbedrohlichen Zustands zunächst auf die Intensivstation. Die Befunde ergaben regelmäßig Flüssigkeitsansammlungen in den Lungen (Lungenödem)." Erste interne Firmenuntersuchungen ergaben eine Rezepturänderung bezüglich des Wirkstoffteils Silikonöl, die rückgängig gemacht wurde, sowie eine Änderung des Fluorharzherstellers, der wieder gewechselt wurde – ohne Erfolg; die Schadensmeldungen gingen weiter. So kam es zu einer Sondersitzung der Geschäftsführung, an der die Geschäftsführer der W-GmbH, S, Dr. Sch, R und O, teilnahmen sowie ihr „Chefchemiker" Dr. B. Dieser meinte, nach den bisherigen Untersuchungen hätte sich keine toxische Eigenschaft feststellen lassen, weshalb kein Anlass für eine Rückrufaktion bestünde. Vielmehr sollten Warnhinweise angebracht und externe Untersuchungen in Auftrag gegeben werden. „Diesem Vorschlag schloss sich die Geschäftsführung an. Einigkeit bestand darüber, dass die Anordnung eines Vertriebsstopps, einer Rückruf- oder auch Warnaktion nur dann in Betracht zu ziehen sei, falls die noch ausstehenden Untersuchungen einen 'echten Produktfehler' oder ein 'nachweisbares Verbraucherrisiko' ergeben sollten. Im Anschluss an die Sitzung wurden W und D umfassend informiert. W war damals Geschäftsführer der D-GmbH, D bekleidete dieselbe Stellung in der E-

GmbH. Beide machten sich die in der Sitzung getroffene Entscheidung jeweils für ihren Verantwortungsbereich zu Eigen. In der Folgezeit kam es zu weiteren Gesundheitsschäden nach der Verwendung von Ledersprays der bezeichneten Marken. Auch bei den neuerlichen Untersuchungen gelang es nicht, eine bestimmte Substanz als schadensauslösend zu identifizieren.“ Erst nach Interventionen vom Bundesgesundheitsamt und vom Gesundheitsministerium kam es zu einem Verkaufsstopp sowie zu einer Rückrufaktion, „ohne allerdings völlig auf die Weiterverwendung der in den zurückgerufenen Produkten enthaltenen Rezepturen zu verzichten. Strafbarkeit der Beteiligten?

Hinweis: Teilweise existieren in Fällen strafrechtlicher Produkthaftung einschlägige nebenstrafrechtliche Normen wie die §§ 58, 59 LFGB, § 95 AMG, § 27 ChemG oder der abstrakte Gefährdungstatbestand der gemeingefährlichen Vergiftung (§ 314 StGB).

1. Generelle Kausalität zwischen Produktverwendung und Schadenseintritt

83 Für eine Strafbarkeit wegen fahrlässiger Körperverletzung (§ 229 StGB) bezüglich der ersten Schadensfälle bzw. wegen (bedingt) vorsätzlicher Körperverletzung durch Unterlassen einer Rückrufaktion bzw. durch Weiterproduktion und -vertrieb des Ledersprays (gefährliche Körperverletzung nach § 224 I Nr. 5 StGB) bedarf es einer lückenlosen Kausalkette zwischen dem Verhalten der Mitglieder der Unternehmensleitung bzw. des Chefchemikers und dem Verletzungserfolg der Kunden. Dies war in **Fall 14** zweifelhaft, konnte doch bis zuletzt im Prozess von den Sachverständigen kein naturwissenschaftlicher Zusammenhang zwischen einer in den Sprays vorhandenen Substanz und dem Auftreten der Krankheitserscheinungen festgestellt werden; neben Versuchsreihen bei Tieren standen lediglich ähnliche Krankheitsbilder (verstärkter Hustenreiz und Übelkeit, sich zu Hustenkrämpfen und starker Atemnot bis hin zu Erstickungsanfällen, Erbrechen, Schüttelfrost und Fieber steigend) zur Verfügung. Der Bundesgerichtshof (BGHSt 37, 106 [111 ff.]) hat zu Recht klargestellt, dass nicht feststehen müsse, was nach naturwissenschaftlicher Erkenntnis der Grund für die Schadensursächlichkeit gewesen sei, solange nur feststehe, dass eine Ursächlichkeit bestehe (sog. generelle Kausalität). Umstritten ist jedoch die Folgefrage, ob der Tatrichter eine derartige Feststellung nach seiner Überzeugung (§ 261 StPO) treffen könne, auch wenn die Sachverständigen sich diesbezüglich uneins seien: In der Literatur wird dies teilweise verneint, weil sich der Tatrichter kein gegenüber den sachverständigen Fachleuten überlegeneres Sachwissen anmaßen dürfe (*Hassemer*, Produktverantwortung, S. 44 ff.), während die Rechtsprechung eine tatrichterliche Entscheidung für möglich hält, sofern diese nicht willkürlich erscheine. Dies sei insbesondere mit Hilfe des „Ausschlussprinzips" möglich, wenn also andere in Betracht kommende Schadensursachen tatrichterlich ausgeschlossen werden können, wobei – wie im Holzschutzmittel-Fall vertieft – ein Ausschluss ohne deren vollständige Erörterung auch dadurch erfolgen könne, „dass nach einer Gesamtbewertung der naturwissenschaftlichen Erkenntnisse und anderer Indiztatsachen die – zumindest – Mitverursachung [des Produkts] zweifelsfrei festgestellt wird" (BGHSt 41, 206 [216]).

2. Garantenstellung

Das pflichtwidrige Unterlassen schadensverhütender Maßnahmen **84**
wie eines Verkaufsstopps und einer Rückrufaktion bedarf nach § 13 StGB einer Garantenstellung. In Betracht kommt hierbei grundsätzlich eine Überwachergarantenstellung aus Ingerenz, weil die Ledersprays aufgrund von Entscheidungen der Unternehmensleitung in Verkehr gebracht worden sind. Lässt man mit der h.M. jedoch nicht jedes, sondern nur ein pflichtwidriges Vorverhalten ausreichen (BGHSt 34, 82 [84]; *Fischer*, § 13 Rn. 52; aA *Herzberg*, JuS 1971, 74 ff.), liegt eine Ingerenz nur vor, wenn bereits bei dem Inverkehrbringen die von dem Produkt ausgehenden Gefahren erkennbar (in **Fall 14** ab den ersten Schadensmeldungen) und die Verbreitungen deshalb objektiv sorgfaltspflichtwidrig waren. Für die zuvor aufgetretenen Schadensfälle scheidet eine Ingerenz aus, auch wenn der Bundesgerichtshof diese zu retten versucht mit dem Hinweis, die Pflichtwidrigkeit folge bereits aus dem Verstoß gegen das Verbot, eine Gefahr zu schaffen, aus der sich im weiteren Lauf der Ereignisse körperliche Schäden für Dritte entwickeln (BGHSt 37, 106 [114]; ähnlich *Kühl*, AT, § 18 Rn. 103: gesteigertes riskantes Vorverhalten). Näher liegt es hier, eine „herstellerspezifische Garantenstellung" aus der Verantwortlichkeit für eine geschaffene Gefahrenquelle abzuleiten, deren Beherrschung in die Zuständigkeit des Herstellers fällt, zumal der Hersteller am ehesten in der Lage ist, wirksame Vorkehrungen gegen vom Produkt ausgehende Gefahren zu treffen (*Beulke/Bachmann*, JuS 1992, 737 [740]). Bei der Ausgestaltung von ihm zu treffender Maßnahmen (Warnhinweis, Vertriebsstopp, Rückruf etc.) wird man dem Hersteller dabei einen gewissen Konkretisierungsspielraum einräumen müssen.

Die Individualisierung der in **Fall 14** angenommenen Rückrufpflicht ergibt sich aus einer (die Ressortverantwortlichkeit überspielenden) Allzuständigkeit der Geschäftsleitung in Krisen- und Ausnahmefällen

(BGHSt 37, 106 [124]), deren Mitglieder sich mangels Wissensvorsprungs des Dr. B nicht auf deren Rat verlassen durften (kein Haftungsausschluss aufgrund des Vertrauensgrundsatzes). Traf somit alle Geschäftsführer die Pflicht, einen Gremienbeschluss zum Produktrückruf herbeizuführen, der einstimmig hätte erfolgen müssen (§ 35 II 2 GmbHG), so ergibt sich die Kausalität bzw. Quasikausalität des Abstimmverhaltens jedes einzelnen Geschäftsführers nach den obigen Grundsätzen zu den Kollegialentscheidungen (oben Rn. 55 ff.).

Dr. B durfte demgegenüber grundsätzlich darauf vertrauen, dass die Geschäftsleitung aus seiner Expertise die notwendigen Konsequenzen zieht, so dass der Bundesgerichtshof ihn zu Recht vom Vorwurf der Beihilfe zur gefährlichen Körperverletzung freisprach; es bleibt aber eine mehrfache fahrlässige Körperverletzung (in Nebentäterschaft) (ebenso: *Brammsen*, Jura 1991, 538).

IV. Beihilfe durch eine berufstypische Handlung

85 Ein bereits seit 1840 (*Kitka*, Ueber das Zusammentreffen mehrerer Schuldigen bey einem Verbrechen und deren Strafbarkeit [Wien 1840], S. 62 f.) erörtertes klassisches Problem des Wirtschaftsstrafrechts ist die Abgrenzung zwischen strafrechtlich-irrelevanten berufstypischen (neutralen) Handlungen und strafbaren Beihilfehandlungen, die mit Fällen wie der „Luxemburg-Affäre" (BGHSt 46, 107 ff.) auch zu einem „Modethema" (*Amelung*, FS Grünwald [1999], S. 9) unseres heutigen Wirtschaftslebens geworden ist:

Fall 15 (nach BGHSt 46, 107 ff.): Der gelernte Bankkaufmann A war als Mitarbeiter der Sparkasse W. in deren Wertpapierabteilung beschäftigt und für die Beratung bei Auslandsanlagen zuständig. Einige Kunden waren im Zusammenhang mit einer künftigen Zinsabschlagsregelung an A herangetreten, weil sie ihr angelegtes Kapital (insgesamt 1,2 Mio. €) anonym ins Ausland transferieren wollten. Da sie ihre Zinserträge wie in der Vergangenheit auch in der Zukunft nicht gegenüber dem Finanzamt erklären wollten, war es ihnen wichtig, ihr Vermögen möglichst so ins Ausland zu verbringen, dass der Finanzverwaltung – auch bei Fahndungsmaßnahmen – kein Rückschluss auf die vorhandenen Anlagen und die daraus erzielten Zinserträge ermöglicht wurde. A, der jeweils zunächst erfolglos versuchte, die Kunden umzustimmen und sie dazu zu bewegen, ihre Gelder doch bei der Sparkasse W. zu belassen, war sich auf Grund der mit den Kunden geführten Beratungsgespräche bewusst, dass diese ihre Zinserträge aus den Auslandsanlagen nicht versteuern wollten. Er kam ihrem Ansinnen aber dennoch nach: Hierbei griff er auf ein vorhandenes Verschleierungssystem für anonyme Kapitaltransfers eines Verbundpartners zurück und bewerkstelligte über Barzahlungen mit Einzahlungsbelegen mit bloßen Codewörtern die Übertragung der Kundengelder auf neu eingerichtete Konten bei der W-LB Schweiz und der W-LB Luxemburg. Strafbarkeit des A?

Die **frühere Rechtsprechung** bemühte sich stets nur um pragmatische Lösungen nach dem Gesichtspunkt der Einzelfallgerechtigkeit und erblickte zwar nicht in der Lieferung von Brot und Fleisch an einen Bordellbetreiber eine strafbare Förderung des Betriebs eines strafbaren Bordells, wohl aber in der Lieferung von Wein an einen Bordellbetreiber (RGSt 39, 44 [48]).

Im **Schrifttum** werden vielfältige Lösungen diskutiert: Einige Auto- **86** ren (*Murmann*, JuS 1999, 552; *Welzel*, Strafrecht, S. 55 ff.) wollen sozialübliche Verhaltensweisen bereits aus dem objektiven Tatbestand aus Gründen der Sozialadäquanz (auch wenn diese richtigerweise nur als Auslegungskorrektiv fungieren kann) herausnehmen, andere wegen der Einhaltung des erlaubten Risikos (*Freund*, AT, § 10 Rn. 138). Teilweise wird auch auf die Wertung der Unterlassungsdelikte abgestellt, d.h. es soll maßgeblich sein, ob es sich um ein Delikt des § 138 StGB handelt oder ob es eine Hilfeleistungspflicht nach § 323c I StGB oder § 13 StGB auslösen würde (*Hefendehl*, Jura 1992, 374 [376]). Schließlich wird ein Rechtfertigungsgrund berufsgerechten Verhaltens postuliert (*Tiedemann*, Jura 1981, 24 [29 f.]).

Die **neuere Rechtsprechung** (BGHSt 46, 107 [112 f.]; BGH NStZ **87** 2000, 34; BGH NZWiSt 2014, 139; BGH BeckRS 2016, 117319) hat sich inzwischen zu Recht der Lösung von *Roxin* (AT II, § 26 Rn. 221 ff.) vom „deliktischen Sinnbezug" angeschlossen: Zielt das Handeln des Haupttäters ausschließlich darauf ab, eine strafbare Handlung zu begehen, weiß dies der Hilfeleistende und weist sein Tatbeitrag einen „deliktischen Sinnbezug" auf, d.h. ist dieser ohne die Haupttat für den Haupttäter sinnlos, so ist sein Tatbeitrag als Beihilfehandlung zu werten. In diesem Fall verliert sein Tun stets den „Alltagscharakter"; es ist als „Solidarisierung" mit dem Täter zu deuten und dann auch nicht als sozialadäquat anzusehen. Weiß der Hilfeleistende dagegen nicht, wie der von ihm geleistete Beitrag vom Haupttäter verwendet wird, hält er es lediglich für möglich, dass sein Tun zur Begehung einer Straftat genutzt wird, so ist sein Handeln regelmäßig noch nicht als strafbare Beihilfehandlung zu beurteilen, es sei denn, das von ihm erkannte Risiko strafbaren Verhaltens des von ihm Unterstützten war derart hoch, dass er sich mit seiner Hilfeleistung die Förderung eines erkennbar tatgeneigten Täters angelegen sein ließ. „Diese Grundsätze dienen im Wesentlichen der Begrenzung von strafbarem Beihilfeunrecht bei Verhaltensweisen, die der Ausführende jedem anderen in der Lage des Täters gegenüber vorgenommen hätte, weil er mit der Handlung […] tat- und täterunabhängige eigene, rechtlich als solche nicht missbilligte Zwecke verfolgt“ (BGH NZWiSt 2014, 139 [142]). In **Fall 15** wusste A, dass die Bankkunden in der Absicht handelten, die aus den zu übertragenden Geldern zu erzielenden Erträge gegenüber dem Finanzamt nicht anzugeben, und seine Vermögensverschiebungshandlungen dienten keinerlei Ertragssteigerung, sondern einzig dieser Steuerhinterziehung, so dass eine Beihilfe zur Steuerhinterziehung zu bejahen ist.

88 **Fall 16** (nach BGH BeckRS 2016, 117319): Rechtsanwältin A ist durch S, ein auf An- und Verkauf von Altmetallen spezialisiertem Betrieb, mandatiert worden. Von S wurden eigene Altmetallankäufe sowie Altmetalllieferungen Dritter aus Scheinunternehmer bzw. Strohmänner abgerechnet, um die Umsatzsteuer zu vereinnahmen. Zur Durchsetzung des in Wirklichkeit nicht zulässigen Vorsteuerabzugs aus „Lieferungen“ wurde ein „Vollmachtssystem“ eingerichtet, mit dem gegenüber dem Finanzamt durch eine unwahre Darstellung der Lieferbeziehungen die fehlende Unternehmereigenschaft der Schreiber verheimlicht werden sollte. A nahm die Steuervergehen, die ihr noch nicht positiv bekannt waren, „allgemein billigend in Kauf“. Gleichwohl leitete sie die Kommunikation mit der Steuerfahndung selbst, fungierte als Zeugenbeistand und erstellte Musterformulare, bei denen sie auf strikte Einhaltung des Vollmachtssystems drängte. Strafbarkeit der A wegen Beihilfe zur Steuerhinterziehung?

Eine gewisse Sonderstellung in der Problematik der Beihilfe durch berufstypische Handlungen nimmt die Erteilung von **Rechtsrat** ein, die aus Verfassungsgründen grundsätzlich nicht sanktionierbar ist und die in der Regel darauf gerichtet ist, pflichtgemäß Rat zu erteilen und keine Straftat zu fördern (BGHR StGB § 27 I Hilfeleisten 6).

In **Fall 16** erbrachte A alle in Rede stehende Leistungen aufgrund einer Beauftragung als Rechtsanwältin, die allesamt (Vertretung gegenüber dem Finanzamt, Tätigkeit als Zeugenbeistand, Erstellung von Musterformularen) dem Spektrum berufstypischer Handlungen zuzuordnen sind. Da ihr die begangenen Steuervergehen nicht positiv bekannt waren, kommt eine strafbare Beihilfe nur in Betracht, wenn das von ihr erkannte Risiko strafbaren Verhaltens derart hoch gewesen wäre, dass sie sich die Förderung eines erkennbar tatgeneigten Täters angelegen sein ließ. Hierzu fehlt es an Feststellungen.

V. Spezielle Rechtfertigungsgründe im Unternehmensstrafrecht

Die Rechtfertigungslehre spielt im Wirtschaftsstrafrecht keine große Rolle (W/J/*Dannecker/Bülte*, Kap. 1 Rn. 38). Insbesondere eine Rechtfertigung deliktischer Handlungen zur „Aufrechterhaltung der Produktion [eines Unternehmens] und Sicherung der Arbeitsplätze" (*Schall*, NStZ 1992, 209 [215]), zur Abwehr von Gefahren finanzieller Interessen oder auch nur zur Sicherung des eigenen Arbeitsplatzes (hierzu BayObLG, NStZ-RR 1999, 312) scheidet im Rahmen des rechtfertigenden Notstandes (§§ 34 StGB, 16 OWiG) aufgrund der notwendigen Güter- und Interessenabwägung aus. Bei repressiven Verboten mit Befreiungsvorbehalt bildet jedoch eine behördliche Genehmigung („Ausnahmebewilligung") einen Rechtfertigungsgrund, während bei präventiven Verboten mit Erlaubnisvorbehalt, oder wenn der Tatbestand ein Handeln gegen den Willen der Behörde verlangt, bereits der Tatbestand ausgeschlossen wird (umfassend *Wittig*, § 7 Rn. 10 ff.). **89**

VI. Sanktionen

1. Sanktionen gegen natürliche Personen

a) Hauptsanktionen

Können nur Unternehmensmitarbeiter und Mitglieder der Unternehmensleitung als natürliche Personen ordnungswidrig oder strafbar sein, so droht grundsätzlich nur diesen ein Bußgeld (§ 17 OWiG) bzw. drohen nur diesen im Falle einer Straftat die Kriminal(haupt)strafen der Geldstrafe (§§ 40 ff. StGB: 5–360 Tagessätze) oder Freiheitsstrafe (§§ 38, 39 StGB), letztere eventuell zur Bewährung (§ 56 I StGB) ausgesetzt. **90**

b) Berufsverbot

Im Straffalle bringen die präventiven Maßregeln der Besserung und Sicherung (§§ 61 ff. StGB) mit dem Berufsverbot des § 70 StGB zum Schutz der Allgemeinheit vor den Gefahren, die von der Ausübung eines Berufs durch hierfür nicht hinreichend zuverlässige Personen ausgehen, eine sehr einschneidende, existenzbedrohende Sanktionsmöglichkeit. **91**

Fall 17 (nach BGHR StGB § 70 Abs. 1 Pflichtverletzung 8): Die von der Familie F betriebene F-GmbH bot Luxusfahrzeuge zum Verkauf an. Die von den Kunden zu leistenden Anzahlungen wurden jedoch zur Finanzierung des aufwändigen Lebensstils der Familienmitglieder verwendet; die F-GmbH war weder zur Lieferung der bestellten Wagen noch zur Rückzahlung der Anzahlungen in der Lage. Dieses „Geschäftsmodell" war dem die Familie F rechtlich betreuenden Rechtsanwalt R bekannt, spätestens seit er ein Familienmitglied aus der Untersuchungshaft wegen früherer Geschäftsabschlüsse geholt hatte. Dennoch schloss R – um die Familie F nicht als Mandanten zu verlieren – mit drei eigenen Mandanten unter Inanspruchnahme seiner anwaltlichen Seriosität namens der F-GmbH jeweils einen Kaufvertrag über einen Luxuswagen und leitete die Anzahlung von jeweils 20.000 € unter Abzug von Beträgen für seine Honoraransprüche an die Familie F weiter. Kann gegen R ein Berufsverbot ausgesprochen werden?

92 **aa) Formelle Voraussetzung: Anlasstat:** Voraussetzung für ein Berufsverbot ist zunächst, dass der Täter nach der begründeten Überzeugung des Gerichts eine noch nicht verjährte (§ 78 I StGB) rechtswidrige (nicht unbedingt auch schuldhafte) Tat (§ 11 I Nr. 5 StGB) begangen hat, die er entweder „unter Missbrauch seines Berufs oder Gewerbes" oder „unter grober Verletzung der mit ihnen verbundenen Pflichten begangen hat" und wegen dieser verurteilt oder nur deswegen nicht verurteilt worden ist, „weil seine Schuldunfähigkeit erwiesen oder nicht auszuschließen ist". Ein Missbrauch von Beruf oder Gewerbe liegt vor, wenn der Täter die ihm durch Beruf oder Gewerbe gegebenen Möglichkeiten oder Befugnisse bewusst und planmäßig zur Begehung von Straftaten ausnutzt (BeckOK-StGB/*Stoll*, § 70 Rn. 4). Hierfür genügt es noch nicht, wenn der Täter ganz allgemein für einen Beruf erworbene Kenntnisse oder Fähigkeiten bei der Begehung von Straftaten verwertet hat (BGH NJW 1968, 1730) oder nur anlässlich der Berufsausübung sich ergebende äußere Gelegenheiten zur Tatbegehung ausnutzt (RGSt 68, 397 [398]). „Die strafbare Handlung muss vielmehr Ausfluss der jeweiligen Berufs- oder Gewerbetätigkeit sein und einen berufstypischen Zusammenhang erkennen lassen" (BGH wistra 2003, 423).

In **Fall 17** hat R drei gewerbsmäßige Betrugstaten (§ 263 I, III 2 Nr. 1 StGB) begangen, wobei er als Rechtsanwalt aufgetreten ist und berufsspezifisches Vertrauen in Anspruch genommen hat, so dass eine Unzuverlässigkeit der anwaltlichen Tätigkeit und damit ein Missbrauch des Berufs durchaus nahe liegt.

Die zweite Variante der **groben Verletzung der mit dem Beruf oder Gewerbe verbundenen Pflicht**, die sich dogmatisch nicht ganz von der ersten Variante trennen lässt, bezieht sich auf berufsspezifische Pflichten, aber auch allgemeine Pflichten, die aus der Berufs- oder Gewerbetätigkeit erwachsen. Als grob ist die Pflichtwidrigkeit einzustufen, wenn die jeweilige Pflicht in einem besonders schweren Maß verletzt wird oder der Verstoß sich gegen eine besonders gewichtige Pflicht richtet (Sch/Schr/*Stree/Kinzig*, § 70 Rn. 11). 93

bb) Materielle Voraussetzung: Gefahrenprognose: Weitere Voraussetzung ist nach § 70 I 1 StGB eine für den Zeitpunkt der letzten tatrichterlichen Verhandlung anzustellende Prognose, ob „die Gesamtwürdigung des Täters und der Tat die Gefahr erkennen lässt, dass er bei weiterer Ausübung des Berufs, Berufszweiges [...] erhebliche rechtswidrige Taten der bezeichneten Art [d.h. unter Missachtung des Berufs oder der groben Missachtung berufsrechtlicher Pflichten] begehen wird". Angesichts der existenziellen Bedeutung des in die Berufsfreiheit (Art. 12 I GG) eingreifenden Berufsverbots genügt hierfür eine bloße Wiederholungsmöglichkeit nicht, vielmehr müssen erhebliche Rechtsverletzungen im Sinne der Anlasstat mit nahe liegender (nicht auch erheblicher) Wahrscheinlichkeit prognostiziert werden können (BeckOK-StGB/*Stoll*, § 70 Rn. 6). Hierfür fehlt es in **Fall 17** an Feststellungen. 94

cc) Verfahrensfragen: Über die Anordnung eines Verbotes des Berufes, der missbraucht wurde, entscheidet das Gericht nach (zu begründendem: §§ 260 II, 267 VI StPO) pflichtgemäßem Ermessen („kann"), das streng an den Zweck der Maßnahme gebunden ist und bei dem wegen des Eingriffs in Art. 12 I GG der in § 62 StGB normierte Grundsatz der Verhältnismäßigkeit in besonderer Weise zu berücksichtigen ist. Bereits im Rahmen des Ermittlungsverfahrens kann das Gericht nach § 132a StPO ein vorläufiges Berufsverbot anordnen, wenn „dringende Gründe" für die Annahme vorhanden sind, dass ein Berufsverbot angeordnet werden wird, d.h. wenn ein dringender Tatverdacht für die von § 70 I 1 StGB verlangte Anlasstat sowie eine hohe Wahrscheinlichkeit für die übrigen Tatbestandserfordernisse gegeben sind. Mit der Rechtskraft des Urteils wird das Berufsverbot wirksam (§ 70 IV 1 StGB) und eine hiernach erfolgende Berufsausübung ist (wenn keine Aussetzung zur Bewährung nach § 70a StGB erfolgt ist) nach § 145c StGB strafbewährt. 95

c) Weitere Nebenfolgen

Hierneben kann die rechtskräftige Verurteilung wegen einer Straftat die Annahme der Unzuverlässigkeit iSd § 35 GewO nach sich ziehen und zu einer behördlichen Gewerbeuntersagung führen; Verurteilungen 96 zu einer Freiheitsstrafe von mindestens einem Jahr bzw. wegen Bestechlichkeit zu einer Freiheitsstrafe von mindestens sechs Monaten führen bei Beamten zur Beendigung des Beamtenverhältnisses (§ 41 I BBG) und in der Regel dem Verlust der Versorgungsansprüche. Bei bestimmten vorsätzlichen Delikten kann eine Verurteilung zur Inhabilität (Amtsunwürdigkeit: vgl. §§ 6 II 2 Nr. 3 GmbHG, 76 III 2 Nr. 3 AktG) drohen. Rechtsanwälten, Steuerberatern und Wirtschaftsprüfern drohen schließlich berufsrechtliche Konsequenzen bis hin zur Ausschließung aus dem Beruf (§§ 14 II Nr. 2 BRAO, 90 StBerG, 68 WPO).

2. Sanktionen gegen das Unternehmen

97 Obwohl Unternehmen selbst nicht Adressaten des Straf- und Ordnungswidrigkeitenrechts sein können, können sie sehr wohl Adressaten der mit Wirkung zum 1.7.2017 neu gefassten strafrechtlichen Nebenfolgen wie der Einziehung (§§ 74 ff. StGB, §§ 22 ff. OWiG) oder Maßnahmen der Gewinnabschöpfung (§§ 73 ff. StGB, § 29a OWiG, §§ 8 ff. WiStG) sein und kann gegen sie bei vorwerfbarem Verhalten ihrer Leitungsorgane eine Geldbuße (§ 30 OWiG, Art. 23 VO [EG] Nr. 1/2003) verhängt werden.

a) Einziehung (§§ 74 ff. StGB, §§ 22 ff. OWiG)

Fall 18 (nach *Hellmann/Beckemper*, Rn. 976): P war durch die geschäftsführenden Gesellschafter zum Prokuristen der N-OHG bestellt worden, die mit Antiquitäten handelt. Sein Aufgabengebiet bestand in dem An- und Verkauf der Antiquitäten, für den er allein verantwortlich war. Weil die Geschäfte seit einiger Zeit schlecht liefen, entschloss sich P, das Internet stärker zu nutzen. Er bot auf der Internetseite der N-OHG Gegenstände mit bewusst unrichtigen Angaben über deren Alter an. In mehreren Fällen erzielte er dadurch Preise, die erheblich über dem Wert der Objekte lagen (insgesamt mehrere Tausend Euro). Als gegen ihn ein Ermittlungsverfahren eingeleitet worden war, setzte er sich in die Karibik ab. Kann der von P benutzte Firmencomputer im Wert von 2.500 € eingezogen werden?

98 Die Einziehung, die gegen den schuldhaft handelnden Beteiligten (§ 74 I, III 1 StGB) Strafcharakter aufweist, bezüglich der Einziehung zur Begehung weiterer Delikte geeigneter Gegenstände (§ 74b StGB) dagegen eine (bloße) Sicherungsmaßnahme darstellt („Sicherungseinziehung“), erlaubt den Einbehalt von Gegenständen, die durch eine vorsätzliche Straftat hervorgebracht (Tatprodukte: „producta sceleris") oder zu ihrer Begehung oder Vorbereitung gebraucht oder bestimmt worden sind (Tatmittel: „instrumenta sceleris").

Beispiele für Tatprodukte: verfälschte Urkunden; Produktimitationen; **nicht**: Früchte des Verbrechens („scelere quaesita"), d.h. das durch die Tat Erworbene, das aber den §§ 73 ff. StGB unterliegt: z.B. das gestohlene Geld, der Erlös aus einem Drogenverkauf oder der Bestechungslohn. **Beispiele für Tatmittel:** Schusswaffen; das für ein illegales Erwerbsgeschäft vorgesehene Geld; die zur Bestechung eines Amtsträgers diesem kostenlos zur Verfügung gestellte Eigentumswohnung (OLG Frankfurt a.M. NStZ-RR 2000, 45).

Wurde der veräußert oder verbraucht oder auf andere Weise eine **99**
Einziehung vereitelt, so kann nach **§ 74c StGB** der Wert des Gegenstandes eingezogen werden.

Nicht eingezogen werden können grundsätzlich sog. **Beziehungsgegenstände**, d.h. Sachen und Rechte, die nicht Tatwerkzeuge, sondern notwendiger „Gegenstand der Tat" sind, sofern deren Einziehung nicht ausdrücklich durch einen Verweis auf § 74a StGB gesetzlich angeordnet wird (z.B. in § 375 II 2 AO, § 110 S. 2 UrhG, § 54 III WaffG) und derjenige, dem sie zur Tatzeit „gehören", mindestens fahrlässig dazu beigetragen hat, dass sie als Tatmittel verwendet wurden oder er sie in Kenntnis der die Einziehung begründenden Umstände erworben hat.

Beispiele für Beziehungsgegenstände: Grundstück, auf dem eine „Spielhölle" betrieben wird; zum Zweck des Versicherungsbetrugs verborgene Gegenstände; verschleierte Geldmittel bei der Geldwäsche; Computer, auf dem der beleidigende Brief geschrieben wurde (OLG Düsseldorf NJW 1992, 3050 f.)

Der in **Fall 18** für die Betrugstaten über das Internet verwendete Computer diente jedoch nicht nur dem Abfassen der Täuschungsnachricht, sondern auch der Übertragung auf die Internetseite, so dass er als Tatmittel anzusehen ist.

Zudem müssen die Gegenstände (von den Drittfällen des § 74a **100**
StGB abgesehen) zum Zeitpunkt der Tat dem Täter oder Teilnehmer „gehören" (§ 74 III 1 StGB: Eigentümer oder Inhaber des Rechts). Steht der von einem Organ oder Vertreter einer juristischen Person für eine Straftat verwendete oder aus ihr erlangte Gegenstand im Eigentum der juristischen Person – wie der Computer in **Fall 18** –, so dass § 74 StGB an sich zu verneinen wäre, so rechnet **§ 74e StGB** die eine Einziehung gegenüber dem Täter selbst erlaubende Handlung dem Vertretenen zu und ermöglicht so die Einziehung im Unternehmenseigentum befindlicher Gegenstände.

Die Entscheidung der Einziehung steht im **pflichtgemäßen Ermessen** **101**
des Gerichts, wobei nach § 74f StGB der Grundsatz der Verhältnismäßig-

keit zu beachten ist – sofern die Einziehung nicht gesetzlich vorgeschrieben wird–, d.h. sie muss ausscheiden, wenn ihre Wirkungen für den Betroffenen außer Verhältnis zum Unrechtsgehalt der Tat und der Schuld des Täters stehen (Sch/Schr/*Eser*, § 74b Rn. 3).

In **Fall 18** erscheint die Verhältnismäßigkeit trotz des Wertes des Computers noch als eingehalten, wenn hierauf befindliche, unternehmenswichtige Daten auf einen Datenträger übertragen und dem Unternehmen zur Verfügung gestellt werden (vgl. zur Einziehung eines Notebooks auch OLG Celle, wistra 2009, 35). Da P aufgrund seiner Flucht strafrechtlich nicht verfolgt und verurteilt werden kann, kann die Einziehung nach § 76a I StGB auf Antrag der Staatsanwaltschaft (§ 435 I StPO) durch das Gericht, das im Fall der Strafverfolgung zuständig wäre (§ 436 I StPO), auch selbstständig angeordnet werden.

102 Im **Ordnungswidrigkeitenrecht** verlangt § 22 I OWiG eine jeweils ausdrückliche gesetzliche Zulassung der Einziehung im jeweiligen Bußgeldtatbestand (wie z.B. in §§ 123, 129 iVm 124, 126–128 OWiG).

Zur Absicherung der Einziehung und Unbrauchbarmachung können die Strafverfolgungsbehörden die erlangten Gegenstände durch Beschlagnahme sicherstellen (§§ 111b–d StPO); eine Wertersatzeinziehung wird durch Vermögensarrest (bislang: „dinglicher Arrest“) gesichert (§§ 111e ff. StPO).

b) Einziehung von Taterträgen (§§ 73 ff. StGB, § 29a OWiG)

103 Die Einziehung von Taterträgen (früherer Begriff: „Verfall“) bezweckt als eine dem zivilrechtlichen Bereicherungsrecht (§§ 812 ff. BGB) vergleichbare kondiktionsähnliche (Ausgleichs-) „Maßnahme eigener Art“ (BGHSt 47, 369) eine Abschöpfung deliktisch erzielter Vermögensvorteile, um den Täter getreu dem Motto „crime does not pay“ finanziell so zu stellen wie vor der Tat. Nach § 73b StGB kann sich – um eine Gewinnabschöpfung in Bereichen der Wirtschafts- und Verbandskriminalität sowie des organisierten Verbrechens zu ermöglichen (LK/*Schmidt*, § 73 Rn. 50) – die Anordnung der Einziehung von Taterträgen auch gegen einen Dritten richten, wenn der Täter oder Teilnehmer „für“ den anderen (d.h. faktisch im Interesse des Dritten) gehandelt hat, der Dritte den Gegenstand unentgeltlich oder in Kenntnis oder grober Unkenntnis, dass er aus einer rechtswidrigen Tat herrührt, erlangte oder das Erlangte auf ihn als Erbe, Pflichtteilsberechtigter oder Vermächtnisnehmer überging (anders zur bisherigen Rechtslage OLG Frankfurt a.M., NStZ-RR 2006, 39 ff.), solange der Gegenstand nicht zuvor einem gutgläubigen Dritten übertragen wurde. Dies ist insbesondere bei von Mitarbeitern eines Unternehmens begangenen Straftaten zu Gunsten des Unternehmens der Fall, da Dritter iSv

§ 73b StGB auch juristische Personen (GmbH, Aktiengesellschaft) oder andere Personenverbände (z.B. Gesellschaft bürgerlichen Rechts, OHG, KG: BT-Drs. 18/9525, S. 66; *Fischer*, § 73 Rn. 29) sein können.

Im Schrifttum wird teilweise vertreten, mit der Einführung des Bruttoprinzips im Jahre 1992 (BGBl. I, S. 372), welches jüngst vom Gesetzgeber noch einmal bekräftigt wurde (BT-Drs. 18/9525, S. 61), habe die Norm für die Anordnung der Einziehung von Taterträgen über das Nettoprinzip hinaus einen strafähnlichen Charakter erlangt (*Wittig*, § 9 Rn. 3). Demgegenüber verweist die Rechtsprechung auf den präventiven Charakter der Abschöpfung auch in diesen Fällen (BGHSt 51, 65 [67]).

aa) Voraussetzungen: Die Einziehung von Taterträgen nach § 73 **104**
StGB setzt eine (nur) rechtswidrige Tat (die Anhänger im Schrifttum verlangen dagegen für Abschöpfungen oberhalb des Nettoprinzips eine schuldhafte Anknüpfungstat: Sch/Schr/*Eser*, Vor § 73 Rn. 19; Lackner/Kühl/*Heger*, § 73 Rn. 4b) voraus, die nicht unbedingt gegen das Vermögen gerichtet gewesen sein muss. Der Täter muss „etwas" „für die Tat" (d.h. Vorteile als Gegenleistung für das rechtswidrige Handeln: „Lohn") oder „durch" sie (d.h. unmittelbar [!] aus der Verwirklichung des Tatbestands in irgendeiner Phase des Tatablaufs, wobei die zum 1.7.2017 erfolgte Änderung des Wortes „aus" in „durch" klarstellen soll, „dass die erforderliche Kausalbeziehung zwischen der Tat und dem Erlangten sich allein nach den Grundsätzen des Bereicherungsrechts richtet" [BT-Drs. 18/9525, S. 62]) „erlangt" haben. Der Begriff „Etwas" umfasst hierbei jede (ggf. nach § 73d III StGB zu schätzende) Erhöhung des wirtschaftlichen Wertes des Vermögens, die dem Beteiligten zugeflossen ist (Lackner/Kühl/*Heger*, § 73 Rn. 3). „Erlangt" ist diese mit dem Erwerb der tatsächlichen Verfügungsgewalt in irgendeiner Phase des Tatablaufs; auf die zivilrechtlichen Besitz- und Eigentumsverhältnisse kommt es genauso wenig an (BGH NStZ 2004, 440) wie darauf, was der Täter erlangen wollte. Das bedeutet, dass die Einziehung eines aus der Tat erlangten Gegenstandes auch dann angeordnet werden kann, wenn er dem Täter nicht gehört (z.B. eine gestohlene Sache eines unbekannten Geschädigten: BT-Drs. 18/9525, S. 62).

Nach **§ 73 I 2 StGB a.F.** war der „Verfall" zu Gunsten des Staates **105**
gegenüber der Abschöpfung durch den Verletzten (zum Schutz des Täters vor einer Doppelinanspruchnahme) subsidiär, so dass der „Verfall" bereits bei der Existenz eines Anspruchs ausschied und die Norm – trotz der Rückgewinnungshilfe und dem Auffangrechtserwerb des Staates – aufgrund äußerster Komplexität und Ineffizienz (BT-Drs. 18/9525, S. 49 ff.) als „Totengräber des Verfalls" (*Bittmann*, ZinsO 2015, 1758 [1762]; *Eberbach*, NStZ 1987, 486 [491]) galt und zum 1.7.2017 aufgehoben wurde.

bb) Umfang der Einziehung:

Fall 19 (nach BGHSt 47, 369 ff.): A und B, Betriebsbereichsleiter und Verkaufsleiter der Papier produzierenden S-GmbH lieferten entgegen einem Embargo der Vereinten Nationen und damit entgegen § 34 IV Nr. 1a AWG Tabakpapier ins Ausland, da dies eine höhere Gewinnspanne versprach und Kurzarbeit für die Mitarbeiter verhinderte. Bis zum Ende des Embargos erzielte die S-GmbH einen Umsatzerlös von 4 Mio. € bei Ankauf-, Produktions- und Transportkosten von insgesamt nur 1,5 Mio. €. Nach dem Tatzeitraum wurde die S-GmbH in die Papierfabrik S-GmbH&Co.KG umfirmiert. Kann gegen diese eine Einziehungsanordnung ergehen? Wenn ja, in welcher Höhe?

106 Der **Umfang der Einziehung von Taterträgen** ist zweistufig zu bestimmen: Zunächst sind in einem ersten „gegenständlichen" Schritt alle Vermögensgegenstände in ihrer Gesamtheit als abzuschöpfen zu bestimmen, die einem Tatbeteiligten (oder Drittbegünstigten) aus der Verwirklichung des Tatbestands in irgendeiner Phase des Tatablaufs zugeflossen sind, ohne dass es auf eine „unmittelbare" Kausalbeziehung zwischen Tat und Bereicherung ankommt (hierauf alleine bislang abstellend der 1. Strafsenat des BGH [BGH NJW 2010, 882 (884); BGH NStZ 2011, 83]).

107 In einem zweiten Schritt ist das abzuschöpfende „Etwas" nach § 73d I StGB zu „konkretisieren", indem nun Gegenleistungen und sonstige Aufwendungen berücksichtigt abgezogen werden (BT-Drs. 18/9525, S. 62 und 67), es sei denn, diese sind „für die Begehung der Tat oder für ihre Vorbereitung aufgewendet oder eingesetzt worden [... sog. Abzugsverbot], soweit es sich nicht um Leistungen zur Erfüllung einer Verbindlichkeit gegenüber dem Verletzten der Tat handelt" (§ 73d I 2 StGB). Aufwendungen für nicht zu beanstandende Leistungen werden damit – parallel zur restriktiven Auslegung des § 817 S. 2 BGB (grundlegend BGHZ 75, 399 ff.) – in Abzug gebracht, selbst wenn sie demselben tatsächlichen Verhältnis wie der strafrechtlich missbilligte Vorgang entstammen (BT-Drs. 18/9525, S. 68). Dadurch zählt als abzuschöpfendes „Etwas" nur, was den Unwerturteil der Tat ausmacht, also der realisierte Sondervorteil (so bereits bislang der 3. [BGH NStZ 2012, 381 (382)] und 5. Strafsenat [BGHSt 50, 299 (310)]): Bei Betäubungsmittelgeschäften (BGH NStZ 1994, 123; BGH NStZ-RR 2000, 57) oder Embargoverstößen (BGHSt 47, 369 ff.), die insgesamt verboten sind, kann der gesamte erlöste Wert der Einziehung unterliegen (der Einkaufspreis sowie weitere Aufwendungen für die Tat [z.B. Fahrt- und Transportkosten] bleiben außer Betracht: BT-

Drs. 18/9525, S. 68). In **Fall 19** beträgt die Höhe des gegen die Drittbegünstigte S-GmbH&Co. KG iSd § 73 III StGB verhängbare Einziehungsanordnung daher 4 Mio. €. Die Umwandlung nach § 1 Nr. 4 iVm §§ 190 ff. UmwG steht dem nicht entgegen, da wesentliches Merkmal des Formwechsels die wirtschaftliche Kontinuität ist (BGHSt 47, 369 [378]).

Bei einem verbotenen Insidergeschäft gilt als erlangt der gesamte für die Aktien erzielte Kaufpreis, wird auch hier bewusst Kapital in verbotene Geschäfte investiert (BT-Drs. 18/9525, S. 68; so bereits BGHSt. 59, 80 ff.; anders noch BGH NJW 2010, 882 [884]: nur die Verschonung des Wertverlusts; kritisch *Gebauer*, ZRP 2016, 102: Einzug enormer Vermögensmassen auch ohne Gewinn). Bei einem Betrug (z.B. Verkauf eines nachgemachten Bildes als echtes Bild von Gauguin) ist der Wert der vom Täter erbrachten Gegenleistung (Wert des nachgemachten Bildes) in Abzug zu bringen, da der Täter nicht in ein verbotenes, sondern in ein wirksames, wenn auch anfechtbares Geschäft investiert.

Die Anordnung der Einziehung von Taterträgen nach § 73 I StGB **108**
erstreckt sich (anders als § 73 II 1 StGB a.F.) nicht zwingend auf Nutzungen (§§ 99, 100 BGB), sondern hierzu bedarf es nach **§ 73 II StGB** einer eigenständigen Entscheidung und Anordnung (BT-Drs. 18/9525, S. 62), genauso wie bei der Einziehungsanordnung für Surrogate (§ 818 I BGB) nach **§ 73 III StGB**. Auf einen mittelbaren Gewinn (z.B. durch Glücksspiel oder Spekulationen an der Börse: OLG Köln NStZ-RR 2008, 107 [108]) erstreckt sich die Einziehung dagegen nicht.

Ist die Einziehung des erlangten Etwas aufgrund seiner Beschaffen- **109**
heit (z.B. ersparte Aufwendungen) oder aus einem anderen Grund (z.B. Verlust, Verbrauch, Vermischung von Geld mit eigenem Geld) nicht möglich, so zieht das Gericht (ggf. neben der Einziehung des Gegenstandes) den Wert (im Zeitpunkt des Erlangens) des erlangten Etwas und damit einen Geldbetrag ein (**§ 73c StGB: Einziehung des Wertes von Taterträgen**); in der Praxis entfallen hierauf ca. 95 % aller Vermögungsabschöpfungsverfahren (W/J/*Podolsky*, Kap. 28 Rn. 40).

In Konsequenz der Streichung des § 73 I 2 StGB erklärt **§ 73e I** **110**
StGB eine Einziehung von Taterträgen nach den §§ 73–73c StGB für **ausgeschlossen**, wenn der Schadensersatzanspruch des Verletzten erloschen ist, da dann kein Grund für die Anordnung der Einziehung mehr bestünde (BT-Drs. 18/9525, S. 69); Gleiches gilt nach **§ 73e II StGB** bezogen auf den gutgläubigen Drittbegünstigten, wenn der Wert des Erlangten zur Zeit der Anordnung nicht mehr in seinem Vermögen

vorhanden ist (entsprechend § 818 III und IV BGB: Wegfall der Bereicherung).

111 **cc) Erweiterte Einziehung von Taterträgen (§ 73a StGB):**Eine Einziehungsanordnung kann (aufgrund europäischen Umsetzungsbedarfs: hierzu BT-Drs. 18/9525, S. 62 ff.) generell (nach § 73d StGB a.F. bedurfte es einer ausdrücklichen gesetzlichen Anordnung wie in §§ 261 VII 3, 263 VII 2, 302, 338 StGB a.F.) auch dann erfolgen, wenn das Gericht nicht zweifelsfrei feststellen kann, dass der Vermögensvorteil gerade aus der abgeurteilten rechtswidrigen Tat stammt; es genügt, wenn (in gesetzlicher Übernahme der früheren verfassungskonformen Auslegung des § 73d StGB a.F.: hierzu BVerfG, NJW 2004, 2073) zur uneingeschränkten Überzeugung des Gerichts feststeht, dass der Vermögensgegenstand aus irgendeiner rechtswidrigen Tat erlangt worden ist. Das Rückwirkungsverbot (Art. 103 II GG) verlangt für eine Einziehung von Taterträgen bezüglich bislang nicht erfasster Anknüpfungstatbestände, dass diese nach Inkrafttreten der Neuregelung am 1.7.2017 begangen werden.

112 **dd) Besonderheiten des Ordnungswidrigkeitenrechts:** Im Ordnungswidrigkeitenrecht kommt bereits der verhängten Geldbuße neben dem eigentlichen Sanktionsanteil (§ 17 III OWiG) auch eine Abschöpfungsfunktion (nach dem Nettoprinzip!) zu (§ 17 IV OWiG), so dass zur Abschöpfung erlangter wirtschaftlicher Vorteile sogar das gesetzliche Höchstmaß der Geldbuße überschritten werden darf (§ 17 IV 2 OWiG). Die Einziehung von Taterträgen erlangt hier daher gemäß § 29a OWiG nur als selbstständige Einziehungsentscheidung (d.h. wenn gegen den Täter keine Geldbuße verhängt wurde) Bedeutung, deren Anordnung im Ermessen der Verwaltungsbehörde oder des Gerichts steht (KK-OWiG/*Mitsch*, § 29a Rn. 14). Wurde ein Ersatzanspruch des Verletzten aufgrund der der Einziehung zugrunde liegenden rechtswidrigen Tat rechtskräftig festgestellt, besteht in dieser Höhe ein Vollstreckungshindernis für die selbstständige Einziehungsanordnung (§ 99 II 1 OWiG).

113 **ee) Verfahrensfragen und Wirkungen:** Die Einziehungsanordnung erfolgt grundsätzlich als unselbstständiger Teil des Urteils (§§ 421 ff. StPO, §§ 46 I, 87 OWiG), sie kann aber auf Antrag der Staatsanwaltschaft oder des Privatklägers auch selbstständig angeordnet werden (§ 76a StGB, § 435 StPO, §§ 29a V, 46, 87 OWiG). Mit Rechtskraft der Entscheidung geht (wenn der Gegenstand dem Täter „gehört" oder der Dritteigentümer Kenntnis von den die Einziehung begründenden Umständen hat) das Eigentum an der Sache oder das eingezogene Recht auf den Staat über, Rechte Dritter bleiben jedoch bestehen (§ 75 I und II StGB). Bei der Anordnung der Einziehung des

Wertes von Taterträgen entsteht ein staatlicher Zahlungsanspruch, der wie eine Geldstrafe beigetrieben wird.

c) Abführung des Mehrerlöses (§§ 8 ff. WiStG)

Bei Zuwiderhandlungen im Sinne der §§ 1–6 WiStG (z.B. § 5 WiStG: Mietpreisüberhöhung) treten nach § 8 IV 1 WiStG an die Stelle der Einziehung von Taterträgen die Abführung des Mehrerlöses nach § 8 WiStG, wenngleich diese weniger als Abschöpfungsmaßnahme, sondern vielmehr als „Abschreckungsmittel zur Sicherung eines angemessenen Preisgefüges" verstanden wird (*Hellmann/Beckemper*, Rn. 1003). Der abzuführende Mehrerlös ist der Unterschiedsbetrag zwischen dem zulässigen und dem erzielten (überhöhten) Preis (§ 8 I 1 WiStG). Die Abführung erfolgt grundsätzlich an das Land (§ 8 I 1 WiStG), auf Antrag des Geschädigten an diesen (§ 9 I WiStG). Erfolgte die rechtswidrige Tat in einem Betrieb, kann die Mehrerlösabführung vom Betriebsinhaber oder, falls der Inhaber eine juristische Person oder eine Personengesellschaft des Handelsrechts (OHG, KG) ist, von dieser verlangt werden (§ 10 II WiStG) – insoweit ist die Mehrerlösabführung auch eine Form der Unternehmenssanktion. **114**

d) Gewinnabschöpfung im Kartellordnungswidrigkeitenrecht

Die Verhängung einer Geldbuße wegen einer Kartellordnungswidrigkeit (§ 81 GWB) hat einen rein ahndenden Charakter (BT-Drs. 15/3640, S. 42); eine Gewinnabschöpfung steht nach § 81 V 1 GWB im pflichtgemäßen Ermessen. Hierneben erlauben § 34 I GWB die Abschöpfung des wirtschaftlichen Vorteils eines Unternehmens bei nachgewiesenem Verschulden (!) und § 34a I GWB subsidiär die Verpflichtung eines Unternehmens, den durch eine vorsätzliche Kartellordnungswidrigkeit zu Lasten einer Vielzahl von Abnehmern oder Anbietern erlangten wirtschaftlichen Vorteil an den Bundeshaushalt herauszugeben. **115**

e) Verbandsgeldbuße (§ 30 OWiG)

§ 30 OWiG ermöglicht die Verhängung einer Geldsanktion unmittelbar gegen einen Personenverband als solchen (sog. Verbands- oder Unternehmensgeldbuße), wenn eine ihrer Leitungspersonen eine Straftat oder Ordnungswidrigkeit begangen hat, durch die die Pflichten des Personenverbandes verletzt worden sind oder die zu deren Bereicherung geführt hat oder führen sollte. § 30 OWiG stellt hierbei keinen eigenen Ordnungswidrigkeitentatbestand dar, sondern rechnet lediglich dem Verband die Anknüpfungstat seiner Leitungsperson zu (*Ransiek*, **116**

Unternehmensstrafrecht, S. 111; aA KK-OWiG/*Rogall*, § 30 Rn. 4 und 8: Verantwortlichkeit für eigene Delinquenz).

117 **aa) Voraussetzungen: Adressaten** der Verbandsgeldbuße können nach dem abschließenden Katalog des § 30 I OWiG nur juristische Personen (§ 30 I Nr. 1, 4 und 5 OWiG: AG, KGaA, GmbH, eingetragener Verein, Genossenschaft, Stiftung), rechtsfähige Personengesellschaften (§ 30 I Nr. 3, 4 und 5 OWiG: OHG, KG, die am Rechtsverkehr teilnehmende Gesellschaft bürgerlichen Recht; nicht: die Vorgesellschaft zur Gründung von Kapitalgesellschaften [Göhler/*Gürtler*, § 30 Rn. 7]) oder nicht rechtsfähige Vereine (§ 30 I Nr. 2, 4 und 5 OWiG: Gewerkschaften, große Sportvereine) sein. Sofern die Anknüpfungstat der deutschen Sanktionsgewalt unterliegt (§§ 3 ff. StGB, § 5 OWiG), können hierbei auch ausländische Unternehmen sanktioniert werden, sofern ihre Unternehmensverfassung einer deutschen juristischen Person oder Personenvereinigung vergleichbar ist (OLG Celle wistra 2002, 230 f.).

118 **Anknüpfungstat** muss eine tatbestandsmäßige, rechtswidrige und schuldhafte Straftat bzw. vorwerfbare Ordnungswidrigkeit sein, durch die betriebsbezogene Pflichten (d.h. sich aus dem besonderen Wirkungskreis des Unternehmens ergebenden Pflichten, insbesondere die Verletzung der Aufsichtspflicht [siehe **Fall 12**: oben Rn. 71]) verletzt oder in unmittelbarem engen Zusammenhang zur Anknüpfungstat eine Bereicherung (jeder Vermögensvorteil) des Unternehmens eingetreten ist oder eintreten sollte.

119 **Täter** der Anknüpfungstat muss ein Organ, Vertreter (z.B. vertretungsberechtigter Gesellschafter der Personengesellschaft oder Prokurist) oder eine sonst verantwortliche Leitungsperson des Unternehmens gewesen sein, der die Tat gerade in Wahrnehmung seiner Funktion („als": wie bei § 14 StGB [oben Rn. 50 ff.]) und nicht nur bei bloßer Gelegenheit seiner Tätigkeit für den Verband begangen hat. Ergänzend wird überwiegend verlangt, dass der Täter zumindest auch im Interesse des Unternehmens gehandelt hat (BGH NStZ 1997, 30).

Fall 20 (nach *Hellmann/Beckemper*, Rn. 955 und 1024): Gleichberechtigte Geschäftsführer der R-Bau-GmbH waren G und Z. A, technischer Angestellter der R-Bau-GmbH, war unter anderem für die Kalkulation und Abgabe von Angeboten zuständig. Da A in der Vergangenheit die ihm übertragenen Aufgaben immer zur vollsten Zufriedenheit der Geschäftsführer ausgeführt hatte, wurde ihm freie Hand gelassen. Im Rahmen eines öffentlichen Ausschreibungsverfahrens traf sich A mit Vertretern anderer Baufirmen und sprach mit diesen die abzugebenden Angebote ab. So reichte A für die R-Bau-

GmbH ein Angebot von 2 Mio. € ein, das 250.000 € über dem eigentlich kalkulierten Preis lag. Da die anderen an der Absprache beteiligten Unternehmen – wie vereinbart – höhere Angebote abgaben, erhielt die R-Bau-GmbH den Zuschlag. G und Z behaupten beide unwiderleglich, von der Absprache nichts gewusst und bei der Anstellung von A diesen auf die Strafbarkeit von Submissionsabsprachen hingewiesen zu haben. Nach der Einleitung eines gegen A gerichteten Ermittlungsverfahrens beging dieser Selbstmord. Sowohl G als auch Z behaupten unwiderleglich, nach der internen Zuständigkeitsverteilung sei der jeweils andere für die Überwachung des A alleine verantwortlich gewesen. Kann gegen die R-Bau-GmbH eine Geldbuße verhängt werden?

A hat sich nach § 298 StGB und § 263 StGB strafbar gemacht. Als lediglich technischer Angestellter führe er jedoch Aufgaben unter Aufsicht der Geschäftsführung aus, so dass seine Tat unmittelbar keine taugliche Anknüpfungstat iSd § 30 OWiG darstellt. Mangels Schaffung einer hierarchischen Organisationsstruktur zur Deliktsbegehung scheidet eine Strafbarkeit von G und Z nach § 25 I Var. 2 StGB (hierzu oben Rn. 64 ff.) aus, genauso wie eine Unterlassungsstrafbarkeit (§§ 298, 13 I; 263 I, 13 I StGB) mangels nachgewiesenem Vorsatz. Der zur Überwachung zuständige Geschäftsführer als Leitungsperson der R-Bau-GmbH haftet jedoch wegen einer Aufsichtspflichtverletzung, da er trotz der bislang erwiesenen Zuverlässigkeit des A diesen zumindest stichprobenartig hätte kontrollieren müssen, zumal in Bauunternehmen die betriebstypische Gefahr der Beteiligung an Submissionsabsprachen besteht (A/R/R/*Achenbach*, 1. Teil 3. Kap. Rn. 54). Eine Sanktionierung von G oder Z scheitert jedoch daran, dass sich nicht aufklären lässt, welcher von beiden die Aufsichtspflichtverletzung begangen hat.

Ausweislich von § 30 IV 1 OWiG muss die Anknüpfungstat jedoch nicht geahndet worden sein oder geahndet werden, so dass eine Verbandsgeldbuße auch verhängt werden kann, wenn zwar feststeht, dass eine taugliche Leitungsperson eine Anknüpfungstat vorsätzlich oder fahrlässig begangen hat, jedoch – wie in **Fall 20** – nicht aufgeklärt werden kann, welches der Leitungsorgane hierfür verantwortlich ist (A/R/R/*Achenbach*, 1. Teil 2. Kap. Rn. 18: **„anonyme Verbandsgeldbuße“**). **120**

bb) Rechtsfolge: Die Verhängung einer Verbandsgeldbuße liegt im pflichtgemäßen Ermessen („kann“) des für die Anknüpfungsstraftat zuständigen Gerichts (§§ 444 I, III, 436 I StPO) bzw. der zur Verhängung der Anknüpfungsordnungswidrigkeit zuständigen Verwaltungsbehörde (§ 88 II OWiG; in **Fall 20** wegen der Erfüllung auch des § 81 I, II Nr. 1 und 3 GWB das Bundeskartellamt). Sie erfolgt grundsätzlich **121**

neben der Sanktionierung des Täters in einem verbundenen Verfahren. Eine selbstständige Festsetzung kann nach § 30 IV 1 OWiG nur erfolgen, wenn – wie in **Fall 20** – wegen der Bezugstat kein Straf- oder Bußgeldverfahren eingeleitet werden kann oder wenn es eingestellt wird (z.B. aufgrund von Verjährung). Die Höhe der Geldbuße richtet sich bei einer Anknüpfungs*ordnungswidrigkeit* grundsätzlich nach deren angedrohter Geldbuße (§ 30 II 2 OWiG; beachte bei Fahrlässigkeit § 17 II OWiG!); verweist eine Vorschrift wie § 130 III 2 OWiG auf § 30 II 3 OWiG, so verzehnfacht sich das Höchstmaß der Geldbuße nach § 30 II 2 OWiG. Bei einer vorsätzlichen Anknüpfungs*straftat* beträgt das Höchstmaß 10 Mio. € (§ 30 II 1 Nr. 1 OWiG), bei einer fahrlässigen Anknüpfungsstraftat 5 Mio. € (§ 30 II 1 Nr. 2 OWiG). Nach § 30 III iVm § 17 IV 1 OWiG soll die Höhe der Geldbuße den durch die Tat erlangten wirtschaftlichen Vorteil übersteigen; hierneben ist eine Einziehungsanordnung nach §§ 73, 73c StGB nicht möglich (§ 30 V StGB).

122 Im Falle einer **Kartellordnungswidrigkeit als Anknüpfungstat** kann die Geldbuße bis zu 10 % des Vorjahresumsatzes betragen (§ 81 IV 2 GWB). Nach den Grundsätzen der Europäischen Kommission (ABl. EG 1996, C 207/4) hat das Bundeskartellamt hier jedoch eine „Bonusregelung" im Sinne einer Kronzeugenregelung geschaffen (§ 81 VII GWB), wonach ein Verzicht auf eine Geldbuße (auch: Unternehmensgeldbuße) bei demjenigen möglich ist, der bei Kartellen als erster Angaben zu deren Aufdeckung macht (hierzu *Hellmann/Beckemper*, Rn. 1032 ff.).

> **Fall 21** (nach BVerfG NJW 2015, 3641 f.): Das Bundeskartellamt verhängte 2009 gegen die Röstkaffeeherstellerin M-GmbH wegen eines angeblichen Preiskartells mit konkurrierenden Kaffeeherstellern in den Jahren 2000–2008 eine Geldbuße. Hiergegen ging die M-GmbH gerichtlich vor. Im Jahre 2012 verschmolz die M-GmbH nach § 20 UmwG auf die M. Europe GmbH&Co. KG. Dort wurde das Kaffeegeschäft aus derselben Betriebsstätte unter Fortbestand der Leitung mit unveränderter Belegschaft räumlich und personell vom übrigen Geschäftsbereich weitergeführt. Seither verteidigte sich die M. Europe GmbH&Co. KG als Rechtsnachfolgerin vor Gericht damit, die M-GmbH existiere nicht mehr. Zu Recht?

Von einer Geldbuße gegen die juristische Person, deren Organ eine Straftat oder Ordnungswidrigkeit begangen hat, kann nicht nur dann noch gesprochen werden, wenn die juristische Person umfirmiert wird oder lediglich die Rechtsform gewechselt wird (BVerfG NJW 2015, 3641 [3642]), sondern – auch wenn die deutsche Verbandsgeldbuße anders als das Unionsrecht nach Art. 23 VO (EG) 1/2003 im Unionsrecht dem Rechtsträgerprinzip folgt und damit an sich nicht eine wirtschaftliche Einheit, sondern eine im Rechtsverkehr anerkannte Rechtspersönlichkeit sanktioniert (vgl. nur *Bürger*, NZWiSt 2016, 245 [246]) – nach der Rechtsprechung des Bundesgerichtshofs (BGHSt 52, 58 ff.; BGHSt 57, 193 ff.) auch noch bei weitergehenden gesellschaftsrechtlichen Umgestaltungen, wenn es sich aus Sicht des Bürgers faktisch um die gleiche juristische Person handele. Eine solche wurde angenommen, „wenn das `haftende Vermögen´ weiterhin vom Vermögen des gemäß § 30 OWiG Verantwortlichen getrennt, in gleicher oder in ähnlicher Weise wie bisher eingesetzt wird und in der neuen juristischen Person einen wesentlichen Teil des Gesamtvermögens ausmacht" (BGH, NJW 2015, 2198 [2199]). Dies war in **Fall 21** der Fall, in dem die betriebliche Organisation beibehalten und das von der M.Europe GmbH&Co.KG übernommene Vermögen auch weiterhin eine wirtschaftlich selbstständige Stellung behielt. Auch wenn damit nicht ein Rechtsträger, sondern eine wirtschaftliche Einheit sanktioniert, die Nahezu-Identität bei wirtschaftlicher Betrachtung einem Wortverständnis des Begriffs der „juristischen Person" widerspricht und damit die Grenze zu einer verbotenen Analogie überschritt (so zutreffend *Achenbach*, wistra 2012, 413 [416]), erklärte das BVerfG NJW 2015, 3641 (3642) die „wirtschaftliche" Auslegung durch den Bundesgerichtshof für verfassungsgemäß (eine fachsprachliche Auslegung sei auch nicht aus Gründen der Einheit der Rechtsordnung geboten). Mit der 8. GWB-Novelle hat der Gesetzgeber 2013 mit § 30 IIa OWiG klargestellt, dass in Fällen einer Gesamtrechtsnachfolge oder partiellen Gesamtrechtsnachfolge die Geldbuße auch gegen den Rechtsnachfolger verhängt werden kann.

f) Europarechtliche Unternehmensgeldbuße

Auf europäischer Ebene besteht zwar keine Kompetenz zur Androhung von Kriminalstrafen, wohl aber bestehen Bestimmungen zur Verhängung von Geldbußen gegen Unternehmen insbesondere zur Ahndung von Wettbewerbsverstößen (Art. 103 AEUV, Art. 23 der Verordnung [EG] Nr. 1/2003 [ABl. EG 2003, L 001/1]; hierzu *Hellmann/Beckemper*, Rn. 1038 ff.). **123**

Kapitel 3. Wirtschaftsstrafrechtliche Bereiche des Betrugs

124 Der Betrug gilt aufgrund der durch ihn verursachten enormen Schadenssummen (nach PKS 2016, Tabelle 07: 1,68 Mrd. €) als die „Zentralnorm des Wirtschaftsstrafrechts“, wenngleich er die unterschiedlichsten Kriminalitätsformen erfasst und nur dann zum Wirtschaftsdelikt wird, wenn es sich im Einzelfall um Betrügereien handelt, die das Wirtschaftsleben über eine Schädigung des Einzelnen hinaus beeinträchtigen (*Wittig*, § 14 Rn. 1). Flankiert wird § 263 StGB dabei durch einige Delikte mit Sonderformen des Betrugs, die teils rechtliche Strafbarkeitslücken schließen (§ 263a StGB – Computerbetrug) und teils tatsächliche Beweisschwierigkeiten (bzgl. des Kausalzusammenhangs zwischen Täuschung und Irrtum, bzgl. des Vorsatzes des Täters auf die Verursachung eines Vermögensschadens sowie auf die Rechtswidrigkeit des beabsichtigten Vermögensvorteils) durch Vorfelddelikte beseitigen, die zugunsten eines umfassenden Vermögensschutzes bereits die vorsätzliche Täuschungshandlung selbst unter Strafe stellen (§§ 264 ff. StGB). Entsprechend einer verbreiteten Systematisierung nach Rechtsgutstypen werden der Kapitalanlage- (§ 264a StGB) und der Kreditbetrug (§ 265b StGB) erst im Rahmen des Kapitalmarkstrafrechts (unten Rn. 376 ff. und 390 ff.) erörtert, die neuen Vorfelddelikte des Sportwettenbetruges (§ 265c StGB) und der Manipulation berufssportlicher Wettbewerbe (§ 265d StGB) aufgrund ihrer Ausgestaltung als Korruptionsdelikte dort (unten Rn. 328 f.).

I. Betrug (§ 263 StGB)

1. Vorbemerkungen

a) Geschütztes Rechtsgut

125 Geschütztes Rechtsgut des Betruges ist allein das Vermögen in seiner zum Tatzeitpunkt vorhandenen Gesamtheit, die bloße Beeinträchtigung der wirtschaftlichen Dispositionsfreiheit genügt nicht (BGHSt 16, 220 [221]; *Fischer*, § 263 Rn. 3).

b) Aufbauschema

Angesichts der teils unvollständigen, teils missverständlichen gesetzlichen Fassung des Betrugstatbestandes empfiehlt sich folgender Aufbau: 126

Aufbauschema (§ 263 StGB)

I. Tatbestandsmäßigkeit

1. Objektiver Tatbestand

a) Tathandlung: Täuschung über Tatsachen

aa) ausdrücklich

bb) konkludent

cc) durch Unterlassen (§ 13 I StGB)

b) Irrtum

c) Vermögensverfügung

d) Vermögensschaden

e) Evtl. Qualifikation, § 263 V StGB: gewerbsmäßiger Bandenbetrug

2. Subjektiver Tatbestand

a) Vorsatz

b) Absicht rechtswidriger und stoffgleicher Bereicherung

II. Rechtswidrigkeit

III. Schuld

IV. Evtl. Regelbeispiel, § 263 III StGB

V. Evtl. Strafantrag, § 263 IV iVm §§ 247, 248a StGB

2. Objektiver Tatbestand

a) Täuschung

Die Tathandlung des Betruges besteht in einer **Täuschung über Tatsachen**, die immer an einen Menschen gerichtet sein muss, da nur dieser einer Fehlvorstellung (Irrtum) unterliegen kann; die „Täuschung“ von Automaten unterfällt dem ansonsten betrugsäquivalent gestalteten § 263a StGB (unten Rn. 162 ff.) oder § 265a StGB. 127

Fall 22 (nach BGHSt 34, 199 ff.): A organisierte die Werbung und den Vertrieb für Verjüngungs- und Abmagerungsmittel sowie

„Haarverdicker“ und „Nichtraucherpillen“, die „ohne jedes Risiko“ per Nachnahme zuzüglich Versandspesen mit einem „Rückgaberecht innerhalb von 14 Tagen mit voller Geldzurückgarantie“ verkauft wurden. Wie er wusste, waren sämtliche Produkte ebenso wirkungslos wie harmlos. Den Produkten wurden, wie A wusste, den Kunden gegenüber jedoch Eigenschaften und Wirkungen zugeschrieben, die sie nicht hatten: Das „Hollywood-Lifting-Bad“ mache im Blitztempo von nur zwölf Bädern wieder schlank mit „100%-iger Figurgarantie“, wie Testpersonen verblüfft festgestellt und sich um fünfzehn Jahre verjüngt gefühlt hätten. Bei der Einnahme der „Schlankpille M-E-D 300“ müsse man sogar reichlich essen, „damit die ungeheure Fettabschmelzkraft mit genügend Nahrung ausgeglichen“ werde. Und der „Haarverdicker Doppelhaar“ verdopple binnen zehn Minuten und beseitige Schuppen, Flechten, fettiges oder zu trockenes Haar mit 100%-iger Garantie. Die in neutraler Verpackung gelieferten Produkte packte A in Kartons mit diesen Werbesprüchen um. Der Bruttogewinn betrug 750.000 €. Strafbarkeit des A?

128 „**Tatsachen**“ als Täuschungsgegenstand sind hierbei alle Vorgänge oder Zustände der Außen- (z.B. Zahlungsfähigkeit) oder Innenwelt (z.B. Kenntnisse, Absichten, die Zahlungswilligkeit oder der Vorsatz, sich vertragswidriger Manipulationen zu enthalten), sofern sie der Gegenwart oder der Vergangenheit angehören und somit dem Beweis zugänglich sind. Bloße Werturteile, reine Rechtsausführungen und Zukunftsprognosen werden nicht erfasst, es sei denn, mit ihnen wird zugleich der Tatsachenkern, auf den die Wertung gestützt wird, mit behauptet. So kommt es beispielsweise bei der Anpreisung einer Kapitalanlage als „sicher“ darauf an, ob die Kunden zugleich über die Kapitalsituation, die Kostenstruktur und die in Aussicht genommenen Projekte informiert wurden: „Sind nämlich die potentiellen Anleger über die wesentlichen betriebswirtschaftlichen Rahmendaten in Kenntnis gesetzt worden, dann kann eine allgemein gehaltene Bemerkung wie ‘sicher’ oder ‘risikolos’ nur als pauschale Anpreisung [und damit als strafloses Werturteil] verstanden werden. Fehlen dagegen wirtschaftlich konkrete Informationen, kann der gleichen Aussage ein tatsächlicher Hintergrund zukommen“ (BGHSt 48, 331 [345]). In **Fall 22** liegt eine Täuschung sogar über Tatsachen darin, dass den Kunden in den Werbeanzeigen nicht nur eine Wirkung zugesagt, sondern insbesondere ein wissenschaftlicher oder fachmännischer Hintergrund, eine erfolgreiche Benutzung durch Testpersonen und eine „100%-ige Garantie“ als Tatsachenkern vorgespiegelt wurde (zum Schaden unten Rn. 147).

Fall 23 (nach BGHSt 47, 1 ff.; OLG Frankfurt a.M. NJW 2003, 3215): A gründete im Internet ein „Zentralregister für Gewerbeeintragungen". Dann suchte er sich aus dem Branchenbuch Daten von Unternehmen heraus, denen er ein Schreiben über eine Eintragung in dieses Register unter Aufschlüsselung der Unternehmensdaten schickte. Hierbei hob er optisch eine jeweils individualisierte Belegnummer und ein Kassenzeichen hervor, schlüsselte den Betrag für die Eintragung nach Netto- und Bruttosumme auf und fügte am Ende fett eine Zahlungsfrist ein. An das Schreiben hängte er einen Überweisungsträger, wo die entsprechenden Daten bereits eingetragen waren. Viele der Empfänger glaubten daher, eine Rechnung für eine bereits erfolgte Eintragung in ein öffentliches Register vor sich zu haben und zahlten den Betrag. A trug diese zahlenden Unternehmen im Internet in sein Privatregister ein. Nur 10 Empfängern fiel dagegen das Kleingedruckte im Schreiben auf, indem auf den bloßen Angebotscharakter für eine neue Eintragung hingewiesen wurde. Dies hatte A beabsichtigt. Insgesamt 2.600 Unternehmen zahlten und bescherten A einen Gewinn von 100.000 €. Strafbarkeit des A? **129**

Auch wenn es danach aussieht, der Irrtum der Mitarbeiter der zahlenden Unternehmen beruhe auf eigener Sorglosigkeit – der Grundsatz „Wo ein Irrtum ist, ist auch eine Täuschung" (*Mahnkopf/Sonnberg*, NStZ 1997, 187) gilt nicht (ebenso BGHSt 47, 1 [5])! –, so gilt dies nur für Schreiben, aus denen der Angebotscharakter deutlich hervortritt. Zur tatbestandlichen Täuschung wird ein an sich rechtlich zulässiges Verhalten (Zusenden eines Angebots) jedoch dann, wenn – in Parallelität zum Pervertierungsgedanken bei § 315b StGB (BGHSt 48, 233 ff.) – der Täter sein Verhalten planmäßig einsetzt und damit unter dem Anschein „äußerlich verkehrsgerechten Verhaltens" gezielt die Schädigung des Adressaten verfolgt, wenn also die Irrtumserregung nicht die bloße Folge (eines an sich verkehrsgerechten Verhaltens ist), sondern der finale Zweck der Handlung ist (BGHSt 47, 1 [5 ff.]; OLG Frankfurt a.M. NJW 2003, 3215). Eine **Täuschung** ist somit eine Handlung mit Erklärungswert (Betrug ist ein Kommunikationsdelikt!), die final darauf abzielt, bei einem Menschen eine Fehlvorstellung von der Wirklichkeit bezogen auf Tatsachen hervorzurufen.

Angesichts der optischen Gestaltung des Schreibens sowie der Verwendung der darin enthaltenen ansonsten typischen Merkmale einer Rechnung ist in **Fall 23** eine Täuschung zu bejahen (sog. **Insertionsoffertenbetrug**; zum Irrtum unten Rn. 136; zum Vermögensschaden unten Rn. 144). Nach den gleichen Grundsätzen täuscht der Betreiber einer Webseite (wegen § 1 VI 2 PAngV) konkludent über die Entgeltlichkeit einer angebotenen Leistung (z.B. Routen-Planer), wenn das zu entrichtende Entgelt (oder der Abschluss eines Abos) nur über versteckte Zusätze wie Sternchen oder Fußnoten ersichtlich ist (BGH NJW 2014, 2595 ff.).

130 **aa) Ausdrückliche Täuschung:** Eine Täuschung kann zunächst ausdrücklich erfolgen, d.h. der Täter behauptet mündlich oder schriftlich eine bestimmte Tatsache, die nicht mit der Wirklichkeit übereinstimmt. Hierunter fällt neben **Fall 22** etwa der **Abrechnungsbetrug** eines Arztes, der mit seiner Honorarabrechnung (und im vertragsärztlichen Bereich der darin enthaltenen Sammelerklärung) ausdrücklich erklärt, die darin angegebenen Leistungen tatsächlich erbracht zu haben (OLG Hamm NStZ 1997, 130 [131]).

Fall 24 (nach BGHSt 50, 147 ff.): A hatte ein Konto bei der B-Bank. Als er zu viele Schulden aufgehäuft hatte, vermittelte ihm F (gegen eine Provision) persönliche Darlehensgeber, die ihm kurzfristig gegen Zinsen Gelder zur Verfügung stellten. Die Auszahlungen erfolgten derart, dass A für die jeweiligen Höhen Einzugsermächtigungen bekam, per Lastschriften sich die Gelder von den Konten der Kreditgeber zu holen. Da sich die finanzielle Situation des A nicht besserte, brauchte er immer neue Darlehen, um damit die ersten Darlehen zurückzahlen zu können. Da A die beiden letzten Darlehen nicht zurückzahlen konnte, wovon er von Anfang an rechnete, widerriefen diese Darlehensgeber (wie von A erwartet) die Lastschriften, so dass die B-Bank als kontoführende Bank des A die Gelder den Banken der Darlehensgeber zurückzahlen musste. Vom Konto des A konnte sich die B-Bank die Gelder aber nicht zurückholen, da A zahlungsunfähig war. Die B-Bank blieb so auf einem Schaden iHv 139.698 € sitzen. Strafbarkeit des A?

131 **bb) Konkludente Täuschung:** Täuschungen können auch nur konkludent erfolgen, d.h. wenn dem schlüssigen Gesamtverhalten des Täters nach der Verkehrsauffassung (bzw. nach allgemeinen Regeln der Sprache oder Konvention und des Rechts) ein bestimmter (eindeutiger!) Erklärungswert beigemessen wird, der als stillschweigend (mit-)erklärt gilt. Es kommt nach dem faktisch-normativen Maßstab der Rechtsprechung hierbei darauf an, wie der Adressat der vermeintlichen schlüssigen Erklärung nach dem Maßstab des objektivierten Empfängerhorizontes das Täterverhalten unter Berücksichtigung der Gesamtumstände der konkreten Situation nach der in Bezug auf den konkreten Geschäftstyp bestehenden Verkehrsauffassung vernünftigerweise verstehen durfte (BGHSt 47, 1 [3]; BGHSt 51, 165 [170]).

Beispiele für konkludente Täuschungen:

– Wer eine vertragliche Verpflichtung eingeht, erklärt damit zugleich konkludent, dass er zur Erfüllung der Verpflichtung in der Lage und bereit ist. Anders liegt es nur, wenn die Zahlungsunfähigkeit des Schuldners erst nach dem Vertragsschluss (für ihn nicht vorhersehbar) eingetreten ist; selbst in der weiteren vertraglichen Inanspruchnahme der Leistung des Gläubigers liegt dann keine Täuschung, weil die Verkehrsauffassung einen Erklärungswert allein an den entsprechenden Vertragsabschluss knüpft (OLG Hamburg NJW 1969, 335 ff.: Zechbetrug).

- Wer eine Sache zum Verkauf anbietet, erklärt damit konkludent, dass er entweder Eigentümer oder jedenfalls zur Veräußerung berechtigt ist.
- Die Hingabe eines Schecks enthält die konkludente Erklärung, dass bei Einlösung eine hinreichende Kontodeckung besteht (BGHSt 24, 386 [389]).
- Die Annahme eines Darlehens enthält die konkludente Erklärung, der Überzeugung zu sein, das Darlehen bei Fälligkeit zurückzahlen zu können.
- Eine Sportwette enthält die konkludente Erklärung, den Ausgang des Sportereignisses nicht vorsätzlich manipuliert zu haben (BGHSt 51, 165 [172] im Rahmen einer normativen Betrachtung unter dem Gesichtspunkt einer typischen Pflichten- und Risikoverteilung zwischen den Partnern). Nicht konkludent erklärt wird dagegen, keinen Informationsvorsprung aufgrund allgemein zugänglicher (legaler) Quellen oder lediglich vage Informationen über eine Manipulation des Sportereignisses zu haben (BGH NStZ 2014, 317 f.).
- Ein sog. Ping-Anruf (Telefonanruf, bei dem man es nur einmal klingeln lässt, zumeist unter Übermittlung einer Mehrwertdienst-Nummer unter Hoffnung eines Rückrufs) beinhaltet die konkludente (unrichtige) Erklärung, der Anrufer habe die Nummer mit einem sinnvollen Kommunikationsanliegen angewählt (BGHSt 59, 195 ff. entgegen OLG Oldenburg MMR 2010, 791 ff.).
- Ein Darlehensantrag (eines Kreditvermittlers) enthält die konkludente Erklärung, dass das Darlehen allein zur Finanzierung des im Kreditantrag genannten Objektes (z.B. einer Eigentumswohnung) verwendet werden soll (und nicht auch einer [im Verhältnis zum Kaufpreis] Überfinanzierung dient, die als Kick-Back-Zahlung an den Darlehensnehmer [Käufer] zurückfließen soll) (BGH NStZ 2017, 170 [171]).

Im **Lastschriftreiterei-Fall 24** bejahte der BGH eine konkludente Täuschung mit der Vorlage des Lastschriftformulars darüber, dass die Lastschrift nicht widerrufen werde sowie, falls ein Widerruf doch erfolgen würde, dass der Täter im Zeitpunkt der Rückgabelastschriften seiner Bank rückzahlungsfähig sein werde (BGHSt 50, 147 [156 ff.]; BGH NZWiSt 2017, 190 stellt auf die Verletzung einer Aufklärungspflicht über eine atypische Verwendung der Lastschrift ab). Zweifelhaft ist dies insoweit, als es sich bei derartigen Erklärungsinhalten um zukünftige Umstände und damit nicht um Tatsachen handelt (kritisch auch *Fahl*, Jura 2006, 733 [736]). Abgestellt werden könne einzig auf eine subjektive Überzeugung künftiger Rückzahlungsfähigkeit oder auf den Zweck der Lastschriften (Darlehensbeschaffung), da dieser mit den aufgezeigten Risiken für die Banken verbunden ist.

Fall 25 (nach BGHSt 47, 83 ff.): A war als Vertreter der W-AG anlässlich der Vergabe von Aufträgen zum Bau des Flughafens, der sich zu 100 % in öffentlicher Hand befindet, in Kontakt mit den Konkurrenten K und L, den anderen Beteiligten der freihändigen Vergabe. A hatte mit K und L verabredet, dass möglichst sein Unternehmen den Zuschlag erhalten sollte. Die anderen Beteiligten gaben entsprechend dieser Vereinbarung „Schutzangebote“ ab, die preislich über dem Angebot der W-AG lagen. Als Ausgleich für den Verzicht auf den Auftrag wurden K und L Abstandszahlungen zugesagt. Diese wurden zur Refinanzierung verdeckt in die Angebotspreise des Angebots der W-AG von A eingerechnet. Dennoch lag das Angebot noch unter den vom zuständigen Ausschuss zuvor ermittelten Kosten. So erhielt die W-AG tatsächlich den Auftrag. Nachdem A die Auftragssumme erhalten hatte, zahlte er an K und L die vereinbarten Abstandszahlungen iHv insgesamt 400.000 €. Strafbarkeit des A?

Die Abgabe eines Angebots auf eine Ausschreibung enthält regelmäßig die konkludente Erklärung, dass das Angebot nicht auf einer verbotenen Absprache beruht, verbietet § 1 GWB doch derartige wettbewerbsbeschränkende Absprachen, wobei dieses Verbot nicht nur eine tragende Säule öffentlicher Ausschreibungen bildet (§ 2 I Nr. 2 VOB/A), sondern im Falle seines Verstoßes auch zivilrechtliche, ordnungswidrigkeitenrechtliche sowie strafrechtliche Folgen (vgl. §§ 81 I Nr. 1 GWB, 298 StGB) nach sich zieht (vgl. BGHSt 47, 83 [86 f.]). In derartigen Fällen des **Submissionsbetruges** ist somit eine konkludente Täuschung zu bejahen (zum Vermögensschaden unten Rn. 146; zu § 298 StGB unten Rn. 331 ff.).

132 **Fall 26** (nach BGHSt 46, 194 ff.): Aufgrund einer Fehlbuchung der Deutschen Bank – die Bankmitarbeiterin hatte die falsche Filialnummer eingegeben – erhält die F-GmbH auf ihrem Konto eine Gutschrift über 6,5 Mio. €. Als deren Geschäftsführer A dies bemerkt (sowie, dass die Buchung fehlerhaft war), überwies er sich diese Summe mit mehreren Überweisungen am Bankschalter auf sein Privatkonto. Strafbarkeit des A nach § 263 I StGB?

Bei Überweisungen wie in **Fall 26** wird mit der Vorlage des Überweisungsformulars nicht konkludent miterklärt, dass die Auszahlung aus einem dem Täter zustehenden Guthaben begehrt werde; denn getäuscht werden muss über Tatsachen, nicht über das Bestehen von Rechten oder Ansprüchen. Möglich ist daher einzig eine konkludente Täuschung über die Tatsache, dass für die zu überweisende Summe eine ausreichende Kontendeckung vorhanden sei. Hiergegen spricht aber, dass in der Regel Dispositionskredite eingeräumt werden und eine Kontendeckung daher nicht zwingend erforderlich ist sowie dass die Aufgabe der Kontoführung und der ordnungsgemäßen Buchung der Bank (§§ 676 ff. BGB) obliegt, so dass diese auch zwingend eine in ihrem Pflichten- und Risikobereich liegende Kontodeckungsprüfung vornehmen wird. Das bloße Auszahlungsbegehren ist somit von vornherein gar nicht geeignet, beim Schalterbeamten eine Fehlvorstellung über das Guthaben zu bewirken. Zudem konnte A keine „Fehlvorstellung" beim Schalterbeamten hervorrufen, da die Gutschrift – ob aufgrund einer Fehlbuchung oder Fehlüberweisung entstanden – ein abstraktes Schuldversprechen bzw. Schuldanerkenntnis gegenüber dem Kunden darstellt (§§ 780, 781 BGB), so dass das Guthaben bis zur Berichtigung der F-GmbH zustand, über das A nach § 35 GmbHG verfügen konnte. Eine konkludente Täuschung scheidet damit aus (zum Unterlassen sogleich).

Weitere **Gegenbeispiele**: Leerverkäufe eines Wertpapiers enthalten nicht die konkludente Behauptung, zum Zeitpunkt des Verkaufsvertrags bereits Eigentümer der Wertpapiere zu sein (*Fischer*, § 263 Rn. 36); die Mitgliederwerbung für eine gemeinnützige Organisation enthält nicht die konkludente Erklärung, von den Beiträgen keine Abzüge für Werbung und Verwaltungskosten vorzunehmen (BGH NJW 1995, 539).

cc) Täuschung durch Unterlassen: Eine Täuschung durch Unterlassen verlangt nach § 13 I StGB eine Garantenstellung, an deren Vorliegen hohe Anforderungen zu stellen sind. Insbesondere bedarf es in der konkreten Rechtsbeziehung eines Zusammenhangs mit den Vermögensinteressen des Opfers. Grundlage der Garantenstellung kann eine gesetzliche Anordnung (z.B. §§ 60 I 1 Nr. 2 SGB I für den Empfänger von Sozialleistungen oder für den anmeldepflichtigen Arbeitgeber aus § 28a I SGB IV: „Beitragsbetrug"; aber: keine Garantenpflicht der Erben und Angehörigen eines Sozialhilfeempfängers, den Leistungsträgern den Todesfall mitzuteilen [OLG Naumburg NStZ 2017, 293]), ein pflichtwidriges gefährdendes Vorverhalten (Ingerenz) oder eine vertragliche Pflicht sein, wenngleich nicht aus „normalen" schuldrechtlichen Verträgen wie einem Kaufvertrag, einem Werkvertrag oder einem Girovertrag (**Fall 26**: es sei denn, in diesem war eine entsprechende Aufklärungspflicht ausdrücklich geregelt, z.B. in den Allgemeinen Geschäftsbedingungen) eine Garantenstellung folgt, sondern nur aus Vertragsverhältnissen mit besonderem vermögensrechtlichen Vertrauensverhältnis (z.B. Gesellschaftsverträge [wie Partnerschaftsverträge einer Anwaltsgesellschaft: BGH NZI 2016, 934], partiarisches Darlehen, Verträge mit Beraterfunktion oder Kontokorrentverträge mit der **133**

Bank). Nur im Einzelfall kann sich eine Garantenstellung auch aus außervertraglichen Vertragsverhältnissen wie einer ständigen Geschäftsbeziehung oder aus Treu und Glauben (§ 242 BGB) ergeben (z.B. ein Gebrauchtwagenhändler muss ungefragt darauf hinweisen, dass es sich um einen Unfallwagen handelt: OLG Nürnberg MDR 1964, 693).

134 **dd) Keine Täuschung** liegt vor bei bloßen Sachverhaltsmanipulationen, die den Stellenwert einer Erklärung nicht erreichen (z.B. Fälschung der Zulassungsbescheinigung, um als Gebrauchtwagenhändler einen höheren Preis für das Fahrzeug zu erhalten), sowie beim bloßen Ausnutzen einer ohne eigenes Zutun (sonst: Täuschung durch Unterlassen aus Ingerenz!) entstandenen Fehlvorstellung auf Seiten des Opfers (z.B. bloßes Schweigen nach Entgegennahme einer Zuvielleistung).

b) Irrtum

135 (Mit-)Ursächlich durch die Täuschungshandlung muss ein Irrtum der getäuschten Person erregt worden sein, also eine Fehlvorstellung über Tatsachen, d.h. ein Widerspruch zwischen der subjektiven Vorstellung und der Wirklichkeit (NK-StGB/*Kindhäuser*, § 263 Rn. 169). Wird die täuschende Erklärung nicht wahrgenommen, kommt nur ein Betrugsversuch in Betracht (BGH NStZ 2009, 694). Nur natürliche Personen können sich irren, nicht Computer oder juristische Personen, bei denen auf die jeweils zuständigen Sachbearbeiter abzustellen ist. Das bloße Fehlen der Vorstellung einer wahren Tatsache (ignorantia facti) ist kein Irrtum, so dass es an einem Irrtum fehlt, wenn ein Sachbearbeiter eine manipulierte Abrechnung prüft und sich hierbei irrt, die verfügende (auszahlende) Person jedoch hiervon verschieden ist und sich angesichts der vorliegenden Auszahlungsanordnung des prüfenden Kollegen keine Gedanken macht (BGH NStZ 2005, 157 f.). Nach der Rechtsprechung ausreichend sein soll jedoch ein „sachgedankliches Mitbewusstsein" der vom Verfügenden ohne Nachdenken vorausgesetzten Tatsachen, also das Gefühl, es sei „alles in Ordnung", sofern dieses Gefühl beruhigender Sicherheit nur die Folge des empfangsgerichteten Täuschungsverhaltens ist (BGHSt 2, 325 [326 f.]; BGHSt 51, 165 [174]). Bei standardisierten, auf Massenerledigung angelegten Abrechnungsverfahren sei es daher nicht erforderlich, dass der Sachbearbeiter zu jeder falschen Rechnungsposition (nachweislich) positiv die Vorstellung habe, sie sei vollumfänglich zutreffend; wenn der Sachbearbeiter auf eine ordnungsgemäße Abrechnung vertraut und in diesem Bewusstsein Rechnungen als rechtskonforme Zahlungsanforderungen ansieht, irre er. Daher setze ein Irrtum auch nicht voraus, dass tatsächlich eine Überprüfung der Abrechnungen durchgeführt worden sei (BGH NStZ 2015, 341).

Hegt das Opfer (wie einige Mitarbeiter geschädigter Unternehmen in **Fall 23**) Zweifel an der Richtigkeit der vorgetäuschten Tatsache, so finden weder die teils vertretene viktimologische Sichtweise (jede Form von Zweifeln schließt einen Irrtum aus: *Amelung*, GA 1977, 1 [4 ff.]) noch jene Ansicht (so etwa *Sonnen*, wistra 1982, 123 [127 f.]), wonach das Opfer die Wahrheit der vorgespiegelten Tatsache zumindest für wahrscheinlicher halten müsse als ihre Unwahrheit (und damit die Zweifel), im Gesetzeswortlaut eine Stütze, läuft die hinter beiden Ansichten stehende These, „dass das Tatopfer sich bei Zweifeln über die Wahrheit oder Unwahrheit der behaupteten Tatsache zu vergewissern habe, [doch] auf eine dem Strafrecht fremde Bewertung eines Mitverschuldens hinaus" (BGH NStZ 2003, 313). Mit der überwiegenden Ansicht genügt es daher, dass das Opfer trotz seiner Zweifel noch die Wahrheit der vom Täter behaupteten (unwahren) Tatsachen für möglich hält und deswegen die Vermögensverfügung trifft, also trotz seiner Zweifel der List des Täters zum Opfer fällt (BGH NStZ 2003, 313; LK/*Tiedemann*, § 263 Rn. 84 ff.). **136**

c) Vermögensverfügung

Eine Vermögensverfügung erfasst jedes kausal auf dem Irrtum beruhende Tun, Dulden oder Unterlassen einer natürlichen Person, das sich auf Seiten des Geschädigten unmittelbar vermögensmindernd auswirkt (BGHSt 50, 174 [178]) und stellt damit als ungeschriebenes Tatbestandsmerkmal des Selbstschädigungsdelikts des Betruges ein Bindeglied zwischen Irrtum und Vermögensschaden dar. **137**

aa) Begriff des Vermögens: Verfügungsgegenstand ist das Vermögen, dessen Begriff noch immer nicht geklärt ist: Seit der Aufgabe des von *Binding* (BT 1, S. 238 ff.) entwickelten rein juristischen Vermögensbegriffs (Summe aller Vermögens*rechte*) weil teils zu eng (Vermögensgefährdung? Arbeitskraft? Erwerbschancen?) und teils zu weit (Rechte ohne Vermögenswert wie Besitzrecht?) ist man sich wenigstens darin einig, nach einer wirtschaftlichen Betrachtungsweise das Vermögen als Summe der geldwerten Güter einer natürlichen oder juristischen Person zu begreifen. **138**

Beispiele für Vermögensgüter: Eigentum und sonstige dingliche Rechte, Besitz, obligatorische Rechte (Ansprüche).

Fall 27 (nach BGH NStZ 2004, 557 f.): Autohändler A erhielt von der Daimler AG einen Rabatt, wenn er sich verpflichtete, die von

Daimler erworbenen Wagen nicht vor einer Haltezeit von 6 Monaten zu veräußern. A sagte dies zu und kassierte den Rabatt, verkaufte die Fahrzeuge dann aber – wie er bereits beim Erwerb der Fahrzeuge vorhatte – vorher. Strafbarkeit des A?

- **Anwartschaftsrechte** und tatsächliche rechtlich gefestigte und wirtschaftlich realisierbare Exspektanzen (inkl. Marktstellung und Kundenstamm) sind Vermögensgüter, sofern ihnen vom Geschäftsverkehr bereits ein wirtschaftlicher Wert beigemessen wird (ausführlich *Kraatz*, ZStW 122 [2010], 521 [531]); bloße (abstrakte) Gewinnaussichten (z.B. die Erwartung günstiger Verkaufs-, Anschluss- oder Wiederverkaufsgeschäfte) sind dagegen noch nicht geschützt – die bloße Vereitelung einer Vermögensmehrung ist (grundsätzlich) kein Betrug (*Fischer*, § 263 Rn. 93)! Da ein gewährter Rabatt lediglich die Gewinnmarge aus dem Geschäft für den Verkäufer vermindert, erleidet der Rabattgewährende beim **Rabattbetrug** nur dann einen Schaden, wenn seine Gewinnchance auf den vollen Preis (Verkauf an eine andere Person, die keinen Rabatt eingeräumt bekommt) bereits wegen konkreter Realisierungsmöglichkeit (mit Sicherheit ein Käufer, der den Rabatt nicht bekommen hätte) zu einem Vermögenswert erstarkt war, was selten (so auch nicht in **Fall 27**) der Fall ist.
- Die **Arbeitskraft** ist ein Vermögensgut, wenn sie üblicherweise nur gegen Entgelt erbracht wird (BGH NJW 2001, 981 ff.)
- **Geldsanktionen des Staates** wie eine verhängte Geldstrafe, ein verhängtes Verwarnungs- oder Bußgeld oder eingezogene Gegenstände unterfallen dagegen nicht dem Vermögensbegriff, da sie die Vergeltung für ein begangenes Unrecht darstellen und daher einen reinen Sanktionscharakter, aber keinen vermögensrechtlichen Charakter besitzen (RGSt 71, 280 [281]; OLG Köln NJW 2002, 527 f.). Zudem unterfallen Selbstbegünstigungshandlungen des Täters abschließend § 258 StGB, um § 258 V StGB nicht zu umgehen.

139 Von diesem rein wirtschaftlichen Maßstab macht der **rein wirtschaftliche Vermögensbegriff** der Rechtsprechung (RGSt 44, 230 ff.; BGHSt 2, 364, 365; BGHSt 8, 254 ff.) keine Ausnahme (und soll auch einen unerlaubten Besitz von Betäubungsmitteln [BGH NStZ-RR 2017, 44 f., 110 und 112 f.] oder die Forderung einer Prostituierten nach vorheriger Vereinbarung [BGH NJW 2016, 2434] erfassen), während die Anhänger eines **wirtschaftlich-juristischen Vermögensbegriffs** die wirtschaftlichen Maßstäbe wegen des Grundsatzes der Einheit der Rechtsordnung beschränken auf solche wirtschaftlichen Zurechnungen, die unter Billigung der rechtlichen Güterordnung stehen (*Cramer*, JuS 1966, 472 (475); LK/*Tiedemann*, § 263 Rn. 132) und damit insbesondere nichtige Ansprüche aus verbotenen oder sittenwidrigen Rechtsgeschäften oder den rechtswidrig erlangten Besitz an Sachen aus dem Vermögensbegriff herausnehmen. Begründet wird die wirtschaftlich-juristische Sichtweise zumeist mit § 817 S. 2 BGB, der jedoch auch im Zivilrecht nur im engen Bereich des Bereicherungsrechts (§§ 812 ff. BGB) gilt und damit als Sondervorschrift nicht analogiefähig ist. Zudem darf alleine der Umstand, dass das Opfer seinerseits eine Sache etwa auch rechtswidrig erlangt hat, nicht dazu führen, den Strafanspruch des Staates gegenüber dem Täter, der eine Strafe verdient, preiszugeben, zumal die Strafgewalt des Staates nicht allein dem Schutz des Privatinteresses dient, sondern die Wiederherstellung des Vertrauens in die durch die Tat verletzte Rechtsordnung bezweckt. Zur Vermeidung von nicht hinnehmbaren Strafbarkeitslücken ist daher eher dem rein wirtschaftlichen Vermögensbegriff zu folgen.

Nicht durchsetzen konnten sich bislang der **personale Vermögensbegriff** (vgl. *Otto*, Jura 1993, 424 ff.) sowie der **integrierte Vermögensbegriff** (*Hefendehl*, Vermögensgefährdung und Exspektanzen [1994], S. 115 ff.; *Pawlik*, Das unerlaubte Verhalten zum Betrug [1999], S. 259 ff.), nach dem die Zurechnung zu den wirtschaftlichen Gütern des rein wirtschaftlichen Vermögensbegriffs rechtlich erfolgen müsse (z.B. nach § 854 BGB habe der Dieb Besitz an der erlangten Beute und damit eine ihm zugerechnete vermögenswerte Position). **140**

bb) Verfügungshandlung und Verfügungsbewusstsein: Vermögensverfügungen können sowohl rechtsgeschäftlich (z.B. Eingehen einer Verbindlichkeit: in Fällen des Submissionsbetruges wie in **Fall 25** durch einen Vertragsschluss zum Angebotspreis), verwaltungsrechtlich (z.B. Erlass eines behördlichen Aktes: Finanzamt gewährt eine Eigenheimzulage) als auch rein tatsächlich (z.B. Auszahlung der Darlehensvaluta, Herausgabe einer Sache, Erbringung einer Arbeitsleistung) und sogar durch Unterlassen (z.B. Nichtgeltendmachen einer Forderung [BGH NStZ-RR 2005, 311 [312] oder Nichtbetreiben der Zwangsvollstreckung [OLG Düsseldorf NJW 1994, 3366 [3367]) erfolgen. Eines Verfügungsbewusstseins bedarf es jedenfalls beim Forderungsbetrug nicht (BGHSt 14, 170 [172]), wohl aber beim Sachbetrug zur Abgrenzung des Selbstschädigungsdelikts Betrug vom Fremdschädigungsdelikt des Diebstahls: „Betrug liegt vor, wenn der Getäuschte aufgrund freier, nur durch Irrtum beeinflusster Entschließung Gewahrsam übertragen wolle und übertrage; Diebstahl sei gegeben, wenn die Täuschung lediglich dazu dienen solle, einen gegen den Willen des Berechtigten gerichteten eigenmächtigen Gewahrsamsbruch des Täters zu ermöglichen oder wenigstens zu erleichtern" (BGHSt 41, 198 [201]). **141**

142 **cc) Unmittelbarkeit**

> **Fall 28** (nach BGHSt 50, 174 ff.): A beantragte unter dem Namen P bei der D-GmbH als Provider die Einrichtung einer 0190-Service-Rufnummer zum Betrieb einer „Sexhotline“, die ihm die D-GmbH bewilligte. Bei derartigen 0190-Nummern vertelefonierte der Kunde sein Guthaben, das der D-GmbH zufloss, die es an A weiterzahlte. A lud darauf mit einem Ladegerät den Speicherchip einer Telefonkarte des Betreibers N künstlich auf und wählte von der öffentlichen Telefonzelle des Netzbetreibers N seine eigene 0190-Nummer. Für jede Gesprächsminute wurde vom Chip der Telefonkarte das tatsächlich nicht vorhandene Guthaben abgebucht. N zahlte an die D-GmbH diese Telefongebühren, die diese auf das Konto des A auskehrte. Durch die Wiederholung dieses Verhaltens, dass er bereits bei der Beantragung der Rufnummer geplant und dem Mitarbeiter der D-GmbH verschwiegen hatte, erlitt N einen Schaden in Höhe von 100.000 €. Strafbarkeit des A?

Indem A mit falschen Personalien einen Antrag an die D-GmbH auf Abschluss einer „Sexhotline“ mit falschem Namen unterschrieb (strafbare Identitätstäuschung und nicht nur straflose Namenstäuschung) und durch sein Einreichen gebrauchte, hat sich A jedenfalls nach **§ 267 I Var. 1 und 3 StGB** strafbar gemacht. Zugleich hat A den zuständigen Mitarbeiter der D-GmbH über seine Identität wie darüber, unter der Name eine „Sexhotline“ zu betreiben, iSd **§ 263 I StGB** getäuscht, worüber der Mitarbeiter irrte.

Durch sein Verhalten muss der Getäuschte unmittelbar über das Vermögen des Geschädigten verfügt haben. Das Kriterium der Unmittelbarkeit verdeutlicht hierbei, dass das Opfer beim Selbstschädigungsdelikt des Betrugs das eigene Vermögen selbst schädigen muss, es also nicht genügt, wenn dem Täter (oder einem Dritten) nur die Möglichkeit eingeräumt wird, durch einen weiteren (fremdschädigenden) Akt das Vermögen zu schädigen (RGSt 58, 215 [216]; BGHSt 50, 174 [178]).

In **Fall 28** eröffnete die Erschleichung des Vertrages über die Einrichtung der Mehrwertdienstnummer dem A zwar die faktische Möglichkeit, Vermögenswerte in Form von Verbindungsentgelten zu erlangen; die eigentliche Vermögensschädigung erfolgte jedoch erst durch den weiteren deliktischen Akt des A in Form der missbräuchlichen Nutzung der manipulierten Telefonkarten; ein Betrug scheidet damit mangels Vermögensverfügung aus (zum Computerbetrug unten Rn. 168).

143 **dd) Dreiecksbetrug:** Vor allem bei Betrugstaten zu Lasten einer juristischen Person (AG, GmbH, Gebietskörperschaft wie eine Gemeinde) verfügt die getäuschte (natürliche) Person (z.B. das zuständige Or-

gan oder der zuständige Mitarbeiter) über für ihn fremdes Vermögen (so in allen **Fällen 23–28**). Ein derartiger „Dreiecksbetrug" ist trotz dem Charakter des Betruges als *Selbst*schädigungsdelikt erfasst, wenn die Vermögensverfügung des Dritten dem Geschädigten zurechenbar ist, wenn also eine „Zurechnungseinheit zwischen Vermögensinhaber und Irregeführtem" (LK/*Tiedemann*, 12.A., § 263 Rn. 114) besteht. Wie diese zu bestimmen ist, ist umstritten (umfassend hierzu *Kraatz*, Jura 2007, 531 [532 f.]):

Im Bereich des Sachbetrugs hat sich als „Minimalkonsens" (LK/*Tiedemann*, § 263 Rn. 116) die **Befugnis- oder Ermächtigungstheorie** (*Amelung*, GA 1977, 1 [14 f.]; *Roxin/Schünemann*, JuS 1969, 372 [375]) herausgebildet, wonach die Verfügung des Irrenden dem Geschädigten zugerechnet wird, wenn der Verfügende hierzu vom Vermögensinhaber rechtsgeschäftlich oder durch das Gesetz ermächtigt wurde und wenn der Verfügende sich nach seiner irrtumsbedingten Vorstellung in jenem Befugnisrahmen hält, der ihm auch objektiv eingeräumt worden ist. Da diese Theorie jedoch auf rechtliche Verfügungsbefugnisse abstellt und daher noch zu sehr dem inzwischen aufgegebenen juristischen Vermögensbegriff (Vermögen als Summe aller gültigen Vermögensrechte) verhaftet ist, lässt die Rechtsprechung (ausgehend vom weiten wirtschaftlichen Vermögensbegriff) jede unmittelbar räumliche Einwirkungsmöglichkeit des Verfügenden, jedes „Näheverhältnis" zur Vermögenssphäre des Geschädigten als Zurechnungsgrund ausreichen (sog. **Nähetheorie**: RGSt 25, 244 [247]; BGHSt 18, 221 ff.). Dieses Verständnis wird im Schrifttum jedoch als zu weit angesehen, so dass sich hier die überzeugende Lagertheorie als Gegenentwurf herausgebildet hat, wonach für eine Zurechnung erforderlich sei, dass „der getäuschte Dritte, der dem Täter die Sache verschafft, bildlich gesprochen im 'Lager' des Geschädigten" (*Lenckner*, JZ 1966, 320 [321]) gestanden habe (sog. **Lagertheorie**) und der Geschädigte sich dadurch, dass er den Dritten in sein „Lager" gelassen und ihm somit faktisch den Zugriff auf sein Vermögen ermöglicht habe, dessen Verfügung als eigene zurechnen lassen müsse (*Geppert*, JuS 1977, 69 [72 f.]). Die für das Wirtschaftsstrafrecht wichtige dogmatische Frage, inwieweit diese Kriterien auf den Forderungsbetrug übertragbar sind, ist zwar noch nicht abschließend geklärt, wird aber zu bejahen sein (*Wittig*, § 14 Rn. 95; aA *Fischer*, § 263 Rn. 84: Handeln im Interesse des Geschädigten). Bereits nach der engen Befugnistheorie ist in den eingangs erwähnten Fällen eine Zurechnung und damit ein Dreiecksbetrug unstreitig möglich.

d) Vermögensschaden

144 Die Vermögensverfügung muss unmittelbar (kausal) zu einem Vermögensschaden, d.h. zu einer objektiven Minderung des Gesamtvermögens geführt haben. Ermittelt wird dies nach dem Prinzip der Gesamtsaldierung durch einen grundsätzlich rein objektiven Vergleich der Vermögenslage des Geschädigten unmittelbar vor und nach der irrtumsbedingten Vermögensverfügung (BGHSt 51, 10 [15]).

In **Fall 23** wurden die zahlenden Unternehmen zwar in das „Zentralregister" eingetragen, diese Eintragungen waren wirtschaftlich jedoch wertlos, da das Register von seinem Informationsgehalt kaum über ein normales Branchenbuch mit wahllosen Einträgen hinausging.

145 Erlangte der Getäuschte unmittelbar durch den Vertragsschluss dinglich gutgläubig eine gleichwertige Eigentumsposition (bei beweglichen Sachen: §§ 932 ff. BGB; bei Grundstücken: § 892 BGB), so erblickte das Reichsgericht dennoch einen Vermögensschaden im „sittlichen Makel" des Erlangten (sog. **Makeltheorie** – RGSt 73, 61 [63 ff.]). Da ausgehend von einer wirtschaftlichen Betrachtungsweise ein bloß moralischer Makel keine Vermögensminderung zu begründen vermag, soll ein Vermögensschaden nur noch dann gegeben sein, wenn der Makel praktisch zur Unverkäuflichkeit führt oder ein besonderes Prozessrisiko (insbesondere nach der konkreten Beweislastverteilung) droht (BGH StV 2003, 447 [448]).

146 Bei Immobiliengeschäften ist vom realisierbaren Verkehrswert (und nicht vom Beleihungswert) der Immobilie auszugehen (BGH NStZ 2017, 170). Schließt der Täter Mobilfunkverträge in betrügerischer Weise ausschließlich deshalb ab, um die mit dem Vertragsabschluss erlangten Mobiltelefone und Tablets zu verkaufen, ist der Wert dieser Geräte bei der Schadensberechnung zugrunde zu legen (BGH BeckRS 2017, 101771). Für auf dem freien Markt angebotene Waren und Dienstleistungen, für die es keinen festen Wert gibt, ist der nach dem Grundsatz von Angebot und Nachfrage zu bestimmende **Marktpreis** maßgeblich (BGHSt 38, 186 [190 f.]). In den Fällen des **Submissionsbetruges (Fall 25)**, in denen es für die zu erbringenden ausgeschriebenen Auftragsleistungen keinen Marktpreis gibt und auch Vergleichsmärkte nur begrenzt herangezogen werden können, stellt die h.M. auf einen (normativen) hypothetischen Marktwert des Auftrags ab: Die zu erbringende Leistung werde mit dem Preis bewertet, der sich als günstigstes Angebot bei (nach § 1 GWB wettbewerbsrechtlich korrekt verhaltendem) funktionsfähigem Wettbewerb ohne Submissionsabsprache herausgebildet hätte und zumeist mit dem erzielten Preis abzüglich der eingerechneten Ausgleichs- und Schmiergeldzahlungen gleichgesetzt (RGSt 63, 187 [188]; BGHSt 38, 186 [191 f.]). In der Differenz zwi-

schen diesem Wert und der vertraglich vereinbarten Auftragssumme liegt der Schaden des Auftraggebers (in **Fall 25**: 400.000 €).

aa) Nachträgliche Wertkorrekturen: Erst nachträgliche Wertkorrekturen werden nicht berücksichtigt. Spätere, nicht mehr unmittelbar kompensierend wirkende Leistungen (wie Versicherungszahlungen) sowie durch die Täuschung dem Opfer nur mittelbar erwachsende Rechte (z.B. Anfechtungsrecht nach §§ 119 ff. BGB) und Schadensersatz- und bereicherungsrechtliche Ansprüche (§§ 812 ff. BGB) bleiben unberücksichtigt. Anders ist dies nur bei vertraglich eingeräumten Rücktrittsrechten und Sicherheiten oder gesetzlichen Sicherungsmitteln wie dem Unternehmerpfandrecht (§ 647 BGB), sofern sie ohne Hindernisse realisierbar sind, kann der Getäuschte mit deren Hilfe für ihn ungünstige Folgen des Vertrages doch einseitig verhindern (BGH bei *Dallinger*, MDR 1971, 546). 147

In **Fall 22** wird die Vermögensminderung der Kunden durch das vertraglich vereinbarte Rücktrittsrecht (ausnahmsweise) nicht vollwertig ausgeglichen, weil es nur für den Fall des Fehlens zugesagter Wirkungen galt und damit faktisch ein Gewährleistungsrecht war, das den Kunden bereits nach dem Gesetz zustand. Zudem bestand nach dem BGH eine Unsicherheit der (zumeist geschäftsunerfahrenen) Betrogenen, ob und gegebenenfalls wie ein solches Rücktrittsrecht ausgeübt werden konnte, wenn das Präparat ganz verbraucht wurde.

bb) Schadensgleiche Vermögensgefährdung: 148

Fall 29 (nach BVerfG NStZ 2012, 496 ff. mit Anm. *Kraatz*, JR 2012, 329 ff.): Um Geldmittel zu besorgen, verabredeten B und sein Bruder C, dass B Lebensversicherungsverträge mit Beziehungsberechtigung des C abschließen sollte. Anschließend sollte B nach Ägypten reisen und dort durch Bestechung von Amtspersonen inhaltlich unrichtige amtliche Dokumente wie eine Sterbeurkunde und einen polizeilichen Unfallbericht beschaffen, aus denen sich ein tödlicher Unfall des B ergeben sollte, die C den Versicherungsunternehmen zur Geltendmachung der Versicherungsleistungen vorlegen sollte. So stellte B 28 Anträge auf Abschluss von Lebensversicherungsverträgen mit einer garantierten Todesfallsumme von insgesamt 4.325.985 Euro ab; 9 Versicherungsverträge mit einer garantierten Todesfallsumme von 1.264.092 Euro kamen zustande. Bei den Reisevorbereitungen wurde B verhaftet. Strafbarkeit des B?

Aufgrund des normativen Maßstabs der Risikoverteilung bei der Bestimmung einer konkludenten Täuschung (oben Rn. 131) erblickte der BGH eine konkludente Täuschung durch die Abgabe der Versicherungsanträge darüber, „einerseits zukünftig dauerhaft nach den Vertragsbedingungen die Versicherungsprämien zahlen zu wollen und zu können sowie andererseits, den beantragten Versicherungsschutz seinem Zweck entsprechend allein zur Abdeckung des zukünftigen Risikos eines ungewissen Schadenseintritts zu nutzen" (BGHSt 54, 69 [121]).

Die überwiegende Ansicht (BGHSt 21, 112 [113]; BGHSt 34, 394 [395]; BGH NStZ 2017, 30; LK/*Tiedemann*, § 263 Rn. 168 ff.) erkennt seit langem einen Schaden bereits in einer schadensgleichen Vermögensgefährdung, sofern diese so konkret ist, dass sie „die Gefahr des Vermögensverlustes nach den Umständen des Einzelfalles so nahe liegend und groß" werden lässt, „dass nach wirtschaftlicher Betrachtungsweise in dieser Gefährdung bereits eine Verschlechterung der gegenwärtigen Vermögenslage liegt" (*Rengier*, BT I, § 13 Rn. 184) und der bedingte Vorsatz des Täters sich nicht nur auf die konkrete Möglichkeit des Schadenseintritts, sondern darüber hinaus sogar auf die Realisierung der Gefahr bezieht (BGHSt 51, 100 [121]). Richtigerweise handelt es sich bei dieser Fallkategorie nicht nur um eine (nach dem Gesetzeswortlaut nicht ausreichende) Schadensgefahr, sondern bei wirtschaftlicher Betrachtung bereits um einen eingetretenen Schaden (so ausdrücklich BGHSt 53, 199 ff. für den Abschluss einer hochriskanten Geldanlage im Schneeballsystem), der darauf beruht, dass sich – wie die bilanzrechtlichen Institute der Abschreibung, Rückstellung und Wertberichtigung verdeutlichen – „in einem marktorientierten Wirtschaftssystem die Preise über den Mechanismus von Angebot und Nachfrage bilden und dass sich daher auch die Zukunftserwartungen der Marktteilnehmer auf den erzielbaren Preis und damit den Wert von Gegenständen auswirken" (BVerfGE 126, 170 [223]). Problematisch ist hierbei jedoch, dass der (in **Fall 29** durch den Abschluss der Versicherungsleistungen) wirtschaftlich aufgrund der Manipulationsgefahr real eintretende Schaden „von einfach gelagerten und eindeutigen Fällen – etwa bei einem ohne weiteres greifbaren Mindestschaden – abgesehen, […] der Höhe nach beziffert und dies in wirtschaftlich nachvollziehbarer Weise in den Urteilsgründen dargelegt werden" muss (BVerfG, NStZ 2012, 496 [504]), was selbst bei der notwendigen Einbeziehung von Sachverständigen „regelmäßig eine [zu unsichere] prognostische Einschätzung" bedeutet (NK-StGB/*Kindhäuser*, § 263 Rn. 316). Tragfähige Tatsachengrundlagen hierfür fehlten in **Fall 29**. Nach diesen Grundsätzen genügt der Erlass eines Pfändungs- und Überweisungsbeschlusses nicht, wenn es bei Erlass an einem vollstreckbaren Titel fehlt (und damit an einer unerlässlichen Voraussetzung der Zwangsvollstreckung: BGH NStZ 2017, 30 f.).

149 **cc) Eingehungs- und Erfüllungsbetrug:** Auf der Grundlage des Schadenstypus der schadensgleichen Vermögensgefährdung wird bei Austauschverträgen bereits im Abschluss des Vertrages ein vollendeter

Betrug in Form eines Eingehungsbetruges erblickt (BGHSt 45, 1 [4]; BGH NStZ 2016, 674; **Fall 29**). Erfolgt die Betrugshandlung dagegen erst beim Leistungsaustausch (z.B. der Täter täuscht über den Umfang der vertraglich zu erbringenden Leistung [BGH NStZ 2016, 539]), spricht man von einem (echten) Erfüllungsbetrug. Setzt sich dagegen der Eingehungsbetrug bis zur Erfüllung fort, so liegt nur ein Betrug vor, der durch die Erfüllung beendet wird (sog. unechter Erfüllungsbetrug: *Rengier*, BT I, § 13 Rn. 171; aA *Müller-Christmann*, JuS 1988, 108 [112]: Eingehungsbetrug sei subsidiär) und sich dann nach der Differenz von Leistung und Gegenleistung bestimmt (BGH BeckRS 2017, 109415: materialisierter Schaden).

Hinweis: Entfallen kann ein Eingehungsbetrug bei einer Vorleistungspflicht des Betrügers, bei einer Zug-um-Zug-Leistungspflicht (BGH NStZ-RR 2005, 180 f.) sowie bei einer ausreichenden Sicherheitsleistung des Betrügers.

dd) Unbewusste Selbstschädigungen: **150**

Fall 30 (nach BGH NJW 1995, 539 f.): H war der Erste Vorsitzende des von ihm mitgegründeten gemeinnützigen Vereins „Hilfe für behinderte Menschen e.V.“, deren satzungsmäßiger Zweck in der „mildtätigen Hilfe für behinderte Menschen“ bestand. Um möglichst schnell eine mitgliedsstarke Organisation aufzubauen, beauftragte H diverse Werbeagenturen, denen vom ersten Jahresbetrag eines neu geworbenen Mitglieds eine Provision von 80 % zustand. Die von den Werbeagenturen eingesetzten Werber, die ebenfalls auf Provisionsbasis arbeiteten, erhielten vom Verein Info-Material, Beitrittsformulare sowie „Mitarbeiterausweise“ und Kleidung, so dass sie – wie von H beabsichtigt – gegenüber vielen neuen Mitgliedern den Eindruck erweckten, selber Mitglieder des Vereins und ehrenamtlich tätig zu sein. Hätten viele neue Mitglieder um den gewerblichen Charakter der Werbung sowie die Verwendung ihres Beitrags zu einem großen Teil für die Werbeagenturen gewusst, wären sie dem Verein nicht beigetreten. Strafbarkeit des H nach § 263 StGB?

Für einen vielfachen Betrug in mittelbarer Täterschaft über die eingesetzten Werber ist bereits das Vorliegen einer **Täuschung** zweifelhaft, bedienen sich doch zum einen fast sämtliche gemeinnützige Hilfsorganisationen bei der Mitgliederwerbung der Hilfe kommerzieller Unternehmen – wie bereits vielfach in den Medien berichtet wurde – und würde zudem die Annahme einer mittelbaren Täterschaft (mangels deliktischen Defekts der Werber) in Form einer „Täterschaft hinter dem Täter“ aufgrund einer hierarchischen Organisationsstruktur nur möglich sein, wenn man mit der Rechtsprechung diese Rechtsfigur auf Wirtschaftsunternehmen überträgt (oben Rn. 64 ff.).

„In den Fällen des sogenannten Spenden-, Bettel- oder Schenkungsbetrugs entfällt die Annahme einer täuschungs- und irrtumsbedingten Schädigung allerdings nicht schon deshalb, weil sich die Getäuschten – wie hier die für den [Verein] geworbenen Mitglieder hinsichtlich ihrer Mitgliedsbeiträge – der nachteiligen Wirkung ihrer Verfügung auf ihr Vermögen bewusst sind" (BGH NJW 1995, 539). Zwar ist die frühere h.M. (RGSt 70, 255 f.; *Herzberg*, MDR 1972, 93) überholt, die eine betrugsrelevante Vermögensverfügung auch bei *bewusster* Selbstschädigung bejahte, weil bei einer bewussten Selbstschädigung einzig die Dispositionsfreiheit durch den Täter verletzt würde, grundsätzlich aber nicht das Rechtsgut des Vermögens. Aus diesem Grund hat eine frühere literarische Minderansicht (*Sch/Schr/Perron*, § 263 Rn. 41 und 101 ff.; *Maurach/Schroeder/Maiwald*, BT 1, § 41 Rn. 121 ff.), die heute aber wohl zu h.M. erstarkt ist, das **Erfordernis einer unbewussten Selbstschädigung** aufgestellt: Der Schaden könne darin gesehen werden, dass das Opfer sich zur Erreichung eines bestimmten Zwecks selbst schädigt und dieser Zweck verfehlt wird. Zwar genügt nicht jede Zweckverfehlung, nach der Rechtsprechung wohl aber, wenn das Opfer die bewusste Selbstschädigung zur Erlangung eines Zwecks tätigt, „der dem Verfügenden in der konkreten Situation notwendig und sinnvoll erscheint, sei es, dass er einen sozialen, sei es, dass er einen indirekt wirtschaftlich relevanten Zweck verfolgt", werde „das Vermögensopfer [dann doch] auch wirtschaftlich zu einer unvernünftigen Ausgabe" gebracht (BGH NJW 1995, 539 – sog. **Theorie der sozialen Zweckverfehlung**). Besonders relevant sind diese Grundsätze in Fällen des Sozialleistungsbetrugs, des Parteispendenbetrugs sowie insbesondere bei der täuschungsbedingten Erlangung von Subventionen, etwa bei der Erschleichung von Investitionszulagen oder bei der Umleitung öffentlicher Mittel in schwarze Kassen zur Finanzierung anderer Aufgaben. In **Fall 30** verneinte der BGH eine Zweckverfehlung, da die Beiträge auch dem sozialen Zweck zugute kamen (kritisch wegen des nur geringen Anteils *Rudolphi*, NStZ 1995, 289 [290]).

151 **ee) Persönlicher Schadenseinschlag:**

Trotz objektiv rechnerischer Gleichwertigkeit von Leistung und Gegenleistung kann bei Vorliegen besonderer Umstände ausnahmsweise nach der Lehre vom persönlichen Schadenseinschlag doch ein Vermögensschaden (und nicht nur eine Verletzung der Dispositionsfreiheit) vorliegen, namentlich

– „wenn die Gegenleistung für den Käufer nach seinen individuellen Verhältnissen und Erwartungen, aber nach dem Urteil eines unbeteiligten Dritten effektiv unbrauchbar" (BGHSt 16, 321 [326]) und

keine andere zumutbare Nutzung möglich ist (z.B. Verkauf eines 12-bändigen Konversationslexikons an die Mutter eines Hilfsschülers: OLG Köln NJW 1976, 1222),
- „wenn der Erwerber infolge der Verpflichtung nicht mehr über die Mittel [Liquidität] verfügen kann, die zu seiner Lebensführung [Existenzminimum!] unerlässlich sind" (BGHSt 16, 321 [328]) oder
- „wenn der Erwerber durch die eingegangene Verpflichtung zu weiteren vermögensschädigenden Maßnahmen genötigt wird" (BGHSt 16, 321 [328]), z.B zur Aufnahme eines ungünstigen Kredits oder zur unvorteilhaften Veräußerung von Wertpapieren, auch wenn diese später nicht mehr wiederholte Fallgruppe dogmatisch durchaus bedenklich erscheint (Unmittelbarkeit der Vermögensverschiebung? Stoffgleichheit? Schadensvorsatz?).

3. Subjektiver Tatbestand

Der subjektive Tatbestand des Betrugs verlangt neben Vorsatz (zu- 152
mindest dolus eventualis) auf alle Elemente des objektiven Tatbestand (einschließlich der Kausalität zwischen den einzelnen Elemente) die „Absicht, sich oder einem Dritten einen rechtswidrigen [stoffgleichen] Vermögensvorteil zu verschaffen", d.h. es muss dem Täter zumindest auch darauf ankommen (dolus directus ersten Grades), sich oder einem Dritten einen Vorteil (jede günstige Gestaltung der Vermögenslage) zu verschaffen. Ob der Täter mit seiner Täuschung hierneben noch andere Ziele verfolgt oder die Bereicherung nur ein notwendiges Zwischenziel für sein eigentliches Ziel darstellt, ist unerheblich (BGHSt 16, 1).

Die erstrebte Bereicherung muss „**rechtswidrig**" sein, d.h. der Täter 153
oder der Dritte darf hierauf nach dem materiellen (privaten oder öffentlichen) Recht objektiv keinen fälligen und einredefreien Anspruch haben (*Fischer*, § 263 Rn. 191 ff.). Ebenso wie bei § 242 StGB handelt es sich insoweit um ein (schlecht formuliertes) objektives Merkmal, das zwar im subjektiven Tatbestand zu prüfen ist, hinsichtlich dessen aber dolus eventualis genügt; bei fehlendem diesbezüglichen Vorsatz liegt daher ein Tatbestandsirrtum nach § 16 I StGB vor (BGHSt 42, 268 [272]). Ist der erstrebte Vermögensvorteil dagegen tatsächlich rechtmäßig, hält der Täter ihn aber irrig für rechtswidrig, liegt ein strafbarer untauglicher Versuch vor.

Fall 31 (nach BGHSt 21, 384 ff.): P ist Provisionsvertreter für 154
Waschmaschinen und mit allen Wassern gewaschen. Den Kunden K, der trotz aller Bemühungen des P zunächst nicht kaufen will, bringt er dadurch zur Unterschrift unter einen Kaufvertrag, dass er K vorgaukelt, dieser unterschreibe nur eine kostenlose Probevor-

führung der Waschmaschine. Dem P kommt es ausschließlich auf seine Provision an; andere Vorstellungen hat er (unwiderlegt) nicht. K aber kommt – was P sehr wohl mitbekommen hat – durch die Monatsrate von € 500 bei einem Netto-Einkommen von € 1000 und vier unmündigen Kindern in starke finanzielle Bedrängnis. Wenige Tage später legt P den Vertrag der Waschmaschinen-Firma F vor und erhält von ihr seine Provision. Noch vor Erfüllung des Kaufvertrages reklamiert K jedoch den Vertrag; auf die Reklamation hin storniert F die Bestellung anstandslos. Strafbarkeit des P?

Aus dem Wesen des Betrugs als eines Vermögens*verschiebungs*delikts ergibt sich das ungeschriebene Tatbestandserfordernis der **Stoffgleichheit**, d.h. dass die erstrebte Bereicherung gewissermaßen die Kehrseite oder das Spiegelbild des eingetretenen Schadens ist (BGH NStZ 2003, 264). Gemeint ist damit, dass es sich dabei nicht um externe Vorteile handeln darf, der Vorteil vielmehr unmittelbar aus dem Vermögen des Geschädigten und nicht aus Drittvermögen stammen muss (*Geppert*, JK, StGB § 263/65).

In **Fall 31** ergibt sich hieraus, dass ein vollendeter Eingehungsbetrug (oben Rn. 149) zum Nachteil des K zu Gunsten des P (nach den Grundsätzen des persönlichen Schadenseinschlags: oben Rn. 151) zwar mangels Stoffgleichheit zwischen dem Kaufpreis und der von P erstrebten Provision zu verneinen ist. Zu bejahen ist aber ein fremdnütziger Betrug (zu Gunsten der F), da P zur Erlangung seiner Provision (Fernziel) der F einen für diesen günstigen Vertrag verschaffen musste (Nahziel) und damit wollte (Drittbereicherungsabsicht). Hinzu tritt in Tatmehrheit ein Betrug gegenüber und zum Nachteil der F durch die mit der Vorlage des Vertragsabschlusses konkludenten Erklärung, der Vertrag sei rechtlich einwandfrei zustandegekommen, was zur Auszahlung der Provision an ihn führte.

4. Regelbeispiele (§ 263 III StGB)

155 § 263 III StGB enthält als bloße Strafzumessungsvorschrift nach der Regelbeispielstechnik besonders schwere Fälle des Betrugs. Die in § 263 III 2 StGB enthaltenen Regelbeispiele bilden hierbei als bloße „Beispiele" einen nicht abschließenden Katalog (die Annahme eines „unbenannten schweren Falles" nach Satz 1 bleibt in Fällen vergleichbaren Unrechts möglich) und ihnen kommt als bloßen „Regel"-Beispielen nur eine Regelwirkung zu, die (in atypischen Fällen) widerlegt werden kann (*Fischer*, § 46 Rn. 90 ff.).

156 § 263 III 2 **Nr. 1** StGB erfasst zum einen eine gewerbsmäßige Begehungsweise, die vorliegt, wenn es dem Täter darauf ankommt, sich

durch einen wiederholten Betrug eine fortlaufende Einnahmequelle von gewisser Dauer und Erheblichkeit zu verschaffen. Bei entsprechendem Nachweis geplanter weiterer Taten ist eine „Gewerbsmäßigkeit" bereits dann zu bejahen, wenn der Täter bei der ersten Tat erwischt wird (BGH NStZ-RR 2006, 106). Die Gewerbsmäßigkeit ist ein besonderes persönliches Merkmal iSd § 28 II StGB. Die zweite Variante erfasst eine bandenmäßige Tatbegehung, wobei der Täter als Mitglied einer Bande (erforderlich ist ein auf ausdrücklicher oder konkludenter Vereinbarung beruhender Zusammenschluss von mindestens drei Personen mit dem ernsthaften Willen, für eine gewisse Dauer künftig mehrere selbstständige Straftaten nach den §§ 263 ff. oder §§ 267 ff. StGB zu begehen: BGHSt 46, 321 [325 ff.]) gehandelt haben muss, d.h. die Tat muss einen inhaltlichen Zusammenhang zur Bandenabrede aufweisen (MüKo-StGB/*Hefendehl*, § 263 Rn. 842).

§ 263 III 2 **Nr. 2** StGB verlangt in der ersten Variante die Herbei- **157**
führung eines „Vermögensverlusts großen Ausmaßes" (pro Einzeltat!), der nach den Vorstellungen des Gesetzgebers (BT-Drs. 13/8587, S. 43) derzeit bei mindestens 50.000 € liegt. Der Vermögensverlust muss tatsächlich eingetreten sein, d.h. eine nur schadensgleiche Vermögensgefährdung genügt nicht (BGH NStZ 2004, 95). Die zweite Variante verlangt die „Absicht" (wobei auch dolus directus zweiten Grades für ausreichend erachtet wird: LK/*Tiedemann*, § 263 Rn. 299), eine **„große Zahl"** (zumindest 14 Personen: BGHSt 44, 175 ff. zu § 306 b I StGB) in die (bloße) „Gefahr" von Vermögensverlusten zu bringen.

§ 263 III 2 **Nr. 3** StGB („eine andere Person in wirtschaftliche Not" **158**
bringen) erfasst auch nicht-stoffgleiche Schäden und verlangt, dass das Opfer in eine Mangellage gerät, in welcher ihm lebenswichtige Aufwendungen (materieller oder auch kultureller Art) entzogen werden (*Fischer*, § 291 Rn. 27). Der bloße Anspruch auf Leistungen aus dem Arbeitslosengeld II (oder sogar deren Auszahlung) beseitigt die „wirtschaftliche Not" natürlich nicht.

§ 263 III 2 **Nr. 4** StGB setzt voraus, dass der Täter „seine Befugnis- **159**
se oder seine Stellung als Amtsträger [§ 11 I Nr. 2 StGB: dazu unten Rn. 292 ff.] oder Europäischer Amtsträger [§ 11 I Nr. 2a StGB] missbraucht". Das in § 263 III 2 **Nr. 5** StGB normierte Regelbeispiel der Vortäuschung eines Versicherungsfalles wird unten bei Rn. 191 f. behandelt.

5. Qualifikation (§ 263 V StGB)

Begeht der Täter den Betrug sogar gewerbs- und bandenmäßig, so **160**
liegt (zur Bekämpfung der organisierten Kriminalität) sogar eine Quali-

fikation vor, die den Betrug zum Verbrechen erhebt (wichtig für § 30 StGB!).

6. Konkurrenzen

161 Konkurrenzrechtlich tritt § 263 StGB hinter die spezielleren § 264 StGB, § 370 AO zurück. §§ 399, 400, 403 AktG, § 333 HGB werden von § 263 StGB verdrängt. Tateinheit ist möglich mit § 16 UWG, §§ 106 ff. UrhG, § 143 MarkenG.

II. Computerbetrug (§ 263a StGB)

1. Allgemeine Vorbemerkungen

a) Tatbestandsstruktur

162 Während in den 1970er Jahren noch bezweifelt wurde, dass es sich bei der Computerkriminalität überhaupt um eine nennenswerte Deliktsgruppe handele, wurden durch Computermissbräuche im Jahre 1980 wirtschaftliche Schäden von insgesamt 2,6 Mrd. DM hervorgerufen. Über § 263 StGB konnten diese Taten nicht erfasst werden, weil Computersysteme kein Bewusstsein von der Wirklichkeit haben und so auch nicht irren können, für § 242 StGB fehlte es zumeist an einer Wegnahme sowie bei Buchgeldern (Guthaben im bargeldlosen Zahlungsverkehr) an verkörperten Sachen. Nur um diese „Gesetzeslücke" zu schließen, hat der Gesetzgeber mit dem 2. WiKG einen Sondertatbestand in § 263a StGB geschaffen. Die Norm des § 263a StGB wurde daher eng am Wortlaut des § 263 StGB angelehnt, so dass nach dem Willen des Gesetzgebers (BT-Drs. 10/5058, S. 30) zur Eingrenzung stets hypothetische zu fragen ist, ob ein Betrug nach § 263 StGB vorliegen würde, wenn es sich beim Computer um einen Menschen handeln würde (sog. **betrugsäquivalente Auslegung**): Dem Täuschungselement des Betruges entsprechen die vier Handlungsmodalitäten, an die Stelle des Irrtums und der hierdurch bedingten Vermögensverfügung tritt das durch das Verhalten des Täters „beeinflusste Ergebnis eines Datenverarbeitungsvorgangs".

b) Rechtsgut

163 Geschütztes Rechtsgut ist wie bei § 263 StGB ausschließlich das Individualrechtsgut Vermögen (aller mit dem Datenverarbeitungsergebnis in Berührung kommenden Personen) (BGHSt 40, 331 [334]).

c) Aufbauschema

Aufbauschema (§ 263a StGB)

I. Tatbestandsmäßigkeit

1. Objektiver Tatbestand

a) Beeinflussung eines Datenverarbeitungsvorgangs

b) Tathandlung, die auf den Ablauf einwirkt:

aa) Unrichtige Gestaltung des Programms (Var. 1)

bb) Verwendung unrichtiger oder unvollständiger Daten (Var. 2)

cc) Unbefugte Verwendung von Daten (Var. 3)

dd) Sonstige unbefugte Einwirkung auf den Ablauf (Var. 4)

c) Vermögensschaden

d) Evtl. Qualifikation, § 263a II iVm § 263 V StGB: gewerbsmäßiger Bandencomputerbetrug

2. Subjektiver Tatbestand

a) Vorsatz

b) Absicht rechtswidriger und stoffgleicher Bereicherung

II. Rechtswidrigkeit

III. Schuld

IV. Evtl. Regelbeispiel, § 263a II iVm § 263 III StGB

V. Evtl. Strafantrag, § 263a II iVm § 263 IV iVm §§ 247, 248a StGB

2. Objektiver Tatbestand

a) Beeinflussung eines Datenverarbeitungsvorgangs

Als Zwischenziel verlangt § 263a StGB bei jeder Handlungsmodalität, dass der Täter „das Ergebnis eines Datenverarbeitungsvorgangs [...] beeinflusst“. Dieses Merkmal verbindet – wie Irrtum und Vermögensverfügung beim Betrug – die Tathandlung mit der Vermögensschädigung. Der Begriff der **Daten** geht hierbei über § 202a II StGB hinaus und meint alle durch Zeichen oder kontinuierliche Funktionen dargestellten Informationen (Bedeutungsinhalt), die für den Computer **164** codierbar oder bereits „lesbar" codiert sind (idR in der üblichen binären Form), so dass dieser damit arbeiten kann. Da diese Daten den Computer nur zu einem Ergebnis beeinflussen müssen, brauchen sie selbst nicht auf einem Datenträger fixiert zu sein. Als **Datenverarbeitungsvorgänge** sind daher „alle technischen Vorgänge anzusehen [...], bei denen durch Aufnahme von Daten und ihre Verknüpfung nach Programmen Arbeitsergebnisse erzielt werden" (BT-Drs. 10/318, S. 21: z.B. PCs, EDV-Systeme etc.). Das **Ergebnis** eines solchen (elektronischen) Datenverarbeitungsvorgangs ist **beeinflusst**, wenn es von dem Resultat abweicht, das bei einem programmgemäßen Ablauf bzw. ohne die Tathandlung erzielt worden wäre, sei es, dass das Ergebnis *inhaltlich* abweicht (ob die Anlage nun ordnungsgemäß bedient wurde oder nicht) oder *zeitlich*, d.h. dass das Ergebnis zu einem Zeitpunkt eintritt, zu dem es programmgemäß noch nicht (Beschleunigung) oder bereits zuvor (Verzögerung) eingetreten wäre (*Fischer*, § 263a Rn. 20). Hierbei ist es anerkannt, dass auch derjenige auf den Ablauf besonders intensiv einwirkt, der den Kausalverlauf in seinem Sinne (z.B. Starten des Online-Überweisungsvorgangs durch Eingabe der durch Phishing erlangten Kontodaten oder Einführen einer EC-Karten-Dublette mit entwendeten Kontodaten in den Geldautomaten) auslöst (BGHSt 38, 120 [121]; aA wegen des eindeutigen Wortlauts LG Wiesbaden NJW 1989, 2551).

b) Tathandlungsmodalitäten

165 Der Gesetzgeber hat die vierte Tathandlungsmodalität mit deren Formulierung „oder *sonst*" im Sinne von „auf andere Weise" zum Grundtatbestand des Computerbetrugs (aA *Fischer*, § 263a Rn. 18: bloße Auffangfunktion) ausgestaltet mit der Folge, dass sämtliche vier Manipulationsformen eine (unbefugte) Einwirkung auf den Ablauf eines Datenverarbeitungsvorgangs voraussetzen:

166 **aa) Unrichtige Gestaltung des Programms (Var. 1):** Die Programmmanipulation der ersten Variante ist „die Wiege der Computerkriminalität" (*Sieg*, Jura 1986, 354). Unter einem **Programm** versteht man hierbei die in Form von Daten fixierte Arbeitsanweisung an einen Computer, wie die einzelnen Schritte der Datenverarbeitung ablaufen sollen. Unter die Gestaltung des Programms fallen Gestaltung wie Umgestaltung durch Verändern interner Programmverzweigungen, Subroutinen oder Einsprungpunkte (sog. systemkonforme Manipulation) oder durch Löschen, Hinzufügen oder Überlagern ganzer Arbeitsschritte des Programms (sog. systemkonträre Manipulation)(*Fischer*, § 263a Rn. 6).

Die Unrichtigkeit wird nicht subjektiv nach dem Willen des Verfügungsberechtigten über die Datenverarbeitungsanlage bestimmt (**subjektive Theorie**: Sch/Schr/ *Perron*, § 263a Rn. 5; NK-StGB/*Kindhäuser*, § 263a Rn. 14), da ansonsten etwa derjenige, der auf Weisung des Verfügungsberechtigten ein Programm zum Nachteil von deren Nutzern programmiert (z.B. Abrundung auf ganzen Cent-Betrag in einem Bankprogramm) trotz Verletzung des Vermögens der Kunden (geschütztes Rechtsgut!) straflos wäre, sondern mit der überwiegenden Ansicht im Schrifttum **objektiv** (LK/*Tiedemann/Valerius*, § 263a Rn. 30 f.; MüKo-StGB/*Wohlers/Mühlbauer*, § 263a Rn. 23): Ein Programm ist unrichtig, wenn es nicht in der Lage ist, ein dem Zweck der jeweiligen Datenverarbeitung, der Beziehung zwischen den Beteiligten und der materiellen Rechtslage objektiv entsprechendes Ergebnis zu liefern. Maßgeblich sind hierbei im Sinne einer Normativierung des Richtigkeitsbegriffs – wie jener der Täuschung beim Betrug – zumeist die gesetzlichen Voraussetzungen der Vermögensverschiebung zwischen den Beteiligten. 167

bb) Verwendung unrichtiger oder unvollständiger Daten (Var. 2): Die **Eingabemanipulation** der zweiten Variante erfasst nur eine solche Einführung unrichtiger (weil die in ihnen codierten Informationen nicht der Wirklichkeit entsprechen: z.B. in **Fall 28** [oben Rn. 142] das künstlich auf die Telefonkarten aufgeladene Guthaben oder nach BGH NStZ 2014, 155 ff. der Antrag im Mahn- und Vollstreckungsbescheid aufgrund unwahrer Tatsachengrundlage [aA Kraatz, Jura 2016, 875 [878]) oder unvollständiger (weil den dahinter stehenden Lebenssachverhalt wie bei der konkludenten Täuschung bei § 263 StGB entstellenden) Daten, dass der Computer sie selbstständig verarbeiten (Erfordernis der Beeinflussung eines Datenverarbeitungsvorgangs!) kann, z.B. die Eingabe unrichtiger Daten in ein Lohnabrechnungsprogramm (*Wittig*, § 15 Rn. 12). Nicht erfasst ist daher die bloße Verfälschung in den Computer erst einzugebender Belege. Werden die Belege aber von einem Dritten gutgläubig (also ungeprüft) in den Computer eingegeben, so bleibt eine Bestrafung nach den Grundsätzen der mittelbaren Täterschaft (§ 25 I Var. 2 StGB) (LK/*Tiedemann/Valerius*, § 263a Rn. 36). 168

cc) Unbefugte Verwendung von Daten (Var. 3): Bei dieser in der Praxis wichtigsten Tatmodalität ist strittig, wann die Eingabe in den Datenverarbeitungsvorgang unbefugt ist: 169

Fall 32 (nach BGHSt 47, 160): A verschaffte sich einen gefälschten Personalausweis und eröffnete unter dieser falschen Identität bei der B-Bank ein Konto (ohne Kreditrahmen), wobei sie beabsichtigte, unter Verwendung der zugleich erlangten EC-Karte das Konto zu überziehen, ohne die Salden auszugleichen. So hob sie an einem Geldautomaten der B-Bank mittels der EC-Karte 500 € ab. Strafbarkeit der A?

Mit dem Verschaffen des gefälschten Personalausweises hat sich A nach § 276 I Nr. 2 StGB, durch deren Gebrauchen nach § 267 I Var. 3 StGB sowie mit der Kontoeröffnung unter Vortäuschung seiner Rückzahlungswilligkeit und einer konkreten Vermögensgefährdung durch die Kontoeinrichtung und die Ausgabe der EC-Karte nach § 263 I StGB strafbar gemacht. Ob sie sich durch die Abhebung auch nach § 263a I Var. 3 StGB strafbar gemacht hat, hängt davon ob, ob diese „unbefugt" erfolgte:

170 Am weitesten reicht die **subjektive Ansicht** jener Stimmen im Schrifttum (*Bühler*, MDR 1991, 14 [16]; *Maurach/Schroeder/Maiwald*, BT 1, § 41 Rn. 233), die als „unbefugt" jede vertragswidrige, dem wirklichen oder mutmaßlichen Willen des Datenverarbeitungsbetreiber oder „dem vertraglich vereinbarten Dürfen" widersprechende Datenverarbeitung ansehen bzw. eine solche, die nicht durch Gesetz, Vertrag oder mutmaßliche Einwilligung gestattet sei. Dies ergebe sich aus dem geschützten Rechtsgut des Individualvermögens, so dass der Erwartungshorizont des Rechtsgutsinhabers nicht außer Betracht bleiben könne. Hiergegen spricht aber, dass jede vertragswidrige Enttäuschung des Vertrauensverhältnisses zum Vertragspartner im Rahmen einer Computernutzung für eine Strafbarkeit nach § 263a I Var. 3 StGB ausreichen würde, obwohl derartiges Verhalten niemals legitimer Gegenstand des Strafrechts sein kann, und so der Computer*betrug* zugleich zur Computer*untreue* verkommen würde.

171 Nach einem restriktiven, von der Rechtsprechung (OLG Celle NStZ 1989, 367) erdachten und von Teilen des Schrifttums (*Achenbach*, JR 1994, 293 [295]; *Lenckner/Winkelbauer*, CR 1986, 654 [657 f.]) weiterentwickelten **computerspezifischen Ansatz** müsse sich der die Datenverwendung entgegenstehende Wille des Betreibers im Computerprogramm niedergeschlagen haben, die Befugnis zur Nutzung der Daten also vom Computer selbst (etwa durch die Anforderung und Überprüfung von Passwörtern oder PIN) im Sinne einer computerinternen Zugangssperre („Missbrauchserkennungsmodul") überprüft werden und der Täter sich durch die Eingabe eines Zugangscodes in das Programm „einschleichen". Dagegen spricht aber, dass die computerinterne Sperre vom Täter nur dann umgangen werden kann (sprich: Erlangung des Zugangs ohne Eingabe des richtigen Passwortes), wenn er unrichtige Daten eingibt, so dass die dritte Tathandlungsmodalität zum Sonderfall der „Verwendung unrichtiger Daten" über die Befugnis verkommen, mit der zweiten Tatvariante verschmelzen und so bedeutungslos würde.

Abzustellen ist vielmehr mit der überwiegenden Ansicht (grundlegend BGHSt 38, 120 ff.; ebenso BGHSt 47, 160 [162 f.]; BGHSt 50, 160 [162 f.]; *Kraatz*, Jura 2016, 875 [880]) entsprechend der betrugsäquivalenten Tatbestandsstruktur auf ein **täuschungsäquivalentes Verhalten** des Täters, so dass solche Verwendungen von Daten „unbefugt" sind, die im Falle ihrer Vornahme gegenüber einer natürlichen Person als zumindest konkludente Täuschung über die Befugnis zur Datennutzung oder als Täuschung durch Unterlassen trotz Aufklärungspflicht anzunehmen wären. Dafür muss die Feststellung der konkreten Befugnis zum Aufgabenbereich des Computers bzw. des fingierten natürlichen Menschen gehören, um hierüber „irren" zu können, was sich maßgeblich nach den Grundlagen des jeweiligen Geschäftstyps und der Verkehrsanschauung bestimmt. Dem entspricht das Verhältnis zwischen § 269 StGB und § 267 StGB und der Verweis in § 263a II StGB auf alle Besonderheiten des § 263 II–VI StGB. **172**

In **Fall 32** scheidet hiernach § 263a I Var. 3 StGB aus, da der fiktive Schalterbeamte nur prüfen darf, was der Computer auch prüft, also die der A tatsächlich zustehende Befugnis (PIN-Abfrage) und die Einhaltung des Verfügungsrahmens, nicht aber die jeweilige Kontodeckung. Zu § 266b StGB unten Rn. 224 ff.

Nach überwiegender Sichtweise in Rechtsprechung und Lehre ist in den Fällen des Einsatzes von Codekarten die für die Erfüllung von § 263a StGB zu fordernde Täuschungsäquivalenz aber nur anzunehmen, wenn der Täter die Karte gefälscht, manipuliert oder mittels verbotener Eigenmacht erlangt hat (BGHSt 47, 160 [162]; BGHSt 50, 174 [179]). Erlange der Täter die Überlassung von Karte und Geheimnummer durch Täuschung des Kontoinhabers, so soll nur Betrug, nicht aber ein Computerbetrug vorliegen, wenn die EC-Karte am Geldautomaten zur Abhebung genutzt werde (BGH NStZ 2016, 149 ff. mit krit. Anm. *Kraatz*, JR 2016, 312 ff.). **173**

Fall 33 (nach OLG Koblenz StV 2016, 371): A, der als Auslieferungsfahrer bei der S-GmbH beschäftigt war, erhielt von der S-GmbH eine Tankkarte mit PIN, die ihn zum Tanken für dienstlich veranlasste Tankvorgänge auf Kosten der S-GmbH berechtigte. Nach seiner Kündigung vergaß A die Rückgabe der Karte und fand sie erst später in seinem Portemonnaie. Dann nutzte er die Tankkarte für private Betankungen mit Diesel (insgesamt 43 Betankungen für insgesamt 5.334,92 EUR), welchen er an Dritte weiterveräußerte. Strafbarkeit des A?

Eine Strafbarkeit nach § 263a I Var. 3 StGB durch die private Nutzung der Tankkarte, die als Codekarte mit PIN wie eine EC-Karte verwendet wird, scheitert daran, dass A die Karte vom Berechtigten erlangt hat: Wie bei der Übergabe einer EC-Karte nebst PIN an einen Dritten mit dem Auftrag zur Abhebung eines gewissen Geldbetrages ist die Übergabe der Tankkarte mit der Erteilung einer Außenvollmacht zur Nutzung verbunden, deren Wirksamkeit nicht nur unabhängig von der Überschreitung von Beschränkungen im Innenverhältnis ist (bei EC-Karten: Höhe der Abhebung, die der Dritte überschreitet und einen eigenen Betrag einbehält), sondern auch unabhängig vom Ende der Befugnis im Innenverhältnis, da die Karte entsprechend § 172 BGB wie eine Vollmachtsurkunde den Rechtsschein einer (fort-)bestehenden Vollmacht vermittelt (vgl. nur *Mühlbauer*, NStZ 2003, 650 [654]). Mit der privaten Verwendung der Tankkarte und insbesondere der Eingabe der richtigen PIN behauptete A eine ihm erteilte Vollmacht zur Nutzung der Karte, die ihm (durch die fortbestehende Außenvollmacht) weiterhin zustand, so dass er nicht „unbefugt" handelte (anders nun BGH NStZ-RR 2017, 79 f. bei absprachewidriger Abhebung am Geldautomaten durch die beauftragte Person, wenn eine Bevollmächtigung nach dem Bankvertrag ausgeschlossen sei).

174 **dd) Sonstige unbefugte Einwirkung auf den Ablauf (Var. 4):** Die vierte Tathandlungsmodalität wurde vom Gesetzgeber (als Grundtatbestand) vor allem geschaffen, um neue Manipulationstechniken zu erfassen, insbesondere Hardware-Manipulationen. Ob eine Einwirkung auf den Ablauf „unbefugt" war, bestimmt sich hierbei wie in der Variante 3 nach der täuschungsäquivalenten Auslegung.

Fall 34 (nach BGHSt 40, 331 ff.): A erwarb von einem Mitarbeiter der N-GmbH illegal ein Computerprogramm, das für den Spielverlauf bei den Geldspielautomaten „Jacky-Jackpot" der N-GmbH maßgebend war. Mit diesem auf einer Diskette gespeicherten Programm und einem Laptop begab er sich in eine Gaststätte, in der ein „Jacky-Jackpot" stand. Er spielte mehrfach, um Daten aus dem laufenden Programm in seinen Computer eingeben zu können und so den Programmverlauf zu berechnen. Dieses Wissen verwendete er dann bei weiteren Spielen, bei denen er durch das Drücken der sog. „Risiko"-Taste (diese ermöglicht es, entweder den Gewinn zu verlieren oder zu vervielfältigen) zu bestimmten Zeitpunkten jeweils ein bestimmtes Gewinnbild erzeugte und so den Automaten leer spielte. Er erlangte 100 €. Strafbarkeit des A?

In **Fall 34** würde der hypothetische Mitarbeiter bei Abschluss eines zusätzlichen Wettvertrags („Risiko-Taste") unter Berücksichtigung der

Risikoverteilung getäuscht (oben Rn. 131), überschreitet die Kenntnis von Manipulationen oder die unbefugte Verschaffung von Daten doch das erlaubte Risiko, so dass deren Nichtexistenz beim Vertragsschluss konkludent miterklärt werde und der Wettanbieter hierüber getäuscht werde. Neben § 17 II UWG (Verschaffen von Geschäftsgeheimnissen; unten Rn. 367) besteht somit eine Strafbarkeit nach § 263a I Var. 4 StGB (KG NStZ-RR 2015, 111 f.: anders, wenn das Leerspielen durch einen vom Täter erkannten Fehler der Software ermöglicht wird, da dann – „übertragen auf den Betrugstatbestand – eine bloße Ausnutzung eines bereits bestehenden Irrtums des Leistenden“ erfolge).

c) Vermögensschaden

Unmittelbar durch die Beeinflussung des Ergebnisses des Datenver- **175**
arbeitungsvorgangs muss es zu einem Vermögensschaden (auszulegen wie beim Betrug) kommen; der Eintritt einer schadensgleichen konkreten Vermögensgefährdung genügt. Die Grundsätze über den Dreiecksbetrug (oben Rn. 143) finden entsprechende Anwendung (Näheverhältnis zwischen Betreiber der EDV-Anlage und dem Geschädigten).

3. Subjektiver Tatbestand

Der subjektive Tatbestand verlangt neben dem (zumindest beding- **176**
ten) Vorsatz mit der Kenntnis aller tatsächlichen Umstände, aus denen sich die Täuschungsäquivalenz des Merkmals „unbefugt“ Verhaltens ergibt, die Absicht (dolus directus ersten Grades), sich oder einem Dritten einen rechtswidrigen Vermögensvorteil zu verschaffen, der mit dem verursachten Schaden stoffgleich sein muss.

III. Subventionsbetrug (§ 264 StGB)

1. Vorbemerkungen

a) Geschütztes Rechtsgut

Als geschütztes Rechtsgut des mit dem 1. WiKG eingeführten Sub- **177**
ventionsbetruges ist nach einer Ansicht nur die staatliche Planungs- und Dispositionsfreiheit im Bereich der staatlichen Wirtschaftsförderung (LK/*Tiedemann*, § 264 Rn. 23 ff.) geschützt, nach anderer Sichtweise allein das Vermögen des Subventionsgebers (*Fischer*, § 264 Rn. 2b), nach wohl zutreffender Sichtweise sind beide Elemente (kombiniertes Rechtsgut) geschützt (BGHZ 106, 204; OLG Karlsruhe NJW 1981, 1383 [1384]).

b) Deliktsnatur

178 § 264 StGB ist vom Gesetzgeber für notwendig gehalten worden, um den damals noch ungeklärten Streit um die „Theorie der sozialen Zweckverfehlung" (oben Rn. 151) jedenfalls für einen kriminalpolitisch wichtigen Teilbereich zu entscheiden (BT-Drs. 7/5291, S. 3). Richtigerweise ging es wohl eher um einen Versuch, Beweisschwierigkeiten bezüglich § 263 StGB im Hinblick auf die Kausalität einer Täuschung, auf die Kenntnis des Täters von der Rechtswidrigkeit des erstrebten Vermögensvorteils sowie bezüglich der Verursachung eines Vermögensschadens zu verhindern (*Fischer*, § 264 Rn. 2), indem die Norm einerseits als dem Betrug vorgelagerte verselbstständigte und abschließende (Versuchs-)Sonderregelung die Tatvollendung bereits mit der Täuschungshandlung eintreten lässt und sie andererseits auch bloße Leichtfertigkeit bestraft (§ 264 IV StGB). § 264 StGB stellt somit ein als reines Tätigkeitsdelikt ausgestaltetes abstraktes Gefährdungsdelikt dar (BGHSt 34, 264 [267 f.]).

c) Aufbau

Aufbauschema (§ 264 StGB)

I. Tatbestandsmäßigkeit

1. Objektiver Tatbestand

a) Tathandlung:

aa) Unrichtige oder unvollständige Angaben in einem Subventionsverfahren gegenüber dem Subventionsgeber über subventionserhebliche, für den Täter oder einen Dritten vorteilhafte Tatsachen (Nr. 1)

bb) Verwendung eines Gegenstandes oder einer Geldleistung unter Verstoß gegen eine Verwendungsbeschränkung (Nr. 2)

cc) In-Unkenntnis-Lassen des Subventionsgebers über subventionserhebliche Tatsachen entgegen den Rechtsvorschriften über die Subventionsvergabe (Nr. 3)

dd) Gebrauch einer unrichtigen oder unvollständigen Bescheinigung über die Subventionsberechtigung in einem Subventionsverfahren (Nr. 4)

b) Evtl. Qualifikation nach § 264 III iVm § 263 V StGB

2. Subjektiver Tatbestand

Vorsatz (ggf. Leichtfertigkeit, § 264 IV StGB)

II. Rechtswidrigkeit

III. Schuld

IV. Evtl. Regelbeispiel, § 264 II StGB

V. Evtl. tätige Reue, § 264 V StGB

2. Tathandlungen

a) § 264 I Nr. 1 StGB

Das den Anwendungsbereich der Nr. 1 wie der weiteren Tathandlungsmodalitäten bestimmende Subventionsverfahren, das im Gesetz nicht definiert ist, ist das in erster Linie auf Gewährung einer Subvention gerichtete, weitgehend formlose Verfahren, das mit einem Antrag auf Bewilligung der Subvention beginnt und grundsätzlich mit der Gewährung oder mit dem endgültig ablehnenden Bescheid des Subventionsgebers endet (*Fischer*, § 264 Rn. 19). **179**

Maßgebliche Bedeutung kommt damit dem in § 264 VII StGB niedergelegten materiellen Begriff der Subvention zu: Eine Subvention nach Bundes- oder Landesrecht (§ 264 VII 1 Nr. 1 StGB) ist hiernach „jede Leistung [d.h. direkte geldwerte Zuwendung] aus öffentlichen Mitteln [d.h. aus Mitteln der öffentlichen Hand: Bund, Länder, Gemeinden, öffentliche Körperschaften oder Anstalten, die außerhalb regelmäßiger Haushaltszuweisungen liegen] nach Bundes- [z.B. MOG, BauGB] oder Landesrecht an Betriebe oder Unternehmen [unabhängig von der rechtlichen Form, einschließlich öffentlicher Betriebe: § 264 VII 2 StGB!], die wenigstens zum Teil ohne marktmäßige Gegenleistung gewährt wird [z.B. verlorene Zuschüsse, Darlehen zu verbilligten Zinsen] und [ergänze: wenigstens zum Teil] der Förderung der Wirtschaft [sprich: der Stärkung der Leistungsfähigkeit einer unternehmerisch betriebenen Einrichtung zur Erbringung von Leistungen = weiter Wirtschaftsbegriff: BGHSt 34, 111 (113)] dienen soll".

Beispiele für Subventionen:

- Investitionszulagen nach dem Investitionszulagengesetz
- vergünstigter Erwerb forstwirtschaftlicher Flächen in den Neuen Bundesländern (OLG Rostock NZWiSt 2012, 386)
- Filmförderung nach dem Filmförderungsgesetz (BGHSt 34, 111 [113])
- Sanierungsmittel nach dem Städtebauförderungsgesetz

- Vergabe öffentlicher Aufträge oder Verkauf/Verpachtung eines öffentlichen Grundstücks jeweils entgegen der Wirtschaftlichkeit (sog. Realförderung)
- Staatliche Kredite, Garantien oder Bürgschaften, für die kein Markt besteht, wenn die Gegenleistung (Zinszahlung) nicht mehr kostendeckend ist (BT-Drs. 7/5291, S. 10; aA NK-StGB/*Hellmann*, § 264 Rn. 30: hypothetischer Marktpreis maßgebend)

Keine Subventionen sind:

- Förderung von Bildung, Kultur oder des Gesundheitssektors, z.B. Sportförderung
- Sozialförderungen, z.B. Wohngeld, Kindergeld, Ausbildungsförderung nach dem BAföG (hier nur § 263 StGB bei falschen Angaben, der § 58 BAföG verdrängt: BayObLG, NStZ 2005, 172)
- Indirekte Subventionen durch Steuernachlässe oder nach steuerlichen Vorschriften gewährte direkte Zahlungen wegen des Vorrangs des Steuerstrafrechts (SK-StGB/*Hoyer*, § 264 Rn. 23)
- das Kurzarbeitergeld oder Schlechtwettergeld, da es jeweils dem Betrieb nicht zur eigenen Verwendung, sondern zur Weiterreichung an den Arbeitnehmer überlassen wird (*Gaede/Leydecker*, NJW 2009, 3545 f.)
- Vermögensschädigungen ausgleichende Leistungen (sog. Schadenssubventionen: G/J/W/*Straßer*, § 264 Rn. 17)

180 **Subventionen nach EG-Recht** (§ 264 VII 1 Nr. 2 StGB) sind öffentliche Mittel, die vom Gesamthaushaltsplan der Gemeinschaften oder in Haushaltsplänen vorgesehen sind, welche von den Gemeinschaften oder für deren Rechnung verwaltet werden, unabhängig davon, ob die Leistungen unmittelbar von Behörden oder Stellen der EG (deren Rechtsnachfolgerin die EU ist) oder nach EG-Vorschriften von nationalen Stellen vergeben werden, und die auch hier ganz oder teilweise ohne marktmäßige Gegenleistung erfolgen. Nicht erforderlich ist (abweichend von Nr. 1) jedoch, dass die Mittel der Förderung der Wirtschaft dienen und sie direkt an die Betriebe geleitet werden, so dass auch Sozial- und Kulturförderungen erfasst sind.

Beispiele für EG-Subventionen (vgl. *Fischer*, § 264 Rn. 12): Subventionen der Europäischen Strukturfonds (z.B. Fonds für regionale Entwicklung); EG-Sozialsubventionen (z.B. zur Arbeitsförderung oder zur Eingliederung von Migranten); Ausfuhrerstattungen für landwirtschaftliche Produkte (BGH NStZ 1990, 35 [36]).

181 **Fall 35** (nach BGH NStZ-RR 2011, 81 f.): S erwarb nach der Wiedervereinigung in Brandenburg eine ehemalige Werft und wandelte deren Betrieb in der Folgezeit dergestalt um, dass mehrere von ihm gegründete und (über Strohmänner) beherrschte Gesellschaften mit beschränkter Haftung auf dem Werftgelände Sitz nahmen und den Werftbetrieb fortführten. S trat an Prof. A heran und bat ihn für ein Subventionsvorhaben, ein von ihm handschriftlich entworfenes Angebot für Arbeiten zur Weiterentwicklung des Unterwasser-Bootskörpers in der Werft von seiner Sekretärin auf dem Briefbogen des von A geführten Instituts für Schifs- und Meerestechnik der Technischen Universität schreiben zu lassen und es sodann selbst zu unterschreiben. Wunschgemäß ließ A das Schreiben fertigen, wobei er beabsichtigte, die dem S angebotenen Arbeiten ohne die erforderliche Nebentätigkeitsgenehmigung der Universität im eigenen Namen und nicht namens des Instituts durchzuführen. Die von S gesteuerte P-GmbH beantragte mit diesem Schreiben öffentliche Zuwendungen für das Projekt und erhielt einen Zuwendungsbescheid des Bundeswirtschaftsministeriums iHv 325.000 €. Zu einer Auszahlung kam es wegen strafrechtlicher Ermittlungen jedoch nicht. Strafbarkeit des A nach § 264 StGB?

Die Legaldefinition subventionserheblicher Tatsachen (§ 264 VIII StGB) als Gegenstand der § 264 I Nr. 1, 3 und 4 StGB unterscheidet drei Arten:

- Tatsachen, die **durch Gesetz** (im materiellen Sinn; nicht: Verwaltungsvorschriften oder ein „Rahmenplan“: LG Magdeburg wistra 2005, 155 [156]) ausdrücklich und auf den konkreten Fall bezogen (und nicht nur pauschal) als subventionserheblich bezeichnet werden (Nr. 1 Var. 1). Der Ausdruck „subventionserheblich“ muss hierbei nicht verwendet werden, es genügt, wenn sich die Subventionserheblichkeit aufgrund Auslegung des gesetzgeberischen Willens aus dem Zusammenhang ergibt (BGHSt 44, 233 [238]), z.B. bei der Bezeichnung „für die Bewilligung von Bedeutung“ (Sch/Schr/ *Perron*, § 264 Rn. 30/31).
- Tatsachen, die **auf Grund eines Gesetzes** (insbesondere § 2 I SubvG oder die Subventionsgesetz der Länder) vom Subventionsgeber in Form einer zugangsbedürftigen Willenserklärung gegenüber dem Subventionsnehmer für den konkreten Fall als subventionserheblich bezeichnet werden (Nr. 1 Var. 2).
- Tatsachen, **von denen die Bewilligung, Gewährung etc. einer Subvention gesetzlich abhängig ist** (Nr. 2), d.h. wenn das Gesetz selbst mit hinreichender Deutlichkeit zum Ausdruck bringt, dass die Subventionierung unter der im Gesetz genannten Voraussetzung erfolgt, ohne die entsprechende Tatsachen ausdrücklich als „subventionserheblich“ zu bezeichnen. Bedeutung hat dies vor allem bei EG-Subventionen, für die die Bezeichnungspflicht des § 2 SubvG nicht gilt. Nr. 2 wird bei einem Ermessensspielraum der Behörde grundsätzlich zu verneinen sein, da sich die Erheblichkeit dann nicht alleine aus dem Gesetz ergibt (BGH NStZ-RR 2011, 81).

In **Fall 35** ist die Abgabe des Angebots unter dem Briefkopf der Universität und damit die falsche Erklärung über den Willen, den Auftrag namens des Instituts ausführen zu wollen, weder durch noch auf Grund Gesetzes als subventionserheblich bezeichnet worden noch die Subventionsentscheidung hiervon iSd § 264 VIII Nr. 2 StGB abhängig, würde deren Kenntnis doch nicht zu einer anderen Entscheidung über die Subventionsgewährung führen, da es dem Subventionsgeber ersichtlich nur darum ging, die angebotenen Ingenieurleistungen von einer insoweit anerkanntermaßen fachkundigen Person erbringen zu lassen. § 264 StGB scheidet aus.

182 Die **Tathandlung** des Abs. 1 Nr. 1 besteht darin, dass der Täter im Subventionsverfahren gegenüber dem Subventionsgeber über für den Täter oder einen anderen vorteilhafte subventionserhebliche Tatsachen (schriftlich oder mündlich) Angaben tätigt, die entweder mit der Wirklichkeit nicht übereinstimmen (d.h. **unrichtig** sind) (z.B. bei der Ausgabe eines Scheingeschäfts [§ 4 SubvG] als Nichtscheingeschäft) oder mit denen der Täter durch Weglassen dem Subventionsgeber ein falsches Gesamtbild vermittelt (d.h. die **unvollständig** sind), mithin er den Subventionsgeber also über subventionserhebliche Tatsachen ausdrücklich oder konkludent täuscht. Ob eine Tatsache auch dann vorteilhaft für den Subventionsnehmer ist, wenn dieser aus anderen Gründen einen Anspruch auf die Subvention hat, die unrichtigen oder unvollständigen Angaben also zu keiner Verbesserung bezüglich der Subventionsbewilligung etc. geführt haben, wird teils bejaht (BGHSt 36, 373 [374 ff.]), teils mit Hinweis auf eine fehlende Rechtsgutsverletzung zu Recht verneint (OLG Karlsruhe NJW 1981, 1383; *Wessels/Hillenkamp*, BT 2, Rn. 693).

b) § 264 I Nr. 2 StGB

183 Der „untreueartige" (*Fischer*, § 264 Rn. 25a) § 264 I Nr. 2 StGB bestraft die unmittelbare Verwendung des gewährten Gegenstandes bzw. der gewährten Geldmittel entgegen einer durch Rechtsvorschriften (einschließlich Beschränkungen der EG oder deren Mitgliedsstaaten: § 6 Nr. 8 StGB) oder durch den Subventionsgeber erlassenen Verwendungsbeschränkung. Hiermit schließt Nr. 2 die Strafbarkeitslücke, dass für EG-Subventionen § 264 I Nr. 3 StGB iVm § 3 II SubvG nicht eingreift (BGHSt 49, 147 [157]).

c) § 264 I Nr. 3 StGB

184 Nach dem echten Unterlassungsdelikt des § 264 I Nr. 3 StGB macht sich strafbar, wer den Subventionsgeber entgegen ihn selbst (Sonderdelikt!) durch Rechtsvorschriften über die Subventionsvergabe (insbesondere § 3 SubvG) treffende Mitteilungspflichten über subventionserhebliche Tatsachen in Unkenntnis lässt. Abs. 1 Nr. 3 scheidet aus, wenn der Subventionsgeber die verschwiegenen Tatsache bereits positiv kennt (OLG Stuttgart MDR 1992, 788).

d) § 264 I Nr. 4 StGB

Nach § 264 I Nr. 4 StGB wird bestraft, wer in einem Subventions- **185** verfahren eine durch unrichtige oder unvollständige Angaben (§ 264 I Nr. 1 StGB) erlangte Bescheinigung über eine Subventionsberechtigung oder über subventionserhebliche Tatsachen gebraucht. Der Anwendungsbereich dieser Tathandlungsvariante ist (als grundsätzlich mitbestrafte Nachtat zu Nr. 1: MüKo-StGB/*Wohlers/Mühlbauer*, § 264 Rn. 121) sehr gering.

3. Subjektiver Tatbestand

Fall 36 (BGH wistra 2013, 149 f.): Der juristisch nicht vorgebildete **186** A schloss als Geschäftsführer der V-GmbH mit der L-GmbH einen Vertrag über die Lieferung einer Fertigungslinie für Tandemsolarprodukte zu einem Gesamtpreis von 42 Mio. € zuzüglich Umsatzsteuer. Für die Zahlung waren Abschlagsraten nach Fertigungsstand vorgesehen. Die V-GmbH beglich die erste Rate iHv 5 Mio. €. Für die geleistete Anzahlung beantragte A eine Investitionszulage am 7. Mai beim zuständigen Finanzamt iHv knapp 1,2 Mio. €. Mangels ausreichender Finanzierung konnten weitere Zahlungen nicht erfolgen, so dass die L-GmbH am 10. Juni vom Vertrag zurücktrat. In weiteren Verhandlungen am 18. Juni beharrte die L-GmbH auf der Vertragskündigung, zeigte sich aber auch bereit, mit der V-GmbH einen neuen Vertrag zu schließen, falls die Finanzierung doch noch gesichert werden könnte. A verstand das Ergebnis der Gespräche dagegen so, dass die Kündigung des Vertrages ausgesetzt werden sollte. Dem für die Entscheidung über die Investitionszulage zuständigen Finanzamt hatte A die Auflösung des Vertrages daher nicht mitgeteilt. Zu einer Auszahlung der Investitionszulage kam es aus anderen Gründen nicht. Strafbarkeit des A?

Der subjektive Tatbestand verlangt grundsätzlich eine **vorsätzliche Tatbegehung**. In den Fällen des § 264 I Nr. 1–3 StGB genügt nach § 264 IV StGB – entgegen dem Grundsatz, dass es ansonsten nur vorsätzliche Vermögensdelikte gibt: daher restriktive Anwendung des § 264 IV StGB (LK/*Tiedemann*, § 264 Rn. 145)! – sogar bloße **Leicht-**

fertigkeit aus, ein qualifizierter Grad der Fahrlässigkeit, der in etwa der zivilrechtlichen Kategorie der groben Fahrlässigkeit entspricht (BGHSt 14, 240 [255]; BGHSt 43, 158 [168]): Leichtfertig handelt, wer grob (d.h. aus besonderem Leichtsinn oder aus besonderer Gleichgültigkeit) sorgfaltspflichtwidrig handelt und daher die Rechtswidrigkeit seines Handelns nicht erkennt, obwohl sich ihm diese hätte aufdrängen müssen. In **Fall 36** ist ein leichtfertiges In-Unkenntnis-Lassen über die subventionserhebliche Tatsache der Vertragskündigung (§§ 264 I Nr. 3, IV StGB) zu verneinen, da der juristisch nicht vorgebildete A die genaue Unterscheidung zwischen einer Kündigungsaussetzung und einem Vertragsneuabschluss, deren Ergebnisse für ihn nahezu identisch waren, nicht ohne weiteres durchschauen brauchte (BGH wistra 2013, 149 f.). Bestehen für einen nicht zuständigen Organwalter keine Anhaltspunkte für Zweifel an der Subventionsbeantragung durch den zuständigen Organwalter, so kann ihm selbst bei unrichtigen oder unvollständigen Angaben keine eigene Leichtfertigkeit vorgeworfen werden (BGH NStZ-RR 2010, 311 [312]).

4. Regelbeispiele (§ 264 II StGB)

187 § 264 II 2 StGB enthält für einen besonders schweren Fall eines vorsätzlichen Subventionsbetrugs drei Regelbeispiele: die Erlangung einer Subvention großen Ausmaßes (ab 50.000 € [BGHSt 48, 360 (361)]) aus groben Eigennutz (Vorteilsstreben in anstößiger Weise, d.h. in einem deutlich über dem üblichen kaufmännischen Maß liegend) oder unter Verwendung nachgemachter oder verfälschter Belege (Nr. 1), der Missbrauch seiner Befugnisse oder Stellung als Amtsträger (Rn. 291 ff.) oder Europäischer Amtsträger (Rn. 294) (Nr. 2) oder die Ausnutzung der Mithilfe eines Amtsträgers oder Europäischen Amtsträgers, der seine Befugnisse oder Stellung missbraucht (Nr. 3). Bei einem hohen Betrag der Subvention weit über der Grenze „großen Ausmaßes" ohne die in Nr. 1 zusätzlich genannten Umstände kann ein unbenannter schwerer Fall bejaht werden (BGH wistra 2001, 304 [305]).

5. Qualifikation

188 Der gewerbsmäßige Subventionsbetrug stellt nach § 264 III iVm § 263 V StGB einen Qualifikationstatbestand dar.

6. Tätige Reue

189 Aufgrund des frühen Vollendungszeitpunkts (bereits mit dem Tätigen von Angaben) sieht § 264 V StGB für den vorsätzlichen wie leichtfertigen Subventionsbetrug den persönlichen Strafaufhebungsgrund der tätigen Reue vor, wenn der Täter freiwillig verhindert, dass auf Grund der Tat die Subvention gewährt wird (§ 264 V 1 StGB) oder er sich hierum zumindest freiwillig und ernsthaft bemüht, wenn die Subventionsgewährung ohne sein Zutun unterbleibt (§ 264 V 2 StGB). In beiden Fällen darf die Subvention noch nicht gewährt, wohl aber bereits bewilligt worden sein (*Wittig*, § 17 Rn. 75). Wird die Subvention nach der Richtigstellung der Angaben gewährt, so schließt dies mangels Kausalität zwischen den unrichtigen Angaben und der Bewilligung die tätige Reue nicht aus (BGH NStZ 2010, 327 [329]). Bei Beteiligung mehrerer gelten die Grundsätze des § 24 II StGB entsprechend (*Wessels/Hillenkamp*, BT 2, Rn. 694).

7. Konkurrenzen

Da § 264 StGB auch das Gewähren einer nicht gerechtfertigten **190** Subvention mitumfasst, ist die Norm nach h.M. lex specialis gegenüber § 263 StGB und verdrängt diesen (BGHSt 32, 203 [206 f.]; aA NK-StGB/*Hellmann*, § 264 Rn. 173: § 264 StGB tritt zurück). Wegen des allgemeinen Vorrangs des Steuerstrafrechts tritt § 264 StGB hinter § 370 AO zurück (G/J/W/*Straßer*, § 264 Rn. 157).

IV. Versicherungsbetrug und -missbrauch (§§ 263 III 2 Nr. 5, 265 StGB)

Angesichts des in der Praxis häufig vorkommenden Vortäuschens **191** eines Schadensfalles gegenüber einer Versicherung mit erheblichen wirtschaftlichen Schäden (jährlich angeblich 4 Milliarden €) hat der Gesetzgeber mit dem 6. StrRG vom 26.1.1998 ein gestuftes Schutzsystem integriert:

> **Fall 37** (Abwandlung von BGHSt 51, 236 ff.): A setzte das Wohnhaus seiner Familie in Brand, das im Eigentum der von ihm adoptierten vier Kinder seiner Ehefrau stand. Er handelte dabei in der Absicht, seiner Ehefrau E Leistungen aus deren Wohn-Gebäudeversicherung zu verschaffen. Hierdurch wollte er die Neuerrichtung des Gebäudes finanzieren. S war in das Vorhaben des A nicht eingeweiht. Sie meldete den Vorfall der auf sie laufenden Versicherung, obwohl ihr eine Tatbeteiligung des A als wahrscheinlich vorkam. Die Gebäudeversicherung leistete daraufhin 289.000 € für den Wiederaufbau des bis auf die Grundmauern niedergebrannten Gebäudes. Strafbarkeit von A und E nach §§ 263, 265 StGB?

1. Der Versicherungsbetrug (§ 263 I, III 2 Nr. 5 StGB)

192 Macht ein Versicherungsnehmer oder ein Dritter gegenüber der Versicherung einen Anspruch geltend, auf den kein Anspruch besteht, und zahlt die Versicherung die Summe aus, so liegt hierin regelmäßig ein vollendeter Betrug nach § 263 I StGB. Versicherungsrechtlich besteht nach § 81 VVG kein Anspruch, „wenn der Versicherungsnehmer den Versicherungsfall vorsätzlich oder durch grobe Fahrlässigkeit herbeigeführt" hat, wobei ein Zusammenwirken mit dem Täter ausreicht. Dem gleichgestellt wird nach der Rechtsprechung, wenn der den Versicherungsfall herbeiführende Dritte entweder Repräsentant des Versicherungsnehmers oder der wahre wirtschaftlich Versicherte ist: **Repräsentant** ist, wer auf Grund eines tatsächlichen Vertretungsverhältnisses die Obhut über die versicherte Sache ausübt oder sonst innerhalb des versicherten Risikos befugt ist, in einem nicht ganz unbedeutenden Umfang selbstständig für den Versicherten zu handeln und dabei dessen Rechte und Pflichten als Versicherungsnehmer wahrzunehmen (BGH NJW 1976, 2271); der Grund der Haftungszurechnung liegt hier darin, „dass es dem Versicherungsnehmer nicht freistehen darf, den Versicherer dadurch schlechter und sich besser zu stellen, dass er einen Dritten an seine Stelle hat treten lassen" (BGH NJW 2007, 2038 [2039]). Eine bloß familienrechtliche Verbundenheit von Ehegatten genügt alleine nicht (BGH NStZ 1987, 505 [506]), so dass in **Fall 37** ein vollendeter Betrug der E ausscheidet; nur wenn E irrig davon ausging, keinen Anspruch auf die Versicherungsleistung zu haben, käme ein strafbarer (untauglicher) Versuch in Betracht. Als **wahrer wirtschaftlicher Versicherter** gilt etwa der an der Geschäftsführung unbeteiligte Alleingeschäftsführer der versicherten GmbH (*Ranft*, Jura 1985, 393 [400 f.]).

193 Ist der Betrug vollendet oder versucht, kann das zweiaktige **Regelbeispiel** des § 263 III 2 Nr. 5 StGB einen besonders schweren Fall begründen: Hierzu muss der Täter zunächst in der Absicht der Vortäuschung eines Versicherungsfalles eine Sache von bedeutendem Wert (NK-StGB/*Kindhäuser*, § 263 Rn. 400: 700 €; BGH NStZ 2011, 215 [zu § 315b StGB]: 750 €; *Wessels/Hillenkamp*, BT 2, Rn. 663: 1.000 €) in Brand gesetzt oder durch Brandlegung ganz oder teilweise zerstört (d.h. vollständige oder zumindest teilweise Aufhebung der bestimmungsgemäßen Brauchbarkeit des gesamten Tatobjektes für eine nicht nur unerhebliche Zeit: BGHSt 48, 14 [20]) oder ein Schiff zum Sinken oder Stranden gebracht (Vortat) und dann (in einem zweiten Schritt) den Versicherungsfall vorgetäuscht haben.

2. Der Versicherungsmissbrauch (§ 265 StGB)

a) Vorbemerkungen

aa) Rechtsgut und Deliktsnatur: § 265 StGB bezweckt als abstraktes Vermögensgefährdungsdelikt den Schutz der Sachversicherungen (*Geppert*, Jura 1998, 382 [383]), indem er bereits im Vorfeld von Betrugshandlungen (und damit als Auffangtatbestand, wenn es – wie in **Fall 37** – an einem Betrug fehlt) das Beschädigen oder Zerstören einer versicherten Sache unter Strafe stellt. Geschütztes Rechtsgut ist das Vermögen der Versicherung (*Rengier*, BT I, § 15 Rn. 2), nach h.M. (Lackner/Kühl/*Heger*, § 265 Rn. 1; *Wessels/Hillenkamp*, BT 2, Rn. 656) darüber hinaus auch das Allgemeinhut der Funktionsfähigkeit der Versicherungswirtschaft, wenn letzteres angesichts der mit dem 6. StrRG erfolgten Zurückstufung vom Verbrechen zum Vergehen auch mehr als zweifelhaft erscheint. 194

bb) Aufbauschema:

Aufbauschema (§ 265 StGB)

I. Tatbestandsmäßigkeit

1. Objektiver Tatbestand

a) Tatgegenstand: eine gegen Untergang, Beschädigung, Beeinträchtigung der Brauchbarkeit, Verlust oder Diebstahl versicherte Sache

b) Tathandlung:

aa) beschädigen

bb) zerstören

cc) beiseite schaffen

dd) einem anderen überlassen

ee) in ihrer Brauchbarkeit beeinträchtigen

2. Subjektiver Tatbestand

a) Vorsatz

b) Absicht, sich oder einem Dritten Leistungen aus der Versicherung zu verschaffen

II. Rechtswidrigkeit

III. Schuld

IV. Tätige Reue?

b) Objektiver Tatbestand

195 **aa) Tatgegenstand:** Tauglicher Tatgegenstand ist jede gegen Untergang, Beschädigung, Beeinträchtigung der Brauchbarkeit, Verlust oder Diebstahl versicherte Sache (§ 90 BGB). Nicht ausreichend ist eine Versicherung gegen bloße Folgerisiken (z.B. Versicherung gegen Verluste aus einer durch Feuer verursachten Betriebsunterbrechung: *Fischer*, § 265 Rn. 3). Der Versicherungsvertrag muss nur formell rechtsgültig zustande gekommen und nicht wieder aufgehoben worden sein; auf die materielle Gültigkeit kommt es nicht an (BGHSt 8, 343 [344]). Unschädlich ist es daher, wenn der Vertrag (nur) anfechtbar, wegen Überversicherung (§ 74 II VVG) nichtig (*Wittig*, § 16 Rn. 20; aA NK-StGB/*Hellmann*, § 265 Rn. 21) oder der Versicherer wegen Prämienverzugs von der Leistungspflicht nach §§ 38 II, 39 VVG befreit ist (BGHSt 35, 261; aA MüKo-StGB/*Wohlers/Mühlbauer*, § 265 Rn. 13).

196 **bb) Tathandlung:** Als Tathandlungen, die jeweils objektiv geeignet sein müssen, den Eintritt des versicherten Risikos zu bewirken, nennt das Gesetz das Beschädigen (jede nicht ganz unerhebliche Substandverletzung, die eine Sache in ihrer stofflichen Zusammensetzung verändert oder ihre Brauchbarkeit zu dem vorausgesetzten Zweck nicht unwesentlich mindert: Parallele zu § 303 I StGB!), Zerstören (ein stärkerer Grad der Beschädigung derart, dass die bestimmungsgemäße Brauchbarkeit der Sache völlig aufgehoben wird), Beeinträchtigen der Brauchbarkeit (wenn gerade das durch die Versicherung geschützte Maß der Brauchbarkeit herabgesetzt ist) oder Beiseiteschaffen der Sache oder wenn diese einem anderen überlassen (d.h. einverständlich entgeltlich oder unentgeltlich an einen Dritten weitergegeben) wird. Der Tatbestand kann auch durch Unterlassen verwirklicht werden, wobei die Garantenstellung aus dem besonderen Vertrauensverhältnis zwischen den Parteien eines Versicherungsvertrages abgeleitet wird (BGH NJW 1951, 204 [205]; aA MüKo-StGB/*Wohlers/Mühlbauer*, § 265 Rn. 20).

c) Subjektiver Tatbestand

197 Der subjektive Tatbestand verlangt zumindest bedingten Vorsatz bezüglich des gesamten objektiven Tatbestandes sowie die Absicht (dolus directus ersten Grades), „sich oder einem Dritten [zum ausgelösten Schadensfall „deckungsgleiche“ (*Fischer*, § 265 Rn. 11)] Leistungen aus der Versicherung zu verschaffen“. Eine „Rechtswidrigkeit“ der erstrebten Versicherungsleistung iSv § 81 VVG ist nicht (mehr) erforderlich.

d) Tätige Reue?

Verhindert der Täter nach der Tathandlung einen Schaden der Versicherung (z.B. indem der Täter nach der Übergabe seiner Fahrzeuge an einen „Kfz-Schieber“ den Sachverhalt der Polizei gegenüber mitteilt), so plädieren Teile der Literatur für die Annahme einer tätigen Reue analog §§ 83a, 264 V, 264a III, 306e StGB (*Geppert*, Jura 1998, 382 [384]), während die h.M. dies mangels planwidriger Regelungslücke ablehnt und das Nachtatverhalten des Täters lediglich für eine Einstellung nach § 153 StPO bzw. bei der Strafzumessung berücksichtigen möchte (*Fischer*, § 265 Rn. 14; *Wessels/Hillenkamp*, BT 2, Rn. 660). 198

3. Verhältnis zueinander

Nach der Subsidiaritätsklausel des § 265 I StGB wird der Täter nach § 265 StGB nicht bestraft, wenn die Tat in § 263 StGB mit Strafe bedroht ist (ob Versuch oder Vollendung), wobei – damit die Klausel überhaupt einen Sinn macht – der Tatbegriff nicht im Sinne der konkurrenzrechtlichen Dogmatik (sprich: gleiche Tathandlung) und damit materiell-rechtlich, sondern als „prozessuale Tat“ (§ 264 StPO: der in der Anklageschrift bezeichnete einheitliche geschichtlicher Vorgang, sofern er nach der Ansicht des Lebens eine Einheit bildet und es willkürlich erschiene, ihn auseinander zu reißen) zu verstehen ist (BGH NJW 2000, 226 [227]). 199

Kapitel 4. Untreue und Missbrauch von Scheck- und Kreditkarten

200 Die Untreue hat in unseren Tagen Hochkonjunktur und ist zwar nicht zahlenmäßig, wohl aber schadensmäßig (PKS 2016 Tabelle 09: 2.102 Fälle mit einem Gesamtschaden von 380.886.114 € = ca. 181.000 € pro Tat!) längst zu einer Zentralnorm im Wirtschaftsstrafrecht geworden. Dies verdankt sie ihrer Tatbestandsstruktur, die zum einen weitgehend an außerstrafrechtliche Treuepflichten akzessorisch anknüpft und so einen Großteil wirtschaftlich relevanter Pflichtkonstellationen zu erfassen vermag sowie zum anderen Vermögensschädigungen gerade „von innen heraus" durch Personen erfasst, die kraft ihrer Position Zugriffsmöglichkeiten besitzen. Dies macht § 266 StGB zu einem rechtspolitisch wichtigen Managerdelikt. Hierneben enthält das Strafgesetzbuch mit dem Veruntreuen von Beiträgen der Arbeitnehmer zur Sozialversicherung (§ 266a StGB: ausführlich im Kapitel zum Arbeitsstrafrecht: Rn. 416 ff.) sowie dem Missbrauch von Scheck- und Kreditkarten (§ 266b StGB) zwei untreueähnliche Sonderdelikte.

I. Untreue (§ 266 StGB)

1. Vorbemerkungen

a) Geschütztes Rechtsgut

201 § 266 StGB schützt allein das Vermögen; der Missbrauch der Vertrauensstellung zum Opfer bildet wie beim Betrug lediglich das Mittel der Vermögensschädigung und keinen Teil des geschützten Rechtsguts (BGHSt 43, 293 [297]; BGHSt 50, 331 [342]).

b) Deliktsnatur und Deliktssystematik

202 Mangels des Erfordernisses einer Bereicherungsabsicht (wie bei § 263 StGB) ist die Untreue kein Vermögensverschiebungs-, sondern ein reines **Fremdschädigungsdelikt**, das als **Sonderdelikt** nur von demjenigen begangen werden kann, der eine besondere Pflichtenstellung gegenüber dem geschädigten Vermögen innehat. Seit der Gesetzgeber von 1933 die frühere Gesetzesfassung mit seinem (teils tragikomischen) abschließenden Katalog tauglicher Täter aufgab und den sich hieran ent-

zündeten Streit zwischen der Missbrauchstheorie (Unrechtskern sei die missbräuchliche Ausnutzung zivilrechtlich wirksamer Vertretung- oder Verpflichtungsbefugnisse) und der Treubruchtheorie (Unrechtskern sei jede Verletzung der Vermögensfürsorgepflicht im Innenverhältnis) durch die Fassung zweier Tatbestandsvarianten zu lösen suchte, wird um deren Verhältnis gestritten: Nach der herrschenden **monistischen Betrachtungsweise** stellt der Missbrauchstatbestand einen speziellen Unterfall des Treubruchstatbestandes dar und verlangt daher (ausweislich des mit seinem Schadenserfordernis auf beide Tatvarianten zu beziehenden Relativsatzes „und dadurch dem, dessen Vermögen er zu betreuen hat, Nachteil zufügt") für den Missbrauchstatbestand die gleiche Vermögensbetreuungspflicht wie beim Treubruchstatbestand (BGHSt 33, 244 [250]; BGHSt 47, 187 [192]; MüKo-StGB/*Dierlamm*, § 266 Rn. 31; aA dualistische Theorie zweier selbstständiger Tatbestände [BGHSt 1, 186 (188); *Labsch*, Jura 1987, 343 (345 f.)] bzw. die vermittelnde Ansicht eines Missbrauchstatbestandes mit einer Vermögensbetreuungspflicht nur minderer Intensität [Sch/Schr/*Perron*, § 266 Rn. 2]).

c) Aufbauschema

Folgt man dem, so ergibt sich folgender Aufbau:

Aufbauschema (§ 266 StGB)

I. Tatbestandsmäßigkeit

1. Objektiver Tatbestand

- a) Missbrauchstatbestand (§ 266 I Var. 1 StGB)
  - aa) Verfügungs- oder Verpflichtungsbefugnis über fremdes Vermögen
  - bb) Tathandlung: Missbrauch der Befugnis
  - cc) Verletzung einer Vermögensbetreuungspflicht
  - dd) Vermögensnachteil
- b) Treubruchstatbestand (§ 266 I Var. 2 StGB)
  - aa) Vermögensbetreuungspflicht
  - bb) Tathandlung: Verletzung der Vermögensbetreuungspflicht
  - cc) Vermögensnachteil

2. Subjektiver Tatbestand: Vorsatz

II. Rechtswidrigkeit

III. Schuld

IV. Evtl. Regelbeispiel, § 266 II iVm § 263 III StGB

V. Evtl. Strafantrag, § 266 II iVm §§ 247, 248a StGB

d) Verfassungsmäßigkeit

203 Der Tatbestand wurde „bewusst weit gezogen, um das Schiebertum und die Korruption mit dem gebotenen Nachdruck bekämpfen zu können" (*Schäfer*, DJZ 1933, 789 [795])(„Unterbestimmtheit"), und birgt dadurch die Gefahr, den Strafwürdigkeitsrufen der Gesellschaft vor allem in großen Wirtschaftsprozessen zu folgen und in jeder außerstrafrechtlichen Pflichtverletzung mit eingetretener Schadensfolge auch eine untreuestrafrechtliche Pflichtverletzung zu erblicken oder sogar mit Hinweis auf das jeder Treuepflicht inne wohnende Schädigungsverbot aus jedem kausal verursachten Vermögensschaden auf eine Pflichtverletzung zurückzuschließen (sog. „Verschleifung" der Tatbestandsmerkmale). Das Bundesverfassungsgericht hat den hierauf gestützten beharrlichen Vorwurf der Verfassungswidrigkeit (Art. 103 II GG) im Schrifttum (MüKo-StGB/*Dierlamm*, § 266 Rn. 3 ff.; *Labsch*, Untreue (§ 266 StGB)[1983], S. 177 ff.) zwar nicht geteilt, aber betont, die Norm müsse durch restriktive Auslegung auf klare und evidente Fälle begrenzt bleiben (BVerfGE 126, 170 [210] mit Anm. *Kraatz*, JR 2011 434 ff.).

2. Objektiver Tatbestand

a) Missbrauchstatbestand

204 **aa) Verfügungs- oder Verpflichtungsbefugnis über fremdes Vermögen:** Zu den klaren Konturen des Missbrauchstatabestandes gehört zunächst, dass der Täter eine „ihm durch Gesetz, behördlichen Auftrag oder Rechtsgeschäft eingeräumte" rechtlich wirksame Verfügungs- (iSd § 185 BGB) oder „Verpflichtungsbefugnis" (freilich untechnisch als Stellvertretung iSd §§ 164 ff. BGB gemeint; eine Verpflichtungsermächtigung würde diese Stellvertretungsregeln schließlich umgehen: BGHZ 34, 122 [125]) über fremdes Vermögen besitzen muss, wobei das Vermögen einer juristischen Person (z.B. GmbH, AG) seinen Leitern (z.B. Geschäftsführer, Vorstand) aber auch seinen Gesellschaftern (selbst einem Einmann-Gesellschafter: BGHSt 34, 379 [384]) gegenüber „fremd" ist. Rein tatsächliche Vermögenseinwirkungsmöglichkeiten genügen nicht.

Beispiele für Befugnisse „durch Gesetz":
- Vertretungsmacht des Testamentsvollstreckers (§ 2205 BGB)
- Vertretungsmacht des Insolvenzverwalters (§§ 80 InsO)
- Vertretungsmacht des Gerichtsvollziehers (§ 753 ZPO)
- Vertretungsmacht des Abwicklers (§§ 146 II, 149, 161 II HGB, §§ 265 III, 268 AktG, §§ 66, 70 GmbHG
- Vertretungsmacht des Zwangsverwalters (§ 152 ZVG)

Beispiele für Befugnisse „durch behördlichen Auftrag":
- Befugnis eines Finanzbeamten gegenüber dem öffentlichen Vermögen (BGHSt 51, 356 [362])
- Rechtsmacht des Bürgermeisters (BGH NStZ 2007, 579 [580]) oder Landrats (BGH NStZ-RR 2006, 307)

Beispiele für Befugnisse „durch Rechtsgeschäft":
- Vertretungsmacht des Prokuristen (§§ 48 ff. HGB)
- Vertretungsmacht von Treuhändern und Kommissionären (§§ 383 ff. HGB)
- Vertretungsmacht des Handelsvertreters (§§ 84 ff. HGB)
- Vertretungsmacht von Gesellschaftsorganen (z.B. § 78 AktG, § 35 GmbHG, § 24 GenG, §§ 125, 126, 161 II, 170 HGB), auch des nur faktischen Geschäftsführers (BGH NStZ 2000, 34)

bb) Missbrauchshandlung: Diese Rechtsmacht muss der Täter 205 missbrauchen, d.h. er muss nach außen hin rechtlich wirksam ein Rechtsgeschäft oder ein hoheitliches Handeln vornehmen, bei dem er im Innenverhältnis Beschränkungen (insb. Weisungen) missachtet. Oder kurz: Überschreiten des rechtlichen Dürfens (Innenverhältnis) im Rahmen des an sich rechtlichen Könnens (Außenverhältnis). Hieran fehlt es, wenn das Rechtsgeschäft im Außenverhältnis z.B. nach § 134 BGB oder (wegen Kollusion mit dem Vertragspartner) nach § 138 BGB nichtig ist (BGHSt 50, 299 [313]).

Fall 38 (nach BGHSt 50, 331 ff. – Mannesmann): Der Vorstand der 206 M-AG versuchte, eine Übernahme durch die V-AG abzuwehren. Nach einem harten Übernahmekampf kam es zu einer Einigung der Vertreter beider Unternehmen über die Bedingungen einer einvernehmlichen Übernahme, nachdem ein verbessertes Umtauschverhältnis für die Aktien der M-AG erzielt worden war. Kurz nach der Entscheidung über die einvernehmliche Übernahme schlug M's Großaktionärin H (10 % des Grundkapitals) mit Einverständnis der Geschäftsleitung vor, die Steigerung des Unternehmenswertes durch freiwillige Anerkennungsprämien an die ausscheidenden Mitglieder des Vorstandsmitglieder abzugelten. Unter Vorsitz von A bewilligte das Präsidium mit den weiteren Mitgliedern F, Z und L freiwillige Anerkennungsprämien („appreciation awards") an den Vorstandsvorsitzenden E (16 Mio. €), vier weitere Vorstandsmitglieder und den früheren Vorstandsvorsitzenden F. In einer weiteren Sitzung erhielten vier weitere Vorstandsmitglieder hohe Anerkennungsprämien. Diese wurden in der Folgezeit ausgezahlt (insgesamt 58 Mio. €). E und D (Leiter der für die Betreuung der aktiven Vorstandsmitglieder zuständigen Abteilung) bereiteten die Beschlüsse vor und setzten sie mit um. Strafbarkeit der Beteiligten?

Eine Strafbarkeit von A, F, Z und L nach dem Missbrauchstatbestand scheitert daran, dass diese Präsidiumsmitglieder als Mitglieder eines Ausschusses des Aufsichtsrates, das die Aktiengesellschaft gegenüber den Vorstandsmitgliedern vertritt (vgl. §§ 107 III 1 und 2, 112 AktG), zwar grundsätzlich über die Befugnis verfügten, die M-AG zur Zahlung von Vergütungen an die Mitglieder des Vorstandes zu verpflichten (§ 87 I AktG). Bewertet man die Zuwendungen jedoch als „treuwidrige Verschwendung des anvertrauten Gesellschaftsvermögens", weil hierfür keine Grundlage bestand und die Zuwendungen der M-AG keinen zukünftigen Nutzen brachten, so spricht vieles dafür, dass die Gewährung im Außenverhältnis nach § 138 BGB unwirksam war (vom BGH offen gelassen).

In der heutigen globalisierten Marktwirtschaft nehmen **Risikogeschäfte** eine besondere Stellung ein, bei denen ungewiss ist, ob sie eine Vermögensminderung entstehen lassen (*Waßmer*, Untreue bei Risikogeschäften [1997], S. 10; zu den einzelnen Definitionsansätzen *Hillenkamp*, NStZ 1981, 161 [162 ff.]). Zu den klassischen Fallgruppen zählen Vorleistungsgeschäfte (z.B. Kreditvergabe), Spekulationsgeschäfte (z.B. Börsen- und Termingeschäfte) und Investitionen (z.B. für Werbung und Forschung). Inwieweit hier jeweils ein Risiko eingegangen werden darf, hängt von dem im Innenbereich durch Weisungen und andere Beschränkungen abgesteckten Bereich ab. Hierüber hinaus besteht bei unternehmerischen Entscheidungen grundsätzlich ein weites Ermessen (grundsätzlich BGHZ 135, 244 ff.), deren Grenzen für eine Strafbarkeit überschritten werden müssen (sog. „unvertretbare" [*Brammsen*, wistra 2009, 85 (88)] oder „schlicht willkürliche" [*Otto*, FS Kohlmann (2003) S. 187 (202 f.)] Entscheidung), wofür die Grundsätze der Business Judgement Rule [§ 93 I 2 AktG] als Maßstab dienen [ebenso BGH NJW 2017, 578; ebenso BGH NJW 2016, 2585 [2591] für eine GmbH; aA *Brand*, NJW 2017, 582: das Aktienrecht selbst müsse das Verdikt der groben Pflichtverletzung fällen). Nichts anderes meinte der 1. Strafsenat des Bundesgerichtshofs (BGHSt 47, 148 [150 und 152]; BGHSt 47, 187 [197]), als er für diese Ermessensfälle eine „**gravierende Pflichtverletzung**" forderte (so klarstellend BGH NJW 2006, 453 [454 f.]; anders der 5. Strafsenat [BGH NJW 2017, 578 – HSH-Nordbank]: notwendig sei eine „gravierende Verletzung gesellschaftsrechtlicher Pflichten", der gegenüber für eine gesonderte Prüfung als „evident" kein Raum sei).

In **Fall 38** hat der BGH klargestellt, dass bei unternehmerischen Entscheidungen das Unternehmensinteresse als verbindliche Richtlinie im Innenverhältnis anerkannt und die Vermögensbetreuungspflicht der Präsidiumsmitglieder durch die nutzlose Hingabe von Gesellschaftsvermögen verletzt sei (BGHSt 50, 331 [336 ff.]).

Bei **Kreditbewilligungen** sind auf der Grundlage umfassender Informationen die Risiken gegen die sich daraus ergebenden Chancen abzuwägen. Ist diese Abwägung sorgfältig vorgenommen worden, kann eine Pflichtverletzung nicht deshalb angenommen werden, weil das Engagement später notleidend wird (grundlegend BGHSt 46, 30 [34]). **207**

Indizien des BGH dafür, dass die Risikoprüfung nicht ausreichend vorgenommen worden ist:

- Vernachlässigung der Informationspflichten (konkretisiert durch § 18 KWG)
- Entscheidungsträger besaßen nicht die erforderliche Befugnis
- Unrichtige oder unvollständige Angaben im Zusammenhang mit der Kreditgewährung
- Nichteinhaltung der vorgegebenen Zwecke
- Überschreitung der Höchstkreditgrenzen
- Eigennütziges Handeln der Entscheidungsträger

cc) Tatbestandsausschließendes Einverständnis: Keine Überschreitung des „rechtlichen Dürfens" im Innenverhältnis und damit kein Missbrauch liegt vor, wenn der Vermögensinhaber frei von Willensmängeln (bei Risikogeschäften: umfassend und sachgerecht informiert!) sein Einverständnis vor der Tat in die Vermögensminderung erklärt hat und deren Erklärung ihrerseits weder gesetzes- noch pflichtwidrig ist (BGHSt 30, 247 ff.; BGHSt 34, 379 [384 f.]). Umstritten ist, ob die Gesellschafter einer **Kapitalgesellschaft** wirksam über das Gesellschaftsvermögen disponieren und damit wirksam das Einverständnis für die Kapitalgesellschaft abgeben können: **208**

Da der Wille etwa einer GmbH im Verhältnis zu ihrem Geschäftsführer grundsätzlich durch denjenigen ihrer Gesellschafter repräsentiert wird, ist **gesellschaftsrechtlich** ein Handeln oder Unterlassen des Geschäftsführers im Einverständnis sämtlicher Gesellschafter zwar keine haftungsbegründende Pflichtverletzung iSd § 43 II GmbHG, soweit die Dispositionsbefugnis der Gesellschafter gegenüber der GmbH reicht. Diese endet aber an den Grenzen der §§ 30, 33, 43 Abs. 3, 64 S. 2 und 3 GmbHG sowie beim unabdingbaren Schutz der GmbH vor existenzvernichtenden Eingriffen (BGHZ 122, 333 [336]; BGHZ 142, 92 [94 f.]), so dass dann der Zustimmungsbeschluss analog § 241 Nr. 3 AktG nichtig und damit gesellschaftsrechtlich irrelevant ist.

(1) Strafrechtlich erblickte die Rechtsprechung eine gesetzliche Einverständnisschranke früher in § 13 I GmbHG bzw. § 1 I AktG, der die Gesellschaft mit eigener Rechtspersönlichkeit ausstattet, so dass den Gesellschaftern nicht obliege, „was dem Wesen dieser Gesellschaft zuwiderlaufen würde" (BGHSt 9, 203 [216]) und damit grundsätzlich jedes Einverständnis der Gesellschafter unbeachtlich sei (sog. **strenge Gesellschaftstheorie**: RGSt 42, 278 [282 ff.]; BGHSt 3, 32 [40]).

(2) Teilweise wurden Einverständnisse seitens der Gesellschafter solange für zulässig erachtet, wie nicht gegen die Sorgfalt eines ordentlichen Geschäftsmannes (§§ 93 I 1 AktG, 43 I GmbHG) verstoßen werde (sog. **eingeschränkte Gesellschaftstheorie**: BGHSt 34, 379 [385 und 388 f.]).

(3) Da jedoch die §§ 93 I 1 AktG, 43 I GmbHG nur den Vorstand/Geschäftsführer und nicht die Gesellschafter binden und kaum strafbar sein kann, was gesellschaftsrechtlich für zulässig erklärt wird, halten die Anhänger der herrschenden **eingeschränkten Gesellschaftertheorie** ein Einverständnis nur dann für unwirksam, wenn durch die Vermögenstransaktion „eine konkrete Existenzgefährdung für die Gesellschaft" entstehe, „was jedenfalls bei einem Angriff auf das durch § 30 GmbHG geschützte Stammkapital der Fall" sei (BGH NJW 2003, 2996 [2998]; ebenso BGHSt 49, 147 [157 f.]).

(4) Die Kapitalerhaltungsvorschriften und das begrenzte Bestandsinteresse mit der Haftung wegen existenzvernichtendem Eingriff schützen jedoch nicht ein Mindestbetriebsvermögen, wie das grundsätzliche Recht der Gesellschafter zur jederzeitigen Liquidation zeigt; sondern sie stellen bei der GmbH lediglich als Kehrseite der Haftungsbeschränkung den Gläubigern wenigstens einen Mindest-Haftungsfonds zur Verfügung, so dass eine erhebliche Literaturansicht kritisiert, die h.M. laufe der Unrechtsvertypung der Untreue als Vermögensschutz zugunsten des Vermögensinhabers zuwider: Dem Täter könne im Rahmen des § 266 StGB nämlich nur der Vorwurf gemacht werden, das Vermögen des Vermögensinhabers geschädigt zu haben, nicht aber das seiner Gläubiger. Der Schutz der Gläubiger wird ausschließlich über die §§ 283 ff. StGB hergestellt. Jede Zustimmung seitens der Gesellschafter wirke daher tatbestandsausschließend (sog. **uneingeschränkte Gesellschaftertheorie**: *Kraatz*, ZStW 123 [2011], 447 [475 ff.]; *Labsch*, JuS 1985, 602 [604 ff.]).

Erkennt man eine (zumindest begrenzte) Disponierbarkeit der Gesellschafter an, so ist weiter strittig, ob hierfür eine **Einstimmigkeit** erforderlich ist (BGHSt 50, 331 [342]; BGHSt 55, 266 [279 f.]), oder ob nicht (richtigerweise) entsprechend § 47 I GmbHG ein Mehrheitsvotum ausreicht (*Ransiek*, NJW 2006, 814 [815]).

Das bloße Einverständnis der Großaktionärin H (bloß 10 %) reicht in **Fall 38** freilich nicht.

dd) Vermögensbetreuungspflicht und Vermögensnachteil: Folgt man der h.M. einer monistischen Tatbestandssicht, so bedarf es beim Missbrauchstatbestand zusätzlich einer Vermögensbetreuungspflicht (dazu sogleich). Zum Vermögensnachteil Rn. 215 ff. 209

b) Treubruchstatbestand

aa) Vermögensbetreuungspflicht: Der Treubruchstatbestand ist im Gegensatz zum Missbrauchstatbestand zu „unterbestimmt" geregelt, da hier das Treueverhältnis zwar auch auf Gesetz, behördlichem Auftrag oder Rechtsgeschäft beruhen kann, daneben aber auch auf einem rein tatsächlichen Herrschaftsverhältnis und damit einem an sich rechtsunwirksamen Treueverhältnis (z.B. fehlende ordnungsgemäße Bestellung eines Vorstandsmitglieds) oder einem Treueverhältnis zu sitten- oder gesetzeswidrigen Zwecken (z.B. Anvertrauen von Geldern zur Anlage in Finanzprodukten, mit denen Steuern hinterzogen werden), sofern nur faktische Vermögensfürsorgepflichten begründet wurden (BGHSt 8, 254 [255]; aA *Freund/Bergmann*, JuS 1991, 221 [222 f.]); eine Verpflichtungs- oder Verfügungsbefugnis (die dem Missbrauchstatbestand klare Konturen verleiht) muss nicht begründet worden sein. Zur Wahrung des Art. 103 II GG sind aber hohe Anforderungen an die Vermögensbetreuungspflicht zu stellen („besonders qualifizierte Pflichtenstellung" [*Wittig*, § 20 Rn. 95]), um eine Begrenzung des § 266 StGB auf eindeutige Fälle sicherzustellen: Erforderlich sei nach ständiger Reschtsprechung eine Hauptpflicht zur fremdnützigen Vermögensfürsorge, „die sich ihrer Dauer nach über eine gewisse Zeit oder ihrem Umfang nach über bloße Einzelfälle hinaus erstrecken, so dass der Verpflichtete für ihre Erfüllung einen gewissen Spielraum, eine gewisse Bewegungsfreiheit oder Selbständigkeit habe […]" (RGSt 69, 58 [61]). 210

(1) **Fremdnützigkeit**: Das maßgebliche Untreueunrecht besteht darin, dass das Opfer den Täter mit der notwendigen Dispositionsmacht und Entscheidungsmacht ausstattet, um an seiner Stelle die von ihm gesetzten Dispositionsziele zu erreichen und ist somit geprägt durch eine auf eigener Entscheidung beruhenden fremdnützigen Tätigkeit wirtschaftlicher Art (im Zivilrecht als Geschäftsbesorgung iSd § 675 I BGB bezeichnet). Das Merkmal der Fremdnützigkeit schließt hierbei grundsätzlich synallagmatische Verträge (Kauf-, Miet- oder Darlehensverträge), bei denen jeder in seinem eigenen Interesse handelt, als alleinige Grundlage für Vermögensbetreuungspflichten aus. 211

(2) **Hauptpflicht:** Die Vermögensbetreuungspflicht muss wesentlicher Inhalt des Treueverhältnisses sein und darf nicht nur eine beiläu- 212

fige Nebenpflicht darstellen (BGHSt 4, 170 [172]; BGHSt 22, 190 [191 f.]). Die bloße Pflicht, einen Vertrag ordnungsgemäß zu erfüllen, genügt daher genauso wenig wie Rückabwicklungspflichten nach beendetem Vertragsverhältnis oder die Pflicht eines Vertreters, nicht vertragswidrig Eigengeschäfte zu tätigen (OLG Braunschweig NJW 1965, 1193). Erforderlich ist vielmehr ein Geschäftsbesorgungs- oder treuhänderisch-ähnliches Verhältnis zum anvertrauten Vermögen.

Fall 39 (nach BGH NJW 2008, 1827): A, alleiniger Geschäftsführer der S-GmbH und T-GmbH, die jeweils mehrere Wohn- und Gewerbeimmobilien vermieteten, legte die von den Mietern vertraglich zu stellenden Mietkautionen auf einem Girokonto an, das derart in eine Kontokorrentabrede einbezogen wurde, dass Negativsalden der S-GmbH oder T-GmbH mit diesem Guthaben verrechnet werden konnten. So wollte A die angespannte Liquiditätslage beider Gesellschaften verbessern. Über das Vermögen der S-GmbH wurde später das Insolvenzverfahren eröffnet. Mehrere Wohnungs- und Gewerbemieter konnten ihre Kautionsrückzahlungsansprüche mangels Masse nicht realisieren. Strafbarkeit des A?

Teilweise wird der Umgang mit der Mietkaution lediglich als bloße Nebenpflicht angesehen, bei deren Erfüllung dem Täter kein nennenswerter Handlungsspielraum verbleibe (OLG Düsseldorf wistra 1994, 33 f.). Demgegenüber hat die Rechtsprechung in der Wohnraummieten betreffenden gesetzlichen Anlagepflicht des § 551 III BGB eine Vermögensbetreuungspflicht erblickt, weil diese vom Gesetzgeber in Anlehnung an die Vorschriften über die Anlage von Einnahmen des Wohnungsverwalters (§ 27 V WEG) als besonderes Treueverhältnis ausgestaltet worden sei (BGH NJW 2008, 1827 ff.); bei Gewerbe-Mietkautionen bestehe mangels gesetzlicher Regelung dagegen nur ein vertragliche Nebenpflicht, die für eine Vermögensbetreuungspflicht nicht genüge. Nur bezogen auf die Wohnraum-Mietkautionen hat A mit der Anlage (schadensgleiche Vermögensgefährdung) somit eine Untreue begangen.

213 (3) **Gewisse Selbstständigkeit**: Die Freiheit eigener Entscheidungen über das anvertraute Vermögen verlangt eine gewisse Selbstständigkeit und Eigenverantwortung (LK/*Schünemann*, § 266 Rn. 86: „Abwesenheit von Kontrolle").

(4) **Gewisse Bedeutung:** Schließlich muss die wahrgenommene (Haupt-)Pflicht nach Dauer und/oder Umfang von einer gewissen Bedeutung sein. Untergeordnete, rein mechanische Verrichtungen (z.B. Botendienste oder der Spediteur beim eng begrenzten Transportauftrag: BGH wistra 1982, 107) reichen nicht.

Diese Kriterien werden in der Praxis als bloße Anhaltspunkte betrachtet, deren Gewichtung im Einzelfall aufgrund einer einzelfallbezogenen **Gesamtbetrachtung** erfolgt (*Fischer*, § 266 Rn. 37). So wird etwa in den Fällen des Einkassierens oder Verwaltens von Geld für den Treugeber auf die „Selbstständigkeit" verzichtet, wenn nur die Tätigkeit von einiger Dauer oder von nicht unerheblicher wirtschaftlicher Bedeutung ist (z.B. bei der Eigenverwendung von Kundengeldern: BGH wistra 2008, 427). Eine Case-Law-Rechtsprechung (A/R/R/*Seier*, 5. Teil 2. Kap. Rn. 18: „willkürliche Von-Fall-zu-Fall-Rechtsprechung") lässt sich so kaum vermeiden. **214**

Beispiele für Vermögensbetreuungspflichtige:

- der mit der Vergabe und Abrechnung der Arbeiten betraute **Architekt** gegenüber dem Bauherrn (BayObLG, NJW 1996, 268 [271]) sowie der **Bauherr** gegenüber den von Mietern gezahlten Baukostenzuschüssen (BGHSt 13, 330 ff.)
- der **Aufsichtsrat** gegenüber der AG (BGH NJW 2016, 2585 – Nürburgring) und den Aktionären sowie **Vorstandsmitglieder** gegenüber der AG (BGHSt 47, 187 [200 ff.]), der **Geschäftsführer** gegenüber der GmbH (nicht aber gegenüber den Gesellschaftern!) und **geschäftsführende Gesellschafter** einer GbR, OHG oder KG gegenüber der Gesellschaft. In **Fall 38** treffen die Präsidiumsmitglieder, die die Aktiengesellschaft gegenüber den Vorstandsmitgliedern vertreten (§ 112 AktG) und über die Ausgestaltung von deren Dienstverträgen und Bezügen entscheiden, eine Vermögensbetreuungspflicht über das hierzu zu verwendende Vermögen, die sie verletzten. Die Vorstandsmitglieder wie E treffen zwar grundsätzlich Vermögensbetreuungspflichten bezogen auf ihre Geschäftsentscheidungen, jedoch nicht bezogen auf die eigenen Bezüge, so dass E und D sich nur nach §§ 266 I, II, 263 III Nr. 2, 27 StGB strafbar gemacht haben.
- der **Bank- oder Sparkassenmitarbeiter in leitender Funktion** gegenüber der Bank hinsichtlich der Verpflichtung zur ordnungsgemäßen Risikoprüfung bei Kreditvergaben (BGHSt 47, 148 ff.);
- der hauptamtliche **Bürgermeister** (BGH NStZ 2016, 600), **Landrat** (BGH wistra 2006, 307) oder **Behördenleiter** (BGHSt 44, 376)
- der **Darlehensnehmer** gegenüber dem Darlehensgeber hinsichtlich der Verwendung eines zweckgebundenen Darlehens
- der **Fraktionsvorsitzende** gegenüber der Parlamentsfraktion (BGH NJW 2015, 1618)
- der **Finanzbeamte** gegenüber dem Fiskus hinsichtlich des Steueraufkommens (BGHSt 51, 356 [362 f.])
- der **Gerichtsvollzieher** für das Vermögen des Vollstreckungsgläubigers, §§ 753 ff. ZPO (BGH NJW 2011, 2819)
- der **Handelsvertreter** (§ 84 HGB) gegenüber dem Geschäftsherrn
- der **Insolvenzverwalter** gegenüber den Insolvenzgläubigern und Insolvenzschuldnern
- der **Kassierer mit Verwaltungs- und Buchführungspflichten** (BGHSt 13, 315 [318])

- der **Kommissionär** (§ 383 HGB) hinsichtlich der Pflicht, eingezogenes Geld getrennt aufzubewahren und Erlangtes herauszugeben (OLG Düsseldorf NJW 1998, 690 f.)
- der **Leiter einer Verkaufsfiliale** (BGH wistra 2004, 105)
- der **Prokurist** gegenüber dem Unternehmensinhaber (BGH bei *Herlan*, GA 1964, 130)
- der **Steuerberater** gegenüber seinen Mandanten bei Erstellung der Steuererklärung oder der Verwaltung des Treuhandkontos
- der **Unternehmensberater** nur, wenn er im Einzelfall eine tatsächliche (vorstandsähnliche) Entscheidungsmacht bezüglich des Vermögens des Beratenen erlangt (OLG München ZIP 2004, 2438)
- der **Vermögensverwalter** (jeder Art)
- der **Vertragsarzt** gegenüber der Krankenkasse, wegen des Wirtschaftlichkeitsgebots (§ 12 SGB V) keine Hilfsmittel ohne jegliche medizinische Indikation zu verordnen (BGH NJW 2017, 32 ff.)

Keine Vermögensbetreuungspflicht trifft

- den **Aktionär** gegenüber seiner AG
- den **Arbeitgeber** bezüglich des Vermögens der Arbeitnehmer (BGHSt 6, 314)
- den **Bankmitarbeiter** gegenüber den Inhabern von Sparkonten bei bloßer Kontoverwaltung (OLG Düsseldorf wistra 1995, 72 f.)
- den **Buchhalter ohne eigene Entscheidungskompetenz**

215 **bb) Pflichtverletzung:** Die Verletzung der Vermögensbetreuungspflicht kann rechtsgeschäftlich oder durch tatsächliches Verhalten (z.B. unzureichende Buchführung) erfolgen. Erforderlich ist jedoch, dass die pflichtwidrige Handlung nicht nur bei Gelegenheit, sondern gerade in der Eigenschaft als Vermögensbetreuungspflichtiger begangen wird, die Handlung also dem durch das Treueverhältnis geprägten Aufgabenbereich zuzuordnen ist (sog. Funktionalzusammenhang: Sch/Schr/ *Perron*, § 266 Rdn. 36) und die verletzte Norm gerade auch vermögensschützenden Charakter für das zu betreuende Vermögen hat (BGHSt 55, 288 [303 ff.]; LG Ravensburg NStZ-RR 2017, 145 f. [verneint für § 325 HGB]). Alleine die Begehung von Straftaten stellt keine untreuerelevante Pflichtverletzung dar, wenn die Straftat nicht ihrerseits eine Norm vermögensschützenden Charakters verletzt.

c) Vermögensnachteil

216 Der Missbrauchs- wie der Treubruchstatbestand verlangen die Zufügung eines nach dem Prinzip der Gesamtsaldierung zu bestimmenden Vermögensnachteils, der dem Vermögensschaden beim Betrug mit seinen Problemen entspricht. Damit das Tatbestandsmerkmal des Vermögensnachteils eine eigenständige Bedeutung behält, darf nicht alleine aus der Pflichtwidrigkeit auf das Vorliegen eines Vermögensnachteils geschlossen werden (BVerfGE 126, 170 [228]: sonst „Verschleifung“ der Tatbestandsmerkmale).

aa) Schadensgleiche Vermögensgefährdung: Wie beim Betrug (Rn. 148) reicht eine „schadensgleiche Vermögensgefährdung“ auch bei der Untreue aus, sofern bei wirtschaftlicher Betrachtung bereits eine gegenwärtige Vermögensminderung eingetreten ist (z.B. bei Risikogeschäften wie der Ausreichung nicht hinreichend gesicherter Kredite), die dann aber auch (zumeist unter Berücksichtigung der Bewertungsvorschriften des Bilanzrechts) in wirtschaftlich nachvollziehbarer Weise konkret beziffert werden muss (BVerfGE 126, 170 [222 ff.]) – eine schöne „neue Spielwiese für teure Sachverständigengutachten und Schlachten um die `eigene Sachkunde´ des Gerichts“ (*Fischer*, StraFo 2010, 329 [335]). Einzig in einfach gelagerten Fällen, in denen zumindest die konkrete Angabe eines Mindestschadens möglich ist, wird man auf diesen Sachverständigen verzichten können. **217**

bb) „Kick-Back“-Zahlungen: **218**

Fall 40: Der für den Einkauf der X-AG zuständige Mitarbeiter A erwarb nach der Sichtung aller Angebote namens der X-AG Büroausstattungen von der Y-GmbH zum üblichen Marktpreis von 100.000 €. Hierbei erhielt die Y-GmbH den Zuschlag nur, weil ihr Verkaufsleiter B dem A zusagte, dass 5.000 € der Kaufsumme als Schmiergeldzahlung privat an A zurückfließen werde. So geschah es dann auch. Strafbarkeit von A?

Der Grundsatz, dass auch eine unterlassene Vermögensmehrung einen Nachteil darstellt, wenn bei wirtschaftlicher Betrachtung eine hinreichend gesicherte Aussicht auf den Vorteil (Anwartschaft oder **Exspektanz**: oben Rn. 138) bestand, erlangt Bedeutung vor allem in dem Fall, dass ein Unternehmensvertreter seine Nähebeziehung zum betreuten Vermögen ausnutzt, um namens des Vertretenen einen Vertrag mit dem Geschäftspartner (mit einem zumeist um das Schmiergeld erhöhten Preis) zu vereinbaren, sowie zugleich verdeckt mit dem Geschäftspartner privat vereinbart, dass ein Teil dieser Leistung als Rückvergütung an ihn zurückfließt (aufgrund einer Fußball-Metapher als „**Kick-Back**“ bezeichnet; umfassend hierzu *Kraatz*, ZStW 122 [2010], 521 ff.). Nach der Rechtsprechung (BGHSt 49, 317 ff.; BGH NStZ 2012, 698 f.) liegt hier ein Vermögensnachteil zumindest in Höhe des Schmiergeldes (Mindestschadenssumme) vor, da diese Summe ansonsten dem Geschäftsherrn in Form eines Preisnachlasses hätte gewährt werden können; der konkrete Nachweis, dass ein Vertrag ohne die Schmiergeldabrede tatsächlich zu günstigeren Bedingungen abgeschlossen worden wäre, bedarf es nicht.

Eine **Ausnahme** gilt etwa nur für den Fall, dass das vom bestochenen Vertreter mit einem Architekten vereinbarte (um eine Rückvergütung erhöhte) Architektenhonorar die HOAI-Mindestsätze unterschreitet oder deren Mindestsätzen jedenfalls entspricht (BGH NStZ 2010, 330 mit Anm. *Kraatz*, JR 2010, 407 ff.), da dann bei fehlender Schmiergeldabrede ein Vertragsabschluss zu besseren Bedingungen (geringerem Architektenhonorar) rechtlich ausgeschlossen ist.

In **Fall 40** hat sich A hiernach neben § 299 II StGB (dazu unten Rn. 318) nach § 266 StGB (in Form des Treubruchstatbestandes, weil das Rechtsgeschäft nach § 134 BGB nichtig ist) mit einem Vermögensnachteil iHv 5.000 € strafbar gemacht.

219 **cc) Haushaltsuntreue:** Bei der pflichtwidrigen Verwendung von Mitteln der öffentlichen Hand (Haushaltsuntreue) liegt ein Vermögensnachteil nicht nur dann vor,

– wenn der Dienstherr durch einen Geschäftsabschluss keine wirtschaftlich gleichwertige Gegenleistung erhält (z.B. Einstellung ungeeigneter Personen [z.B. von Familienangehörigen] oder Höhereingruppierung aus sachfremden Gründen [BGH NStZ 2016, 600] – „**Ämterpatronage**")
– sondern nach den Grundsätzen der **Zweckverfehlungstheorie** (oben Rn. 150) bereits dann, wenn die öffentlichen Mittel, die haushaltsrechtlich einer bestimmten Zweckbindung unterliegen, zweckwidrig verwendet werden, mag die konkrete Verwendung auch im Allgemeininteresse erfolgt sein (BGHSt 43, 293 [297 f.]),
– sowie nach den Grundsätzen des **persönlichen Schadenseinschlags** (oben Rn. 151), wenn der zweckmäßige Mitteleinsatz durch eine Haushaltsüberziehung die Aufnahme eines Darlehens notwendig macht oder hierdurch die Dispositionsfreiheit des Haushaltsgesetzgebers in schwerwiegender Weise beeinträchtigt oder er hierdurch in seiner politischen Gestaltungsfreiheit beschnitten wird (BGHSt 43, 293 [298 f.]).

220 **dd) Schwarze Kassen:**

Fall 41 (nach BGHSt 52, 323 ff. – „Siemens"): Bei der S-AG bestand ein etabliertes System zur Leistung von Bestechungsgeldern zur Auftragserlangung in Gestalt eines Geflechts von Nummernkonten auf den Namen verschiedener Briefkastenfirmen auf diversen liechtensteinischer Banken, das zwar einigen Mitarbeitern, nicht aber dem Zentralvorstand der S-AG bekannt war. A übernahm mit Amtsantritt als Bereichsvorstand diese „schwarze Kasse" und sorgte mit Bestechungsgeldern (getätigt durch den freien Mitarbeiter B, der die Verwaltung des Kontengeflechts übernahm) hieraus, dass die S-AG zwei Aufträge erhielt, aus denen sie einen Gewinn von 100 Mio. € vor Steuern erzielte. Strafbarkeit des A?

Nach der Rechtsprechung soll nicht nur mit der Einrichtung „schwarzer Kassen" ein endgültiger Vermögensnachteil (unabhängig von einem späteren Abrufen der Gelder) eintreten, weil hierdurch dem Geschäftsherrn die betreffenden Mittel dauerhaft entzogen werden (BGHSt 52, 323 [336 ff.]; BGH NZWiSt 2015, 36), sondern auch wenn – wie in **Fall 41** – eine bereits eingerichtete schwarze Kasse nur weiter verwaltet werde, weil der Täter dann durch sein Unterlassen der Offenbarung der „schwarzen Kasse" und einer ordnungsgemäßen Verbuchung der Geldmittel in der Bilanz diese weiterhin den über die Mittelverwendung entscheidenden zuständigen Organen auf Dauer vorenthält"; die spätere Verwendung der Geldmittel sei eine bloße Schadensvertiefung (BGHSt 52, 323 [338]). Diese Auffassung hat im Schrifttum teils heftige Kritik erfahren (*Satzger*, NStZ 2009, 297 [301 ff.]; *Schünemann*, StraFo 2010, 1 [9]): Der BGH schließe in unzulässigerweise Weise von der Pflichtwidrigkeit im Vermögensumgang auf einen endgültigen Vermögensschaden in Form einer bloßen Beeinträchtigung der Dispositionsfreiheit des Vermögensinhabers, die jedoch gerade nicht das durch § 266 StGB geschützte Rechtsgut darstelle. Stattdessen müsse auf den wirtschaftlichen Wert der Gelder in der „schwarzen Kasse" abgestellt werden, was eine wirtschaftliche Prognoseentscheidung verlange, bei der maßgeblich auf den Willen des Verwalters der „schwarzen Kasse" abzustellen sei, nämlich ob dieser die Gelder nach der Maxime der Profitmaximierung zugunsten des Vermögensinhabers verwenden wolle (dann volle Werthaltigkeit zugunsten des Vermögensinhabers und damit kein Vermögensnachteil – sog. „verwendungszweckabhängige Betrachtungsweise") oder nicht.

ee) Unmittelbarkeitszusammenhang: Die systematische Nähe des Untreuetatbestandes zum Betrug hat im Schrifttum lange zu Forderungen geführt, auch bei der Untreue zu verlangen, dass der Vermögensschaden unmittelbar aus der Pflichtverletzung resultiere (so etwa *Matt*, NJW 2005, 389 [390 f.]). Entgegen einer früheren Entscheidung des OLG Hamm (NJW 1982, 190 [192]) hat der Bundesgerichtshof in seiner BSR-Entscheidung (BGH JR 2009, 471 ff., in BGHSt 54, 44 ff. nicht abgedruckt) dem inzwischen nachgegeben und einen Vermögensschaden durch Ersatzansprüche und Prozesskosten nach Aufdeckung des Betrugs als lediglich mittelbaren, von § 266 StGB nicht mehr erfassten Schaden angesehen. Dies verdient Zustimmung, ist es doch ansonsten aus Gründen der Strafgerechtigkeit und dem Gebot der Symmetrie auf Vorteils- und Nachteilsseite nicht einzusehen, wieso nur unmittelbare Vorteile kompensationstauglich und damit tatbestandsverneinend sein sollen, wäh- 221 rend bereits mittelbare Wertminderungen den Tatbestand erfüllen würden (SSW-StGB/*Saliger*, § 266 Rn. 73).

3. Subjektiver Tatbestand

222 Im subjektiven Tatbestand genügt bedingter Vorsatz, wobei der Täter sich der Pflichtwidrigkeit seines Verhaltens sowie des dadurch bewirkten Nachteils für das betreute Vermögen bewusst sein muss. Geht der Täter irrtümlich (rechtlich) davon aus, pflichtgemäß zu handeln (wie etwa die Präsidiumsmitglieder die in **Fall 38** meinten, im Rahmen des ihnen zustehenden Ermessensspielraums zu handeln), so liegt ein bloßer (zumeist vermeidbarer) Verbotsirrtum vor (§ 17 StGB); ein Tatbestandsirrtum (§ 16 StGB) wäre nur gegeben, wenn der Täter in Unkenntnis der tatsächlichen Umstände handelt, die seine Vermögensbetreuungspflicht begründen.

4. Besonders schwerer Fall, Strafantrag

223 Für die Strafzumessung verweist § 266 II StGB auf § 263 III StGB. Beim Strafantragserfordernis (§ 266 II iVm §§ 247, 248 a StGB) gelten auch die Gesellschafter einer geschädigten GmbH als Verletzte iSd § 247 StGB, wenn sie Angehörige des Täters sind (BGH NStZ-RR 2005, 86).

II. Scheck- und Kreditkartenmissbrauch (§ 266b StGB)

224 Als die Rechtsprechung beim Missbrauch von Scheck- und Kreditkarten durch den berechtigten Karteninhaber mangels Vermögensbetreuungspflicht gegenüber der Bank eine Untreue und jedenfalls beim Kreditkartenmissbrauch auch eine Betrugsstrafbarkeit verneinte (vgl. BGHSt 24, 386 ff.; BGHSt 33, 244 ff.), schuf der Gesetzgeber mit dem 2. WiKG das untreueähnliche Sonderdelikt des § 266b StGB, um diese Strafbarkeitslücke wegen ihrer hohen praktischen Bedeutung zu schließen (BT-Drs. 10/5058, S. 1 f., 31 ff.).

1. Vorbemerkungen

a) Geschütztes Rechtsgut

225 Als geschütztes Rechtsgut wird nach allgemeiner Ansicht das Vermögen des kartenausstellenden Kreditinstituts (Lackner/Kühl/*Heger*, § 266b Rn. 1) angesehen, teilweise darüber hinaus auch die „Funktionsfähigkeit des bargeldlosen Zahlungsverkehrs“ als überindividuelles

Allgemeingut (BT-Drs. 10/5058, S. 32; BGHSt 47, 160 [168]; aA *Fischer*, § 266b Rn. 2: bloßer Schutzreflex).

b) Aufbauschema

Aufbauschema (§ 266b StGB)

I. Tatbestandsmäßigkeit

1. Objektiver Tatbestand

a) Täter: Berechtigter Karteninhaber

b) Tatgegenstand: Scheckkarte (str.)/Kreditkarte

c) Tathandlung: Missbrauch der Möglichkeit, den Aussteller zu einer Zahlung zu veranlassen

d) Vermögensschaden

2. Subjektiver Tatbestand: Vorsatz

II. Rechtswidrigkeit

III. Schuld

IV. Evtl. Strafantrag, § 266b II iVm § 248a StGB

2. Objektiver Tatbestand

a) Täter

Täter des Sonderdelikts § 266b StGB kann nur der gegenüber dem kartenausstellenden Institut berechtigte Karteninhaber sein, da nur ihm durch die Kartenüberlassung die Befugnis eingeräumt wurde, das kartenausstellende Institut zu einer Zahlung zu verpflichten. Kein tauglicher Täter ist der Dritte, dem die Karte vom Berechtigten zur freien Verfügung übergeben wurde (BGH NStZ 1992, 278). **226**

b) Tatgegenstand

aa) Hinsichtlich des Missbrauchs von **Scheckkarten** ist der Tatbestand inzwischen gegenstandslos geworden, denn zum 31.12.2001 ist das Euroscheckverfahren, in dem das ausstellende Kreditinstitut durch die Ausgabe der Scheckkarte die Einlösung von Schecks des Berechtigten gegenüber Dritten garantierte, ausgelaufen. Die Bezeichnung „ec" heutiger „Maestro"-Karten steht daher nicht mehr für „eurocheque", sondern für „electronic cash"; das für § 266b StGB notwendige Garantieverhältnis ist mit deren Ausgabe grundsätzlich nicht mehr **227**

verbunden. Wenn ec-Karten im bargeldlosen POS-System („point of sale“-Verfahren, bei dem eine Legitimation mittels Eingabe der PIN-Nummer erfolgt) verwendet werden, verweist die h.M. (zu Recht) darauf, dass die Online-Freigabe durch eine Kontrolle der eingegebenen PIN-Nummer in jedem Einzelfall erfolge, so dass die notwendige Garantiefunktion fehle (*Fischer*, § 266b Rn. 6a). Bei Abhebungen am Geldautomaten eines fremden Geldinstituts mittels ec-Karte wird wegen der Einlösungsgarantie der Hausbank teilweise § 266b StGB bejaht (BGHSt 47, 160 [164]), während auch dies wegen der Online-Prüfung in jedem Einzelfall abzulehnen ist; bei Abhebungen am Geldautomaten der kartenausgebenden Bank wird dagegen auch von BGHSt 47, 160 (165) § 266b StGB wegen des bloßen Zwei-Partner-Systems verneint.

228 **bb)** Tauglicher Tatgestand sind somit nur noch **Kreditkarten**, wobei das für eine Untreueähnlichkeit nach dem Wortlaut notwendige Garantieverhältnis („durch die Überlassung [durch das kartenausstellende Institut] eingeräumte Möglichkeit, den Aussteller zu einer Zahlung zu veranlassen“, indem dieser mit der Kartenausgabe einem Dritten, dem die Karte vorgelegt wird, garantiert, die Rechnung zu begleichen) nur Universalkarten im sog. **Drei-Partner-System** (z.B. American-Express-Karte) oder sogar **Vier-Partner-System** (z.B. Visa- oder Mastercard-Karte) erfasst, bei denen die Karte nicht von der Kreditkarten-Organisation selbst, sondern von einer Vielzahl von Banken ausgegeben wird, die in einem Lizenzverhältnis zur Dachgesellschaft [Kartenherausgeber-Unternehmen] stehen und bei denen nicht die kartenausgebende Bank, sondern ein Akquiring-Unternehmen [Händler-Bank] dazwischengeschaltet ist, das Akzeptanz-Verträge mit Vertragsunternehmen schließt – zivilrechtlich also **abstrakte** Schuldversprechen abgibt, aufschiebend bedingt durch die Einreichung des Belastungsbelegs; zwischen Karteninhaber und Akquiring-Unternehmen besteht keinerlei vertragliche Beziehung) (BGH BeckRS 2015, 02835; *Fischer*, § 266b Rn. 11a). Bei der Nutzung von Kreditkarten als Codekarten am Geldautomaten gilt das zu ec-Karten Gesagte entsprechend.

229 **cc) Kunden-Karten** im bloßen Zwei-Partner-System, die lediglich den Zweck haben, dem Inhaber als Kunden des Ausstellers einen für dessen Filialen gültigen Kreditrahmen einzuräumen, fehlt die notwendige Garantiefunktion (BGHSt 38, 281 ff.; aA *Otto*, JZ 1992, 1139 f., der auf die Garantiefunktion verzichtet).

c) Tathandlung

Die Tathandlung des Missbrauchs besteht – in Anlehnung an den Missbrauchstatbestand der Untreue – darin, dass der Täter sich im Außenverhältnis im Rahmen seines rechtlichen Könnens hält (sprich: den Kartenaussteller wirksam verpflichtet), im Innenverhältnis zum kartenausstellenden Institut aber sein rechtliches Dürfen überschreitet, wobei neben rechtsgeschäftlichem Handeln – im Hinblick auf das Vier-Partner-System – auch ein rein tatsächliches Verhalten ausreicht, das das Bankinstitut zur Zahlung veranlasst (*Rengier*, BT I, § 19 Rn. 16). Bei Kreditkarten liegt ein Missbrauch etwa im Eingehen von Verpflichtungen in einer Höhe, die derart über die Vermögensverhältnisse des Karteninhabers hinausgehen, dass dieser zum Fälligkeitszeitpunkt zum Kontoausgleich nicht in der Lage sein wird (Lackner/Kühl/*Heger*, § 266b Rn. 5). Nicht ausreichend ist jedoch, dass ein berechtigter Karteninhaber seine Karte lediglich an einen Dritten überlässt, der durch seine Einkäufe das Konto überzieht, weil er nicht selbst durch den Einsatz der Karte das Vermögen des Kartenausstellers schädigt; hier verbleibt idR Beihilfe zum (Dreiecks-)Betrug (der Kassiererin über die Identität der einkaufenden Person zu Lasten des Kartenausstellers). **230**

d) Vermögensschaden

Als Taterfolg muss dem Kartenaussteller durch den Missbrauch ein Vermögensschaden entstehen, wobei eine schadensgleiche Vermögensgefährdung (oben Rn. 148) ausreicht. An einem Schaden soll es fehlen, wenn der Karteninhaber oder ein Dritter jederzeit bereit und fähig ist, die Garantieverpflichtung im Verhältnis zum Kartenaussteller auszugleichen (LG Dresden NStZ 2006, 633) oder wenn vollwertige Sicherheiten vorhanden sind (MüKo-StGB/*Radtke*, § 266b Rn. 73). **231**

3. Subjektiver Tatbestand

Im subjektiven Tatbestand genügt bedingter Vorsatz, wobei hinsichtlich des Vorsatzes auf den Vermögensschaden strenge Anforderungen zu stellen sind. **232**

4. Konkurrenzen

Konkurrenzrechtlich besteht Tateinheit (§ 52 StGB) zum Betrug, wenn die Überlassung der Karte durch Täuschung (z.B. über die Vermögensverhältnisse) erlangt wurde (BGHSt 47, 160 [169 f.]; aA Lackner/Kühl/*Heger*, § 266b Rn. 9: Tatmehrheit). **233**

Kapitel 5. Insolvenz- und Bilanzstrafrecht

234 Unternehmensinsolvenzen befinden sich seit Jahren auf einem hohen Niveau (jährlich zwischen 30.000–40.000) und verursachen – zusammen mit den 2001 neu gestalteten Verbraucherinsolvenzverfahren (§§ 304 ff. InsO) – der deutschen Volkswirtschaft allein durch unmittelbare Insolvenzverluste (Forderungsausfälle) Schäden von knapp 40 Mrd. Euro pro Jahr, pro Unternehmensinsolvenz durchschnittlich 700.000 € (Creditreform, GmbHR 2007, R 62). Die Insolvenzstraftaten der §§ 283 ff. StGB, die das Verfahren der „gemeinschaftlichen" und grundsätzlich gleichmäßigen Gesamtvollstreckung zugunsten aller Gläubiger zu schützen suchen (so die Definition von LK/*Tiedemann*, Vor § 283 Rn. 2), nehmen mit einer Fallzahl von 10.176 im Jahre 2016 und einem Schaden von rund 1,56 Mrd. € Euro (PKS 2016, Tabelle 09) einen der bedeutsamsten Teile des Wirtschaftsstrafrechts ein; unter Berücksichtigung eines erheblichen Dunkelfeldes wird der wirtschaftliche Schaden sogar auf ca. 43 % des Gesamtschadens aller Wirtschaftsdelikte geschätzt (*Ogiermann/Weber*, wistra 2011, 206). Als Insolvenz-Straftaten im engeren Sinne gelten hierbei die Vorschriften gegen Eingriffe des Schuldners in den Bestand der Masse (§§ 283 I Nr. 1–4, II, 283a StGB), in die Masseverteilung (§ 283c StGB), Dritter in die Masse (§ 283d StGB) sowie in die Massedokumentation (§§ 283 I Nr. 5–7, 283b StGB). Ergänzt werden diese der Gesamtvollstreckung dienenden Normen durch die Insolvenzverschleppung (§ 15a InsO) sowie zum Schutz der Einzelvollstreckung außerhalb des Insolvenzverfahrens durch § 288 StGB. Eine vergleichbare Schutzrichtung verfolgen die Bilanzdelikte, die sicherstellen sollen, dass für potentielle Gläubiger des Unternehmens wie Kreditgeber und Lieferanten die wirtschaftliche Lage des Unternehmens transparent und zutreffend dargestellt wird.

I. Insolvenzstraftaten (§§ 283–283d StGB)

1. Vorbemerkungen

a) Rechtsgut und Schutzzweck

235 Die §§ 283 ff. StGB dienen nach der h.M. primär dem Schutz des Interesses der Gläubiger an einer Befriedigung ihrer geldwerten Ansprüche (sog. individualistische Rechtsgutskonzeption: BGHSt 28, 371

[373]; BGHSt 55, 107 [115]), selbst wenn nur ein Gläubiger vorhanden ist (BGH NJW 2001, 1874). Mit Blick auf die verfassungsrechtliche Legitimation der Normen wird teilweise daneben auch die Gesamtwirtschaft, insbesondere die Funktionsbedingungen der Kreditwirtschaft als geschützt angesehen (sog. kollektivistische Rechtsgutsbestimmung: BGH NJW 2003, 974 [975]).

b) Deliktsnatur

Die §§ 283 ff. StGB sind überwiegend mangels erforderlicher konkreter objektiver Gläubigerbenachteiligung rein **abstrakte Gefährdungsdelikte** (*Fischer*, Vor § 283 Rn. 3). Bis auf die Ausnahme des § 283d StGB (Schuldnerbegünstigung) können die §§ 283 ff. StGB als **Sonderdelikte** nur vom Schuldner begangen werden. 236

2. Bankrott (§ 283 StGB)

§ 283 StGB bildet den Grundtatbestand des Insolvenzstrafrechts, wobei Abs. 1 einzelne, in der wirtschaftlichen Krise vorgenommene Bankrotthandlungen unter Strafe stellt, sofern sie im Zusammenhang mit der Eröffnung des Insolvenzverfahrens oder der Zahlungseinstellung im Zusammenhang stehen. Deutlicher bringt Abs. 2 das strafwürdige Unrecht zum Ausdruck, indem die schuldhafte Verursachung der Insolvenz unter Strafe gestellt wird, wenngleich dieser Absatz wegen des in der Praxis schwierigen Kausalitätsnachweises nur eine geringe praktische Bedeutung aufweist. 237

a) Objektiver Tatbestand des § 283 I StGB

Aufbauschema (§ 283 I StGB)

I. Tatbestandsmäßigkeit

1. Objektiver Tatbestand

- a) Täter: Schuldner
- b) Tatsituation: Wirtschaftliche Krise
  - aa) Überschuldung, § 19 InsO
  - bb) Zahlungsunfähigkeit, § 17 InsO
  - cc) Drohende Zahlungsunfähigkeit, § 18 InsO
- c) Tathandlung: § 283 I Nr. 1–8 StGB

2. **Subjektiver Tatbestand:** Vorsatz (bei Fahrlässigkeit: § 283 IV Nr. 1, V Nr. 1 StGB)
3. **Objektive Bedingung der Strafbarkeit (§ 283 VI StGB)**
   a) „Zusammenbruch" des Unternehmens
      aa) Zahlungseinstellung
      bb) Eröffnung des Insolvenzverfahrens bzw. Abweisung des Insolvenzantrags mangels Masse
   b) Zusammenhang zwischen der Bankrotthandlung und dem „Zusammenbruch"

II. Rechtswidrigkeit

III. Schuld

IV. Evtl. Regelbeispiel, § 283a StGB

238 **aa) Schuldner:** Tauglicher Täter des einheitlichen Sonderdelikts (BGH NJW 2013, 949) kann ausweislich § 283 VI StGB nur der Schuldner sein, also jene natürliche oder juristische Person, die für die Erfüllung einer Verbindlichkeit haftet und die Zwangsvollstreckung zu dulden hat. Im Rahmen der §§ 283 I Nr. 5–7, 283b StGB muss der Täter zudem Kaufmann sein, weil nur Kaufleute Adressaten der von diesen Tatbeständen in Bezug genommenen handelsrechtlichen Buchführungspflichten (§§ 238 ff. HGB) sind.

239 **Fall 42** (nach BGHSt 55, 107 ff.): A, der sich Forderungen von mehreren Millionen € gegenübersah, überwies schnell noch Geldbeträge iHv 500.000 € und 240.000 € von seinem Giro-Konto auf ein auf seinen Namen lautendes Konto in Liechtenstein, dass den Gläubigern bislang nicht bekannt war. Zudem verkaufte er seine Geschäftsanteile an drei Handelsgesellschaften an ein Unternehmen, deren Geschäftsführerin seine Ehefrau war, zum angemessenen Kaufpreis von 500.000 €, die er auch auf sein Konto in Liechtenstein transferieren ließ. Drei Monate später wurde auf seinen Antrag hin das Verbraucherinsolvenzverfahren über sein Verfahren eröffnet. Dem Insolvenzverwalter hat A pflichtgemäß alle Kontobelege überreicht. Strafbarkeit des A?

Ob mit der Schaffung der **Verbraucherinsolvenz** (§§ 304 ff. InsO) auch Einzelpersonen – wie A in **Fall 42** – taugliche Täter der Insolvenzdelikte sein können, wird im Schrifttum (*Schramm*, wistra 2002, 55 ff.) zwar teilweise mit dem Argument verneint, der Gesetzgeber habe bei der Einführung der Verbraucherinsolvenz eine Strafschärfung für Private (mit § 283 StGB gegenüber § 288 StGB) nicht erkannt und auch nicht gewollt, so dass die Norm im Wege einer teleologischen Reduktion auf Unternehmen zu begrenzen sei. Für die überwiegende Ansicht (BGHSt 55, 107; BGH NJW 2001, 1874; *Hellmann/Beckemper*, Rn. 288 f.), die die Insolvenzdelikte grundsätzlich auch auf Privatleute für anwendbar erklärt, spricht jedoch nicht nur der insoweit eindeutige (keine Beschränkungen vorsehende) Gesetzeswortlaut, sondern auch der Schutzzweck der §§ 283 ff. StGB, verdienen die Gläubigerinteressen doch auch bei Verbraucherinsolvenzen Schutz. Schutz erfahren Verbraucher schließlich zumeist im Rahmen der nur selten einschlägigen objektiven Strafbarkeitsbedingung, ruht das Verbraucherinsolvenzverfahren doch bis zur Vorlage eines sog. Schuldenbereinigungsplanes (§§ 305 I Nr. 4, 308 InsO) und gelten die Anträge auf Eröffnung des Insolvenzverfahrens mit deren Annahme als zurückgenommen (§ 308 II InsO).

Sind die Schuldner **juristische Personen**, so bedarf es zur Zurech- **240**
nung der Schuldnereigenschaft auf den handelnden Geschäftsführer oder Vorstand der Zurechnungsnorm des § 14 I Nr. 1 StGB bzw. auf die vertretungsberechtigten Gesellschafter einer Personengesellschaft (z.B. GbR, OHG, KG) des § 14 I Nr. 2 StGB sowie auf Beauftragte des § 14 II StGB (oben Rn. 41 ff., zu den Anforderungen an ein Handeln „als“ Organ nach Aufgabe der Interessentheorie oben Rn. 50 ff.). Über § 14 III StGB werden auch nur sog. **faktische Geschäftsführer** erfasst, die im Einverständnis der Gesellschafter ohne wirksamen Bestellungsakt die Geschäftsführung faktisch übernommen haben (oben Rn. 49), wobei die Annahme einer faktischen Geschäftsführung sechs folgender acht Kriterien bedarf: Bestimmung der Unternehmenspolitik, Unternehmensorganisation, Einstellung und Entlassung von Mitarbeitern sowie Ausstellung von Zeugnissen, Gestaltung der Geschäftsbeziehungen zu Vertragspartnern der Gesellschaft, Entscheidung über die Steuerangelegenheiten, Verhandlungen mit Kreditgebern, Steuerung von Buchhaltung und Bilanzierung sowie Vergütung (BGH wistra 2013, 272; BayObLG NJW 1997, 1936).

bb) Wirtschaftliche Krise: Im Zeitpunkt der Tathandlung muss ei- **241**
ne wirtschaftliche Krise vorgelegen haben (BGH BeckRS 2015, 12270). Umstritten ist hierbei, ob die insolvenzrechtlichen Legaldefinitionen der §§ 17 II (Zahlungsunfähigkeit), 18 II (drohende Zahlungsunfähigkeit) und 19 II InsO (Überschuldung) und ihre Auslegung auch für die §§ 283 ff. StGB für maßgeblich zu erachten sind (dafür: BGH NStZ 2007, 643 f.; OLG Köln NStZ-RR 2005, 378; MüKo-StGB/*Radtke*, § 283 Rn. 8) oder ob weiterhin von dem unter der Konkursordnung geltenden weiten (strafrechtsautonomen) Verständnis auszugehen ist (so *Achenbach*, GedS Schlüchter [2002], S. 257

[269 ff.]; *Bittmann*, wistra 1998, 321 [323 f.]). Vorzugswürdig ist die erste Ansicht, wenngleich unter Berücksichtigung strafrechtlicher Grundsätze (sog. „limitierte Zivilrechtsakzessorietät"; ähnlich *Fischer*, Vor § 283 Rn. 6: „funktionale Akzessorietät").

242 **(1) Überschuldung:** Um zu verhindern, dass infolge der Finanzkrise in Schwierigkeiten geratene Unternehmen trotz überwiegender Wahrscheinlichkeit, dass sie weiterhin erfolgreich am Markt operieren könnten, insolvent gehen, ist der Gesetzgeber mit dem Finanzmarktstabilisierungsgesetz (BGBl. 2008 I, S. 1982) zum 1.11.2008 mit § 19 II 1 InsO wieder zu dem unter der Konkursordnung zweistufigen modifizierten Überschuldungsbegriff (BGHZ 119, 201 [214]) zurückgekehrt, so dass eine positive Fortführungsprognose nicht mehr nur dazu führt, dass die Aktiva nicht nach Liquidations-, sondern nach Fortführungswerten zu bestimmen ist, sondern nunmehr selbst bei einem negativen Überschuldungsstatus die Annahme einer Überschuldung zu verneinen vermag; beide Elemente (Überschuldungsstatus und Fortführungsprognose) stehen gleichwertig nebeneinander: Überschuldung = negative Vermögensbilanz (Passiva übersteigen die Aktiva) + negative Fortführungsprognose. Da die Handels- und Steuerbilanz wegen des Vorsichtsprinzips des § 252 I Nr. 4 HGB keine Aussage über die tatsächlichen Werte trifft, ist ein gesonderter „Überschuldungsstatus" nach Liquidationswerten (Aktivseite: nur Vermögenswerte, die bei einer Insolvenzeröffnung als Massebestandteile für die Gläubiger verwertbar sind, bewertet nach Substanz- und Ertragswerten; Passivseite: nur Positionen, die Insolvenzforderungen sein können und deren Geltendmachung durch Gläubiger zu erwarten sind) anzufertigen. Für die Erstellung der Prognose wird auf Liquidationspläne oder Indikatoren zurückgegriffen, bezogen auf einen Zeitpunkt bis maximal zum Ende des auf die Feststellung folgenden Geschäftsjahrs (*Bittmann*, wistra 1999, 10 [14]).

243 **(2) Zahlungsunfähigkeit:** Der Schuldner ist nach der Legaldefinition des § 17 II 1 InsO zahlungsunfähig, „wenn er nicht in der Lage ist, die fälligen Zahlungspflichten zu erfüllen"; nicht mehr erforderlich ist, dass er dauerhaft außerstande ist, seine Zahlungsverpflichtungen wesentlich zu erfüllen (BGH NStZ 2007, 643 [644]). Nach § 17 II 2 InsO ist daher in der Regel eine Zahlungsunfähigkeit bereits anzunehmen, wenn der Schuldner seine Zahlungen eingestellt hat (und z.B. keine Geschäftstätigkeit mehr entfaltet oder verspätete Zahlungen nur unter dem Druck einer angedrohten Liefersperre vornimmt [BGH EnWZ 2016, 561]). Eine nur vorübergehende Zahlungsstockung genügt dagegen nicht, wobei dieser Zeitraum, in dem eine kreditwürdige Person an sich in der Lage ist, sich neue liquide Mittel zu besorgen, vom BGH (NStZ 2007, 643 [644]) auf drei Wochen begrenzt wird; übersteigt die

Zahlungsstockung diesen Zeitraum, ist in der Regel von Zahlungsunfähigkeit auszugehen. Auch sollen nur geringfügige Liquiditätslücken nach dem Willen des Gesetzgebers (BT-Drs. 12/2443, S. 114) außer Betracht bleiben, wobei der BGH (NJW 2005, 3062) die Grenze bei 10 % angesetzt hat (aA AG Köln NZI 2000, 89: 5 %). Erfolgt keine Zahlungseinstellung, bedarf es eines stichtagsbezogenen Liquiditätsstatus (nach der sog. betriebswirtschaftlichen Methode), in dem die fälligen und eingeforderten Verbindlichkeiten sowie die zu ihrer Tilgung vorhandenen oder (innerhalb von drei Wochen) herbeizuschaffenden Mittel gegenübergestellt werden (BGH NStZ-RR 2015, 341 [342]). Darüber hinaus genügen wirtschaftskriminalistische Beweisanzeichen wie die Erklärung, nicht zahlen zu können, das Ignorieren von Rechnungen und Mahnungen oder gescheiterte Vollstreckungsversuche (BGH NStZ 2014, 107 [108]).

Fall 43 (nach BGH NJW 2013, 949 f.): P, der dem Fiskus aus Steuerschulden sowie Gerichtskosten 3,7 Millionen Euro schuldete, gab sich jahrelang als vermögenslos aus, nachdem er seine Villa in Frankreich (Wert: 2,7 Mio. €) nur zum Schein an einen Geschäftsmann verkauft und sein Bar- und Buchvermögen iHv 500.000 € und Geschäftsanteile iHv 1 Mio. € in einem Schließfach in Liechtenstein versteckt hatte. Strafbarkeit des P?

Abzugrenzen ist eine Zahlungsunfähigkeit insolvenzrechtlich von bloßer **Zahlungsunwilligkeit**: „Ein an sich zahlungswilliger Schuldner mit unzureichenden Geldmitteln zur Begleichung seiner Zahlungsverpflichtungen gilt als zahlungsunfähig. Ein auf Grund seiner verfügbaren Zahlungsmittel zahlungsfähiger, aber wegen Einreden, Böswilligkeit oder anderer Gründe zahlungsunwilliger Schuldner ist nicht als zahlungsunfähig im Sinne des Insolvenzrechts anzusehen; in diesem Fall steht dem Gläubiger der Weg des Exekutionsverfahrens offen" (*Burger/Schellberg*, BB 1995, 261 [262]). Dennoch lässt die strafrechtliche Rechtsprechung eine bloße Zahlungsunwilligkeit ausreichen, so dass effektiv versteckte Vermögenswerte bei der Feststellung der Zahlungsunfähigkeit nicht hinzuzurechnen seien. Ansonsten liefe auch § 283 II StGB leer, würde doch bei einem Hinzurechnen keine Krise bestehen, sodass letztlich nur Handlungen in bestehender wirtschaftlicher Krise erfasst würden, die jedoch bereits unter § 283 I StGB fallen. In **Fall 43** nahm der BGH (NJW 2013, 949 f.) daher eine Zahlungsunfähigkeit trotz vorhandener ausreichender Vermögenswerte an. Hiergegen spricht aber, dass der BGH damit Zahlungsunfähigkeit und Zahlungsunwilligkeit entgegen dem Gesetzeswortlaut gleichsetzt (Verstoß gegen Art. 103 II GG) und zum absurden Ergebnis gelangt, dass ein **244**

Schuldner sich durch eine (objektiv) „liquiditäts-neutrale" Verschleierungstransaktion nach § 283 II StGB strafbar machen würde, er aber zivilrechtlich mangels Zahlungsunwilligkeit iSd § 17 II InsO nicht verpflichtet wäre, den Antrag auf Eröffnung eines Insolvenzverfahrens zu stellen – der strafrechtliche Gläubigerschutz ginge so über den zivilrechtlichen (zu) weit hinaus.

245 **(3) Drohende Zahlungsunfähigkeit:** Nach § 18 II InsO droht der Schuldner zahlungsunfähig zu werden, wenn er (hinsichtlich eines nicht unerheblichen Teils seiner Zahlungspflichten) voraussichtlich nicht in der Lage sein wird, die bestehenden Zahlungspflichten im Zeitpunkt der Fälligkeit (der am längsten laufenden bestehenden Verbindlichkeit, aber nicht mehr als 5 Jahre [BeckOK-StGB/*Beukelmann*, § 283 Rn. 26]) zu erfüllen. Auch hier genügen nur geringfügige Liquiditätslücken oder nur vorübergehende Zahlungsstockungen nicht.

246 **cc) Tathandlungen:** § 283 I StGB führt in Nr. 1–8 einzelne Bankrotthandlungen auf:

(1) Nr. 1 verlangt, dass der Täter bewegliche oder unbewegliche Gegenstände, die im Fall der Eröffnung des Insolvenzverfahrens zur Insolvenzmasse gehören (also nicht: unpfändbare Gegenstände [§ 36 I InsO iVm §§ 850 ff. ZPO] oder unter Eigentumsvorbehalt stehende, gemäß § 47 InsO aussonderungsfähige Sachen) oder während des Insolvenzverfahrens erworben werden (§ 35 InsO), dieser entzieht.

Dies kann zum einen durch ein **Beiseiteschaffen** erfolgen: Ein derartiges liegt vor, wenn ein Schuldner einen zu seinem Vermögen gehörenden Gegenstand dem alsbaldigen Gläubigerzugriff entzieht oder den Zugriff zumindest wesentlich erschwert. Dies kann entweder durch eine Änderung der rechtlichen Zuordnung des Vermögensgegenstands (z.B. durch Übereignung ohne Gegenwert oder Überweisung eines Geldbetrages auf ein fremdes Konto [BGH NJW 1987, 2242], auch durch Rückzahlung eines Gesellschafterdarlehens durch den Täter an sich selbst oder an eine von ihm kontrollierte andere Gesellschaft [BGH ZinsO 2017, 1038: trotz § 30 I 3 GmbHG wegen § 64 S. 3 GmbHG; aA OLG Celle ZinsO 2014, 1668]) oder durch eine Zugriffserschwerung aufgrund tatsächlicher Umstände (z.B. Verbringen eines Gegenstandes an einen nur ihm bekannten Ort) geschehen. Aus teleologischer Sicht nicht erfasst werden Handlungen, bei denen trotz einer Vermögensverschiebung keine Schmälerung der Insolvenzmasse eintritt (BeckOK-StGB/*Beukelmann*, § 283 Rn. 40).

In **Fall 42** scheitert ein Beiseiteschaffen daran, dass durch die Überweisung auf ein auf den Namen des Schuldners laufendes Konto die Vollstreckungssituation der Gläubiger nicht wesentlich verschlechtert wird, da der Vermögenstransfer anhand der dem Insolvenzverwalter vorzulegenden (§ 97 InsO) Kontounterlagen nachvollziehbar ist.

Auch bei einem Konto auf dem Gebiet der Europäischen Union soll ein Beiseiteschaffen nur gegeben sein, „wenn für einen (gedachten) Insolvenzverwalter Schwierigkeiten von Gewicht bestehen, auf den überwiesenen Geldbetrag in angemessener Zeit zum Zwecke der Befriedigung der Gläubigergesamtheit zuzugreifen"; für Liechtenstein bestünden aufgrund von deren Insolvenzrecht keine Schwierigkeiten (BGHSt 55, 107 [117 f.]).

Die Tathandlung des **Verheimlichens** erfasst jedes Verhalten (Tun oder Unterlassen), durch das ein konkreter Vermögensbestandteil oder dessen Zugehörigkeit zur Insolvenzmasse der Kenntnis der Gläubiger oder des Insolvenzverwalters entzogen wird, z.B. durch falsche Auskünfte gegenüber dem Insolvenzverwalter (RGSt 66, 152). Die überwiegende Ansicht verlangt, dass das Verheimlichen erfolgreich ist, d.h. dass es zu einem Irrtum des Gläubigers über die Existenz oder den Verbleib des Vermögensgegenstandes geführt hat (*Hellmann/Beckemper*, Rn. 268; aA *Fischer*, § 283 Rn. 5). Weitere taugliche Tathandlungen sind das Zerstören, Beschädigen oder Unbrauchbarmachen (iSd § 303 StGB). 247

Alle Tatvarianten müssen in teleologischer Reduktion den **Anforderungen eines ordnungsgemäßen Wirtschaftens grob widersprechen** (BGHSt 34, 309 [310]; BGHSt 55, 107 [114 f.]). Als Maßstab dienen die handelsrechtlichen Anforderungen ordentlich kaufmännischen Verhaltens (*Fischer*, § 283 Rn. 6). Diese werden etwa eingehalten bei äquivalenten Austauschgeschäften wie der Erfüllung fälliger Forderungen oder wenn zerstörte Investitionsgüter ersetzt werden. 248

(2) Die **erste Variante** von **Nr. 2** erfasst das Eingehen von Verlustgeschäften (d.h. von Geschäften, die von vornherein auf Vermögensminderung angelegt sind und die tatsächlich zu einer Vermögensminderung führen), von Spekulationsgeschäften (Geschäfte mit besonders hohem Verlustrisiko) oder von Differenzgeschäften mit Waren oder Wertpapieren (Finanztermingeschäfte), sofern dies den Anforderungen einer ordnungsgemäßen Wirtschaft widerspricht. Mangels Strafbedürfnis nicht erfasst sind Geschäfte, die entgegen der ex ante-Prognose positive Ergebnisse erzielen, z.B. wenn das Spekulationsgeschäft gewinnbringend endet (*Fischer*, § 283 Rn. 10). Nach der **zweiten Variante** unterfällt es auch der Nr. 2, wenn der Täter durch Spiel und Wette (§ 762 BGB) oder durch unwirtschaftliche Ausgaben übermäßige Beträge (z.B. übermäßige Spesen oder aussichtslose Investitionen) verbraucht oder schuldig wird (d.h. schuldrechtliche Verbindlichkeiten eingeht), wobei Ausgaben unwirtschaftlich sind, wenn sie das notwendige und übliche Maß übersteigen und für den in Betracht kommenden Wirtschaftszeitraum zum vorhandenen Vermögen in keinem Verhältnis stehen (*Fischer*, § 283 Rn. 11), unabhängig davon, ob ein entsprechen- 249 der Gegenwert in das Vermögen des Schuldner gelangt (z.B. der Luxus-Dienstwagen). Nicht erfasst ist die bloße Entnahme angemessenen Unterhalts (BGH NStZ 1981, 259).

250 **(3)** Ein besonderes Verlustgeschäft iSd Nr. 2 beschreibt die zweiaktige **Nr. 3**, die gegeben ist, wenn der Täter zunächst Waren oder Wertpapiere auf Kredit (d.h. ohne sofortige Bezahlung – die sofortige Zahlung mit Hilfe eines Kredits kann nur unter Nr. 8 fallen!) beschafft und diese sodann erheblich unter ihrem Wert veräußert oder sonst abgibt, wobei er entgegen einem ordnungsgemäßen Wirtschaften handelt. Nicht erfasst sind Verlustgeschäfte im Rahmen einer Mischkalkulation sowie Geschäfte im Konkurrenzkampf oder Lockangebote, um neue Kunden zu gewinnen (*Fischer*, § 283 Rn. 15).

251 **(4) Nr. 4** bestraft das künstliche Vergrößern der Passiva durch das Vortäuschen von Rechten anderer (z.B. unrichtige Buchung oder falsche eidesstattliche Versicherung) oder das Anerkennen erdichteter Rechte.

252 **(5) Nr. 5** verwirklicht, wer Handelsbücher, zu deren Führung er handelsgesetzlich verpflichtet ist (§§ 238 ff. HGB bei Kaufleuten iSd §§ 1 ff. HGB, ergänzend: §§ 41 ff. GmbHG, 150 ff. AktG, 33 GenG, 25a KWG; Steuerbilanzpflichten sind irrelevant!), nicht führt oder so (mangelhaft) führt oder verändert, dass die Übersicht über seinen Vermögensstand erschwert wird, d.h. wenn der richtige Vermögensstand den Büchern selbst von einem Sachverständigen innerhalb eines angemessenen Zeitraums allenfalls mühevoll und mit erheblichem Zeitaufwand entnommen werden kann (BT-Drs. 7/3441, S. 35), z.B. wenn Wertangaben falsch gemacht oder Geschäftsbelege (§ 238 II HGB) nicht ordentlich aufbewahrt werden (*Fischer*, § 283 Rn. 23). Buchrückstände von 4–6 Wochen werden noch akzeptiert (BeckOK-StGB/*Beukelmann*, § 283 Rn. 60).

253 **(6) Nr. 6** bestraft das Beiseiteschaffen, Verheimlichen, Zerstören oder Beschädigen geschäftlicher Urkunden vor Ablauf der für Buchführungspflichtige geltenden Aufbewahrungspflichten (§ 257 IV, V HGB), sofern dadurch die Übersicht über den Vermögensgegenstand erschwert wird. Nach dem eindeutigen Wortlaut muss der Täter selbst nicht Kaufmann sein. Freiberufler und Private, die auch ohne entsprechende gesetzliche Verpflichtung Bücher führen, sollen aber nicht erfasst sein (LK/*Tiedemann*, § 283 Rn. 122).

254 **(7)** Nach **Nr. 7** macht sich strafbar, wer entgegen dem Handelsrecht (§§ 242 ff. HGB) Bilanzen so (unter Verletzung der Bilanzgrundsätze der Bilanzwahrheit, Bilanzklarheit und Bilanzkontinuität) aufstellt, dass die Übersicht über seinen Vermögensstand erschwert wird (Nr. 7a), oder wer es unterlässt, die Bilanz seines Vermögens oder das Inventar in der vorgeschriebenen Zeit (bei Kapitalgesellschaften: drei bzw. sechs Monate: §§ 264 I 3 und 4, 267 HGB) aufzustellen (Nr. 7b:

echtes Unterlassungsdelikt), wobei – wie bei § 283b I Nr. 3b StGB (Rn. 261) – die Strafbarkeit bei rechtlicher oder tatsächlicher Unmöglichkeit der Bilanzerstellung entfällt, insbesondere wenn der Täter nicht über die erforderlichen Mittel für einen Steuerberater verfügt (KG NStZ-RR 2016, 208 [209]).

(8) Der Auffangtatbestand der **Nr. 8** bestraft jedes in Nr. 1–7 nicht **255** beschriebene, den Anforderungen einer ordnungsgemäßen Wirtschaft widersprechende Verhalten, das den Vermögensstand des Schuldners verringert oder seine tatsächlichen geschäftlichen Verhältnisse verheimlicht (z.B. das verheimlichte Unterhalten eines Tochterunternehmens) oder verschleiert. Letzteres wird bejaht bei „Firmenbestattungen", d.h. wenn ein Unternehmen verdeckt liquidiert und eingegangene Gläubigerforderungen nicht mehr erfüllt werden sollen, da hierbei die Gläubiger über die Absicht der Unternehmensfortführung getäuscht würden (BGH NStZ 2013, 284 f.).

b) Objektiver Tatbestand des § 283 II StGB

Das Erfolgsdelikt des § 283 II StGB verlangt, dass die Bankrott- **256** handlung (§ 283 I Nr. 1–8 StGB) für die Überschuldung oder eingetretene Zahlungsunfähigkeit mitursächlich war:

Aufbauschema (§ 283 II StGB)

I. Tatbestandsmäßigkeit

1. Objektiver Tatbestand

a) Taterfolg: Wirtschaftliche Krise (Überschuldung: § 19 InsO, Zahlungsunfähigkeit: § 17 InsO)

b) Täter: Schuldner

c) Tathandlung: § 283 I Nr. 1–8 StGB

d) Kausalität

2. Subjektiver Tatbestand

Vorsatz (bei Leichtfertigkeit: § 283 IV Nr. 2, V Nr. 2 StGB)

3. Objektive Bedingung der Strafbarkeit (§ 283 VI StGB)

a) „Zusammenbruch" des Unternehmens

aa) Zahlungseinstellung

bb) Eröffnung des Insolvenzverfahrens bzw. Abweisung des Insolvenzantrags mangels Masse

b) Zusammenhang zwischen der Bankrotthandlung und dem „Zusammenbruch"

II. Rechtswidrigkeit

III. Schuld

IV. Evtl. Regelbeispiel, § 283a StGB

c) Subjektiver Tatbestand

257 Der subjektive Tatbestand von Abs. 1 und 2 verlangt grundsätzlich jeweils (zumindest bedingten) Vorsatz. In den Fällen des Absatzes 1 wird nach § 283 IV Nr. 1 StGB auch bestraft, wer die Bankrotthandlung vorsätzlich begeht, hinsichtlich der eingetretenen wirtschaftlichen Krise (Überschuldung, eingetretene oder drohende Zahlungsunfähigkeit) aber nur fahrlässig handelt; in den Fällen des § 283 I Nr. 2, 5 oder 7 StGB ist nach § 283 V Nr. 1 StGB sogar die fahrlässige Begehung der Bankrotthandlung und die fahrlässige Unkenntnis der wirtschaftlichen Krise strafbar. Im Rahmen des Absatzes 2 wird auch bestraft, wer die Überschuldung oder Zahlungsunfähigkeit nur leichtfertig (oben Rn. 20) verursacht (§ 283 IV Nr. 2 StGB) und sogar, wer hierneben selbst die Bankrotthandlungen der § 283 I Nr. 2, 5 und 7 StGB nur fahrlässig begeht (§ 283 V Nr. 2 StGB).

d) Objektive Bedingung der Strafbarkeit

258 Alle Bankrotttatbestände werden nur dann als strafbedürftig angesehen, wenn es tatsächlich zum Zusammenbruch des Unternehmens gekommen ist; ansonsten würde die bereits durch die wirtschaftliche Krise existenzbedrohende Situation für den Schuldner durch ein Strafverfahren noch unnötig verschärft (BT-Drs. 7/3341, S. 33). § 283 VI StGB verlangt daher als objektive Bedingung der Strafbarkeit (auf die sich der Vorsatz nicht zu erstrecken braucht), dass der Täter seine Zahlungen eingestellt hat (d.h. der Täter bedient einen wesentlichen Teil seiner Schulden nicht mehr: nicht gleichzusetzen mit der Zahlungsunfähigkeit, da der Täter seine Zahlungen hier auch einstellen kann, wenn er zahlungsunwillig ist!) oder wenn das Insolvenzverfahren eröffnet worden oder deren Eröffnung mangels Masse abgewiesen worden ist. Der entsprechende insolvenzgerichtliche Beschluss (§§ 26, 27 InsO) bindet das Strafgericht (LK/*Tiedemann*, Vor § 283 Rn. 162). Wird der Eröffnungsbeschluss etwa auf die sofortige Beschwerde (§ 34 II InsO) hin aufgehoben, entfällt die objektive Strafbarkeitsbedingung.

Zwischen der Bankrotthandlung und der objektiven Strafbarkeitsbedingungen muss nur bei § 283 II StGB ein **Kausalzusammenhang** bestehen. Im Rahmen von § 283 I StGB genügt ein irgendwie gearteter **zeitlicher oder tatsächlicher Zusammenhang** (BGHSt 1, 186 [191]; BGHSt 28, 231 [233 f.]), an dem es fehlt, wenn noch bis zum Eingang des Antrags auf Eröffnung des Insolvenzverfahrens die Bilanzerstellung nachgeholt wird (BayObLG NStZ 2003, 214 f.) oder wenn nach der Bankrotthandlung die Krise überwunden wurde und der Zusammenbruch erst aufgrund neuer Umstände eintritt. Bei letzterem verlangt die Rechtsprechung für eine Unterbrechung des Zusammenhangs eine „wirkliche Konsolidierung" (BGH JZ 1979, 75 [76]), während in der Literatur teilweise ein Wegfall rechnerischer Überschuldung für ausreichend erachtet wird (LK/*Tiedemann*, Vor § 283 Rn. 173). **259**

e) Besonders schwerer Fall, § 283a StGB

§ 283a StGB enthält als bloße Strafzumessungsvorschrift in Satz 2 Regelbeispiele, die Taten nach § 283 I–III StGB schärfen: ein Handeln aus Gewinnsucht (Nr. 1) oder wenn der Täter wissentlich viele Personen (Rn. 157) in die (konkrete) Gefahr des Verlustes ihrer ihm (z.B. als Vorstand eines Kreditinstituts) anvertrauter Vermögenswerte oder in wirtschaftliche Not (Rn. 158) bringt. **260**

f) Konkurrenzfragen

Mehrere nacheinander begangene Bankrotthandlungen sind regelmäßig als selbstständige Taten anzusehen. Das Beiseiteschaffen eines Vermögensbestandteils und deren späteres Verheimlichen bildet ein einheitliches Delikt (BGHSt 11, 145 [146]; aA LK/*Tiedemann*, § 283 Rn. 234: Verheimlichen sei mitbestrafte Nachtat). **261**

3. Verletzung der Buchführungspflicht (§ 283b StGB)

§ 283b StGB stellt als Auffangtatbestand die Bankrotthandlungen der § 283 I Nr. 5–7 StGB (nach h.M. verneint, wenn der Täter zur Bezahlung einer die Buchführung übernehmenden Person nicht in der Lage ist: BGH NStZ 1992, 182; KG NStZ-RR 2016, 208 [209]; aA *Fischer*, § 283 Rn. 29c: omissio libera in causa) selbstständig unter Strafe, wobei es keiner wirtschaftlichen Krise bedarf. Als Sonderdelikt kann die Norm nur von einem buchführungs- und bilanzpflichtigen Schuldner und damit einem Kaufmann (oder über § 14 II Nr. 2 StGB: der Steuerberater) begangen werden. § 283b I Nr. 2 StGB kann nur vorsätzlich begangen werden, Nr. 1 und 3 dagegen auch fahrlässig **262**

(§ 283b II StGB). Nach § 283b III StGB bedarf es auch hier der objektiven Strafbarkeitsbedingung des § 283 VI StGB.

4. Gläubigerbegünstigung (§ 283c StGB)

263 Die Gläubigerbegünstigung ist ein Privilegierungstatbestand zu § 283 I Nr. 1 StGB für den Fall, dass der Schuldner (Sonderdelikt!) zwar die Insolvenzmasse verringert, hierbei aber nach Eintritt der Zahlungsunfähigkeit an einen Gläubiger leistet und hierdurch einen einzelnen Gläubiger bevorzugt (Taterfolg).

Aufbauschema (§ 283c StGB)

I. Tatbestandsmäßigkeit

1. Objektiver Tatbestand

- a) Täter: Schuldner
- b) Tathandlung:
  - aa) Gewährung einer Sicherheit oder Befriedigung an einen Gläubiger
  - bb) durch inkongruente Deckung
  - cc) nach Eintritt der Zahlungsunfähigkeit
- c) Taterfolg: Begünstigung vor anderen Gläubigern

2. Subjektiver Tatbestand

- a) Direkter Vorsatz bezüglich der Zahlungsunfähigkeit
- b) Direkter Vorsatz hinsichtlich der Gläubigerbegünstigung
- c) Zumindest dolus eventualis bezüglich der Tathandlung

3. Objektive Bedingung der Strafbarkeit (§ 283c III iVm § 283 VI StGB)

- a) „Zusammenbruch“ des Unternehmens
  - aa) Zahlungseinstellung
  - bb) Eröffnung des Insolvenzverfahrens bzw. Abweisung des Insolvenzantrags mangels Masse
- b) Zusammenhang zwischen der Bankrotthandlung und dem „Zusammenbruch“

II. Rechtswidrigkeit

III. Schuld

Die **Tathandlung** verlangt nach dem Eintritt der Zahlungsunfähigkeit eine Gewährung einer Sicherheit oder Befriedigung seitens des Schuldners an einen Gläubiger, wobei **Gläubiger** nicht nur der Insolvenzgläubiger (§ 38 InsO), sondern auch der absonderungsberechtigte – nicht aber der aussonderungsberechtigte (§ 47 InsO)! – Gläubiger (§ 49 InsO), der Massegläubiger (§ 53 InsO) oder der Bürge (RGSt 15, 90 [95 f.]) sein kann, selbst wenn der Gläubiger seinen Anspruch erst nach Eintritt der Zahlungsunfähigkeit erlangt (BGHSt 35, 357 [361]). Eine **Sicherheit** erhält der Gläubiger, wenn seine Position zur Befriedigung verbessert wird, z.B. durch Einräumung eines Zurückbehaltungsrechts, durch eine Sicherungsübereignung oder durch die Bestellung von (Grund-)Pfandrechten. **Befriedigung** ist ist die schuldrechtliche Erfüllung einer Verbindlichkeit einschließlich der Annahme als Erfüllung oder an Erfüllung Statt (§§ 363, 364 BGB); erfasst ist auch die Einräumung einer Möglichkeit zur Aufrechnung. Umstritten ist, ob auch das bloße Unterlassen der Insolvenzantragstellung genügt, so dass der Gläubiger die Möglichkeit erhält, noch zu pfänden (dafür Sch/Schr/*Heine/Schuster*, § 283c Rn. 7; Lackner/Kühl/*Heger*, § 283c Rn. 4; dagegen *Fischer*, § 283c Rn. 4). **264**

Zum Zeitpunkt der Tathandlung darf der bevorzugte Gläubiger keinen so fälligen Anspruch haben, was sich nach dem Zivilrecht bestimmt (sog. **Inkongruenz von Anspruch und Leistung**). Dies ist der Fall, wenn der Gläubiger entweder keinen fälligen Anspruch auf die Leistung hat (z.B. aufgrund von Anfechtung [§§ 119 ff. BGB] oder Verjährung) oder wenn der Anspruch nicht in der Art der Befriedigung oder Sicherung besteht, wenn die Leistung also vom ursprünglich Geschuldeten abweicht (z.B. in den Fällen einer Leistung erfüllungshalber oder an Erfüllung Statt). **265**

Als **Taterfolg** des Erfolgsdelikts § 283c StGB muss sich die rechtliche Stellung eines Gläubigers allein aufgrund des konkreten Geschäfts objektiv und unmittelbar zum Nachteil der übrigen Gläubiger verbessert haben. **266**

Der **subjektive Tatbestand** verlangt hinsichtlich der Zahlungsunfähigkeit wie der eigenen Schuldnereigenschaft sichere Kenntnis (dolus directus), hinsichtlich der Tathandlung dolus eventualis und hinsichtlich des Begünstigungserfolges Absicht (dolus directus ersten Grades) oder sicheres Wissen (dolus directus zweiten Grades); letzteres fehlt, wenn der Schuldner irrig glaubt, durch die Begünstigung werde die Krise überwunden und die anderen Gläubiger damit nicht benachteiligt. Nach § 283c III StGB bedarf es auch hier der objektiven Strafbarkeitsbedingung des § 283 VI StGB (oben Rn. 258 f.). **267**

Hinweis: Der begünstigte Gläubiger selbst ist notwendiger Teilnehmer und daher straflos, sofern sich seine Mitwirkung in dem für die Tatbestandsverwirklichung notwendigen Rahmen hält; eine Teilnahmestrafbarkeit beginnt erst bei einem eigenen aktiven Hinwirken auf die Begünstigungshandlung.

5. Schuldnerbegünstigung (§ 283d StGB)

268 Die Schuldnerbegünstigung (§ 283d StGB) ist das spiegelbildliche Gegenstück zur Gläubigerbegünstigung und umfasst daher jedes Beseitigen, Verheimlichen etc. von zur Masse gehörenden Vermögensgegenständen in der wirtschaftlichen Krise mit (vorheriger!) Einwilligung des Schuldners oder (subjektiv) zu deren Gunsten, selbst wenn der Schuldner hiervon nichts erfährt. Täter kann hier jeder sein (kein Sonderdelikt), auch ein Gläubiger oder der Insolvenzverwalter, nur nicht der Schuldner selbst (dann § 283 I Nr. 1 StGB). Die Tat muss zumindest zur Gefährdung der Befriedigungsinteressen aller Gläubiger führen. Im subjektiven Tatbestand genügt grundsätzlich dolus eventualis; lediglich in den Fällen von § 283d I Nr. 1 StGB muss die sichere Kenntnis (dolus directus) der drohenden Zahlungsunfähigkeit hinzukommen. Nach § 283d IV StGB ist die Tat nur bei Vorliegen der (zu § 283 VI StGB spiegelbildlichen) objektiven Strafbarkeitsbedingung strafbar, dass der begünstigte Schuldner seine Zahlungen eingestellt hat oder über sein Vermögen das Insolvenzverfahren eröffnet oder die Eröffnung mangels Masse abgelehnt worden ist.

II. Insolvenzverschleppung (§ 15a IV, V InsO)

269 Der durch das MoMiG zum 1.11.2008 neu eingefügte § 15a InsO enthält in den Abs. 1–3 nunmehr rechtsformunabhängig die Pflicht zur rechtzeitigen Anmeldung der Insolvenz und fasst in den Abs. 4 und 5 die zuvor in den gesellschaftsrechtlichen Spezialgesetzen (z.B. §§ 84 I Nr. 2 GmbHG a.F., 401 I Nr. 2 AktG a.F., 177a HGB a.F.) enthaltenen Fälle der Insolvenzverschleppung zusammen. § 15a IV, V InsO schützt als echtes Unterlassungsdelikt in Form eines abstrakten Gefährdungsdelikts die Vermögensinteressen der Gläubiger und aller anderen Personen, die rechtliche und wirtschaftliche Beziehungen zur betroffenen Gesellschaft unterhalten, sowie der Arbeitnehmer der Gesellschaft (G/J/W/*Reinhart*, § 15a InsO Rn. 4).

Aufbauschema (§ 15a IV InsO)

I. Tatbestandsmäßigkeit

1. Objektiver Tatbestand

a) Täter: Insolvenzantragspflichtiger iSv § 15a I 1, 2 (ggf. iVm II) oder III InsO

b) Wirtschaftliche Krise:

aa) Überschuldung

bb) Zahlungsunfähigkeit

c) Tathandlung:

aa) Nichtstellen des Insolvenzantrags

bb) Nicht richtiges Stellen des Insolvenzantrags

cc) Nicht rechtzeitiges Stellen des Insolvenzantrags

2. Subjektiver Tatbestand

Vorsatz (bei Fahrlässigkeit: § 15a V InsO)

II. Rechtswidrigkeit

III. Schuld

Täter des Sonderdelikts kann nur sein, wer insolvenzantragspflichtig ist: Hierzu zählen die Mitglieder des Vertretungsorgans (**§ 15a I 1 InsO**: z.B. der GmbH-Geschäftsführer [einschließlich des faktischen Geschäftsführers: BGHSt 3, 32 (37); BGH NZWiSt 2015, 142 *Hellmann/Beckemper*, Rn. 354 ff.; aA MüKo-StGB/ *Hohmann*, § 15a InsO Rn. 54: Verstoß gegen das Analogieverbot] oder der Vorstand einer AG, einer Zurechnung über § 14 StGB bedarf es hier nicht!), die organschaftlichen Vertreter der Gesellschafter-Gesellschaft einer Gesellschaft ohne eigene Rechtspersönlichkeit (**§ 15a I 2 InsO**: z.B. der Geschäftsführer der GmbH einer GmbH & Co.KG; nach § 15a II InsO entsprechend anzuwenden bei einer weiteren Verschachtelung) sowie – gegenüber dem früheren Rechtszustand zur Verhinderung einer Umgehung der Insolvenzantragspflicht neu eingefügt – die GmbH-Gesellschafter bzw. alle Mitglieder des Aufsichtsrats einer AG oder Genossenschaft, wenn die Gesellschaft führungslos ist (**§ 15a III InsO**). Nicht erfasst werden nach § 15a VI InsO die Organe von Vereinen und Stiftungen, die der Regelung des § 42 II BGB unterfallen. **270**

Bestraft wird das **pflichtwidrige Unterlassen** eines jeglichen, richtigen (insbesondere in Fällen der „Firmenbestattungen") oder rechtzeitigen Insolvenzantrags trotz Eintritts einer wirtschaftlichen Krise in Form einer Überschuldung (oben Rn. 242) oder Zahlungsunfähigkeit (oben Rn. 243 f.). Zu stellen ist der Antrag ohne schuldhaftes Zögern, spätestens aber drei Wochen nach Eintritt der wirtschaftlichen Krise. Die Insolvenzantragspflicht des Schuldners entfällt nicht bereits durch einen gestellten Insolvenzantrag eines Gläubigers, sondern erst mit der Eröffnungsentscheidung des Insolvenzgerichts (BGHSt 53, 24). Umstritten ist, ob die Insolvenzantragspflicht auch dann besteht, wenn der Schuldner keine Kenntnis von den Insolvenzgründen hat (dagegen **271**

BGHZ 75, 96 [110 f.]; dafür *Hellmann/Beckemper*, Rn. 352: das Kenntniserfordernis finde keine Stütze im Gesetz).

272 Der **subjektive Tatbestand** erfordert bei Abs. 4 einen zumindest bedingten Vorsatz; im Fahrlässigkeitsfall (insbesondere wenn sich der Täter pflichtwidrig nicht um die wirtschaftlichen Verhältnisse der Gesellschaft kümmert und er daher den Eintritt der wirtschaftlichen Krise verkennt) greift Abs. 5.

III. Vereiteln der Zwangsvollstreckung (§ 288 StGB)

273 Das Vermögensdelikt des § 288 StGB ergänzt den durch die Insolvenzdelikte (§§ 283 ff. StGB) bezweckten Schutz der Gesamtheit der Gläubiger in der Gesamtvollstreckung durch den Schutz der die Einzelvollstreckung betreibenden Gläubiger. Nicht erforderlich für die Vollendungsstrafbarkeit ist es, dass es dem Täter tatsächlich gelingt, die Befriedigung des Gläubigers zu vereiteln; dem Täter muss es lediglich subjektiv darauf ankommen, die Befriedigung des Gläubigers zu vereiteln (Delikt mit überschießender Innentendenz).

Aufbauschema (§ 288 StGB)

I. Tatbestandsmäßigkeit

1. Objektiver Tatbestand

a) Täter: Vollstreckungsschuldner

b) Bestehen eines materiellen Anspruchs des Gläubigers

c) Drohen der Zwangsvollstreckung

d) Tathandlung:

aa) Veräußern von Vermögensbestandteilen

bb) Beiseiteschaffen von Vermögensbestandteilen

2. Subjektiver Tatbestand

a) Vorsatz

b) Absicht, die Befriedigung des Gläubigers zu vereiteln

II. Rechtswidrigkeit

III. Schuld

IV. Strafantragserfordernis, § 288 II StGB

274 **Täter** dieses Sonderdelikts kann nur der Vollstreckungsschuldner sein; bei juristischen Personen wird diese Tätereigenschaft über § 14 StGB den Gesellschaftsorganen zugerechnet. Handelt ein Dritter auf

Bitten des Vollstreckungsschuldners, so wird teilweise dem Schuldner eine mittelbare Täterschaft kraft normativer Tatherrschaft und dem Außenstehenden eine Gehilfenstellung zuerkannt (*Fischer*, § 288 Rn. 5; LK/*Schünemann*, § 288 Rn. 41), während eine andere Ansicht beide für straflos erachten, weil dem Schuldner die Tatherrschaft und dem Außenstehenden die Schuldnereigenschaft fehle (*Geppert*, Jura 1987, 427 [430 f.]; *Mitsch*, JuS 2004, 323 [324]).

Die tatbestandsmäßige Situation besteht im **Drohen der Zwangsvollstreckung**, d.h. nach den Umständen des Einzelfalles ist anzunehmen, dass der Gläubiger den Willen hat, seinen Anspruch demnächst zwangsweise durchzusetzen. Dieser Anspruch muss (wegen des Schutzzwecks der Norm) wirklich bestehen und vollstreckungsfähig sein (*Hellmann/Beckemper*, Rn. 283), nicht erforderlich ist eine Fälligkeit des Anspruchs oder dass bereits Klage erhoben wurde. **275**

Tathandlung ist entweder das Veräußern oder Beiseiteschaffen von den der Zwangsvollstreckung unterliegenden (sprich: pfändbaren) Gegenständen des Schuldnervermögens („vollstreckungsrechtlicher Vermögensbegriff"): **Veräußern** ist jede Verfügung, durch die ein Vermögenswert durch dingliches Rechtsgeschäft aus dem Vermögen des Schuldners ausscheidet, z.B. die Übereignung oder die Belastung eines Grundstücks mit Grundpfandrechten oder Vormerkungen Dritter; nicht erfasst werden Rechtsgeschäfte, durch die der Schuldner eine wirtschaftlich gleichwertige Gegenleistung erwirbt, die dem Gläubiger die gleiche Zugriffsmöglichkeit wie die weggebene Sache bietet (kongruente Deckung: BGH NJW 1991, 2420 [2421]). **Beiseiteschaffen** ist jedes sonstige (insbesondere tatsächliche) Verhalten, mit dem die Zwangsvollstreckung in einen Vermögensbestandteil tatsächlich vereitelt oder erschwert wird, selbst wenn hierdurch der Vermögensgegenstand rein rechtlich dem Schuldnervermögen zugerechnet bleibt (*Wittig*, § 24 Rn. 14), z.B. durch ein Verstecken oder Zerstören, aber nicht durch bloßes Beschädigen (LK/*Schünemann*, § 288 Rn. 32). **276**

Der **subjektive Tatbestand** verlangt neben (bedingtem) Vorsatz die Absicht, die Befriedigung des Gläubigers zu vereiteln, wobei es ausreicht, wenn der Täter die Befriedigungsvereitelung als sichere Folge seines Tuns voraussieht (BeckOK-StGB/*Schmidt*, § 288 Rn. 12). **277**

IV. Bilanzstraftaten

Die Handelsbücher und Bilanzen einer Kapitalgesellschaft sollen es Außenstehenden ermöglichen, sich ein zutreffendes Bild von der wirtschaftlichen Lage des Unternehmens zu machen, so dass das Vertrauen in **278** deren Richtigkeit und Vollständigkeit (geschütztes Rechtsgut) strafrechtlich gleich dreistufig durch abstrakte Gefährdungsdelikte geschützt wird:

1. Unrichtige Darstellung oder Verschleierung der Verhältnisse einer Kapitalgesellschaft

279 Nach dem Sonderdelikt des **§ 331 Nr. 1 HGB** macht sich strafbar, wer als Mitglied eines vertretungsberechtigten Organs oder des Aufsichtsrats einer Kapitalgesellschaft (Eine Erweiterung des Täterkreises über § 14 StGB ist nicht möglich [*Tiedemann*, BT, Rn. 466]!) vorsätzlich die Verhältnisse der Kapitalgesellschaft in der Eröffnungsbilanz (§ 242 I HGB), im Jahresabschluss (§ 242 III HGB), im Lagebericht (§§ 264 I iVm § 289 HGB) einschließlich der nichtfinanziellen Erklärung (§ 341a Ia HGB, eingefügt mit Wirkung zum 19.4.2017 [BGBl. I, S. 802], im gesonderten nichtfinanziellen Bericht oder im Zwischenabschluss (bei Kreditinstituten: § 340a III HGB) unrichtig wiedergibt oder verschleiert. Als Verhältnisse der Gesellschaft gelten hierbei sämtliche Tatsachen, Vorgänge, Daten und Schlussfolgerungen, die für die Beurteilung der gegenwärtigen und zukünftigen Situation der Kapitalgesellschaft von Bedeutung sein können (*Wittig*, § 29 Rn. 18). Unrichtig wiedergegeben sind die Verhältnisse, wenn sie objektiv mit der Wirklichkeit (Grundsatz der Bilanzwahrheit) nicht übereinstimmen; bei Bewertungen bestimmt sich dies nach den Grundsätzen ordnungsgemäßer Buchführung (§§ 252 ff., 308 ff. HGB). Verschleiert werden die Verhältnisse, wenn sie (entgegen dem Grundsatz der Bilanzklarheit) so unklar dargestellt werden, dass die tatsächliche Lage auch für einen sachverständigen Leser nur schwer oder nicht erkennbar ist und so ein unzutreffendes Bild entstehen kann (*Wittig*, § 29 Rn. 22). Weil die § 334 I Nr. 1a–d HGB bestimmte Verstöße gegen Rechnungslegungsvorschriften als bloße Ordnungswidrigkeit sanktionieren, bedarf es für eine Straftat nach § 331 Nr. 1 HGB einer erheblichen Verletzung von Rechnungslegungsvorschriften (MüKo-HGB/*Quedenfeld*, § 331 Rn. 42).

280 **§ 331 I Nr. 1a HGB** erweitert dies auf den Fall, dass das Organ zum Zwecke der Befreiung nach § 325 IIa 1, IIb HGB einen Einzelabschluss nach den in § 315e I HGB genannten internationalen Rechnungslegungsstandards (IAS) aufstellt, in dem die Verhältnisse der Kapitalgesellschaft (auch hier: erheblich!) unrichtig wiedergegeben oder verschleiert worden sind, vorsätzlich oder leichtfertig offen legt.

§ 331 I Nr. 2 und 3 HGB erfasst die unrichtige Wiedergabe oder das Verschleiern der Vermögensverhältnisse eines Konzerns (iSd § 18 AktG). **§ 331 I Nr. 3a HGB** sanktioniert eine (vorsätzliche) falsche Versicherung entgegen §§ 264 II 3, 289 I 5, 297 II 4 oder 315 I 6 HGB(sog „Bilanzeid“).

281 Subsidiär gelangt bei Aktiengesellschaften **§ 400 I Nr. 1 AktG** zur Anwendung, der das Mitglied eines Vorstandes oder Aufsichtsrates oder den Abwickler (§ 265 AktG) bestraft, der die Verhältnisse der AG in mündlichen oder schriftlichen Darstellungen und Übersichten über den Vermögensstand (z.B. Sonder- und Zwischenbilanzen oder Ad-hoc-Mitteilungen: BGH NJW 2005, 445 – Haffa/EM.TV), in Vorträgen oder Auskünften (auch während der Hauptverhandlung) unrichtig wiedergibt oder verschleiert; aus teleologischen Gründen nicht erfasst sind Erklärungen, die bei abstrakter Betrachtungsweise für eine Entscheidung der Aktionäre und dritten Personen, die mit der Gesellschaft in rechtliche oder wirtschaftliche Beziehungen treten, nicht relevant sind (BGH NJW 2017, 578 [581]). Bei Gesellschaften mit beschränkter Haftung macht sich gemäß **§ 82 II Nr. 2 GmbHG** subsidiär der Geschäftsführer, Liquidator (§ 66 GmbHG) oder das Mitglied eines Aufsichtsrates strafbar, wenn er in einer öffentlichen Mitteilung die Vermögenslage der Gesellschaft (objektiv) unwahr darstellt oder verschleiert.

2. Falsche Angaben gegenüber Prüfern

282 Zum Schutz der Grundlagen einer ordnungsgemäßen Prüfung bestrafen die §§ 331 Nr. 4 HGB, 400 I Nr. 2 AktG, 147 II Nr. 2 GenG, 17 Nr. 4 PublG das Tätigen unrichtiger Angaben oder unrichtiger Wiedergaben oder Verschleierungen der Vermögensverhältnisse der Gesellschaft gegenüber einem Prüfer im Rahmen einer Pflichtprüfung (z.B. nach § 316 HGB), nicht dagegen auch bei freiwilligen Prüfungen (*Hellmann/Beckemper*, Rn. 419).

3. Verletzung der Berichtspflicht durch Prüfer oder deren Gehilfen

283 Zum Schutz des Vertrauens in die Richtigkeit und Vollständigkeit der Prüfung von Abschlüssen stellen die §§ 332 HGB, 403 AktG, 150 GenG, 18 PublG, 314 UmwG den externen Prüfer (§ 319 HGB) oder Prüfungsgehilfen (mit Inhaltsverantwortung, sprich: keine bloßen Schreibkräfte) unter Strafe, der bei Pflichtprüfungen im Prüfungsbericht (§ 321 HGB) unrichtige Berichte tätigt, erhebliche Umstände verschweigt oder einen unrichtigen Bestätigungsvermerk erteilt. Für § 332 I HGB enthält deren Abs. 2 einen Qualifikationstatbestand bei einem Handeln gegen Entgelt (§ 11 I Nr. 9 StGB) oder in Bereicherungs- oder Schädigungsabsicht.

V. Falschangabedelikte (§§ 399 AktG, 82 GmbHG)

284 Um arglistige Täuschungen der Öffentlichkeit über die wesentlichen Grundlagen eines Unternehmens zu verhindern (RGSt 73, 232) und damit zum Schutz des Vertrauens der Gesellschaftsgläubiger und sonstiger interessierter Personen (geschütztes Rechtsgut: BGHZ 105, 121 [124 f.]; aA *Hellmann/Beckemper*, Rn. 422: Vermögen) bestrafen die abstrakten Gefährdungsdelikte (BGH NStZ-RR 2016, 205) der §§ 399 AktG, 82 GmbHG falsche Angaben über besonders wesentliche Umstände gegenüber dem Registergericht oder in öffentlichen Ankündigungen:

1. § 399 AktG

285 § 399 AktG bestraft objektiv falsche Angaben oder das Verschweigen erheblicher Umstände

(1) als Gründer (§ 28 AktG: Aktionäre, die die Satzung festgestellt haben), Vorstandsmitglied oder Aufsichtsratsmitglied (inklusive faktischen Organmitgliedern: *Hellmann/Beckemper*, Rn. 427; aA A/R/R/*Ransiek*, 8. Teil 3. Kap. Rn. 22) über bestimmte Gründungssachverhalte gegenüber dem Registergericht (**§ 399 I Nr. 1 AktG: Gründungsschwindel**), denen eine besondere Bedeutung für die Vertrauenswürdigkeit der neu gegründeten Aktiengesellschaft zukommt. Subjektiv muss der Täter neben dem zumindest bedingten Vorsatz in der Absicht handeln, mit den Angaben die Eintragung der Gesellschaft zu erreichen.

> **Fall 44** (nach LG Koblenz WM 1988, 1630 ff.): A gründete die I-Holding-AG, die marode Unternehmen übernehmen, sanieren und nach einigen Jahren wieder mit Gewinn verkaufen sollte. Für diese wollte er an sich die C-AG, eine Tochterfirma der B-AG, übernehmen, er konnte aber nicht genügend Kapital hierfür auftreiben. So vereinbarte er mit der B-AG, dass diese sich mit 38,4 Mio. € an der I-Holding-AG beteiligen und A für die I-Holding-AG die C-AG für 39 Mio. € kaufen sollte; die Einlagepflicht sollte mit dem Kaufpreis verrechnet werden. Im Antrag auf Eintragung der I-Holding-AG ins Handelsregister gab A dagegen an, die Bareinlagen der Aktionäre seien vollständig in bar geleistet worden. Strafbarkeit des A?

286 **Fälle des Gründungsschwindels des § 399 I Nr. 1 AktG:** Falsche oder unvollständige Angaben

- bezüglich der **Übernahme der Aktien** durch die Gründer (§ 29 AktG), die in notarieller Form der Anmeldung nach § 37 IV Nr. 1 AktG beizufügen ist: z.B. Täuschung über die Identität des Gründers, nicht dagegen: bloße Angabe eines „Strohmannes" unter Verschweigen des eigentlichen Geldgebers.

- bezüglich der **Einzahlung auf Aktien** unter der Erklärung, dass der Betrag ordnungsgemäß eingezahlt wurde und zur freien Verfügung des Vorstandes steht (§§ 36 II, 36a AktG): z.B. wenn eine vollständige Bareinzahlung behauptet wurde, obwohl innerhalb weniger Tage ein Hin- und Herzahlen des Einlagebetrages erfolgte (BGH NJW 2001, 3781), wenn die Einlageforderung der Gesellschaft mit einer Forderung des Aktionärs gegen die Gesellschaft verrechnet wurde oder wenn wie in **Fall 44** ein Fall der verdeckten Sacheinlage vorliegt: Bei Sacheinlagen müssen strenge Voraussetzungen wie ein Sachgründungsbericht (§ 32 II AktG) eingehalten werden, die bei einer Verschleierung als Bareinlage im Eintragungsantrag umgangen werden, so dass in **Fall 44** in Anlehnung an die zivilrechtliche Rechtsprechung (BGHZ 118, 83 [93 ff.]) beim Nachweis einer wirtschaftlichen Verknüpfung zwischen Bareinzahlung und Kaufpreiszahlung eine Strafbarkeit angenommen wird.
- bezüglich der **Verwendung eingezahlter Beträge**, z.B. unter Verschweigen einer Belastung des Einzahlungsbetrages mit einer anderen schuldrechtlichen Verpflichtung (RGZ 157, 213 [225]) oder wenn die Ansprüche aus einem Kontoguthaben der Gesellschaft zur Sicherung des Darlehens zur Finanzierung der Einzahlung verpfändet wurden (BGH GA 1977, 340 [341]).
- bezüglich des **Ausgabebetrages der Aktien**, d.h. wenn der bei der Anmeldung angegebene Nennbetrag der Aktien den wahren Ausgabewert übersteigt (Verbot der Unterpari-Emission).
- bezüglich **Sondervorteilen** und **Gründungsaufwand** (§ 26 AktG), z.B. wenn eine Gründungsvergütung für einen Aktionär als überhöhte Sacheinlage verschleiert wird.
- bezüglich **Sacheinlagen** und **Sachübernahmen** (§ 27 I AktG), z.B. wenn ein Ladengeschäft als Sacheinlage eingebracht, hierbei aber verschwiegen wurde, dass ein Großteil des Inventars bereits vorher verkauft wurde (RGSt 40, 285 [287]).
- bezüglich **Sicherungen für nicht voll eingezahlte Geldeinlagen** des Alleingründers einer kleinen Aktiengesellschaft (§§ 36 II, 37 I 1 AktG), z.B. wenn verschwiegen wird, dass die sichernde Grundschuld nur durch Verpflichtungen der Gesellschaft erlangt wurde.

(2) als Gründer im Gründungsbericht (§ 32 I AktG), als Aufsichtsrats- **287** mitglied im Nachgründungsbericht (§ 52 III AktG) oder als Vorstands- oder Aufsichtsratsmitglied im Prüfungsbericht (§ 34 II AktG), sofern die Angaben geeignet wären, das Vertrauen der Gläubiger der Gesellschaft oder sonstiger interessierter Personen in die Korrektheit der Handelsregistereintragungen und ihrer Grundlagen zu erschüttern, wenn die falschen Angaben ihnen bekannt wären (Erbs/Kohlhaas/*Schaal*, § 399 AktG Rn. 52 ff.)(**§ 399 I Nr. 2 AktG: Gründungsschwindel**).

(3) in der öffentlichen Ankündigung von Aktien (z.B. in Zeitschriften, Prospekten etc.) im Zeitraum bis zu den ersten beiden Jahren nach der Eintragung (**§ 399 I Nr. 3 AktG – Begebungsschwindel**). Nr. 3 ist durch jedermann begehbar. § 264a III StGB (tätige Reue) ist wegen des geschützten besonderen Vertrauens nicht analog heranziehbar (Erbs/Kohlhaas/*Schaal*, § 399 AktG Rn. 67).

(4) als Vorstands- oder Aufsichtsratsmitglied zwecks der Eintragung einer Kapitalerhöhung nach §§ 182 ff. (Kapitalerhöhung gegen Einlagen), §§ 192 ff. (bedingte Kapitalerhöhung) oder §§ 202 ff. AktG (Kapitalerhöhung mit genehmigtem Kapital) (**§ 399 I Nr. 4 AktG – Kapitalerhöhungsschwindel**). Ergänzt wird dies nach § 399 II AktG bei falschen Angaben zwecks der Eintragung einer Erhöhung des Grundkapitals aus Gesellschaftsmitteln in der Erklärung nach § 210 I 2 AktG.

(5) als Abwickler zum Zweck der Eintragung der Fortsetzung der Gesellschaft im Nachweis gemäß § 274 III AktG (**§ 399 I Nr. 5 AktG – Abwicklungsschwindel**).

(6) als Vorstandsmitglied, Leitungsorgan einer ausländischen juristischen Person oder Abwickler in der Versicherung über die persönliche Tauglichkeit nach §§ 37 II 1, 81 III 1, 266 III 1 AktG (§ 399 I Nr. 6 AktG – **Eignungsschwindel**).

(7) als Vorstands- oder Aufsichtsratsmitglied zwecks der Eintragung einer Erhöhung des Grundkapitals in der Erklärung nach § 210 I 2 AktG (**§ 399 II AktG – Kapitalerhöhungsschwindel**).

2. § 82 GmbHG

288 § 82 GmbHG erfasst vergleichbare falsche Angaben des Geschäftsführers bzw. Gesellschafters einer Gesellschaft mit beschränkter Haftung (Abs. 1 Nr. 1: Gründungsschwindel, Abs. 1 Nr. 2: Sachgründungsschwindel, Abs. 1 Nr. 3 und 4: Kapitalerhöhungsschwindel, Nr. 5: Eignungsschwindel, Abs. 2 Nr. 1: Kapitalherabsetzungsschwindel und Abs. 2 Nr. 2: Geschäftslagenschwindel).

Kapitel 6. Korruptionsdelikte

Das kriminologische Phänomen der Korruption, also das „kollusive, von verwerflichem Gewinnstreben bestimmte Zusammenwirken von Amtsträgern und Personen in der Wirtschaft“ (BT-Drs. 13/3353, S. 8), hat Konjunktur und hat sich längst „zu einer ernsthaften Bedrohung der moralischen Grundlagen unserer Gesellschaft entwickelt“ (Innenministerkonferenz, zitiert nach W/J/*Bannenberg*, Kap. 12 Rn. 2), wie etwa die Panzergeschäfte des Thyssen-Konzerns mit Saudi-Arabien über das „System Schreiber“ (BGHSt 49, 317 ff.), der Kölner Müllskandal (BGHSt 50, 299 ff.) oder die „schwarzen Schmiergeldkassen“ von Siemens (BGHSt 52, 323 ff.) gezeigt haben. Alleine im Jahre 2016 wurden rund 303 Fälle registriert (PKS 2016 Grundtabelle 02), wobei streng zwischen der Korruption gegenüber Amtsträgern (§§ 331 ff. StGB: 391 Fälle) und der Korruption im geschäftlichen Verkehr (§ 299 StGB: 277 Fälle) sowie im Gesundheitswesen (§§ 299a und b StGB) zu unterscheiden ist, neuerdings ergänzt um als Korruptionsdelikte ausgestaltete Tatbestände des Sportwettenbetruges und Manipulation berufssportlicher Wettbewerbe (§§ 265c und d StGB). **289**

I. Korruption gegenüber Amtsträgern (§§ 331 ff. StGB) und Mandatsträgern (§ 108e StGB)

1. Vorbemerkungen

a) Rechtsgut und Deliktsnatur

Die von den §§ 331 ff. StGB geschützten Rechtsgüter sind die Lauterbarkeit des [inländischen] öffentlichen Dienstes und das Vertrauen der Allgemeinheit in diese Lauterbarkeit (BGHSt 15, 88 [96 f.]), nicht auch das Vermögen der Anstellungskörperschaft (BGHSt 30, 46 [48]). Die Bestechungsdelikte sind abstrakte Gefährdungsdelikte (*Fischer*, § 331 Rn. 2). **290**

b) Gesetzessystematik

Die §§ 331, 332 StGB erfassen die „passive“ Bestechung, wobei § 331 StGB das Grunddelikt auf „Nehmerseite“ darstellt und § 332 StGB das Qualifikationsdelikt, wenn der Vorteil für eine konkrete **291** pflichtwidrige Diensthandlung angenommen wird. Spiegelbildlich hierzu umfassen die §§ 333, 334 StGB die „aktive“ Bestechung, mit § 333 StGB als Grundtatbestand, der durch § 334 StGB qualifiziert wird. Durch das 2. KorrBekG wurden die Regelungen des IntBestG, des EUBestG und des IstGH-Gleichstellungsgesetzes in das StGB integriert und die §§ 331 ff. StGB mit § 335a StGB um ausländische und internationale Bedienstete erweitert.

c) Begriff des Amtsträgers

292 Maßgeblich geprägt wird der Anwendungsbereich der §§ 331 ff. StGB durch den Begriff des Amtsträgers auf Nehmerseite, der sich nach der Legaldefinition des § 11 I Nr. 2 StGB bestimmt, bei den meisten Amtsdelikten ergänzt um den für den öffentlichen Dienst besonders Verpflichteten (§ 11 I Nr. 4 StGB):

aa) Beamter oder Richter (§ 11 I Nr. 2 lit. a StGB): Amtsträger im eigentlichen Sinne ist zunächst jeder **Beamter** (§ 11 I Nr. 2 lit. a Var. 1 StGB), wobei der Beamte im staatsrechtlichen Sinne gemeint ist (BGHSt 37, 191 [192]), d.h. derjenige, der unter Beachtung der beamtenrechtlichen Vorschriften durch Aushändigung der Ernennungsurkunde durch die dafür zuständige staatliche Stelle in ein Beamtenverhältnis berufen wurde (BGH NJW 2004, 3129). Der einstweilige Ruhestand beendet den Beamtenstatus genauso wenig wie eine vorläufige Suspendierung, sondern erst der endgültige Ruhestand (§ 35 BBG).

Amtsträger ist auch jeder **Richter** (§ 11 I Nr. 2 lit. a Var. 2 StGB), d.h. nach § 11 I Nr. 3 StGB jeder, der nach deutschem Recht Berufsrichter oder ehrenamtlicher Richter (Schöffen iSd §§ 31 ff. GVG) oder Laienrichter (z.B. in den Kammern für Handelssachen iSd §§ 44 ff. DRiG) ist. Nicht erfasst als Richter sind grundsätzlich Schiedsrichter iSd §§ 1025 ff. ZPO und Rechtsreferendare (selbst wenn sie im Rahmen ihrer Ausbildung die Sitzungsleitung übernehmen: es wird aber regelmäßig § 11 I Nr. 2 lit. c StGB einschlägig sein).

293 **bb) Sonstiges öffentlich-rechtliches Amtsverhältnis** (§ 11 I Nr. 2 lit. b StGB): Ein sonstiges öffentlich-rechtliches Amtsverhältnis bekleidet, wem ein Geschäftskreis im Bereich der Exekutive überlassen wurde und damit wenn auch nicht ein Beamtenverhältnis, so aber doch ein beamtenähnliches Dienst- und Treueverhältnis begründet wurde (BeckOK-StGB/*von Heintschel-Heinegg*, § 11 Rn. 15).

Beispiele für Personen in einem sonstigen öffentlich-rechtlichen Amtsverhältnis: Beisitzer in Wahlausschüssen (trotz Ehrenamt: *Fischer*, § 11 Rn. 16); Minister der Bundes- (§ 1 BMinG) oder einer Landesregierung; Notare (§ 1 BNotO); Parlamentarische Staatssekretäre (§ 1 III ParlStG); Wehrbeauftragter des Bundestages (§ 15 I WBeauftrG). **Nicht erfasst** sind Abgeordnete

(BGHSt 51, 44 [49 ff.]), Insolvenzverwalter, Rechtsanwälte und Soldaten (die gem. § 48 I WStG Amtsträgern aber gleichgestellt werden).

cc) Sonstige Aufgabenwahrnehmung der öffentlichen Verwaltung (§ 11 I Nr. 2 lit. c StGB): Amtsträger ist schließlich, wer sonst (d.h. über die Falle in Nr. 2 lit. a und b hinaus) „dazu bestellt ist [Bestellungsakt = Übertragung einer Tätigkeit durch öffentlich-rechtlichen Akt, der keiner besondere Form bedarf und selbst konkludent erfolgen kann], bei einer Behörde [§ 1 IV VwVfG, nach § 11 I Nr. 7 StGB auch ein Gericht] oder einer sonstigen Stelle oder in deren Auftrag Aufgaben der öffentlichen Verwaltung [die über den bloßen erwerbswirtschaftlich-fiskalischen Bereich hinausgehen!] unbeschadet der zur Aufgabenerfüllung gewählten Organisationsform wahrzunehmen“. Erfasst sind Angestellte in Körperschaften und Anstalten des öffentlichen Rechts, Ausschüssen oder juristischen Personen des Privatrechts, sofern sie bei ihrer Tätigkeit entweder unmittelbar staatliche Aufgaben (insbesondere der Daseinsvorsorge) wahrnehmen und hierbei der staatlichen Steuerung unterliegen, so dass sie (nach einer Gesamtwertung aller Umstände des Einzelfalles) als „verlängerter Arm des Staates“ erscheinen (BGHSt 43, 377; BGHSt 49, 214 [219]), oder sie staatliche Aufgaben im Auftrag einer Behörde wahrnehmen, zumeist auf Werkvertragsbasis. Neuerdings wird § 11 I Nr. 2 lit. c StGB dahingehend restriktiv ausgelegt, dass die Bestellung zu einer längerfristigen Tätigkeit des Täters führen muss (BGHSt 43, 96). 294

Beispiele für § 11 I Nr. 2 lit. c StGB: Mitarbeiter der Landesbank oder einer öffentlichen Sparkasse; Arzt in einem öffentlichen Krankenhaus (OLG Karlsruhe NJW 1983, 352); Mitarbeiter der Bahn-Tochter DB-Netz AG (BGHSt 52, 290 [292 ff.]; BGH NJW 2011, 1374).

Fall 45 (nach BGH NJW 2010, 784): A, als Angestellter Leiter der Sportredaktion des Hessischen Rundfunks (hr, eine Anstalt des öffentlichen Rechts) und damit verantwortlich für die Auswahl der gesendeten Sportveranstaltungen, durfte auch Sondersendungen veranlassen, sofern deren Kosten durch Drittmittel gedeckt waren, insbesondere wenn er mit Veranstaltern so hohe „Beistellungen“ wie möglich vereinbarte. A veranlasste seinen Freund B, die SMP-GmbH zu gründen (an der A im Innenverhältnis faktisch beteiligt war) und verwies seither alle Veranstalter, die zur Zahlung von „Beistellungen“ bereit waren, an die SMP-GmbH, die als Agentur dann die Verträge mit dem hr schloss, wobei eine erhebliche Provision bei der SMP-GmbH verblieb. Hiervon erhielt A für seine Vermittlungstätigkeit eine Summe von 300.000 €. Strafbarkeit des A?

Eine Strafbarkeit nach **§ 332 I StGB** setzt voraus, dass A als bestellter Redaktionsleiter Amtsträger nach § 11 I Nr. 2 lit. c StGB, der Hessische Rundfunk also eine „sonstige Stelle“ im Sinne dieser Norm ist: Der Hessische Rundfunk nimmt zwar die öffentliche Aufgabe der Veranstaltung von Rundfunksendungen wahr, wegen der Rundfunkfreiheit wird man aber kaum von einer derartigen Steuerung sprechend können, dass der hr als „verlängerter Arm“ des Staates erscheint. Hierauf komme es nach BGH NJW 2010, 784 (787) bei Organisationsformen des öffentlichen Rechts aber auch nicht an: „Vielmehr ist es hier gerade das institutionelle Moment, das die Integrität und Funktionstüchtigkeit des Verwaltungsapparats und das öffentliche Vertrauen in die staatlichen Institutionen in den Blick geraten lässt, auch ohne dass der Aufgabenträger einer Steuerung der Aufgabenerfüllung durch staatliche Behörden im engeren Sinne unterliegt. Vor diesem Hintergrund stellen auch solche Anstalten des öffentlichen Rechts, die aufgrund der besonderen Natur der ihnen zur Erfüllung anvertrauten öffentlichen Aufgabe von staatlicher Steuerung frei bleiben müssen und deshalb nicht der Staatsaufsicht unterliegen, sonstige Stellen iSd § 11 I Nr. 2 lit. c StGB dar.“ Da A für seine pflichtwidrige Ausgestaltung der Beziehungen zur SMP-GmbH Gewinnausschüttungen und damit Vorteile erhielt, hat er sich – ein zumindest sachgedankliches Mitbewusstsein über die Bedeutungskenntnis seiner Funktion unterstellt – nach § 332 I StGB strafbar gemacht.

Nicht erfasst sind:

- Volksvertreter (BGH NJW 2006, 2050: § 108e StGB sei eine abschließende Sondervorschrift für korruptive Beeinflussungen von Mandatsträgern), es sei denn, diese werden mit besonderen öffentlichen Aufgaben betreut, z.B. ein Gemeinderatsmitglied wird Mitglied des Aufsichtsrates eines kommunalen Versorgungsunternehmens (*Fischer*, § 11 Rn. 23b)
- Mitarbeiter in privatem Unternehmen im Mehrheitsbesitz der öffentlichen Hand, die zwar zur Daseinsvorsorge beitragen, bei denen Private aber durch eine Sperrminorität Unternehmensentscheidungen blockieren können (BGHSt 50, 299)
- Mitarbeiter der Waldorfschule (OLG München NJW 2008, 1174)
- Mitarbeiter der Fraport AG (Flughafen Frankfurt a.M.) (BGHSt 45, 16: mangels staatlicher Steuerungsmöglichkeit)

295 **dd) Europäischer Amtsträger (§ 11 I Nr. 2a StGB):** Durch das 2. KorrBekG wurde der Europäische Amtsträger in das StGB eingefügt, d.h. wer Mitglied der Europäischen Kommission, der Europäischen Zentralbank, des Rechnungshofs oder eines Gerichts der EU (EuG, EuGH, EuGöD) ist (§ 11 I Nr. 2a lit. a StGB) sowie ein Beamter oder sonstiger Bediensteter der EU (§ 11 I Nr. 2a lit. b StGB) oder wer

mit der Wahrnehmung von Aufgaben der EU oder von Aufgaben einer auf der Grundlage des Rechts der EU geschaffenen Einrichtung beauftragt ist (§ 11 I Nr. 2a lit. c StGB); maßgeblich für die Einstufung ist jeweils das Unionsrecht (*Wittig*, § 27 Rn. 26a). Mitglieder des Europäischen Parlaments, des Europäischen Rates und des Rates sind demgegenüber keine Amtsträger, sondern Mandatsträger iSd § 108e III Nr. 4 StGB (BT-Drs. 18/4350, S. 19 – hierzu Rn. 308).

ee) Für den öffentlichen Dienst besonders Verpflichtete (§ 11 I Nr. 4 StGB): Die größere Zahl der Amtsdelikte (z.B. §§ 331 ff., 353b I Nr. 2, 355 II Nr. 1 StGB) findet auch Anwendung auf die für den öffentlichen Dienst besonders Verpflichteten (§ 11 I Nr. 4 StGB), da sich der Staat zur Erfüllung seiner Aufgaben zunehmend nichtstaatlicher Organisationen bedient, deren Angestellte und Arbeiter – obgleich keine Amtsträger – erheblichen Einfluss auf die staatliche Verwaltungstätigkeit erlangen. Erfasst werden alle förmlich nach dem Verpflichtungsgesetz verpflichteten Mitarbeiter (Dauerbeschäftigungsverhältnis!) oder beauftragte Personen (BGHSt 42, 230) einer Behörde oder Stelle (z.B. Sachbearbeiter, Schreibkräfte, Auszubildende, Reinigungspersonal), die selbst unmittelbar Aufgaben der öffentlichen Verwaltung wahrnehmen (§ 11 I Nr. 4a StGB) bzw. bei einem Betrieb/Unternehmen, das als „verlängerter Arm" des Staates erscheint (§ 11 I Nr. 4b StGB). Nicht erfasst sind dagegen Lieferanten oder Mitarbeiter des EDV-Wartungsdienstes, da sie nicht mit einer Verwaltungsaufgabe betraut sind (BeckOK-StGB/*von Heintschel-Heinegg*, § 11 Rn. 34). 296

2. Vorteilsannahme (§ 331 StGB)

Aufbauschema (§ 331 StGB)

I. Tatbestandsmäßigkeit

1. Objektiver Tatbestand

- a) Täterqualität
  - aa) Amtsträger (§ 11 I Nr. 2 StGB)
  - bb) Europäischer Amtsträger (§ 11 I Nr. 2a StGB)
  - cc) für den öffentlichen Dienst besonders Verpflichteter (§ 11 I Nr. 4 StGB)
  - dd) Richter (§ 11 I Nr. 3 StGB) oder Schiedsrichter (§ 331 II StGB)
- b) Tathandlung
  - aa) Fordern, Sich-versprechen-lassen oder Annehmen

bb) eines Vorteils
c) für die Dienstausübung oder richterliche Handlung
d) Unrechtsvereinbarung
2. Subjektiver Tatbestand: Vorsatz
II. Rechtswidrigkeit: evtl. Genehmigung, § 331 III StGB
III. Schuld

a) Der objektive Tatbestand

297 **aa) Täterqualität:** Täter kann neben einem Amtsträger oder für den öffentlichen Dienst besonders Verpflichteten (Abs. 1) auch ein Richter oder Schiedsrichter (§§ 1025 ff. ZPO, 101 ff. ArbGG) sein (Abs. 2).

298 **bb) Tathandlung** ist das Fordern, Sich-versprechen-lassen oder Annehmen eines Vorteils:

Fordern ist das ausdrückliche oder konkludente Verlangen, durch das der Täter erkennen lässt, dass er einen Vorteil für seine Dienstausübung begehrt (BGHSt 10, 237 [241 ff.]; BGHSt 15, 88 [97 f.]). Es muss nur dem Adressaten – deren genaue Identität der Täter bei der Tatbegehung noch nicht genau kennen muss – zur Kenntnis gelangt sein; dieser braucht den Sinn nicht auch verstanden haben (BGHSt 10, 237 [240 f.]) und erst recht nicht auf das Verlangen eingegangen sein.

Sich-versprechen-lassen ist die ausdrückliche oder konkludente Annahme eines auch nur bedingten Angebots einer künftigen Leistung (BeckOK-StGB/*von Heintschel-Heinegg*, § 331 Rn. 22). Ob es auch zur späteren Leistung kommt, ist irrelevant; der Täter muss nur den Sinn des Angebots verstehen und die Leistung wollen (BGH NStZ-RR 2002, 272 [274]).

Annehmen ist die unmittelbare oder mittelbare Empfangnahme des geforderten oder angebotenen Vorteils oder deren Weitergabe an einen Dritten, für den der Vorteil bestimmt ist (OLG Karlsruhe NStZ 2001, 654 f.), wobei es nach LG Wuppertal NJW 2003, 1405 genügen soll, wenn der Vorteil unmittelbar an den Dritten gelangt. Die Annahme setzt eine Willensübereinstimmung über die Leistungsübergang voraus (BGHSt 10, 237 [240 f.]), so dass ein eigenmächtiges Nehmen des Vorteils mit Gewalt nicht genügt.

299 Ein **Vorteil** ist hierbei jede Leistung des Zuwendenden, welche den Amtsträger oder einen Dritten (der auch die öffentliche Anstellungskörperschaft sein kann: OLG Karlsruhe NJW 2001, 907) materiell (z.B. Geld, Einladung zu einem Fußballspiel, Abschluss eines lukrativen Beratungsvertrages) oder immateriell (z.B. „sexuelle Zuwendung“,

bezahlter „Begleitservice") in seiner wirtschaftlichen, rechtlichen oder auch nur persönlichen Lage objektiv besser stellt und auf die er keinen rechtlich begründeten Anspruch hat (BGHSt 31, 264 [279]; *Fischer*, § 331 Rn. 11). Auch der Abschluss eines Vertrages über Leistungen des Amtsträgers gegen eine angemessene Vergütung stellt einen Vorteil dar (BGHSt 31, 264 [279 f.]).

Sozialadäquate Zuwendungen wie kleine Weihnachtsgeschenke, kleine Präsente zum Geburtstag oder kleine Belohnungen aus Dankbarkeit genügen nicht, wobei die Wertgrenze im Einzelfall anhand der Stellung des Amtsträgers und den jeweiligen Gepflogenheiten der Höflichkeit zu beurteilen ist; so soll die Sozialadäquanz-Schwelle beispielsweise nach BGH NStZ 1998, 194 bereits bei zwei Glas Freibier für Polizeibeamte überschritten sein. **300**

cc) Dienstausübung/richterliche Handlung: Seit der Novellierung der §§ 331 ff. StGB durch das 1. KorrBekG braucht sich die Tat nicht mehr auf die konkrete Diensthandlung zu beziehen, sondern nur noch auf die vergangene oder zukünftige (pflichtwidrige wie pflichtgemäße) **Dienstausübung**, worunter jede Handlung (nach § 336 StGB auch jedes Unterlassen) zu verstehen ist, durch die ein Amtsträger oder ein Verpflichteter die ihm übertragenen öffentlichen Aufgaben wahrnimmt, d.h. die gesamte allgemeine dienstliche Tätigkeit, soweit sie zu den Obliegenheiten des Betroffenen zählt und in amtlicher Tätigkeit vorgenommen wird (BGHSt 31, 264 [280]); Privathandlungen (z.B. Staatsanwalt fragt privat nach dem BAK-Ergebnis einer Blutprobe: BGHSt 29, 300) und Handlungen im Rahmen von Nebentätigkeiten außerhalb des Amtes, selbst wenn sie unter Verwendung dienstlich erworbener Kenntnisse erfolgen (BGHSt 18, 263 [266 f.]; BGH NStZ-RR 2007, 309 [310]), sind nicht umfasst. Es ist nicht erforderlich, dass der Täter konkret sachlich oder örtlich zuständig ist, allerdings muss ein funktionaler Zusammenhang zum übertragenen Aufgabenbereich bestehen (Sch/Schr/*Heine/Eisele*, § 331 Rn. 32), d.h. nicht erfasst wäre der Erlass einer Baugenehmigung durch einen Amtsarzt (Beispiel nach *Fischer*, § 331 Rn. 6). **301**

Im Falle von § 331 II StGB bezieht sich die Tat auf alle **richterlichen Handlungen**, die von der richterlichen Unabhängigkeit geschützt sind; bloße Justizverwaltungstätigkeiten werden dagegen nur von Abs. 1 erfasst, weil der erhöhte Strafrahmen des Abs. 2 hierfür nicht gerechtfertigt ist (BeckOK-StGB/*von Heintschel-Heinegg*, § 331 Rn. 15).

dd) Unrechtsvereinbarung: Der Vorteil muss gerade „für" die Dienstausübung gefordert etc. werden, womit auch nach dem 1. KorrBekG weiterhin eine beiden Seiten bewusste (zumindest gelockerte, weil nicht mehr auf eine konkrete Diensthandlung bezogene) **302**

Unrechtsvereinbarung den Kern des Tatbestandes bildet. Erforderlich ist eine wenigstens stillschweigende Übereinkunft der Beteiligten, dass die Zuwendung vor dem Hintergrund erfolgt, dass der Amtsträger eine dienstliche Tätigkeit vorgenommen hat oder mit dem Ziel, dass er eine solche vornehmen werde (*Wittig*, § 27 Rn. 47); ob sie auch in der Zukunft tatsächlich so vorgenommen wird, ist jedenfalls bezogen auf zukünftige Dienstausübungen als Bezugspunkt irrelevant. Zudem genügt es, dass durch den Vorteil „Klimapflege" (allgemeines Wohlwollen) betrieben oder ein Anfüttern im Hinblick auf spätere Verknüpfungen mit weiteren Zahlungen erreicht werden soll (BGH NStZ-RR 2007, 309 [310]). Lediglich Vorteilsgewährungen allgemein im Zusammenhang mit dem Amt genügen nicht. Der so verstandene Gesetzestext ist derart weit, dass er nach allgemeiner Ansicht einer normativen Korrektur bedarf, sei es, dass eine Unrechtsvereinbarung nur bejaht wird, wenn der „böse Anschein möglicher Käuflichkeit" des Amtsträgers bestehe (so BGH NStZ 2005, 334 [335]), sei es, dass eine „Regelwidrigkeit" vorliegen müsse (so Sch/Schr/*Heine/Eisele*, § 331 Rn. 39). Eine **Drittmitteleinwerbung** durch einen Hochschullehrer, zu deren gesetzlichen Aufgaben die Drittmitteleinwerbung gerade auch zählt, fällt hiernach nicht unter die §§ 331 ff. StGB, sofern die Mitteleinwerbung offen gelegt und der Hochschulleitung angezeigt und das hochschulintern vorgesehene Verfahren eingehalten wird (BGHSt 47, 295 [306]; dagegen: So wird faktisch der Rechtfertigungsgrund der Genehmigung [§ 331 III StGB] zum Tatbestandsausschluss verwendet!). Die Einwerbung von **Wahlkampfspenden** durch einen Politiker soll angesichts des Spannungsverhältnisses zwischen Vorteilsannahme und passiver Wahlgleichheit solange nicht unter die §§ 331 ff. StGB fallen, wie die Spenden nicht für eine konkrete Handlung in Ausübung des politischen Amtes gefordert, versprochen oder angenommen werden, sondern die Wahlkampfspende lediglich dazu dienen soll, dass der Amtsträger „nach erfolgreicher Wahl das wiedererlangte Wahlamt in einer Weise ausübe, die den allgemeinen wirtschaftlichen oder politischen Vorstellungen des Vorteilsgebers entspricht" (BGHSt 49, 275 [294]).

Bei **§ 331 II StGB** muss dagegen auch nach dem 1. KorrBekG der Vorteil gerade für eine konkrete richterliche Handlung gefordert etc. werden, wenngleich es nicht erforderlich ist, dass die Handlung bereits in allen Einzelheiten bestimmt ist (BGHSt 32, 290 [291]).

b) Subjektiver Tatbestand

303 Im subjektiven Tatbestand genügt bedingter Vorsatz, der sich insbesondere auf die Voraussetzungen der Unrechtsvereinbarung erstrecken muss. Stellt sich der Täter Tatumstände vor, die eine Sozialadäquanz der Zuwendung begründen würde (z.B. der Wert des Geschenks wird als zu gering geschätzt), so handelt er nach § 16 I StGB ohne Vorsatz; ein Irrtum über die Wertgrenze der Sozialadäquanz begründet dagegen nur einen Verbotsirrtum (BGH NStZ 2005, 335).

c) Genehmigung, § 331 III StGB

Nach § 331 III StGB ist die **vorherige Genehmigung** (zivilrechtlich: Einwilligung) der sachlich und örtlich zuständigen Behörde (vorgesetzte Dienstbehörde bzw. Arbeitgeber), sofern sie im Rahmen der öffentlich-rechtlichen Vorschriften erfolgt (bei Fehlern wird teilweise auf die Wirksamkeit der Genehmigung abgestellt [LK/*Sowada*, § 331 Rn. 112], teilweise auf die Rechtmäßigkeit [MüKo-StGB/*Korte*, § 331 Rn. 165]), ein Rechtfertigungsgrund; die irrige Annahme einer vorherigen Genehmigung stellt daher einen Erlaubnistatbestandsirrtum dar (BGHSt 31, 264 [286 f.]). Eine erst **nachträgliche Genehmigung** kann dagegen nur die Wirkung eines Strafaufhebungsgrundes haben (*Wessels/Hettinger*, BT 1, Rn. 1113), da die Rechtmäßigkeit zum Zeitpunkt der Tatbegehung (also der Tathandlung, § 8 StGB) vorliegen muss. **304**

d) Konkurrenzrechtliche Aspekte

Beziehen sich verschiedene Tathandlungsmodalitäten auf die gleiche Unrechtsvereinbarung, so liegt eine tatbestandliche Handlungseinheit vor. Tateinheit ist möglich mit Betrug und Untreue. **305**

3. Bestechlichkeit (§ 332 StGB)

Aufbauschema (§ 332 StGB)

I. Tatbestandsmäßigkeit

1. Objektiver Tatbestand

- a) Grundtatbestand des § 331 StGB
- b) Qualifikationsmerkmal
  - aa) Beziehung auf eine konkrete Diensthandlung/richterliche Handlung
  - bb) Pflichtwidrigkeit der konkreten Diensthandlung/richterlichen Handlung

2. Subjektiver Tatbestand: Vorsatz

II. Rechtswidrigkeit

III. Schuld

IV. Ggf. Regelbeispiel, § 335 StGB

306 Die Bestechlichkeit (§ 332 StGB) ist ein Qualifikationstatbestand, bei dem die Zuwendung für eine konkrete, ihrem sachlichen Gehalt nach zumindest in groben Umrissen erkennbare und festgelegte (BGH NStZ 1989, 74; BGH NStZ 2005, 214) pflichtwidrige Diensthandlung eines Amtsträgers (§ 332 I StGB) oder eines Richters gefordert etc. werden muss, d.h. Zuwendungen allgemein zur „allgemeinen Klimapflege" unterfallen nicht § 332 StGB (sondern nur § 331 StGB). Die **Pflichtwidrigkeit** der Diensthandlung, die sich aus ihrem Inhalt ergeben muss und nicht bereits aus der Unrechtsvereinbarung (BGH NStZ-RR 2008, 13 [14]), ist bei **gebundenen Entscheidungen** bei jeder Missachtung der sie vorzeichnenden Rechtsnormen, Dienstanweisungen oder Anordnungen gegeben (BGHSt 48, 44 [46]) oder wenn sich der Amtsträger bezogen auf künftige Diensthandlungen bereit gezeigt hat, seine Pflichten zu verletzen. **Handlungen mit Ermessensspielraum** sind (entsprechend § 40 VwVfG) pflichtwidrig, wenn sie sachwidrig sind, dem Zweck der ermächtigenden Norm zuwiderlaufen (*Joecks*, § 332 Rn. 9), wenn sich der Amtsträger bei seiner Ermessensausübung vom Vorteil beeinflussen lässt sowie bezogen auf künftige Handlungen nach § 331 III Nr. 2 StGB bereits dann, wenn sich der Amtsträger dem anderen gegenüber bereit gezeigt hat, sich bei Ausübung des Ermessens durch den Vorteil beeinflussen zu lassen.

307 Im **subjektiven Tatbestand** genügt dolus eventualis, der insbesondere die Kenntnis der die Pflichtwidrigkeit der Diensthandlung ausmachenden Umstände (da normatives Tatbestandsmerkmal!) verlangt (BeckOK-StGB/*von Heintschel-Heinegg*, § 332 Rn. 10). Eine rechtfertigende **Genehmigung** scheidet wegen der Pflichtwidrigkeit aus.

§ 335 StGB sieht nach der Regelbeispielstechnik einen **besonders schweren Fall** vor, wenn sich die Tat auf einen Vorteil großen Ausmaßes (nach BGH NStZ 2016, 349 [351]: 50.000 € entsprechend dem „Vermögensverlust großen Ausmaßes" iSd § 263 III 2 Nr. 2 StGB, nach *Fischer*, § 335 Rn. 6 ab 10.000 €, nach Sch/Schr/*Heine/Eisele*, § 335 Rn. 3 ab 25.000 €) bezieht (§ 332 II Nr. 1 StGB), der Täter fortgesetzt (*Fischer*, § 335 Rn. 9: ab dreimal) Vorteile als Gegenleistung für die künftige Vornahme der Diensthandlung annimmt (§ 335 II Nr. 2 StGB) oder der Täter gewerbsmäßig (Rn. 156) oder als Mitglied einer Bande (BGHSt 46, 321: ab drei Personen) handelt, die sich zur fortgesetzten Begehung solcher Taten verbunden hat (§ 335 II Nr. 3 StGB).

4. Vorteilsgewährung (§ 333 StGB)

§ 333 StGB bestraft als Spiegelbild zu § 331 StGB jedermann, der einem Amtsträger oder Richter einen Vorteil „für" (gelockerte Unrechtsvereinbarung!) die Dienstausübung bzw. richterliche Handlung anbietet (auf den Abschluss einer Unrechtsvereinbarung gerichtete ausdrückliche oder konkludente Erklärung, von der die Amtsperson Kenntnis erlangt), verspricht (Vereinbarung der Beteiligten) oder gewährt (tatsächliche Zuwendung des Vorteils). Die vorherige Genehmigung stellt auch hier einen Rechtfertigungsgrund dar (§ 333 III StGB), eine erst nachträgliche Genehmigung dagegen lediglich einen Strafaufhebungsgrund. **308**

Fall 46 (nach BGHSt 53, 6): A war Vorstandsvorsitzender des Energiekonzerns Energie Baden-Württemberg AG (EnBW). Die EnBW war Hauptsponsor der im Jahre 2006 in Deutschland stattfindenden Fußballweltmeisterschaft und der einzige nationale Sponsor aus Baden-Württemberg. Um die ihr zur Verfügung stehenden 14.000 Eintrittskarten zu verteilen, entwickelte die Marketingabteilung der EnBW ein Sponsoringkonzept. Danach sollte ein Teil der Karten für Repräsentanten aus Wirtschaft, Gesellschaft, Kultur, Wissenschaft und Politik verwendet werden, „um den Eingeladenen die Gelegenheit zu geben, ihre entsprechenden Institutionen zu präsentieren und repräsentieren, und zugleich durch das öffentliche Erscheinen angesehener und bekannter Persönlichkeiten die Rolle der EnBW als Hauptsponsor der Fußballweltmeisterschaft werbewirksam hervorzuheben". Auf der Grundlage dieses Konzepts ließ A an verschiedene Personen vorformulierte Weihnachtsgrußkarten versenden, denen personengebundene und mit dem offiziellen WM-Sponsorenlogo der EnBW versehene Gutscheine für Logenplätze bei einem Fußballweltmeisterschaftsspiel in Stuttgart beigefügt waren. Sieben der Empfänger waren als Minister des Landes Baden-Württemberg im Rahmen ihrer Ressortzuständigkeit mit Angelegenheiten befasst, die für die Geschäftspolitik der EnBW von erheblicher Bedeutung waren. A wusste, dass die Empfänger als Regierungsmitglieder zu dem Personenkreis der einzuladenden hochrangigen Repräsentanten zählten und dass sie als Mitglieder der Landesregierung auch anderweitig freien Zugang zur Loge des Landes und zum Fifa-Ehrenbezirk hatten. Strafbarkeit des A?

A hat den Schreibenempfängern mit den WM-Karten zwar „Vorteile" angeboten, dies erfolgte jedoch nach Ansicht des BGH nicht „für die Dienstausübung" im Sinne eines „Gegenseitigkeitsverhältnisses" zwischen Vorteil und Dienstausübung mit dem Ziel, auf die künftige

Dienstausübung Einfluss zu nehmen und/oder die vergangene Dienstausübung zu honorieren, da die eingeladenen Personen als Politiker ohnehin freien Eintritt zu allen WM-Spielen hatten und die Kartenübersendungen daher kaum geeignet gewesen seien, die Dienstausübung zugunsten der EnBW zu beeinflussen.

5. Bestechung (§ 334 StGB)

§ 334 StGB stellt als Spiegelbild zu § 332 StGB einen Qualifikationstatbestand zu § 333 StGB dar, wenn sich die Unrechtsvereinbarung auf eine konkrete pflichtwidrige Diensthandlung bzw. richterliche Handlung bezieht. Die Regelbeispiele des § 335 StGB gelten auch für § 334 StGB.

6. Bestechung im Ausland (§ 335a StGB)

§ 335a StGB stellt für die §§ 331 ff. StGB einem Richter ein Mitglied eines ausländischen oder internationalen Gerichts, einem sonstigen Amtsträger einen Bediensteten eines ausländischen Staates oder einer internationalen Organisation (maßgeblich ist jeweils das Rechts des ausländischen Staates und nicht die bisherige Parallelwertung bei Art. 2 § 1 Nr. 2a EUBestG: BGHSt 60, 266) sowie einen Soldaten der Bundeswehr einen in Deutschland stationierten Soldaten der Nato-Truppen gleich.

7. Bestechlichkeit und Bestechung von Mandatsträgern (§ 108e StGB)

309 Mit dem 48. StRÄndG hat der Gesetzgeber nach langem Widersetzen endlich das Strafrechtsübereinkommen des Europarats gegen Korruption sowie die UN-Konvention zur Bekämpfung umgesetzt, die bereits 2003 von Deutschland unterzeichnet worden waren. Während § 108e StGB a.F. nur den Stimmenkauf umfasste, erfasst die zum 1.9.2014 in Kraft getretene Neuregelung entsprechend der völkerrechtlichen Vorgaben zum Schutz der Meinungsbildung in Parlamenten und kommunalen Volksvertretungen sowie der Freiheit des Mandats (geschützte Rechtsgüter: SSW-StGB/*Rosenau*, § 108e Rn. 5; krit. *Fischer*, § 108e Rn. 2: Mandatsträger würden vor sich selbst geschützt) sämtliche Tätigkeiten der Volksvertreter in Ausübung ihres Mandats, d.h. in Ausübung allgemein politischer Tätigkeiten. Ausgeschlossen bleiben einzig Handlungen außerhalb der Mandatsträgereigenschaft, z.B. als Parteimitglied oder im Rahmen einer Nebentätigkeit (Grenze nach BGH NStZ 2015, 451 [453]: kein funktionaler Zusammenhang mit dienstlichen Aufgaben).

Tathandlung ist bei der passiven Bestechung (§ 108e I StGB) durch einen Volksvertreter des Bundes oder der Länder (nach Abs. 3 inklusive der Volksvertretungen kommunaler Gebietskörperschaften, der Bundesversammlung oder des Europäischen Parlaments, nicht aber des Bundesrates [keine Volksvertreter]) das Fordern, Sich-versprechen-lassen oder Annehmen eines Vorteils (Rn. 297 f.) für sich oder einen Dritten, bei der aktiven Bestechung (§ 108e II StGB) spiegelbildlich das Anbieten, Versprechen oder Gewähren eines Vorteils, wobei der Vorteilsbegriff des § 331 StGB dadurch eingeschränkt, dass nur ein **ungerechtfertigter Vorteil** erfasst ist. Ein solcher liegt nach § 108e IV StGB insbesondere dann vor, wenn die Annahme des Vorteils im Einklang mit den für die Rechtsstellung des Mitglieds maßgeblichen Vorschriften steht, d.h. den „Verhaltensregeln für Mitglieder des Deutschen Bundestages" nach Anlage 1 zur GOBT (BGBl. 1980 I, S. 1237), den Ausführungsbestimmungen der Parlamentspräsidien sowie „anerkannten parlamentarischen Gepflogenheiten" (BT-Drs. 18/476, S. 7); aber auch die Erlangung politischen Mandaten und Funktionen (Abs. 4 Nr. 1) sowie nach dem Parteiengesetz (§ 25 ParteiG) zulässige Spenden (Abs. 4 Nr. 2) stellen keinen ungerechtfertigten Vorteil dar.

Der ungerechtfertigte Vorteil muss (wie bei § 332 StGB) ausdrück- **310**
lich oder konkludent als Gegenleistung für das künftige Handeln des Mandatsträgers vereinbart werden und daher als deren „Entgelt" (sog. **qualifizierte Unrechtsvereinbarung**), wobei der Mandatsträger (im Rahmen einer engeren Kausalbeziehung als bei § 332 StGB sowie einer gewissen Willensunterordnung) im Auftrag oder nach Weisung des Auftraggebers handeln muss; eine bloße Klimapflege genügt hier genauso wenig (BGHSt 51, 44 [61]) wie eine nachträgliche Vorteilsgewährung belohnender Art.

Bedingter Vorsatz reicht aus, der sich auf die qualifizierte Unrechtsvereinbarung beziehen muss, wobei eine Parallelwertung in der Laiensphäre genügt.

II. Bestechlichkeit und Bestechung im geschäftlichen Verkehr (§ 299 StGB)

1. Vorbemerkungen

a) Geschütztes Rechtsgut

Geschütztes Rechtsgut des durch das 1. KorrBekG in das Strafge- **311**
setzbuch eingefügten und durch das 2. KorrBekG um Elemente eines Geschäftsherrenmodells (in Abs. 1 Nr. 2 und Abs. 2 Nr. 2) ergänzten

§ 299 StGB ist nach h.M. (wie bei § 12 UWG a.F.) der freie, lautere Wettbewerb (NK-StGB/*Dannecker*, § 299 Rn. 4). Vermögensinteressen werden demgegenüber nur mittelbar geschützt. Daneben werden bei § 299 I Nr. 2, III Nr. 2 StGB auch die Interessen des Geschäftsherrn an der loyalen und unbeeinflussten Erfüllung der Pflichten durch seine Angestellten und Beauftragten im Bereich des Austausches von Waren und Dienstleistungen geschützt (BT-Drs. 18/4350, S. 21).

b) Deliktsstruktur und Aufbauschema:

§ 299 StGB stellt spiegelbildlich die Bestechlichkeit (Abs. 1) wie Bestechung (Abs. 2) von Angestellten oder Beauftragten im geschäftlichen Verkehr unter Strafe:

Aufbauschema (§ 299 I StGB)

I. Tatbestandsmäßigkeit

1. Objektiver Tatbestand

- a) Täter: Angestellter oder Beauftragter eines Unternehmens
- b) Tathandlung
  - aa) Handeln im geschäftlichen Verkehr
  - bb) Fordern, Sich-versprechen-lassen oder Annehmen eines Vorteils
  - cc) Unrechtsvereinbarung
    - (1) Vorteil als Gegenleistung für eine zukünftige unlautere Bevorzugung beim Bezug von Waren oder Dienstleistungen (Nr. 1)
    - (2) Vorteil als Gegenleistung für eine zukünftige Handlung bei einem Bezug von Waren oder Dienstleistungen, die gegenüber dem Unternehmen pflichtwidrig sind (Nr. 2)

2. Subjektiver Tatbestand: Vorsatz

II. Rechtswidrigkeit

III. Schuld

IV. Evtl. Regelbeispiel, § 300 StGB

V. Strafantrag, § 301 StGB

2. Bestechlichkeit (§ 299 I StGB)

a) Objektiver Tatbestand

aa) Täter: Bestochen werden iSd § 299 II StGB kann nur ein „Angestellter oder Beauftragter eines geschäftlichen Betriebs", so dass auch nur eine derartige Person Täter des Sonderdelikts des § 299 I StGB sein kann; für Teilnehmer gilt insoweit § 28 I StGB. **312**

Der Begriff des **Unternehmens** umfasst jede auf Dauer betriebene, regelmäßige Tätigkeit im Wirtschaftsleben, die den Austausch von Leistungen zum Gegenstand hat (BGHSt 2, 396 [403]); eine Gewinnerzielungsabsicht ist nicht erforderlich, so dass neben privaten wie öffentlichen Unternehmen, die nach den Grundsätzen eines Erwerbsgeschäfts arbeiten, auch Unternehmen erfasst werden, die ausschließlich gemeinnützige, soziale oder kulturelle Zwecke verfolgen (RGSt 68, 70 [74]).

Beispiele für Unternehmen: freie Berufe wie Rechtsanwälte und Architekten; öffentliche Krankenkassen (BGHSt 57, 202 [211 f.]); private Krankenhäuser; öffentliche Unternehmen (nur) bei fiskalischem Handeln (BGHSt 2, 396 [403]); Gebietskörperschaften hinsichtlich des Baus eines kommunalen Klärwerks (BGHSt 43, 96 ff.).

Nicht erfasst sind: gesetzes- und sittenwidrige Geschäftstätigkeiten (wegen des Schutzes nur des rechtlich zulässigen Wettbewerbs: G/J/W/*Sahan*, § 299 StGB Rn. 8) wie Menschen- oder Drogenhandel; rein private Tätigkeiten; die öffentliche Verwaltung (Lackner/Kühl/*Heger*, § 299 Rn. 2).

Angestellter ist jede natürliche Person, die zumindest im Rahmen eines faktischen Dienstverhältnisses den Weisungen des Geschäftsherrn unterworfen ist und (aus teleologischen Gründen) eigene Entscheidungsbefugnisse hat oder Entscheidungen zumindest beeinflussen kann (*Fischer*, § 299 Rn. 14). **313**

Beispiele für Angestellte: Prokurist; leitender Angestellter; Mitarbeiter der Einkaufsabteilung; Geschäftsführer einer GmbH (*Fischer*, § 299 Rn. 13; aA MüKo-StGB/ *Krick*, § 299 Rn. 8: Beauftragter) oder geschäftsführendes Vorstandsmitglied einer Aktiengesellschaft; Mitglieder des Betriebsrates, wenn sie „Marktverhalten nach außen zeigen" (*Rieble/Klebeck*, NZA 2006, 758 [768]); Beamter, wenn er fiskalisch tätig wird (z.B. bei einer Beschäftigung im Beschaffungsamt: BGHSt 2, 396 [404]).

Nicht erfasst sind: Alleingesellschafter-Geschäftsführer (mangels Weisungsgebundenheit: NK-StGB/*Dannecker*, § 299 Rn. 21; aA *Bürger*, wistra 2003, 130 [135]); Geschäftsinhaber (BGHSt 57, 202 [211]) und damit auch nicht der Komplementär einer Kommanditgesellschaft; Aufsichtsratsmitglieder einer Aktiengesellschaft (G/J/W/*Sahan*, § 299 StGB Rn. 11); Vertragsärzte (mangels Weisungsgebundenheit).

314 Der Begriff des **Beauftragten** hat Auffangfunktion und umfasst daher in weiter Auslegung all diejenigen, die nicht Angestellte und befugtermaßen für den Geschäftsbetrieb tätig sind, aufgrund ihrer Stellung also berechtigt oder verpflichtet sind, für den Betrieb zu handeln und auf die betrieblichen Entscheidungen Einfluss zu nehmen.

Beispiele für Beauftragte: Vorstände eines Vereins oder einer Genossenschaft; faktischer Geschäftsführer (SSW-StGB/*Rosenau*, § 299 Rn. 9); Mitglieder des Aufsichtsrates; Handelsvertreter, wenn sie an die Interessen eines Vertragsteils gebunden sind (BGH GRUR 1968, 587 [588]); kaufmännischer Leiter einer Aktiengesellschaft (Sch/Schr/*Heine/Eisele*, § 299 Rn. 8); Unternehmensberater (OLG Karlsruhe BB 2000, 635 f.); Insolvenzverwalter (LG Magdeburg wistra 2002, 156 [157]); Architekten (BGHSt 43, 96 [105]).

Nicht erfasst sind: der Geschäftsinhaber; der Vertragsarzt (BGHSt. 57, 202 ff. mit Anm. *Kraatz*, NZWiSt 2012, 273 ff., zu §§ 299a und b StGB unten Rn. 323 ff.).

315 **bb) Tathandlungen:** Tathandlungen des § 299 I StGB sind (wie bei §§ 331, 332 StGB) das Fordern (auf eine Unrechtsvereinbarung abzielende Erklärung), Sich-versprechen-lassen (Annahme eines Angebots) oder Annehmen (tatsächliche Entgegennahme) eines Vorteils für sich oder einen Dritten. Ein **Vorteil** ist hierbei jede materielle oder immaterielle (z.B. berufliches Fortkommen, sexuelle Zuwendungen) Leistung des Zuwendenden, welche die Lage des Empfängers verbessert und auf den dieser keinen Anspruch hat (*Fischer*, § 299 Rn. 8), selbst wenn die Leistung in einem angemessenen Verhältnis zur Gegenleistung steht, sofern dadurch der Angestellte oder Beauftragte besser gestellt wird (BGHSt 31, 264 [279 f.]). **Sozialadäquate Zuwendungen** unterfallen dem Vorteilsbegriff nicht, wobei die Grenze der Sozialadäquanz weiter zu ziehen ist als bei den Bestechungsdelikten der §§ 331 ff. StGB, z.B. kleine Geschenke wie Kalender oder Kugelschreiber genügen nicht (Wertgrenzen in Compliance-Leitfäden in der Praxis [*Wittig*, § 26 Rn. 45a]: 25 € bzw. 35–40 €). Die Tathandlung muss auf ein „**Handeln im geschäftlichen Verkehr**" gerichtet sein, wobei die Förderung eines beliebigen Geschäftszwecks (einschließlich freiberuflicher, künstlerischer oder wissenschaftlicher Tätigkeit) an sich genügt. Dem Schutzzweck des § 299 StGB entsprechend muss es sich dabei jedoch zugleich um ein Handeln im Wettbewerb handeln, so dass eine unlautere Bevorzugung von Mitbewerbern zumindest (abstrakt) möglich sein muss.

316 **cc) Unrechtsvereinbarung:** Der Vorteil bei **§ 299 I Nr. 1 StGB** muss als Gegenleistung für eine künftige (Zuwendungen zur Belohnung von in der Vergangenheit liegenden Bevorzugungen genügen nicht: BGH GRUR 1968, 587 [588]!) unlautere Bevorzugung gefordert etc. werden, d.h. der Waren- oder Leistungsbezug muss mit Vorteilen

verbunden sein, die geeignet sind, Mitbewerber durch Umgehung von Regeln des Wettbewerbs und durch Ausschaltung der Konkurrenz zu schädigen („unlauter"). Vorteilsempfänger sind danach entweder die Mitbewerber des Betriebs des Vorteilsempfängers (z.B. Belieferung zu besonders günstigem Preis) oder die des Vorteilsgewährenden (z.B. Bevorzugung durch Abnahme zu überhöhtem Preis).

Bei **§ 299 I Nr. 2 StGB (Pflichtverletzungsvariante)** muss der Vorteil ohne „Einwilligung" (rechtlich: tatbestandsausschließendes Einverständnis) des Unternehmens als Gegenleistung dafür gefordert etc. werden, dass der Täter bei dem Bezug von Waren oder Dienstleistungen eine Handlung vornehmen oder unterlassen und dadurch seine (aus Gesetz oder Vertrag ergebenden) Pflichten gegenüber dem Inhaber des Unternehmens verletzen werde. Die bloße Vorteilsannahme oder der bloße Verstoß gegen Compliance-Vorschriften genügt dabei nicht (BT-Drs. 18/4350, S. 21).

b) Subjektiver Tatbestand

Im subjektiven Tatbestand genügt bedingter Vorsatz. Im Falle des Forderns muss es dem Täter zusätzlich darauf ankommen, dass der andere den geforderten Vorteil als Gegenleistung für eine Bevorzugung versteht. **317**

c) Rechtswidrigkeit

Eine rechtfertigende Einwilligung des Geschäftsherrn bei § 299 I Nr. 1 StGB scheidet aus, da das Allgemeinrechtsgut der Lauterbarkeit des Wettbewerbs nicht zu deren Disposition steht (RGSt 48, 291).

3. Bestechung (§ 299 II StGB)

Der spiegelbildlich zur Bestechlichkeit ausgestaltete Bestechungstatbestand des Absatzes 2 entspricht weitgehend der Amtsträger-Bestechung nach § 334 StGB: **318**

Aufbauschema (§ 299 II StGB)

I. Tatbestandsmäßigkeit

1. Objektiver Tatbestand

- a) Tathandlung
  - aa) Handeln im geschäftlichen Verkehr
  - bb) Anbieten, Versprechen oder Gewähren eines Vorteils

cc) gegenüber einem Angestellten oder Beschäftigten eines Unternehmens

dd) zu Zwecken des Wettbewerbs

b) Unrechtsvereinbarung

aa) Vorteil als Gegenleistung für eine zukünftige unlautere Bevorzugung beim Bezug von Waren oder Dienstleistungen (Nr. 1)

bb) Vorteil als Gegenleistung für eine zukünftige Handlung bei dem Bezug von Waren oder Dienstleistungen, die gegenüber dem Unternehmen pflichtwidrig ist (Nr. 2)

2. Subjektiver Tatbestand: Vorsatz

II. Rechtswidrigkeit

III. Schuld

IV. Evtl. Regelbeispiel, § 300 StGB

V. Strafantrag, § 301 StGB

Tathandlungen des § 299 II StGB sind (wie bei §§ 333, 334 StGB) das Anbieten, Versprechen oder Gewähren eines Vorteils für diesen oder einen Dritten.

Im **subjektiven Tatbestand** genügt bedingter Vorsatz, der es umfassen muss, dass das Handeln auf eine Förderung des eigenen Absatzes oder des Absatzes eines Dritten abzielt (*Fischer*, § 299 Rn. 40).

4. Handlungen im ausländischen Wettbewerb

319 Die bisherige Klarstellung in § 299 III StGB a.F., wonach der § 299 I, II StGB auf Handlungen im ausländischen Wettbewerb (ohne Begrenzung auf den europäischen Binnenmarkt) gelte, wurde durch das 2. KorrBekG gestrichen, ohne dass dadurch (mangels einer Wortlautbeschränkung auf „deutsche“ Angestellte, Beauftragte oder „deutsche“ Unternehmen) jedoch eine inhaltliche Änderung bezweckt war. Hier gilt weiterhin § 299 StGB, sofern das StGB nach den §§ 3 ff. StGB anwendbar ist.

5. Regelbeispiele

320 § 300 StGB normiert den besonders schweren Fall, wobei als benannter Strafzumessungsgrund nach der Regelbeispielsmethode das Beziehen der Tat auf einen Vorteil großen Ausmaßes **(§ 300 S. 2 Nr. 1 StGB**: 50.000 € [BT-Drs. 13/5584, S. 15; BGH NZWiSt 2016, 359];

aA mit § 299 StGB-autonomer Wertgrenze LK/*Tiedemann*, § 300 Rn. 4 [20.000 €]; NK-StGB/*Dannecker*, § 300 Rn. 5 [25.000 €]), ein gewerbsmäßiges Handeln (oben Rn. 156) sowie ein Handeln als Mitglied einer Bande (oben Rn. 156) erfasst wird, die sich zur fortgesetzten Begehung solcher Taten verbunden hat (**§ 300 S. 2 Nr. 2 StGB**).

6. Strafantrag (§ 301 StGB)

§ 299 StGB ist ein relatives Antragsdelikt. Antragsberechtigt ist für **321** den Fall der unlauteren Bevorzugung im Wettbewerb (§ 299 I Nr. 1, II Nr. 1 StGB) nach § 301 II StGB der Mitbewerber als „Verletzter", der Geschäftsherr des Angestellten oder Beauftragten, sofern die Tathandlung auch ihm gegenüber unlauter war (BGHSt 31, 207 [210]), sowie. Industrie- und Handelskammern und Handwerkskammern (§ 8 III Nr. 4 UWG) sowie rechtsfähige Verbände zur Förderung wirtschaftlicher Interessen (§ 8 III Nr. 2 UWG) antragsberechtigt. Für § 299 I Nr. 2, II Nr. 2 StGB fehlt in § 301 II StGB zwar eine ausdrückliche Regelung der Antragsberechtigung, hierdurch sollte das allgemeine Strafantragsrecht des Verletzten aus § 77 StGB jedoch unberührt bleiben (BT-Drs. 18/4350, S. 22).

7. Konkurrenzen

Tateinheit ist möglich mit §§ 263, 298 StGB sowie § 266 StGB, **322** wenn die pflichtwidrige Handlung der Bestechlichkeit zugleich eine Treubruchshandlung darstellt (BayObLG wistra 1996, 28 [30]). Das Fordern etc. bzw. das Anbieten geht regelmäßig dem Annehmen bzw. Gewähren voraus und wird von diesem im Wege der Konsumtion verdrängt (BGH NJW 2003, 2996 [2997]); Tateinheit (tatbestandliche Handlungseinheit) wird nur dann angenommen, wenn der zu gewährende Vorteil bereits in der Unrechtsvereinbarung exakt bestimmt war (BGH wistra 1995, 61 [62 f.]). Die Beihilfe des jeweils anderen zu § 299 I oder II StGB tritt hinter die jeweils eigene Täterschaft nach dem anderen Absatz zurück. Tatmehrheit besteht zwischen § 299 StGB und der jeweils in Aussicht gestellten bevorzugenden Handlung (*Fischer*, § 299 Rn. 45).

III. Bestechlichkeit und Bestechung im Gesundheitswesen (§§ 299a und b StGB)

Mit den am 04.06.2016 in Kraft getretenen Straftatbeständen der **323** Bestechlichkeit und Bestechung im Gesundheitswesen (§§ 299a und b

StGB) als Kernelement des „Gesetzes zur Bekämpfung von Korruption im Gesundheitswesen" (BGBl. I, S. 1254) hat der Gesetzgeber nach längerer rechtspolitischer Diskussion jene Strafbarkeitslücke geschlossen, die der Große Senat in Strafsachen (BGHSt 57, 202 ff. mit Anm. *Kraatz*, NZWiSt 2012, 273 ff.) festgestellt und frühere Versuche verschiedener Strafgerichte, korruptive Praktiken von Vertragsärzten mit § 299 StGB zu begegnen, eine deutliche Absage erteilte.

1. Bestechlichkeit (§ 299a StGB)

§ 299a StGB schützt neben dem überindividuellen **Rechtsgut** des „Vertrauens der Patienten in die Integrität heilberuflicher Entscheidungen" (wie § 299 StGB) den lauteren Wettbewerb sowie mittelbar das Vermögen der Krankenkassen zugunsten der Solidargemeinschaft. Es ist als **abstraktes Gefährdungsdelikt** und Offizialdelikt ausgestaltet:

a) Objektiver Tatbestand

324 **aa) Täter:** Täter des § 299a StGB kann nur ein Berufsträger sein, deren Berufsausbildung oder dessen Berufsbezeichnung eine staatlich geregelte Ausbildung voraussetzt.

Beispiele: Ärzte (§ 2 BÄO), Tierärzte (§ 3 BTÄO), Krankenschwester oder -pfleger (§ 1 KrPflG), Hebammen (§ 1 HebG), Physiotherapeuten, Krankengymnasten (§ 16 MPhG), Masseure.

Nicht erfasst werden: Apotheker (§ 2 BApO), die faktisch durch die Streichung der Abgabe von Arznei, Heil- oder Hilfsmitteln als Variante der Unrechtsvereinbarung aus dem Anwendungsbereich ausgenommen wurden. Gleichfalls nicht erfasst sind die sog. Heilhilfsberufe wie Heilpraktiker, da für diese keine staatliche Berufsausbildung vorausgesetzt wird (*Tsambikakis*, medstra 2016, 131 [133]).

325 **bb) Tathandlungen:** Die an die §§ 299, 331 ff. StGB angelehnte Tathandlung besteht im Fordern, Sich-Versprechen-Lassen oder der Annahme (Rn. 297) eines Vorteils, der jenem in §§ 299, 331 StGB (Rn. 298 und 314) sowie §§ 31, 32 MBO-Ä entspricht. Der Bestochene muss hierbei „im Zusammenhang mit der Ausübung seines Berufs" handeln, also gerade in seiner beruflichen Funktion. Hierdurch werden private Handlungen von der Strafbarkeit ausgenommen, nicht aber die (Haupt-)Berufstätigkeit vorbereitende, unterstützende oder organisatorisch verbundene Tätigkeiten

cc) Unrechtsvereinbarung: Der Vorteil muss als Gegenleistung für eine künftige unlautere Bevorzugung im Wettbewerb gefordert etc. werden, wobei die unlautere Bevorzugung bei der Verordnung (Verschreiben zugunsten des Patienten) (Nr. 1) oder beim Bezug von Arznei-, Heil- oder Hilfsmitteln oder von Medizinprodukten (Nr. 2) oder bei der Zuführung von Patienten oder Untersuchungsmaterial (Nr. 3) erfolgen soll (enumerativer Katalog!). Die Begrifflichkeiten sind vom Gesetzgeber zumeist den Berufsordnungen der betroffenen Berufsgruppen (insbesondere § 31 MBO-Ä) sowie dem Sozial- und Medizinrecht entnommen. **Unlauter** ist die vereinbarte Bevorzugung, wenn sie geeignet ist, Mitbewerber durch Umgehung der Regeln des Wettbewerbs und durch Ausschaltung der Konkurrenz zu schädigen (*Fischer*, § 299 Rn. 27). An der Unlauterbarkeit fehlt es insbesondere, wenn die Bevorzugung berufsrechtlich zulässig ist, z.B. bei gesundheitspolitisch gewollten, grundsätzlich sozialrechtlich zugelassenen beruflichen Zusammenarbeiten wie Kooperationsvereinbarungen über die Durchführung von vor- und nachstationären Behandlungen (§ 115a SGB V), aber auch (bedenkliche) Kooperationsformen wie vergütete Anwendungsbeobachtungen (§ 67 VI AMG), sofern das Entgelt „wirtschaftlich angemessen" (BT-Drs. 18/6446, S. 18 f.) ist.

b) Subjektiver Tatbestand

Der Vorsatz muss sich auf die tatsächlichen Voraussetzungen der **326**
eigenen Täterstellung, die Bevorzugung bei Verordnung, Bezug oder Zuführung und der Wettbewerbslage sowie (mit einer Parallelwertung in der Laiensphäre: NK-StGB/*Dannecker*, § 299 Rn. 60) die Unlauterbarkeit zum Zeitpunkt der Bevorzugung beziehen. Bedingter Vorsatz reicht grundsätzlich aus. Lediglich bei der Tathandlung des Forderns muss es dem Täter darauf ankommen (Absicht), dass der Vorteilsgeber den Vorteil als Gegenleistung für eine Bevorzugung versteht und hierauf eingeht (RGSt 58, 429 [431]).

c) Strafzumessungsvorschrift des § 300 StGB

Die Regelbeispiele des § 300 StGB (Rn. 318) gelten neben § 299 StGB auch für die §§ 299a und b StGB.

d) Konkurrenzen

Erfüllt der Täter (etwa als angestellter Arzt, der für den Bezug von Medikamenten, die zur unmittelbaren Anwendung bestimmt sind, einen Vorteil erhält) sowohl § 299 StGB wie § 299a StGB, so ist wegen der unterschiedlichen Schutzrichtung beider Normen Tateinheit anzunehmen (BT-Drs. 18/6446, S. 16). Gleiches gilt (wenn auch heftig umstritten) aus Klarstellungsgründen bei einem Zusammentreffen von § 299a StGB mit den §§ 331 ff. StGB (NK-StGB/*Dannecker*, § 299

Rn. 90; *Fischer*, § 299a Rn. 17; aA G/J/W/*Sahan*, § 299a Rn. 30: Subsidiarität des § 299a StGB).

2. Bestechung (§ 299b StGB)

327 Spiegelbildlich zu § 299a StGB erfasst § 299b StGB die aktive Bestechung durch das Anbieten, Versprechen oder Gewähren eines Vorteils gegenüber dem Angehörigen eines Heilberufs auf der Grundlage einer Unrechtsvereinbarung. Der Täter selbst kann dagegen jeder sein (Allgemeindelikt). Besonders schwere Fälle sind in § 300 StGB geregelt. Hinter eine Teilnahme an § 299a StGB tritt § 299b StGB konkurrenzrechtlich zurück (*Fischer*, § 299b [ohne Rn.]).

IV. Sportwettenbetrug und Manipulation berufssportlicher Wettbewerbe (§§ 265c und d StGB)

328 Mit Wirkung zum 19.4.2017 schuf der Gesetzgeber mit den §§ 265c und d StGB weitere Vorfelddelikte zum Betrug in Form von Korruptionsdelikten, weil in Fällen einer Sportwettenmanipulation der § 263 StGB (vgl. BGHSt 51, 165 [Hoyzer-Fall]; BGHSt 58, 102 [Änderung der Schadensberechnung]) häufig an Beweisschwierigkeiten stoße (täuschende Wettsetzung? konkrete Berechnung des Schadens?). Nach § 265c II StGB wird nun die aktive (Anbieten, Versprechen oder Gewährung eines Vorteils) und nach § 265c I StGB die passive Bestechung (Fordern, Versprechenlassen oder Annahmen eines Vorteils: Rn. 297 f.) eines **Sportlers** (unabhängig von deren Grad der Professionalisierung) oder **Trainers** (§ 265c VI StGB) bestraft, wenn sich die maßgebliche Unrechtsvereinbarung darauf bezieht, dass der Sportler oder Trainer als Gegenleistung für den Vorteil den Verlauf oder das Ergebnis eines **Wettbewerbs des organisierten Sports** im In- oder Ausland (§ 265c V StGB), auf das öffentliche Wetten abgeschlossen werden (Die Beeinflussung von Wetten im privaten Raum bleiben tatbestandslos!), beeinflusse, damit – was Gegenstand der Unrechtsvereinbarung sein muss – aus der Sportwette ein rechtswidriger Vermögensvorteil erlangt werden kann. Die Manipulation muss zwar nicht regelwidrig sein, selbstbegünstigende Einflussnahmen wie der Einsatz eines talentierten Spielers reichen aber nicht (*Swoboda/Bohn*, JuS 2016, 686 [687]). Bedingter Vorsatz, der sich auf die Nutzung der Manipulationshandlung für eine betrügerische Wettsetzung beziehen muss, genügt.

§ 265c III und IV StGB erweitert die Strafbarkeit auf aktiver wie passiver Seite auf **Schieds-, Wertungs- und Kampfrichter**, wobei sich die Unrechtsvereinbarung auf eine regelwidrige Beeinflussung des Sportereignisses beziehen muss, wobei es jedoch genügt, wenn der Schieds-, Wertungs- oder Kampfrichter seine Neutralitätspflichten dem Interesse des Vorteilsgebers unterordnet (*Swoboda/Bohn*, JuS 2016, 686 [688]).

§ 265d StGB bestraft Unrechtsvereinbarungen mit Sportlern und **329** Trainern (Abs. 1 und 2) sowie Schieds-, Wertungs- oder Kampfrichtern (Abs. 3 und 4), die sich auf die Beeinflussung von **berufssportlichen Wettbewerben** (§ 265d V StGB) beziehen, selbst wenn diese (anders als bei § 265c StGB) keinerlei Bezug zu Sportwetten haben. Geschützt wird hier allein die Integrität und Glaubwürdigkeit des Sports, die bei öffentlichkeitswirksamen Wettbewerben in besonderem Maße Schaden nehme (BT-Drs. 18/8831, S. 20).

§ 265e StGB normiert für die §§ 265c und d StGB entsprechend § 300 StGB Regelbeispiele (Vorteil großen Ausmaßes bzw. gewerbsmäßige oder bandenmäßige Begehung: Rn. 318) für besonders schwere Fälle.

Kapitel 7. Delikte gegen den Wettbewerb

330 Der wirtschaftsstrafrechtliche Schutz des freien Wettbewerbs als Grundlage einer freien wirtschaftlichen Entfaltung und damit Grundbedingung unserer freien Marktwirtschaft ist angesichts der vielfältigen Angriffsrichtungen weit verstreut: Die §§ 299, 299a und b StGB schützen u.a. vor Wettbewerbsverzerrungen durch eine Bestechung des Angestellten eines geschäftlichen Betriebs (wettbewerbsbeschränkende vertikale Absprachen: oben Rn. 3376), § 298 StGB vor wettbewerbsbeschränkenden Absprachen zwischen Mitbewerbern bei Ausschreibungen (horizontale Absprachen), das europäische wie nationale Kartellbußrecht vor Kartellen sowie dem Missbrauch einer marktbeherrschenden Stellung (§§ 81 ff. GWB, Art. 23 Kartellverfahrensverordnung [EG] Nr. 1/2003), die §§ 16 ff. UWG vor irreführender und progressiver Werbung sowie dem Verrat von Betriebsgeheimnissen und Betriebsspionage, ergänzt mit §§ 55a und b KWG um den Schutz vor einem Geheimnisverrat bezüglich der Angaben bei Millionenkrediten. Die Zielrichtung dieser Normen, ein Verfahrensgerechtigkeit gewährleistendes Verteilungsverfahren nach Leistungsfähigkeit der Bewerber zu garantieren, bedingt eine Akzessorietät der strafrechtlichen Vorschriften von den jeweiligen konkreten marktwirtschaftlichen Ordnungsprinzipien.

I. Wettbewerbsbeschränkende Absprachen (§ 298 StGB)

331 Mit dem 1. KorrBekG wurde § 298 StGB neu ins Strafgesetzbuch aufgenommen, weil der Gesetzgeber – trotz der Auslegung des Betrugstatbestandes bei Submissionsabsprachen (Rn. 131, 141 und 146) – befürchtete, derartige, die Volkswirtschaft erheblich schädigende Preisabsprachen (vor allem in der Bauwirtschaft) mit den bisherigen strafrechtlichen Instrumentarien nicht hinreichend wirksam bekämpfen zu können (BT-Drs. 13/3353, S. 8 ff.).

1. Vorbemerkungen

a) Rechtsgut

332 Geschütztes Rechtsgut ist das Allgemeininteresse an einem freien Wettbewerb bei Ausschreibungen. Hierneben wird überwiegend auch

das Vermögen des Veranstalters der Ausschreibung sowie der (möglichen) Mitbewerber als geschützt angesehen (*Fischer*, § 298 Rn. 2); dies erscheint jedoch als zweifelhaft, hat der Gesetzgeber doch die Einführung eines betrugsähnlichen Sonderdelikts bewusst verworfen und wäre bei einer fehlenden Vermögensgefährdung Straflosigkeit die logische Konsequenz, die mit dem gesetzgeberischen Konzept aber nicht vereinbar wäre – richtigerweise ist der jeweilige Individualvermögensschutz als bloßer „Schutzreflex" anzusehen (ebenso G/J/W/*Böse*, § 298 Rn. 1).

b) Deliktsnatur

§ 298 StGB wird (mangels Erfordernisses eines Vermögensscha- **333**
dens) überwiegend als abstraktes Gefährdungsdelikt angesehen (BGH NStZ 2003, 548 [549]), obgleich es beim richtigen Verständnis eines reinen wettbewerbsschützenden Delikts durch eine wettbewerbsbeschränkende Absprache in einem Ausschreibungsverfahren zu einer konkreten Beeinträchtigung des freien Wettbewerbs kommt (für ein Verletzungsdelikt: G/J/W/*Böse*, § 298 Rn. 2).

c) Aufbauschema

Aufbauschema (§ 298 StGB)

I. Tatbestandsmäßigkeit

1. Objektiver Tatbestand

- a) Tatsituation: Ausschreibung über Waren oder gewerbliche Leistungen bzw. Teilnahmewettbewerb
- b) Tathandlung: Abgabe eines Angebotes
- c) Beruhen des Angebots auf einer rechtswidrigen Absprache
  - aa) Absprache
  - bb) (Kartell-)Rechtswidrigkeit der Absprache
  - cc) Ursachenzusammenhang
- d) Teleologische Reduktion?

2. Subjektiver Tatbestand: Vorsatz

II. Rechtswidrigkeit

III. Schuld

IV. Evtl. tätige Reue, § 298 III StGB

2. Der objektive Tatbestand

a) Tatsituation

334 Die Tathandlung muss im Rahmen einer Ausschreibung vollzogen werden, d.h. in einem Verfahren, mit dem ein Veranstalter Angebote einer Mehrzahl von Anbietern für die Lieferung bestimmter Waren oder die Erbringung bestimmter Dienstleistungen einholt (SSW-StGB/*Bosch*, § 298 Rn. 3). Die Begriffe der „Waren" und „Dienstleistungen" als Ausschreibungsgegenstände sind kartellrechtsakzessorisch auszulegen: **Waren** sind sämtliche Gegenstände, die im Geschäftsverkehr veräußert werden können. **Dienstleistungen** (trotz begrifflicher Harmonisierung durch das 2. KorrBekG identisch mit dem früheren Begriff der „gewerblichen Leistungen") sind alle **Leistungen**, die im geschäftlichen Verkehr erbracht werden, nach dem im Wettbewerbsrecht geltenden funktionalen Unternehmensbegriff sowohl durch Gewerbebetriebe wie durch Angehörige der freien Berufe (BT-Drs. 13/5584, S. 14) und Leistungen des Staates im privatwirtschaftlichen Bereich.

In erster Linie zielt die Norm auf den Wettbewerbsschutz bei Ausschreibungen der öffentlichen Hand, die als öffentliche Ausschreibung (§§ 3 I VOB/A, 3 I VOL/A) bzw. oberhalb der EU-Schwellenwerte (§ 106 GWB) als offenes Verfahren (Regelfall) erfolgen können (§ 119 I und III GWB) und zu deren Durchführung öffentliche Auftraggeber (§ 99 GWB) grundsätzlich verpflichtet sind. Gleichfalls erfasst ist das auf bestimmte Unternehmer begrenzte nicht offene Verfahren (§ 119 IV GWB) bzw. die sog. beschränkte Ausschreibung (§§ 3 II VOB/A, 3 I 2 VOL/A: BGH NStZ 2014, 400 [401]). Umfasst sind gleichfalls Ausschreibungen der EU und von deren Mitgliedsstaaten (MüKo-StGB/*Hohmann*, § 298 Rn. 113). Auch Ausschreibungen privater Auftraggeber gelten als erfasst, sofern sie sich eines Verfahrens bedienen, das der Ausschreibung durch einen öffentlichen Auftraggeber ähnlich ist (BGH NStZ 2003, 548). Mangels Wettbewerbsbedingungen nicht erfasst sind dagegen Verhandlungsverfahren, bei denen der Veranstalter mit ausgewählten Unternehmen verhandelt (§ 119 V GWB), sowie die freihändige Auftragsvergabe, die nach Abs. 2 aber der Ausschreibung gleichgestellt wird, wenn ihr ein öffentlicher Teilnahmewettbewerb voranging. Bei der freihändigen Auftragsvergabe ohne Teilnahmewettbewerb verbleibt nur eine mögliche Betrugsstrafbarkeit (vgl. BGHSt 47, 83 [87 f.]) sowie die Verhängung einer Geldbuße nach § 81 GWB.

b) Tathandlung

335 Die Tathandlung besteht in der Abgabe eines grundsätzlich tauglichen Angebots, d.h. eines solchen, das alle wesentlichen förmlichen und inhalt-

lichen Anforderungen erfüllt; geringfügige Mängel sollen dagegen genauso unbeachtlich sein wie nach BGH NStZ 2003, 548 das verspätete Angebot (zu Recht kritisch: NK-StGB/*Dannecker*, § 298 Rn. 53). Vom Tatbestand erfasst ist nicht nur das Angebot, das nach der Submissionsabsprache angenommen werden soll, sondern auch die nur zum Schein (bewusst überhöht) abgegebenen Angebote der Absprachepartner (daher bedarf es insoweit § 25 II StGB nicht!). Vollendet ist das Delikt bereits mit dem Angebotszugang beim Veranstalter und nicht erst mit dem Ablauf der Frist zur Einreichung von Angeboten. Noch nicht tatbestandsmäßig ist dagegen die reine rechtswidrige Absprache.

c) Beruhen des Angebots auf einer rechtswidrigen Absprache

Das Angebot muss auf einer (kartell-)rechtswidrigen Absprache beruhen: **336**

aa) Absprache: Eine Absprache verlangt (in Anlehnung an den Begriff der Vereinbarung zwischen Unternehmen nach § 1 GWB) einen inhaltlichen Verständigungsakt über das Verhalten der Beteiligten im Ausschreibungsverfahren, der geeignet ist, die unternehmerische Selbstbestimmung und den freien Wettbewerb zu gefährden“ (*N. Müller*, NZWiSt 2014, 218 [220]) und der darauf abzielt (Finalität), den Veranstalter zur Annahme eines bestimmten Angebotes in einem bestimmten Ausschreibungsverfahren zu veranlassen (inkl. Ringabsprachen bezogen auf mehrere bestimmte Ausschreibungsverfahren); ein bloßer Informationsaustausch im Vorfeld einer Absprache („unechte Submissionsabsprache“) genügt noch nicht (NK-StGB/*Dannecker*, § 298 Rn. 58). Aus der kartellrechtlichen Akzessorietät ergibt sich, dass Beteiligte der Absprache jedenfalls Unternehmen sind, die als Bieter um den zu vergebenden Auftrag konkurrieren (sog. **horizontale Absprache**).

337 **Fall 47** (nach BGHSt 49, 201 ff.): A, der Oberbauleiter der BAJ.eV, die für den Vereinszweck als Bauherr Bauvorhaben in zweistelliger Millionenhöhe verwirklichte, vereinbarte mit B, Geschäftsführer und Mitinhaber des bautechnischen Planungsbüros HBB, ihm gegen vereinbarte Schmiergeldzahlungen Bauvorhaben zu vermitteln. Hierzu baute A in den Ausschreibungsunterlagen versteckt Luftpositionen ein („stille Reserven“), die er B mitteilte, so dass dieser ein angepasstes und insoweit besonders günstig aussehendes Gebot abgeben konnte und so den Zuschlag erhielt. In seine Rechnungen versteckte B Summen für nicht erbrachte Leistungen, die nach der Bezahlung durch den BAJ.eV an A gingen. Strafbarkeit des B nach § 298 StGB?

Umstritten in **Fall 47** ist, ob § 298 StGB auch **vertikale Absprachen** zwischen einem Anbieter und einer Person auf der Seite des Veranstalters erfasst: Im Schrifttum (NK-StGB/*Dannecker*, § 298 Rn. 63; LK/*Tiedemann*, § 298 Rn. 14) wird dies teilweise angenommen, weil der Anwendungsbereich des § 1 GWB (seit der 7. GWB-Novelle) auf vertikale Wettbewerbsbeschränkungen erstreckt worden sei und dies wegen der Kartellrechtsakzessorietät auf § 298 StGB übertragbar sei. Hierbei wird aber verkannt, dass der Tatbestand des § 298 StGB nur einen Ausschnitt des Kartellverbots kriminalisiert und dass rein vertikalen Absprachen „die für horizontale Submissionsabsprachen, insbesondere für Ringvereinbarungen im Bauwesen, typische, wirtschaftspolitisch gefährliche Tendenz zur Wiederholung" fehlt (BGHSt 49, 201 [207]), die mit § 298 StGB gerade bekämpft werden sollte (BT-Drs. 13/5584, S. 13). Mit der h.M. (BGHSt 49, 201 [205]; BGH NStZ 2006, 687) ist eine Erstreckung des § 298 StGB auf vertikale Absprachen daher zu verneinen.

338 **bb) (Kartell-)Rechtswidrigkeit:** Die Bewertung der Absprache als „rechtswidrig" (normatives Tatbestandsmerkmal: LK/*Tiedemann*, § 298 Rn. 36; aA G/J/W/*Böse*, § 298 StGB Rn. 26: allgemeines Verbrechensmerkmal) bezieht sich auf deren wettbewerbsbeschränkenden Charakter und hat daher derart kartellrechtsakzessorisch zu erfolgen, ob die Absprache gegen das GWB oder das europäische Wettbewerbsrecht (Art. 101 f. AEUV) verstößt. Nicht unter § 298 StGB fallen so kartellrechtlich zulässige Handlungen wie Bieter- und Arbeitsgemeinschaften mit gemeinsamem Angebot (das den Wettbewerb fördert und nicht beschränkt: BT-Drs. 13/8079, S. 14) sowie Absprachen bei Freistellungen vom Kartellverbot (§§ 2 und 3 GWB, Art. 101 III AEUV) oder bei Bereichsausnahmen (z.B. § 28 GWB zur Landwirtschaft).

339 **cc) Ursachenzusammenhang:** Das vom Täter abgegebene Angebot muss auf der rechtswidrigen Absprache beruhen, wofür neben einem Kausalzusammenhang zu verlangen ist, dass sich im Angebot die mit der Absprache bezweckte Wettbewerbsbeschränkung realisiert (BT-Drs. 13/5584, S. 14). Hieran fehlt es, wenn ein Außenstehender zufällig oder gezielt von der Absprache Kenntnis erlangt und er dieses Wissen für ein noch günstigeres Angebot ausnutzt, wird doch die einseitige Anpassung an das wettbewerbsbeschränkende Verhalten Dritter von § 81 GWB nicht erfasst (G/J/W/*Böse*, § 298 StGB Rn. 29). Nutzt dagegen ein Mitglied der Absprache sein Wissen aus, um entgegen der Absprache die anderen Kartellmitglieder zu unterbieten, so wird dies überwiegend noch als auf der Absprache beruhend angesehen (*Fischer*, § 298 Rn. 14), während Teile des Schrifttums (G/J/W/*Böse*, § 298 StGB Rn. 30) dies ablehnen, weil das Angebot des „Aussteigers" nicht

zu einer Vertiefung der vereinbarten Wettbewerbsbeschränkung geführt, sondern den Wettbewerb sogar teilweise wiederhergestellt habe.

d) Teleologische Reduktion?

Die im Schrifttum teilweise vertretene teleologische Tatbestandsreduktion für den Fall, dass der Eintritt eines Vermögensschadens beim Veranstalter mit Sicherheit auszuschließen ist (*Otto*, wistra 1999, 41 [46]), ist ausgehend vom hiesigen Verständnis, dass das Individualrechtsgut des Vermögens nur als Schutzreflex mitgeschützt wird, abzulehnen. Zudem kann die Relevanz der Absprache für das geschützte Rechtsgut bereits im Rahmen der Rechtswidrigkeitsbewertung der Absprache berücksichtigt werden. **340**

3. Der subjektive Tatbestand

Der subjektive Tatbestand lässt einen zumindest bedingten Vorsatz ausreichen; eine Absicht, den Veranstalter zur Annahme eines bestimmten Angebotes zu veranlassen, ist nicht erforderlich (LK/*Tiedemann*, § 298 Rn. 41). Hinsichtlich der Rechtswidrigkeit der Absprache genügt eine Parallelwertung in der Laiensphäre; ein Irrtum über die Rechtswidrigkeit ist ein vorsatzausschließender Tatbestandsirrtum (LK/*Tiedemann*, § 298 Rn. 43; aA *Maurach/Schroeder/Maiwald*, BT 2, § 68 Rn. 5: Verbotsirrtum). **341**

4. Tätige Reue, § 298 III StGB

Wegen des frühen Vollendungszeitpunkts der Angebotsabgabe sieht § 298 III StGB die Möglichkeit tätiger Reue vor, wenn der Täter freiwillig verhindert, dass der Veranstalter das Angebot annimmt oder seine Leistung (auch: Teilleistung: G/J/W/*Böse*, § 298 StGB Rn. 38) erbringt. Hierzu muss der Täter die Absprache und die darauf beruhenden Angebote dem Veranstalter gegenüber offenlegen (MüKo-StGB/*Hohmann*, § 298 Rn. 98). Eine Strafbarkeit nach den §§ 263, 299, 331 ff. StGB bleibt unberührt. **342**

5. Konkurrenzen

Mehrere, auf die Abgabe eines Angebotes bezogene Handlungen bilden eine natürliche Handlungseinheit, genauso wie mehrere Angebote im selben Ausschreibungsverfahren oder in mehreren Ausschreibungsverfahren, die auf der gleichen Ringabsprache beruhen (BGH JZ 1997, 98 [100 f.]). Zum Betrug besteht aufgrund der unterschiedlichen **343**

Schutzrichtung Tateinheit (*Fischer*, § 298 Rn. 22; aA *Wolters*, JuS 1998, 1100 [1102]: § 298 StGB sei lex specialis), zu den Bestechungsdelikten (§§ 299, 331 ff. StGB) Tatmehrheit. Eine zugleich nach § 81 GWB verwirklichte Ordnungswidrigkeit tritt zurück (§ 21 OWiG); die Verhängung einer Unternehmensgeldbuße (§ 30 II Nr. 1 iVm § 130 III 3 OWiG, § 81 GWB) bleibt dagegen möglich.

II. Kartellbußgeldrecht

344 Materiell-rechtliche Grundlagen zur Sicherung eines freien Wettbewerbs enthalten das europäische (Art. 101 ff. AEUV, Kartellverfahrens-VO EG Nr. 1/2003 [ABl. EG 2003, L 1/1], Fusionskontroll-VO EG Nr. 139/2004 [ABl. EG 2004, L 24/1]) wie nationale Kartellrecht (GWB), deren zentralen Verbote (Kartellverbot, Verbot des Missbrauchs einer marktbeherrschenden Stellung, Fusionskontrolle) bußgeldbewährt sind. Hierbei kommt nach Art. 3 VO (EG) Nr. 1/2003 dem europäischen Kartellrecht ausdrücklich ein Anwendungsvorrang zu. Indem deren Vorgaben mit der 7. GWB-Novelle jedoch 2005 in § 81 GWB integriert wurden, kann es zur parallelen Anwendung europäischen wie nationalen Kartellbußrechts kommen (zum Grundsatz „ne bis in idem" hierbei *Streinz*, Jura 2009, 412 ff.).

1. Nationales Kartellordnungswidrigkeitenrecht

345 **Fall 48** (nach *Wittig*, § 32 Rn. 7): Sechs führende deutsche Zementhersteller einigten sich darauf, die aktuellen Preise durch ein gemeinsames Handeln zu halten. Sie vereinbarten auf dem deutschen Markt für Grauzement in den Vertriebsregionen Nord-, Ost-. West- und Süddeutschland flächendeckend Absatzquoten und Marktanteile. An der Absprache war auch die H-Zement AG beteiligt, für die deren Vorstandsmitglied V handelte. Hat V eine Ordnungswidrigkeit begangen?

Die zentrale Bußgeldvorschrift des nationalen Kartellrechts ist der Blanketttatbestand des § 81 GWB:

a) § 81 I Nr. 1 GWB

§ 81 I Nr. 1 GWB sanktioniert vorsätzliche wie fahrlässige Verstöße gegen das in Art. 101 I AEUV geregelte umfassende Verbot von Vereinbarungen zwischen Unternehmen, Beschlüssen von Unternehmensvereinigungen und aufeinander abgestimmte Verhaltensweisen, welche den Handel zwischen den Mitgliedsstaaten zu beeinträchtigen geeignet sind und eine Verhinderung, Einschränkung oder Verfälschung des Wettbewerbs innerhalb des Gemeinsamen Marktes bezwecken oder bewirken (**europäisches Kartellverbot**).

aa) Täter: Das Verbot des Art. 101 I AEUV richtet sich nur an Un- 346
ternehmen und Unternehmensvereinigungen. Nach dem **extensiven Unternehmensbegriff** des Kartellrechts sind alle natürlichen oder juristischen Personen oder rechtsfähige Personengesellschaften Unternehmen, wenn sie sich dauerhaft oder nur gelegentlich als Anbieter oder Nachfrager von Waren oder Leistungen gegen Entgelt am Wirtschaftsleben beteiligen (*Hellmann/Beckemper*, Rn. 669); insoweit gilt auch der Staat bei einer Beteiligung am geschäftlichen Verkehr (selbst bei einer öffentlich-rechtlichen Gestaltungsform) als Unternehmer (BGHZ 119, 93 [101]). **Unternehmensvereinigungen** sind Vereinigungen von mindestens zwei Unternehmen, deren Aufgabe darin besteht, die Interessen ihrer Mitglieder wahrzunehmen (z.B. Wirtschaftsverbände, Berufsorganisationen). Da sich Unternehmen national nicht ordnungswidrig machen können, bedarf es zur Zurechnung der Unternehmensinhaberschaft als besonderem persönlichen Merkmal an eine natürliche Leitungsperson des § 9 OWiG (oben Rn. 41 ff.).

bb) Tathandlungen: Der Begriff der „**Vereinbarung**" erfasst nicht 347
nur zivilrechtliche Verträge, sondern auch „Gentlemen's agreements" und „Frühstückskartelle" (*Hellmann/Beckemper*, Rn. 672). **Beschlüsse** sind alle Rechtsakte, durch die eine Unternehmensvereinigung ihren Willen bildet, wobei die rechtliche Qualifizierung des Beschlusses unerheblich ist (*Wittig*, § 32 Rn. 13). Eine **aufeinander abgestimmte Verhaltensweise** ist nach der insoweit maßgeblichen Rechtsprechung des EuGH (Slg. 1975, 1663 [1942]) jede koordinierte praktische Zusammenarbeit, die an die Stelle des mit Risiken verbundenen Wettbewerbs tritt. Die Vereinbarung ist geeignet, den Handel zwischen den Mitgliedsstaaten zu beeinträchtigen (**Zwischenstaatlichkeitsklausel**), wenn die Gesamtheit der objektiven, rechtlichen oder tatsächlichen Umstände die Wahrscheinlichkeit voraussehen lässt, dass die Vereinbarung unmittelbar oder mittelbar, tatsächlich oder der Möglichkeit nach den Handel zwischen Mitgliedsstaaten beeinflussen kann. Die Vereinbarung muss schließlich eine Wettbewerbsbeschränkung bezwecken oder bewirken, wobei dies nicht anhand der subjektiven Ansichten der Beteiligten, sondern objektiv nach der Erwartung kaufmännischer vernünftiger Beteiligter zu bestimmen ist (**objektive wettbewerbsbeschränkende Tendenz**). Als ungeschriebenes Tatbestandsmerkmal muss die Wettbewerbsbeschränkung **spürbar** sein, was sich maßgeblich nach der de-minimis-Bekanntmachung der Europäischen

Kommission vom 30.8.2014 (ABl. EU, C 291 S. 1) bestimmt, wonach der Marktanteil der Kartellmitglieder auf dem relevanten Markt mehr als 10 % betragen muss; bei Vereinbarungen zwischen Nicht-Wettbewerbern liegt die Schwelle bei 15 %. Bei schwerwiegenden Maßnahmen wie Preisabsprachen, der Marktaufteilung oder der Beschränkung der Produktion oder des Absatzes gilt diese Beschränkung nicht (*Hellmann/Beckemper*, Rn. 687).

348 **cc) Subjektiver Tatbestand:** Der Täter muss vorsätzlich oder fahrlässig gehandelt haben. Wegen des Charakters des § 81 I GWB als Blanketttatbestand sind Irrtümer des Täters über die Kartellrechtswidrigkeit seines Verhaltens bloße Verbotsirrtümer iSd § 11 II OWiG (*Böse*, FS Puppe [2010], S. 1353 ff.).

b) § 81 I Nr. 2 GWB

349 § 81 I Nr. 2 GWB sanktioniert einen vorsätzlichen oder fahrlässigen Verstoß gegen das in Art. 102 AEUV normierte Verbot einer missbräuchlichen Ausnutzung einer beherrschenden Stellung auf dem Gemeinsamen Markt oder auf einem sachlich und räumlich relevanten Teil desselben durch ein oder mehrere Unternehmen, wenn dies zu einer Beeinträchtigung des Handels der Mitgliedsstaaten führen kann. Die verbotenen Handlungsweisen sind in Art. 102 S.2 AEUV nicht abschließend aufgezählt (z.B. Erzwingung unangemessener Preise, Einschränkung der Erzeugung zum Nachteil der Verbraucher oder Benachteiligung einzelner Handelspartner durch Anwendung unterschiedlicher Bedingungen).

c) § 81 II GWB

350 **§ 81 II Nr. 1 GWB** ahndet als Blankettbußgeldtatbestand den vorsätzlichen oder fahrlässigen Verstoß gegen eine Vielzahl aufgelisteter Vorschriften des deutschen Kartellrechts, wie insbesondere gegen das allgemeine Kartellverbot des § 1 GWB, der weitgehend (freilich ohne Zwischenstaatlichkeitsklausel) Art. 101 I AEUV entspricht. Seit der 7. GWB-Novelle sind nicht nur horizontale, sondern auch vertikale Vereinbarungen zur Einschränkung und Verfälschung des Wettbewerbs erfasst.

Beispiele für § 81 II Nr. 1 iVm § 1 GWB:

- Preisabsprachen wie in **Fall 48**, wo V nach § 9 I Nr. 1 OWiG die Unternehmensinhaberschaft zugerechnet wird. Über § 30 OWiG (oben Rn. 116 ff.) ist auch eine Unternehmensgeldbuße gegen die H-Zement-AG möglich.
- Vertriebsbeschränkungsabsprachen
- Ein- und Verkaufssyndikate
- Submissionsabsprachen (vgl. § 298 StGB: Rn. 329 ff.)

– Preisbindungs-Absprachen zwischen Herstellern und Händlern (Ausnahmen: Buchpreisbindung [§§ 3, 5 Buchpreisbindungsgesetz], Preisbindung bei Zeitungen und Zeitschriften [§ 30 I GWB])

§ 81 II Nr. 2 bis 6 GWB ahndet Verstöße gegen bestimmte behördliche Verfügungen sowie Melde- und Auskunftspflichten.

d) § 81 III GWB

§ 81 III GWB sanktioniert schließlich (nur!) vorsätzliche Verstöße ge- 351
gen das in § 21 I GWB normierte Verbot der Aufforderung zu einer Liefer- oder Bezugssperre (Boykottverbot), gegen das in § 21 II GWB normierte Verbot von Druck und Lockung sowie das in §§ 24 IV 3, 39 III 5 GWB normierte Verbot, bestimmte Angaben zu machen oder zu nutzen.

e) Bußgeldhöhe

Die Ordnungswidrigkeiten des § 81 I, II Nr. 1, 2 lit. a und 5, III GWB können mit einer Geldbuße bis zu 1 Mio. € geahndet werden (§ 81 IV 1 GWB). Gegen Unternehmen oder Unternehmensvereinigungen kann sogar ein Bußgeld bis zu 10 % des im vorausgegangenen Geschäftsjahr erzielten Gesamtumsatzes (nach § 81 IV 4 GWB ggf. geschätzt) verhängt werden. Bei der Zumessung ist § 17 IV OWiG anzuwenden.

2. Europäisches Kartellordnungswidrigkeitenrecht

Die Bußgeldtatbestände des europäischen Kartellrechts finden sich 352
primär in Art. 23 VO (EG) Nr. 1/2003, der vorsätzliche und fahrlässige Verfahrensverstöße (bei Auskunftsverlangen und Nachprüfungen) mit Geldbußen bis zu 1 % des im vorausgegangenen Geschäftsjahr erzielten Gesamtumsatzes (Art. 23 I VO [EG] Nr. 1/2003) sowie Verstöße gegen das materielle Kartellrecht (Art. 101 I, 102 AEUV) mit einer Geldbuße von bis zu 10 % des von dem einzelnen an der Zuwiderhandlung beteiligten Unternehmen im letzten Geschäftsjahr erzielten Gesamtumsatzes bedroht. Normadressat dieser Bußgeldtatbestände ist jeweils – im Unterschied zum deutschen Recht – direkt das Unternehmen, dem das schuldhafte Handeln der für sie tätigen natürlichen Personen zugerechnet wird (*Mansdörfer/Timmerbeil*, EuZW 2011, 214 ff.). Die Sanktionierung bestimmter verbotener Unternehmenszusammenschlüsse ermöglicht Art. 14 der FusionskontrollVO (EG) Nr. 139/2004 (hierzu *Hellmann/Beckemper*, Rn. 709).

III. Straftaten nach dem UWG

1. Strafbare Werbung (§ 16 UWG)

353 § 16 UWG enthält einen umfassenden (allgemeinen) Tatbestand der strafbaren Werbung (Sondernormen finden sich etwa für kosmetische Mittel in § 59 I Nr. 13 iVm § 27 I 1 LFGB oder für Heilmittel in § 14 iVm § 3 HWG), um sicherzustellen, dass der Verbraucher seine Marktentscheidungen auf einer richtigen Tatsachengrundlage treffen kann. Umstritten ist, ob die **Rechtsgutstrias des § 1 UWG** (Schutz der Mitbewerber, der Verbraucher und des Allgemeininteresses an einem unverfälschten Wettbewerb) auch auf § 16 UWG Anwendung finden (so G/J/W/*Krell*, § 16 UWG Rn. 2), ob § 16 UWG als Vorfelddelikt zum Betrug lediglich das Vermögen der Verbraucher schütze (*Hellmann/Beckemper*, Rn. 445), wofür deren (unstreitiger) Schutzgesetzcharakter iSd § 823 II BGB spreche, oder ob § 16 UWG den Schutz der Dispositionsfreiheit der Verbraucher wie den Schutz der Mitbewerber betreibt, während der Schutz des Wettbewerbs lediglich einen Schutzreflex darstellt (*Wittig*, § 33 Rn. 5). Mangels Erfordernis einer Irreführung oder eines Vermögensschadens bilden § 16 I und II UWG **abstrakte Gefährdungsdelikte**.

a) § 16 I UWG (Irreführende Werbung)

354 **Fall 49** (nach BGHSt 52, 227 ff.): Für das Versandhandelsunternehmen „S&G“ veranlasste A die Versendung standardisierter Werbesendungen an unerfahrene Kunden auf einer Versandliste (700.000 Personen) mit folgendem Text: „Sehr geehrter Herr …, soeben komme ich aus der Buchhaltung, wo ich eigentlich Ihren Gewinnscheck aus der März-Vergabe abholen wollte, denn ich dachte, ich könnte Ihren Scheck gleich diesem Brief an Sie beilegen. Aber Sie wissen ja, wie Buchhalter so sind: immer muss alles 200%ig sein, bevor sie Bargeld oder Schecks aus der Hand geben. Und wehe, es fehlt eine Unterschrift oder ein Stempel! Also, Herr … Die Sache ist folgendermaßen: Herr H., unser Chefbuchhalter, hat mir noch einmal bestätigt, dass es keinen Zweifel an Ihrem Bargeldgewinn gibt und dass mit der Auszahlung an Sie auch alles in Ordnung ist (die interne Aktennotiz habe ich Ihnen beigelegt). Es gibt also keinen Grund zur Beunruhigung. Allerdings hat er von der internen Firmenrevision natürlich seine Vorgaben, wie Auszahlungen ordnungsgemäß zu verbuchen sind, und da fehlt jetzt eben noch der unterschriebene Auszahlungs-Beleg von Ihnen, Herr …! Daher

habe ich nun alle Unterlagen vorbereitet und möchte Sie bitten, den beigelegten Auszahlungs-Beleg schnell zu unterschreiben und umgehend zurückzuschicken. Dann kann die Auszahlung an Sie bereits in den nächsten Tagen über die Bühne gehen. … Herr H. und ich würden uns übrigens freuen, wenn Sie uns in diesem Zusammenhang auch wieder einmal mit einer kleinen Bestellung beauftragen würden. … Ich möchte Sie wirklich zu nichts überreden, aber wenn Sie sich ohnehin etwas aus unserem aktuellen Angebot aussuchen möchten, könnte ich Ihre Sendung gleich mit anderen Lieferungen rausschicken." Erst aus den kleingeschriebenen „Vergabe-Bedingungen" auf der Rückseite des „Auszahlungs-Belegs" ergab sich, dass der Empfänger noch nicht gewonnen hatte, sondern erst durch seine Bestellung an einem Gewinnspiel teilnehme. In Wahrheit fand noch nicht einmal eine Verlosung statt, sondern die ausgelobten Preise wurden an jene Kunden verteilt, die für die höchste Summe Waren bestellten. Strafbarkeit des A?

aa) Tathandlung: Im objektiven Tatbestand verlangt das Tätigkeitsdelikt des § 16 I UWG, dass der Täter (jedermann) „in öffentlichen Bekanntmachungen oder in Mitteilungen, die für einen größeren Kreis von Personen bestimmt sind, durch unwahre Angaben irreführend wirbt".

(1) Unwahre Angaben: **Angaben** (iSd § 5 I 2 UWG) müssen – entsprechend dem Tatsachenbegriff des § 263 StGB – dem Beweis zugängliche Aussagen tatsächlicher Natur über die Vergangenheit oder Gegenwart mit einem Mindestmaß an Information sein, so dass reine Werturteile, Kaufappelle und reklamehafte Übertreibungen, die offensichtlich nicht ernst genommen werden können (z.B. „Das Beste jeden Morgen" [BGH GRUR 2002, 182]), nicht genügen; einem tauglichen Tatsachenkern kommen jedoch bestimmten Alleinstellungs- oder Spitzengruppenwerbungsaussagen wie „Größter Schuhmarkt Deutschlands" (BGH GRUR 1983, 779 f.) oder „Europas größter Online-Dienst" (BGH GRUR 2004, 786 [788]) zu. Während die **Unwahrheit** der Angabe nach der früheren Rechtsprechung aus der Sicht der angesprochenen Verkehrskreise zu bestimmen war (RGSt 47, 161 [163]), hat sich heutzutage der rein objektive Maßstab durchgesetzt, sodass unwahr alle Angaben sind, die nicht mit der Wirklichkeit übereinstimmen (BGHSt 52, 227 [234]) – objektiv wahre Angaben sind daher selbst dann nicht tatbestandsmäßig, wenn sie auf eine Irreführung bestimmter Verkehrskreise angelegt sind (z.B. eine Werbung für ein Produkt mit dem Stiftung Warentest-Urteil „gut", obwohl fast alle Konkurrenzprodukte ein „sehr gut" erhalten haben: ebenso *Wittig*, § 33 Rn. 10a; aA *Hellmann/Beckemper*, Rn. 450 mit der Annahme einer konkludenten Aussage, das Produkt gehöre zu den Besten seiner Kategorie). Getätigt werden kann die Aussage – wie die Täuschung bei § 263 StGB – **ausdrücklich, konkludent** (z.B. KG, GRUR 1973, 601: Werbung für eine preisgünstige Wohnung, in der nicht angegeben wird, dass die Vermittlung von einem Möbelkauf abhängig gemacht wird) oder bei Vorliegen einer Garantenstellung durch **Unterlassen**, die jedoch weder aus der Hinweispflicht des § 5a UWG noch idR aus § 242 BGB (Treu und Glauben) folgt.

In **Fall 49** war zwar unter Lektüre der „Vergabe-Bedingungen" zu erkennen, dass der Kunde erst durch seine Bestellung an einem Gewinnspiel teilnehme, aber aufgrund der Gestaltung waren die Schreiben final auf eine Täuschung angelegt und stellten so – wie bei § 263 StGB – eine Täuschung über Tatsachen dar; spätestens die Gewinnspielteilnahme war unrichtig, da eine Verlosung gar nicht stattfand.

355 **(2) Irreführende Werbung**: Mit den unwahren Aussagen muss der Täter irreführend werben. Der im UWG nicht legal definierte Begriff der **Werbung** umfasst (nach dem weiten Verständnis in Art. 2 lit. a Irreführungs-RiL 2006/114/EG [ABl. EG 2006, L 378, S. 21]) jede Äußerung bei der Ausübung eines Handels, Gewerbes, Handwerks oder freien Berufs mit dem Ziel, den Absatz von Waren oder die Erbringung von Dienstleistungen, einschließlich unbeweglicher Sachen, Rechte und Verpflichtungen, zu fördern. Dem unterfällt auch die sog. Nachfragewerbung (z.B. durch unzutreffende Angaben in Stellenanzeigen: BayObLG GRUR 1974, 400: gesucht wurden Handelsvertreter mit „Handwerker für den Außendienst gesucht") wie Äußerungen Dritter (etwa von Unternehmensmitarbeitern). **Irreführend** ist die nach ihrem Gesamteindruck zu bestimmende Werbeaussage, wenn sie geeignet ist, einen Teil des durch die Werbung angesprochenen Personenkreises (grundsätzlich der durchschnittlich informierten und verständigen Verbrauchers: BGHZ 156, 250 [252 f.]) dazu zu veranlassen, sie für wahr zu halten (umfassende Beispiele bei G/J/W/*Krell*, § 16 UWG Rn. 51 ff.); hierfür genügt es, wenn 10–20 % sich täuschen lassen (sog. Irreführungsquote: *Böhm*, GRUR 1986, 290 [292]). Richtet sich die Werbung an besonders schutzwürdige Personen (z.B. ältere Personen), so gelten erhöhte Anforderungen (vgl. § 3 II 3 UWG). Auf den tatsächlichen Eintritt einer Irreführung kommt es dagegen nicht an.

356 **(3) Verbreitung**: § 16 UWG erfasst (anders als § 5 UWG) keine individuelle Werbung, sondern nur Publikumswerbung, d.h. die Werbung muss in **öffentlichen Bekanntmachungen** (Bekanntmachungen, die sich an jedermann richten, z.B. Werbeanzeigen in Zeitungen, Fernseh- und Rundfunkwerbung, Internetwerbung) oder **Mitteilungen, die sich an einen größeren Personenkreis richten** (unbestimmte und

unbegrenzte Mehrheit an Personen, zumeist ein begrenzter Kundenkreis: z.B. Prospekte an Großhändler oder wie in **Fall 49** Versendung an die Personen auf einer Versandliste), erfolgen.

bb) Subjektiver Tatbestand: Der subjektive Tatbestand verlangt neben bedingtem Vorsatz die Absicht (dolus directus ersten Grades!) des Werbenden, den Anschein eines besonders günstigen Angebots hervorzurufen, d.h. der Täter muss den zielgerichteten Willen haben, die Eigenschaften des angebotenen Produkts in einer Weise herauszustellen, die einen besonderen Anreiz zum Erwerb bildet (subjektiver wirtschaftlicher Zusammenhang: BGHSt 27, 293 [294]). **357**

b) § 16 II UWG (Progressive Kundenwerbung)

§ 16 II UWG bestraft (zum Schutz geschäftlich unerfahrener Personen vor Täuschungen und glücksspielartiger Willensbeeinflussung: BT-Drs. 10/5058, S. 38 f.) die vorsätzliche progressive Kundenwerbung im geschäftlichen Verkehr, d.h. die Kundenwerbung durch Kunden unter Versprechen besonderer Vorteile, wenn sie weitere Verbraucher (§ 2 II UWG iVm § 13 BGB) zur Abnahme von Waren, Dienstleistungen oder Rechte veranlassen (sog. Kettenelement). Erfasst sind hierdurch insbesondere **Schneeballsysteme** (Das werbende Unternehmen schließt einen Vertrag mit dem von ihm geworbenen Erstkunden wie dem von diesem geworbenen Zweitkunden, wofür der Erstkunde Rabatte oder Gutschriften erhält: z.B. BGHSt 56, 174 ff. – „Schneeballseminare") und **Pyramidensysteme** (Die vom Erstkunden geworbenen Zweitkunden schließen Verträge mit dem Erstkunden ab: z.B. der Erstkunde erwirbt überteuert eine Ware oder die Möglichkeit zur Abhaltung von Kursen und muss dies durch den Verkauf an Kunden wieder hereinholen). Notwendig ist hier jeweils eine Abgrenzung zwischen zulässigen Strukturvertrieben und unzulässiger progressiver Kundenwerbung. Maßgeblich ist, ob die Ausgestaltung des Vergütungssystems in erster Linie dem Waren(ab)verkauf dient oder ob es typischerweise darauf zielt (z.B. durch die Zusage bestimmter Vorteile), neue Teilnehmer in die Absatzstruktur einzubinden (OLG Frankfurt a.M. GRUR-RR 2016, 202 [203]). Mit § 16 I UWG wie § 263 StGB besteht zumeist Tateinheit, mit Umsatzsteuerhinterziehung Tatmehrheit. **358**

2. Geheimnisverrat und Betriebsspionage (§ 17 UWG)

Geheimnisverrat und Betriebsspionage sind (auch) in der Bundesrepublik zu einem drängenden Problem geworden, die hierdurch verursachten Schäden für die Wirtschaft sind erheblich (allein in Deutsch- **359** land: mehrere Milliarden Euro [*Kiethe/Hohmann*, NStZ 2006, 185]). § 17 UWG bestraft daher in Abs. 1 den Geheimnisverrat durch einen Beschäftigten, in Abs. 2 Nr. 1 die Betriebsspionage durch Beschäftigte oder Dritte und in Abs. 2 Nr. 2 die Verwertung rechtswidrig erlangter Geheimnisse (Geheimnishehlerei), § 18 UWG die unbefugte Nutzung anvertrauter Geheimnisse durch Selbstständige („Vorlagenfreibeuterei“) und § 19 UWG bestimmte Vorbereitungshandlungen hierzu. Geschütztes Rechtsgut ist in erster Linie das Geheimhaltungsinteresse des Geheimnisträgers sowie daneben das Allgemeininteresse am Erhalt eines funktionierenden Wettbewerbs als Instituts der Wirtschaftsordnung (G/J/W/*Krell*, § 17 UWG Rn. 2).

a) Objektiver Tatbestand des § 17 I UWG (Geheimnisverrat)

360 **aa) Täter:** § 17 I UWG kann als echtes Sonderdelikt nur von einem Beschäftigten begangen werden. Dieser Begriff ist weit auszulegen und erfasst jede Person, die ihre Arbeitskraft ganz oder teilweise dem Geschäft eines anderen widmet. Erfasst sind daher auch Geschäftsführer und Vorstandsmitglieder juristischer Personen wie Aufsichtsratsmitglieder und Mitarbeiter von Freiberuflern. Keine tauglichen Täter sind der Geschäftsinhaber selbst sowie die Gesellschafter einer Handelsgesellschaft.

361 **bb) Tatobjekt:** Tatobjekt ist ein Geschäfts- oder Betriebsgeheimnis, das dem Täter im Rahmen seines Dienstverhältnisses anvertraut worden oder zugänglich geworden ist. „Als **Betriebs- und Geschäftsgeheimnisse** werden [hierbei] alle auf ein Unternehmen bezogene Tatsachen, Umstände und Vorgänge verstanden, die nicht offenkundig, sondern nur einem begrenzten Personenkreis zugänglich sind und an deren Nichtverbreitung der Rechtsträger ein berechtigtes Interesse hat. Betriebsgeheimnisse umfassen im Wesentlichen technisches Wissen im weitesten Sinne; Geschäftsgeheimnisse betreffen vornehmlich kaufmännisches Wissen. Zu derartigen Geheimnissen werden etwa Umsätze, Ertragslagen, Geschäftsbücher, Kundenlisten, Bezugsquellen, Konditionen, Marktstrategien, Unterlagen zur Kreditwürdigkeit, Kalkulationsunterlagen, Patentanmeldungen und sonstige Entwicklungs- und Forschungsprojekte gezählt, durch welche die wirtschaftlichen Verhältnisse eines Betriebs maßgeblich bestimmt werden können“ (BVerfG NVwZ 2006, 1041 [1042]). Kennzeichnend sind hiernach folgende Kriterien:

362 **Unternehmensbezogenheit:** Der erforderliche Unternehmensbezug verlangt, dass sich die geheim zu haltende Tatsache aus dem Geschäftsbetrieb des betroffenen Unternehmens als solchen ergibt oder zumindest in unmittelbarer Beziehung dazu steht.

Nichtoffenkundigkeit: Die Tatsache darf nicht offenkundig sein, d.h. sie darf den jeweiligen Fachkreisen weder allgemein bekannt noch leicht zugänglich sein. Geheimnisvernichtend sind daher Veröffentlichungen in einer Fachzeitschrift, Patentanmeldungen (RGSt 40, 406 [407]) sowie Bekanntmachungen bzw. Veröffentlichungen von Geschmacks- und Gebrauchsmustern. Wird die Tatsache dagegen nur einer beschränkten Anzahl von Personen aufgedeckt, bleibt sie ein Geheimnis.

Geheimhaltungswille: Der Betriebsinhaber muss einen nach außen **363** erkennbar gemachten Geheimhaltungswillen haben; an seine Manifestationen werden dagegen keine erhöhten Anforderungen gestellt. So genügt es im Einzelfall, wenn sich der Geheimhaltungswille aus der Natur der geheim zu haltenden Tatsache ergibt (BGHSt 41, 140 [142]). Selbst einer Kenntnis des Betriebsinhabers bedarf es nicht, sondern es genügt, dass der Unternehmer bei einer Kenntniserlangung das Arbeitsergebnis seiner Mitarbeiter als Geheimnis behandeln würde.

Geheimhaltungsinteresse: An der Geheimhaltung muss der Be- **364** triebsinhaber schließlich bei objektiver Betrachtungsweise ein berechtigtes wirtschaftliches Interesse haben, das nach h.M. auch bei einer Sitten- oder Gesetzeswidrigkeit der Tatsache (z.B. Submissionsabsprache) besteht (*Többens*, WRP 2005, 552 [556]; aA W/J/*Möhrenschlager*, 15. Kap. Rn. 10).

Beispiele für Geschäfts- und Betriebsgeheimnisse: durch öffentliche Ausschreibung erlangte Angebote (BGHSt 41, 140); Kalkulationen eines Ausschreibenden (BGH NStZ 2014, 325); Steuerungsprogramm eines Geldspielautomaten (BGH wistra 2017, 101); Buchführungsunterlagen; Kundenlisten (BGH NJW-RR 1999, 1131 [1132]); Mitarbeiterbewerbungen (OLG Hamm WRP 1993, 118 [120]); Rezepturen für Arzneimittel (BGH GRUR 1980, 750).

Das Geschäftsgeheimnis muss dem Täter **anvertraut** (also aus- **365** drücklich oder konkludent unter Auferlegung einer Geheimhaltungspflicht zur Kenntnis gebracht) oder **zugänglich** (also aufgrund seines Dienstverhältnisses bekannt) geworden sein. Wichtiger Anwendungsfall sind Erfindungen eines Beschäftigten im Rahmen seines Beschäftigungsverhältnisses (sog. Diensterfindungen: § 4 ArbNErfG).

cc) Tathandlung: Tathandlung ist das **Mitteilen** des Geschäfts- oder **366** Betriebsgeheimnisses an eine Person, der das Geheimnis bislang noch nicht sicher bekannt war, so dass der Dritte das Geheimnis jederzeit (faktisch) reproduzieren könnte; inhaltlich braucht der Dritte dagegen das Geheimnis nicht unbedingt verstanden haben. Tatbestandlich sind nur Mitteilungen **während der Geltungsdauer des Dienstverhältnisses**, um einem Beschäftigten sein weiteres berufliches Fortkommen nach seinem Ausscheiden aus einem Betrieb nicht unbillig zu behindern (BGHZ 38, 391 [396]). Auch wenn eine Nachwirkung der Geheimhaltungspflicht zivilrechtlich aufgrund einer ausdrücklichen, im Rahmen der Vergütung berücksichtigten Vertrauensvereinbarung durchaus möglich ist (BGHZ 38, 391 [397]), ist dies strafrechtlich aufgrund des Bestimmtheitsgrundsatzes (Art. 103 II GG) abzulehnen (vgl. G/J/W/*Krell*, § 17 UWG Rn. 35).

b) Objektiver Tatbestand des § 17 II Nr. 1 UWG (Betriebsspionage)

367 § 17 II Nr. 1 UWG verlagert den Strafrechtsschutz in das Vorstadium bestimmter besonders gefährlicher Erscheinungsformen des Ausspähens (BT-Drs. 10/5058, S. 40): Der Täter (jedermann) muss sich ein Unternehmensgeheimnis durch Anwendung technischer Mittel (z.B. Fotoapparat, Fotokopierer), durch Herstellung einer verkörperten Wiedergabe (z.B. Fotokopie, Computerausdruck oder Abschrift) oder durch Wegnahme (iSd § 242 StGB) einer das Geheimnis verkörperten Sache verschaffen (Kenntnis- bzw. Gewahrsamserlangung) oder sichern (Verschaffung einer genaueren oder bleibenden Kenntnis).

c) Objektiver Tatbestand des § 17 II Nr. 2 UWG (Geheimnishehlerei)

368 Hat der Täter aufgrund eines Geheimnisverrats (§ 17 I UWG), einer eigenen oder fremden Betriebsspionage (§ 17 II Nr. 1 UWG) oder sonst unbefugt (z.B. durch Hausfriedensbetrug, Bestechung oder Erpressung) Kenntnis von einem Unternehmensgeheimnis erlangt, so bestraft § 17 II Nr. 2 UWG das Mitteilen oder Verwerten (d.h. das praktische Verwenden zur wirtschaftlichen Nutzung) dieses Geheimnisses.

> **Fall 50** (nach BGH NJW 2006, 3424 ff.): A und B waren mit der Bearbeitung des Kundenverwaltungsprogramms ihrer Arbeitgeberin K-GmbH befasst. Nach ihrem Ausscheiden fungierten sie als Geschäftsführer der neu gegründeten B-GmbH und verwendeten hierbei die Kundenliste der K-GmbH, um den hierauf verzeichneten Kunden der K-GmbH Angebotsschreiben der B-GmbH zu schicken, die fast vollständig – auch hinsichtlich der Preise und des Wortlauts der Allgemeinen Geschäftsbedingungen – mit den Angebotsschreiben der K-GmbH übereinstimmten. Strafbarkeit von A und B nach § 17 II Nr. 2 UWG?

Erfährt ein Beschäftigter im Rahmen seines Dienstverhältnisses von einem Geschäftsgeheimnis, so verschafft er sich dieses nicht „sonst unbefugt“ und kann dieses – wenn er keinem Wettbewerbsverbot unterliegt – später verwenden. Dies soll sich aber nur auf Informationen beziehen, die der frühere Mitarbeiter in seinem Gedächtnis verwahrt; bei Informationen, die dem ausgeschiedenen Mitarbeiter (wie in **Fall 50**) nur deswegen noch bekannt sind, weil er auf schriftliche Unterlagen (z.B. private Aufzeichnungen, gespeicherte Daten auf einem privaten Notebook) zurückgreifen kann, die er während seiner Beschäftigungszeit angefertigt hat, verschafft er sich das Geheimnis unbefugt (BGH NJW 2006, 3424 [3425]). Dieses haben A und B zur Kundenabwerbung verwendet und sich damit nach § 17 II Nr. 2 UWG strafbar gemacht.

Weitere **Beispiele** für ein **„Verwenden“:** Erstellung eines günstigeren Angebots im Ausschreibungsverfahren nach Kenntniserlangung des Angebots des Konkurrenten (BGHSt 41, 140 [143]); Nachbau einer Maschine anhand von Konstruktionsunterlagen; Leerspielen eines Geldspielautomaten nach erlangter Kenntnis vom Programmablauf des Automaten.

d) Subjektiver Tatbestand

Sämtliche Tatbestandsvarianten verlangen einen zumindest bedingten Vorsatz sowie die Absicht, die Tathandlung zu Zwecken des Wettbewerbs (z.B. zur Erlangung eines Wettbewerbsvorteils), aus Eigennutz (eigene, nicht unbedingt vermögensrechtliche Besserstellung), zugunsten eines Dritten oder zur Schädigung des Unternehmensmitarbeiters vorzunehmen. **369**

e) Rechtswidrigkeit

Das Merkmal „unbefugt“ stellt lediglich ein allgemeines Verbrechensmerkmal dar. In Fällen des „whistleblowing“ (Strafanzeigen durch Beschäftigte) ist an eine Offenbarungsbefugnis bei schweren Straftaten (vgl. §§ 138 StGB, 100a StPO) bzw. an einen rechtfertigen Notstand (§ 34 StGB) zu denken (zur Kündigung in derartigen Fällen: BAG NJW 2004, 1547 ff.). **370**

f) Regelbeispiele, § 17 IV UWG

§ 17 IV UWG normiert in der Regelbeispielstechnik eine gewerbsmäßige Handlung (Nr. 1: oben Rn. 156), eine Kenntnis bei der Mitteilung von einer Verwertung im Ausland (Nr. 2) bzw. eine eigene Verwertung im Ausland (Nr. 3) als besonders schwere Fälle. Umstritten ist hierbei, ob auch andere EU-Staaten als „Ausland“ gelten (dafür: MüKo-UWG/*Brammsen*, § 17 UWG Rn. 148; dagegen: *Többens*, WRP 2005, 552 [558]). **371**

g) Strafantrag, § 17 V UWG

372 § 17 UWG ist ein relatives Antragsdelikt, das nur bei Vorliegen eines Strafantrags (§§ 77 ff. StGB) oder bei der Bejahung eines besonderen öffentlichen Interesses (zum Begriff: Nr. 260a RiStBV) durch die Strafverfolgungsbehörden verfolgt werden kann.

3. § 18 UWG (Vorlagenfreibeuterei)

373 § 18 UWG erweitert den Geheimnisschutz auf im geschäftlichen Verkehr dem Täter anvertraute Vorlagen (insb. Zeichnungen, Modelle, Schablonen, Rezepte) und Vorschriften technischer Art (z.B. nicht offenkundige Patentverfahren und Gebrauchsmuster), die der Täter zu Zwecken des Wettbewerbs oder aus Eigennutz (zusätzliche Absicht) verwertet oder jemandem mitteilt. Umstritten ist hierbei, ob auch private Marktteilnehmer taugliche Täter sein können (dafür, da auch ein Privatmann fremden Wettbewerb fördern könne: Köhler/Bornkamm/*Köhler*, UWG, § 18 Rn. 12; W/J/*Möhrenschlager*, 15. Kap. Rn. 32; dagegen wegen des strafrechtlichen Analogieverbots sowie wegen des Schutzzwecks des UWG: OLG Karlsruhe WRP 1986, 623 [625]).

4. § 19 UWG

374 § 19 UWG erweitert (entsprechend § 30 StGB) die Strafbarkeit der §§ 17, 18 UWG auf den Vorversuchsbereich (versuchte Anstiftung, versuchte Kettenanstiftung, Bereiterklären, Annehmen des Erbietens und Verabredung zu diesen Delikten). Der subjektive Tatbestand erfordert Vorsatz sowie ein Handeln zu Zwecken des Wettbewerbs oder aus Eigennutz.

IV. Geheimnisverrat nach dem KWG

375 Kreditinstitute haben nach § 14 I 1 KWG der Evidenzzentrale der Deutschen Bundesbank vierteljährlich Kreditnehmer mit einem Kreditvolumen von mindestens 1 Mio. € (Millionenkreditmeldegrenze) zu melden. Werden einem Kreditnehmer von mehreren Kreditinstituten Millionenkredite gewährt, so benachrichtigt die Deutsche Bundesbank die einzelnen Kreditinstitute mit Angaben über die jeweilige Gesamtverschuldung (§ 14 II 1 KWG). Offenbaren Beschäftigte des anzeigepflichtigen Kreditinstituts ihnen von der Deutschen Bundesbank so mitgeteilte Angaben des Kreditnehmers (entgegen § 14 II 10 KWG), so machen sie sich nach § 55b I KWG (bei einem Handeln gegen Ent-

gelt oder in Bereicherungs- oder Schädigungsabsicht qualifiziert nach Abs. 2) strafbar; verwerten sie diese Angaben, so machen sie sich sogar nach § 55a I KWG strafbar.

Kapitel 8. Kapitalmarktstrafrecht

In Zeiten, in denen immer mehr Anlegerkreise für risikogeneigtere Investitionen am Kapitalmarkt gewonnen wurden und in denen sich der Staat zunehmend aus der sozialen Daseinsvorsorge zurückgezogen und den Bürger zu eigener, zumeist am Kapitalmarkt erfolgender Vorsorge aufgerufen hat, haben nicht nur die globalisierten Kapitalmärkte volkswirtschaftlich eine herausragende Bedeutung erlangt, sondern auch die praktische Bedeutung des Kapitalmarktstrafrechts ist stark gestiegen – spektakuläre Strafverfahren wie „Prior", „Haffa" oder „Mannesmann" sind längst zum Sinnbild dieser Entwicklung geworden. Wie das gesamte Kapitalmarktrecht ist auch das Kapitalmarktstrafrecht weit verstreut: Die Bandbreite reicht vom Strafgesetzbuch (Kapitalanlagebetrug, Kreditbetrug) über das Wertpapierhandelsgesetz (Insiderdelikte, Marktmanipulation), das Börsengesetz (Verleitung zu Börsenspekulationsgeschäften) und das Kreditwesengesetz (Betreiben unerlaubter Bankgeschäften) bis hin zum Aktiengesetz, GmbH-Gesetz und Handelsgesetzbuch (Bilanzdelikte: hierzu bereits oben Rn. 278 ff.). **376**

I. Kapitalanlagebetrug (§ 264a StGB)

1. Vorbemerkungen

a) Rechtsgut und praktische Bedeutung

§ 264a StGB wurde seitens des Gesetzgebers mit dem 2. WiKG eingefügt, um den damals stetig wachsenden „grauen Kapitalmarkt" einzudämmen und Erschütterungen des allgemeinen Vertrauens in den Kapitalmarkt zu verhindern, was alleine mit Hilfe des Betrugs wegen häufiger Beweisschwierigkeiten vor allem beim Vermögensschaden (die hier anzustellende Gesamtsaldierung verlangt die Bestimmung des Wertes einer Kapitalanlage zum Zeitpunkt des Erwerbs, was sich im Nachhinein zumeist als schwierig gestaltet) kaum strafrechtlich zu bewältigen war. § 264a StGB soll diese Lücke schließen, indem bereits die eigentliche Täuschungshandlung beim Vertrieb von Wertpapieren gegenüber einer Vielzahl von Menschen für eine Vollendungsstrafbarkeit ausreicht; des Nachweises eines Irrtums oder Vermögensschadens bedarf es nicht. Vor diesem Hintergrund geht die h.M. von einem kumulativen Rechtsgut aus, das sowohl (als Vorfelddelikt zum Betrug) **377** das Vermögen der Anleger als auch (angesichts der Täuschung einer Vielzahl von Menschen) das Allgemeininteresse eines funktionsfähigen Kapitalmarktes umfasst (BT-Drs. 10/318, S. 22; *Fischer*, § 264a Rn. 2; aA *Hellmann/Beckemper*, Rn. 17: nur das Individualvermögen sei geschützt, der Schutz des Kapitalmarktes sei ein reiner Schutzreflex; *Bottke*, wistra 1991, 1 [7]: geschützt sei nur der Kapitalmarkt). Praktische Bedeutung erlangt die Vorschrift weniger strafrechtlich, sondern primär zivilrechtlich als Schutzgesetz iSd § 823 II BGB.

b) Deliktsnatur

378 § 264a StGB ist ein abstraktes Gefährdungsdelikt im Vorbereitungs- und Versuchsbereich des Betrugs.

c) Aufbauschema

Aufbauschema (§ 264a StGB)

I. Tatbestandsmäßigkeit

1. Objektiver Tatbestand

- a) Tatsituation: Vertrieb von Wertpapieren oder Angebot auf Einlagenerhöhung solcher Anteile
  - aa) Bezugsobjekte: Wertpapiere, Bezugsrechte, Anteile
  - bb) Vertrieb (Abs. 1 Nr. 1)
  - cc) Angebot einer Einlagenerhöhung (Abs. 1 Nr. 2)
- b) Tathandlung: Unrichtige erhebliche Angaben gegenüber einem größeren Personenkreis in Prospekten etc.
  - aa) unrichtige vorteilhafte Angaben/Verschweigen nachteiliger Tatsachen
  - bb) Erheblichkeit der Angaben/Tatsachen
  - cc) gegenüber einem größeren Kreis von Personen
  - dd) Tatmittel: Prospekte/Darstellungen/Übersichten über den Vermögensstand
  - ee) Zeitlicher und sachlicher Zusammenhang zur Tatsituation

2. Subjektiver Tatbestand: Vorsatz

II. Rechtswidrigkeit

III. Schuld

IV. Evtl. tätige Reue, § 264a III StGB

2. Der objektive Tatbestand

a) Tatsituation

Die Tathandlung muss im Zusammenhang mit einem Wertpapiervertrieb oder einer Einlagenerhöhung erfolgen. **379**

aa) Tatobjekte: Für den Begriff der **Wertpapiere** kann aufgrund der anderen Schutzrichtung nicht auf die Legaldefinition des § 151 StGB oder § 2 I WpHG (der auch unverbriefte Rechte erfasst: nur schwer mit Art. 103 II GG vereinbar!) abgestellt werden, sondern es bedarf einer eigenständigen, auf den Schutzzweck ausgelegten Definition: Wertpapiere iSd § 264a StGB sind Urkunden über Rechte, die der Kapitalanlage dienen und bei massenhafter Ausgabe und Vertretbarkeit handelbar, insbesondere mit Gutglaubensschutz versehen und nicht bloß Beweisurkunden sind (BeckOK-StGB/*Momsen/Laudien*, § 264a Rn. 6). Erfasst sind Wertpapiere inländischer wie ausländischer Emittenten und supranationaler Organisationen (z.B. Europäische Investitionsbank).

Beispiele für Wertpapiere: Aktien und Zwischenscheine (=Anrechtsscheine), Nebenpapiere (z.B. Zins- und Dividendenscheine), Schuldverschreibungen (= bond obligations, BT-Drs. 10/318, S. 22), Öffentliche Anleihen, Kommunalobligationen, Geldmarktpapiere (z.B. Kassenobligationen), Investmentzertifikate und Rektapapiere (z.B. Hypotheken- und Grundschuldbriefe, Namensschuldverschreibungen), wenn sie massenhaft gehandelt werden (Sch/Schr/*Perron*, § 264a Rn. 5; aA NK-StGB/*Hellmann*, § 264a Rn. 17).

Auch beim strafrechtlich nicht definierten Begriff der **Bezugsrechte** ist umstritten, ob das gesellschaftsrechtliche Begriffsverständnis herangezogen werden kann (h.M., z.B. *Fischer*, § 264a Rn. 7: das Recht eines Aktionärs auf Zuteilung eines seinem Anteil an dem bisherigen Grundkapital entsprechenden Teils neuer Aktien [§ 186 AktG] einschließlich Wandelschuldverschreibungen und Genussrechte [§ 221 IV AktG]) oder ob es auch hier einer eigenständigen Definition bedarf (LK/*Tiedemann/Vogel*, § 264a Rn. 44: „Rechte, bei denen durch Anlage von Kapital ein Stammrecht erworben wird, aus dem sich ein Recht auf Bezug von Leistungen ableitet"). Erfasst sind jedenfalls nach beiden Sichtweisen Bezugsrechte eines Aktionärs bei Kapitalerhöhungen und Schuldverschreibungen; nicht erfasst sind (mangels Beteiligung am Unternehmensergebnis) nach h.M. Optionsrechte aus Warentermingeschäften (*Fischer*, § 264a Rn. 9). **380**

Anteile, die eine Beteiligung an dem Ergebnis eines Unternehmens gewähren sollen, sind Kapitalanlageformen, bei denen der Anleger entweder selbst eine Beteiligung an einer Kapital- oder Personengesellschaft erwirbt oder in eine sonstige unmittelbare Rechtsbeziehung zum Unternehmen tritt, die ihm eine Beteiligung am Ergebnis dieses Unternehmens verschafft (*Wittig*, § 18 Rn. 17). **381**

Beispiele für Anteile: Erwerb eines Kommanditanteils (insb. bei Abschreibungsgesellschaften); Erwerb von Anteilen an ausländischen Kapitalgesellschaften; Beteiligung als stiller Gesellschafter; Beteiligung als „atypischer stiller Gesellschafter“ in Form eines partiarischen Darlehens (*Fischer*, § 264a Rn. 8; aA *Cerny*, MDR 1987, 271 [274]); Beteiligung an einem Bauherren-, Bauträger- oder Erwerbermodell, wenn das Modell eine Beteiligung an einem Mietpool einbezieht, das als Außengesellschaft selbstständig als Vermieter auftritt (*Flanderka/Heydel*, wistra 1990, 256 [258]).

382 **Fall 51** (nach BVerfG NJW 2008, 1726 ff.): A und B sind Mitinitiatoren des geschlossenen Anlagefonds A-GmbH&Co.KG. Die Beteiligung von Kapitalanlegern erfolgte unter Zwischenschaltung der T-Treuhandgesellschaft-GmbH als einziger Kommanditistin, die die Fondsanteile zu Gunsten der Anleger hielt. Unter Mitwirkung und Verantwortung von A und B wurde ein Emissionsprospekt erstellt, in dem lediglich an „versteckter Stelle in schwer verständlicher Form“ (aber inhaltlich voll zutreffend) die Verflechtungen zwischen der Komplementärin A-GmbH und der T-GmbH auf Grund wechselseitiger Beteiligungen und Organstellungen von A und B dargestellt wurden. Anlegerin K zeichnete Fondsanteile iHv 15.400 €. Strafbarkeit von A und B?

§ 264a II StGB erweitert den Anwendungsbereich des Tatbestandes auf „Anteile an einem Vermögen, das ein Unternehmen im eigenen Namen, jedoch für fremde Rechnung verwaltet“, wobei nur **echte Treuhandverhältnisse** erfasst werden, bei denen der vorgeschaltete Treuhänder anstelle des Anlegers den Anteil erwirbt und Gesellschafter wird (*Wittig*, § 18 Rn. 21), z.B. Treuhandkommanditisten bei Immobilienfondsgesellschaften. Bauherrenmodelle werden nur erfasst, wenn sie als Treuhandverhältnis konstruiert sind, was idR nicht der Fall ist (*Fischer*, § 264a Rn. 19).

In **Fall 51** ging es nicht um den Vertrieb von Kommanditanteilen, da lediglich die T-GmbH Kommanditanteile erwarb und für die Anleger verwaltete. Da sie aber im eigenen Namen für die Rechnung der Anleger Gesellschaftsanteile an der A-GmbH&Co.KG erwarb, liegt ein echtes Treuhandverhältnis iSd § 264a II StGB vor (zur Tathandlung unten Rn. 385).

383 **bb) Vertrieb:** Der Begriff des Vertriebs meint jede auf Absatz gerichtete Tätigkeit, die sich an den Markt wendet und ein mehr oder weniger massenhaftes Angebot meint (BT-Drs. 10/318, S. 24); Angebote im Rahmen individueller Beratung werden nicht erfasst.

384 **cc) Angebot einer Einlagenerhöhung:** Erhöhungsangebote iSd § 264a I Nr. 2 StGB umfassen neben Angeboten iSd § 145 BGB auch die invitatio ad offerendum, ein Angebot zur Erhöhung der Anteile an Wertpapieren, Bezugsrechten und Unternehmensbeteiligungen abzu-

geben. Sie können nur an solche Personen gerichtet werden, die bereits Anteile erworben haben.

b) Tathandlung

Die Tathandlung besteht im Tätigen unrichtiger vorteilhafter Angaben oder Verschweigen nachteiliger Tatsachen, die für die Entscheidung des Anlegers erheblich sind, gegenüber einem größeren Personenkreis in Prospekten, Darstellungen oder Vermögensübersichten. 385

aa) Unrichtige vorteilhafte Angaben/Verschweigen nachteiliger Tatsachen: Der Begriff der **Angaben** knüpft an § 265b I Nr. 1a StGB (unten Rn. 396) an und meint Behauptungen über tatsächliche Umstände, aber auch die in den Tatmitteln enthaltenen Liquiditätsberechnungen, Prognosen und sonstige Werturteile (*Fischer*, § 264a Rn. 14; aA NK-StGB/*Hellmann*, § 264a Rn. 32 wegen der Nähe zu § 263 StGB). **Vorteilhaft** sind die Angaben, wenn sie geeignet sind, die konkreten Aussichten auf eine positive Anlageentscheidung zu verbessern, wofür primär der Wert der Anlage, ihre Chance und ihre Risiken maßgeblich sind (*Wittig*, § 18 Rn. 26). **Unrichtig** sind die Angaben, wenn ihr Erklärungsinhalt nicht mit der Wirklichkeit übereinstimmt; bei Prognosen und Wertentscheidungen kommt es darauf an, ob sie hinreichend durch Tatsachen gestützt werden oder ob die jeweils zugrunde liegenden Tatsachen unrichtig sind (LK/*Tiedemann/Vogel*, § 264a Rn. 78). Die Tatvariante des **Verschweigens nachteiliger Tatsachen** (also solcher, deren Kenntnis bei objektiver ex ante-Sichtweise geeignet ist, den Anlageinteressenten vom Entschluss Abstand nehmen zu lassen: OLG Köln NZG 2000, 89 [91]) bildet zur Sicherstellung einer hinreichenden Informierung der Anleger ein echtes Unterlassungsdelikt, bei dem sich die Verpflichtung zur Offenbarung für die Anlageentscheidung nachteiliger Tatsachen bereits aus dem Tatbestand selbst ergibt (Park/*Park*, Teil 3 Kap. 1 Rn. 189).

bb) Erheblichkeit: Die unrichtigen vorteilhaften Angaben oder 386 verschwiegenen nachteiligen Tatsachen müssen für die Anlageentscheidung eines verständigen, durchschnittlich vorsichtigen Anlegers maßgeblich (BGH NJW 2005, 2242 [2244 f.]) und damit „erheblich" sein; hierfür gelten die zivilrechtlichen Grundsätze der Prospekthaftung sowie die Prüfungskataloge der Wirtschaftsprüfer zur Bewertung von Kapitalanlagen als Indizien (*Fischer*, § 264a Rn. 16).

Beispiele für **erhebliche Angaben** (vgl. G/J/W/*Bock*, § 264a Rn. 33): Herausgeber des Prospekts und Initiatoren des Anlageobjekts; Finanzierungsplan; kapitalmäßige Verflechtungen der am Anlageobjekt beteiligten Personen; Anlageobjekt: Art der Kapitalanlage, steuerliches und rechtliches Konzept, Konzernzugehörigkeit, Auslandsbezüge, Geschäftsführungsorgane, wirtschaftliche Lage; bedeutsame Verträge, insb. Gesellschafts- und Treuhandverträge.

Beispiele für **unerhebliche Angaben**: Bagatellunrichtigkeiten, Angaben zur allgemeinen Wirtschaftslage, Hinweise auf allgemeine Marktrisiken.

In **Fall 51** waren die kapitalmäßigen Verflechtungen der am Anlagefonds beteiligten Personen zwar erhebliche Angaben, diese wurden im Prospekt jedoch inhaltlich zutreffend angegeben. Nur weil dies an (angeblich) versteckter Stelle in „schwer verständlicher Form" erfolgte, ist nicht ein „Verschweigen" im Sinne eines „Nichtssagens" anzunehmen. Alles andere würde den Wortlaut als (wegen Art. 103 II GG) äußerste Grenze der Auslegung überschreiten und eine verbotene Analogie zu Lasten des Täters bedeuten (BVerfG NJW 2008, 1726 [1727]). A und B bleiben straflos.

387 **cc) Adressatenkreis:** Die Tathandlung muss gegenüber einem größeren Personenkreis erfolgen, womit (entsprechend dem Schutzzweck) „eine solch große Anzahl potentieller Anleger zu verstehen [ist], dass deren Individualität gegenüber dem sie zu einem Kreis verbindenden potentiell gleichen Interesse an der Kapitalanlage zurücktritt" (BT-Drs. 10/318, S. 23). Erfasst wird so Werbung durch das öffentliche Auslegen von Prospekten, Massen-E-Mails und über das Internet genauso wie massenhafte Haustürgeschäfte oder Telefonverkäufe, wenn die Personen aus Telefon- und Adressbücher ausgesucht und gezielt angesprochen werden (BeckOK-StGB/*Momsen/Laudien*, § 264a Rn. 15).

388 **dd) Tatmittel:** Die Tathandlungen müssen mittels einer der in § 264a I StGB genannten Werbeträger erfolgen: Ein **Prospekt** ist hierbei jedes Schriftstück, das als Informations- oder Werbemittel die zur Anlageentscheidung erheblichen Angaben enthält oder zumindest den entsprechenden Eindruck erwecken soll (BT-Drs. 10/318, S. 23); strittig ist, ob eine erkennbare Lückenhaftigkeit dem Schriftstück seine Eigenschaft als Prospekt nimmt (dafür: OLG München NJW 2003, 144 [147]; Lackner/Kühl/*Heger*, § 264a Rn. 10; dagegen: LK/*Tiedemann/Vogel*, § 264a Rn. 57 f.). Schlichte Inserate und Werbemittel sind noch keine Prospekte. **Übersichten über den Vermögensgegenstand** sind (wie bei § 265b I Nr. 1a StGB) förmliche Bilanzen, Inventare, Gewinn- und Verlustrechnungen und sonstige Übersichten (*Wittig*, § 18 Rn. 37). Ergänzende **Darstellungen** über den Vermögensstand können auch mündlich oder auf Bild- und Tonträgern erfolgen (*Fischer*, § 264a Rn. 12).

389 **ee) Zusammenhang:** Die Tathandlung muss gerade sachlich wie zeitlich im Zusammenhang mit der Tatsituation (Vertrieb von Wertpapieren oder Erhöhungsangebot) stehen. Dieser ist auch bei einer Personenverschiedenheit zwischen werbender Person und Emittenten (insb.

bei unseriösen Vertriebsgesellschaften) gegeben. Bloßen Pressemitteilungen oder Ad-hoc-Mitteilungen fehlt idR der unmittelbare Vertriebszusammenhang (OLG München NJW 2003, 144 [147]).

3. Subjektiver Tatbestand

Im subjektiven Tatbestand genügt ein bedingter Vorsatz. Irrtümer über die Erheblichkeit der Tatsachen oder über die Existenz nachteiliger Tatsachen sind Tatbestandsirrtümer nach § 16 StGB. **390**

4. Tätige Reue

Weil der Tatbestand bereits mit dem Zugänglichmachen der Tatmittel gegenüber einem größeren Personenkreis vollendet ist (BeckOK-StGB/*Momsen/Laudien*, § 264a Rn. 17), sieht § 264a III StGB die Möglichkeit der tätigen Reue als persönlichem Strafaufhebungsgrund vor, wenn der Täter freiwillig verhindert, dass die durch den Erwerb oder die Erhöhung bedingte Leistung erbracht wird, oder er sich – wenn diese ohne sein Zutun nicht erbracht werden – zumindest ernsthaft hierum bemüht hat. **391**

5. Verjährung und Konkurrenzen

Als **Verjährungsfrist** gilt § 78 III Nr. 4 StGB (5 Jahre) und nicht die jeweils deutlich verkürzte Verjährungsfrist des Landespressegesetzes, selbst wenn die Wertpapierprospekte Presseerzeugnisse iSd Pressegesetze darstellen (BGHSt 40, 385 ff.). **Konkurrenzrechtlich** besteht beim hiesigen Verständnis eines kumulativen Rechtsgutes zu § 263 StGB genauso Tateinheit (LK/*Tiedemann/Vogel*, § 264a Rn. 110; aA BGH wistra 2001, 57 [58], wenn es zur Täuschung gekommen sei) wie zu § 16 UWG. **392**

II. Kreditbetrug (§ 265b StGB)

1. Vorbemerkungen

a) Rechtsgut und Deliktsnatur

Weil § 263 StGB den Unrechtsgehalt von Kreditbetrügereien größeren Ausmaßes nicht hinreichend erfasste und hinsichtlich des genauen Nachweises des konkreten Vermögensschadens Beweisschwierigkeiten auftraten, fügte der Gesetzgeber mit dem 1. WiKG mit § 265b StGB ein **abstraktes Gefährdungsdelikt** im Vorfeld des Betruges ein, das **393** bereits mit dem Tätigen unrichtiger oder unvollständiger Angaben im Kreditantrag vollendet ist; auf den Eintritt eines Vermögensschadens kommt es nicht an. Geschütztes Rechtsgut ist (wie bei § 264a StGB) nach überwiegender Ansicht das **Vermögen des einzelnen (potentiellen) Kreditgebers sowie das Allgemeininteresse an der Funktionsfähigkeit des Kreditwesens** (BT-Drs. 7/5291, S. 14; BGH NJW 2015, 423 [424]), nach anderer Ansicht alleine das Vermögen (*Fischer*, § 265b Rn. 3) oder alleine die Funktionsfähigkeit der Kreditwirtschaft (MüKo-StGB/*Wohlers/Mühlbauer*, § 265b Rn. 1 f.). § 265b StGB ist **kein Sonderdelikt**: Täter kann jedermann sein, sprich: der Kreditnehmer selbst, sein Vertreter oder an der Kreditgewährung interessierte Geschäftspartner (BT-Drs. 7/5291, S. 15).

b) Aufbauschema

Aufbauschema (§ 265b StGB)

I. Tatbestandsmäßigkeit

1. Objektiver Tatbestand

- a) Tatsituation: Kreditantrag eines Betriebes/Unternehmens gegenüber einem Betrieb/Unternehmen
- b) Tathandlungen:
  - aa) Unrichtige oder unvollständige Unterlagen über wirtschaftliche Verhältnisse, die für den Kreditnehmer vorteilhaft und für die Entscheidung über einen Kreditantrag erheblich sind (§ 265b I Nr. 1a StGB)
  - bb) Tätigen schriftlicher unrichtiger oder unvollständiger Angaben über wirtschaftliche Verhältnisse, die für den Kreditnehmer vorteilhaft und für die Entscheidung über einen Kreditantrag erheblich sind (§ 265b I Nr. 1b StGB)
  - cc) Unterlassen der Mitteilung von Verschlechterungen der in den Unterlagen bzw. Angaben dargestellten, für die Entscheidung über den Kreditantrag erheblichen wirtschaftlichen Verhältnisse bei deren Vorlage (§ 265b I Nr. 2 StGB)
  - dd) Zeitlicher und sachlicher Zusammenhang mit dem Kredit-antrag

2. Subjektiver Tatbestand: Vorsatz

II. Rechtswidrigkeit

III. Schuld

IV. Evtl. tätige Reue, § 265b II StGB

2. Der objektive Tatbestand

a) Tatsituation

Fall 52 (nach BGH NStZ 2011, 279): A, eine freiberuflich tätige Ärztin, geriet in finanzielle Schwierigkeiten. Auf Vorschlag eines Finanzvermittlers wollte sie mit der B-Bank AG einen Darlehensvertrag über 475.000 € zum Erwerb von Immobilien abschließen, wobei die vereinbarte Darlehensvaluta den Kaufpreis übersteigen sollte. Aus dem Differenzbetrag wollte sie Steuerschulden (150.000 €) und die durch Forderungen der Kassenärztlichen Vereinigung entstandenen Mindereinnahmen ausgleichen. Abgesichert wurde das Darlehen durch abgetretene Mietforderungen gegen Mieter des mit der Darlehensvaluta zu erwerbenden Mietshauses sowie durch eine Grundschuld. Hierbei unterzeichnete A als Anlage zum Darlehensantrag eine unvollständige (weil gleich gelagerte Darlehensverbindlichkeiten iHv 685.000 € verschweigende) Vermögens- und Schuldenaufstellung. Der Vertrag kam zwischen ihr und ihrem Ehemann (einem Handwerker) als Darlehensnehmer und der B-Bank zustande, wobei Kundenberater K, der die Verhandlungen geführt hatte, auch den Vertrag namens und in Vollmacht der B-Bank unterschrieb. A wusste zwar, dass die B-Bank bei Kenntnis der weiteren Darlehensverpflichtungen wegen ihrer geringeren Bonität den Vertrag nicht abgeschlossen hätte. Sie ging aber davon aus – was auch objektiv zunächst zutraf –, dass die abgetretenen Mietforderungen aus der zu erwerbenden Immobilie Zins und Tilgung abdeckten und die B-Bank überdies durch die Grundschuld ausreichend gesichert sei. Die Darlehensvaluta wurde (vom Kassen-Mitarbeiter M) ausgezahlt. Monate später verringerten sich die Mieteinnahmen erheblich. Strafbarkeit der A? 394

Die Tathandlung muss im Zusammenhang mit einem Kreditantrag eines Betriebes oder Unternehmen (Kreditnehmer) gegenüber einem Betrieb oder Unternehmen (Kreditgeber) erfolgen. Nach der Legaldefinition des § 265b III Nr. 1 StGB ist ein **Betrieb** [oder ein **Unternehmen** (wohl eine Verbindung mehrerer Betriebe)] ein solcher, der im Rahmen einer Gesamtbetrachtung nach Art (Beschaffenheit des Unternehmens) und Umfang (Höhe des erzielten Umsatzes, Zahl der beschäftigten Arbeitnehmer, Höhe des investierten Kapitals) eines in kaufmännischer Weise eingerichteten Geschäftsbetriebes „erfordert"; ein derartiger muss nicht tatsächlich auch vorliegen. Auf den jeweiligen Geschäftsgegenstand kommt es nicht an, so dass es sich beim Kreditgeber nicht um ein Kreditinstitut handeln muss, sondern jede Form von Handelsgewerben, Freiberuflern (z.B. Anwaltssozietät) oder land-

und forstwirtschaftliche Betrieber taugliche Kreditgeber sein können, ja sogar vorgetäuschte Betriebe. Umgekehrt werden Kredite an Kleinbetriebe oder Privatpersonen nicht erfasst, sofern sie nicht derart für einen Betrieb oder ein Unternehmen handeln, dass dieser bei wirtschaftlicher Betrachtungsweise als Kreditnehmer anzusehen ist (BGH NStZ 2003, 539 [540]).

Selbst wenn in **Fall 52** die Arztpraxis der A ein Betrieb iSd § 265b III Nr. 1 StGB wäre, wäre dieser weder formell noch wirtschaftlich-faktisch der Kreditnehmer, war der mit den Darlehen durchgeführte Immobilienerwerb doch genauso rein privater Natur wie die Begleichung der von der A geschuldeten Steuern. Dies wird dadurch bestätigt, dass auch ihr Ehemann als Kreditnehmer unterzeichnete, der an der Arztpraxis nicht beteiligt ist. Eine Strafbarkeit nach **§ 265b I Nr. 1a StGB** scheidet aus. Eine Strafbarkeit nach **§ 263 I, III Nr. 2 StGB** scheitert am fehlenden Vermögensschaden, weil zum Zeitpunkt des Vertragsschlusses objektiv eine ausreichende Deckung für Zins und Tilgung noch vorhanden war. Da A auch subjektiv hiervon ausging, scheidet selbst ein **versuchter Betrug** aus. A bleibt straflos.

395 Unter einem **Kredit** werden (abweichend von § 19 KWG) nach § 265b III Nr. 2 StGB nicht nur Gelddarlehen aller Art (einschließlich Genussrechtekapital: BGH NJW 2015, 423), sondern insbesondere auch Akzeptkredite (ein Kreditinstitut verpflichtet sich für einen Kunden durch Wechselakzept), der entgeltliche Forderungserwerb (z.B. Factoring), die Stundung von Geldforderungen, die Diskontierung von Wechseln und Schecks (der Ankauf von noch nicht fälligen Schecks oder Wechseln durch den Diskontgeber) sowie die Übernahme von Bürgschaften (§ 765 BGB), Garantien und sonstigen Gewährleistungen (z.B. Schuldbeitritt, Kreditauftrag [§ 778 BGB]) erfasst. Als **Antrag** hierauf gilt jede Erklärung, die auf Erlangung einer Kreditzusage oder Kreditgewährung gerichtet ist und durch die der angesprochene Kreditgeber zu einer entsprechenden verbindlichen Erklärung veranlasst werden soll (BeckOK-StGB/*Momsen/Laudien*, § 265b Rn. 19); das bloße Einholen von Erkundigungen sowie unverbindliche Vorverhandlungen genügen noch nicht.

b) Tathandlungen

396 **aa) § 265b I Nr. 1 StGB** verlangt das Vorlegen unrichtiger oder unvollständiger (Rn. 382) Unterlagen über wirtschaftliche Verhältnisse – zu denen neben den beispielhaft genannten Bilanzen, Gewinn- und Verlustrechnungen, Vermögensübersichten und Gutachten Kontoauszüge und Kostenvoranschläge zählen – (**Nr. 1a**) oder entsprechende unrichtige oder unvollständige schriftliche Angaben (einschließlich

Prognosen und Bewertungen: **Nr. 1b**), die jeweils für den Kreditnehmer vorteilhaft (also den Kreditantrag positiv zu unterstützen geeignet) und für die Entscheidung über den Kreditantrag erheblich sind. Die **Erheblichkeit** ist danach zu bestimmen, ob die Angaben nach dem objektiven ex ante-Urteil eines verständigen durchschnittlich vorsichtigen Kreditgebers generell geeignet sind, die Entscheidung über den Kreditantrag zu beeinflussen (*Wittig*, § 19 Rn. 25). Soweit im Schrifttum diskutiert wird, individuelle Parteivereinbarungen mit zu berücksichtigen (LK/*Tiedemann*, § 265b Rn. 81) oder den Tatbestand bei Ausschluss eines Kreditausfallrisikos teleologisch zu reduzieren, so widerspricht dies dem Charakters des § 265b StGB als abstraktem Gefährdungsdelikt (zu Letzterem BGH NStZ 2015, 342 [344]).

bb) § 265b I Nr. 2 StGB: Nach dem echten Unterlassungsdelikt des **397**
§ 265b I Nr. 2 StGB macht sich gleichsam strafbar, wer für die Entscheidung über den Kreditantrag erhebliche, zwischen der Erstellung und der Vorlage eingetretene Verschlechterungen in den Unterlagen und Angaben über die wirtschaftlichen Verhältnisse nicht mitteilt.

cc) Zusammenhang: Die Unterlagen bzw. Angaben müssen in ei- **398**
nem sachlichen und zeitlichen Zusammenhang mit dem Kreditantrag stehen, d.h. sie müssen nach dem Willen des Antragstellers bei der Gewährung, Belassung oder Veränderung der Bedingungen des Kredits zu berücksichtigen sein (Sch/Schr/*Perron*, § 265b Rn. 27).

3. Der subjektive Tatbestand

Im subjektiven Tatbestand genügt bedingter Vorsatz. Irrt der Täter **399**
über die Mitteilungspflicht des § 265b I Nr. 2 StGB, so liegt ein bloßer Verbotsirrtum (§ 17 StGB) vor (MüKo-StGB/*Wohlers/Mühlbauer*, § 265b Rn. 40).

4. Tätige Reue, § 265b II StGB

Weil der Tatbestand bereits mit der Vorlage der unrichtigen oder **400**
unvollständigen Unterlagen oder Angaben vollendet ist (BGHSt 30, 285 [291]), eröffnet § 265b II StGB die Möglichkeit einer tätigen Reue, wenn der Täter es verhindert, dass der Kreditgeber die beantragte Leistung erbringt. Auf einen eventuell mitverwirklichten vollendeten Betrug erstreckt sich § 265b II StGB nicht.

5. Konkurrenzen

Mehrere verwirklichte Tatvarianten des § 265b I StGB bilden nur eine **401**
Tat. Ausgehend vom hiesigen Verständnis eines doppelten Rechtsgutes

besteht Tateinheit mit § 263 StGB (LK/*Tiedemann*, § 265b Rn. 113; aA BGHSt 36, 130 [131 f.]).

III. Straftaten nach dem WpHG

402 Die Blanketttatbestände der §§ 38, 39 WpHG, die bislang durch die jeweiligen Verbotsnormen der §§ 14, 20a WpHG a.F. ausgefüllt wurden, werden seit dem Ersten Finanzmarktnovellierungsgesetz (1. FiMaNoG) vom 30.6.2016 (BGBl. I, S. 1514) ausgefüllt durch die unmittelbar anwendbaren Vorschriften der der VO (EU) Nr. 596/2014 vom 16.4.2014 (Marktmissbrauchsverordnung – MAR – ABl. 2014, L 173 S. 1) (ohne dass es dadurch nach BGH NZG 2017, 236 zu einer „Lücke in der Ahndbarkeit" gekommen ist) und sind daher mit diesen (insbesondere Art. 14, 15 MAR) zusammenzulesen und enthalten zum Schutz der Funktionsfähigkeit des organisierten Kapitalmarktes (als einzig geschütztem Rechtsgut; der Schutz des Vermögens des Einzelnen stellt einen bloßen Schutzreflex dar!) weiterhin (wenngleich anders strukturiert) ein gestuftes Sanktionskonzept zum Schutz vor Insiderhandel und Marktmanipulationen: Wer entgegen Art. 15 iVm Art. 12 I lit. a–d MAR informationsgestützte, referenzwertbezogene oder handelsgestützte Marktmanipulation oder eine solche durch sonstige Täuschungshandlungen vorsätzlich oder leichtfertig begeht, macht sich nach § 39 II Nr. 3, IIIc, IIId Nr. 2 WpHG ordnungswidrig; handelt der Täter vorsätzlich und wirkt sich die Manipulation auf den Börsen- oder Marktpreis oder die Berechnung des Referenzwertes aus (bzw. bleibt die Tat mangels Einwirkung im Versuchsstadium stecken), so handelt der Täter sogar nach § 38 I WpHG (evtl. iVm §§ 38 IV WpHG, 22, 23 StGB) strafbar (**Marktmanipulation**). Nach § 38 III Nr. 1 WpHG macht sich strafbar, wer entgegen Art. 14 lit. a MAR ein Insidergeschäft tätigt (sog. **Insiderhandelsverbot**). Wer vorsätzlich entgegen Art. 14 lit. b und c MAR einem Dritten empfiehlt, ein Insidergeschäft zu tätigen, oder einen Dritten dazu verleitet (sog. Insider-Empfehlungs- und Verleitungsverbot) oder eine Insiderinformation unrechtmäßig offenlegt (sog. **Insider-Offenlegungsverbot**). Daneben stellt § 38 II WpHG einen verbotenen Insiderhandel bei Versteigerungen von Treibhausemissionszertifikaten gemäß Art. 38 ff. VO (EU) Nr. 1031/2010 vom 21.11.2010 (ABl. L 303, S. 1) unter Strafe.

1. Marktmanipulation (§ 38 I WpHG)

Fall 53 (nach BGHSt 48, 374 ff.): A, Redakteur der Fachzeitschrift „Der Aktionär“ sowie eines Börsenbriefes, galt aufgrund der Performance seiner Börsentipps als „der Anlagespezialist“ und „Meinungsmacher“. Neben seiner Redakteurtätigkeit unterhielt er Beratungsverträge mit mehreren Aktienfonds, die seine Tipps in der Regel ohne Rückfragen zeitnah an der Börse umsetzten. Um mit seinem Kumpel K einen eigenen Aktienfonds auflegen zu können, benötigte A eigenes Kapital. Er erwarb daher Aktien im Gesamtvolumen von 47.000 € und empfahl diese Aktien kurz darauf den von ihm betreuten Fonds zum Kauf. Diese folgten den Empfehlungen zeitlich praktisch unmittelbar. Nach den hierdurch eingetretenen Kurssteigerungen verkaufte A die Aktien mit Gewinn iHv 62.000 €. Strafbarkeit des A?

a) Objektiver Tatbestand

aa) Tatobjekte: Tatobjekte einer Marktmanipulation nach §§ 38 I Nr. 2, 39 IIId Nr. 2 WpHG sind **Finanzinstrumente** (Art. 3 I Nr. 1 MAR iVm Art. 4 I Nr. 15 iVm Anhang I Abschnitt C RiL 2014/65/EU vom 15.5.2014 [MiFID II], ABl. L 173, S. 349: z.B. übertragbare Wertpapiere [wie Aktien, Aktienzertifikate, Schuldverschreibungen], Geldmarktinstrumente, Anteile an Organismen für gemeinsame Anlagen [wie Anteile an offenen Investmentfonds] oder Derivate [§ 2 II WpHG]) oder (ab 3.1.2018) **Emissionszertifikate** (Anhang I Abschnitt C Nr. 11 MiFID II: Berechtigungen zur Emission von einer Tonne Kohlendioxidäquivalent), für §§ 38 I Nr. 1, 39 II Nr. 3, IIIc WpHG (iVm § 12 WpHG) zusätzlich **Waren** (§ 2 IIc WpHG: z.B. Metalle, Strom), **Emissionsberechtigungen** (§ 3 Nr. 3 TEHG) und **ausländische Zahlungsmittel** gemäß § 51 BörsG. **403**

bb) Tathandlung: § 38 I WpHG enthält vier denkbare Tathandlungen, die jeweils von jedermann begangen werden können: **404**

– **Art. 15, 12 I lit. c MAR (informationsgestützte Marktmanipulation – „information based“)** verbietet das Verbreiten (Weitergabe an einen größeren, individuell nicht miteinander verbundenen Personenkreis [*Wittig*, § 30 Rn. 25], z.B. über die Medien oder das Internet) von Informationen, die (bei objektiver ex ante-Betrachtung) falsche oder irreführende Signale hinsichtlich des Angebots, der Nachfrage oder des Preises eines Tatobjektes geben oder bei denen dies wahrscheinlich ist oder die ein anormales oder künstliches Preisniveau eines Tatobjektes herbeiführen oder bei denen dies wahrscheinlich ist. Das pflichtwidrige Verschweigen von Umständen wird anders als noch von § 20a I 1 Nr. 1 WpHG a.F. von Art. 12 I lit. c MAR nicht mehr erfasst.

Bei dem in **Fall 53** dargestellten „**Scalping**" (Erwerb von Aktien in der Absicht, sie anderen zu empfehlen, um sie nach einem empfehlungsbedingt gestiegenen Aktienkurs wieder zu verkaufen) erteilte A nur den von ihm betreuten Fonds eine Anlageempfehlung und „verbreitete" keine Informationen (an einen unbestimmten Personenkreis). Er hat sich daher nicht nach §§ 38 I Nr. 2, 39 IIId Nr. 2 iVm Art. 15, 12 I lit. c MAR strafbar gemacht (*Wittig*, § 30 Rn. 25).

– Der aus Anlass des LIBOR-Skandals geschaffene **Art. 15, 12 I lit. d MAR (referenzwertbezogene Marktmanipulation)** verbietet es, falsche oder irreführende Angaben zu übermitteln oder falsche oder irreführende Ausgangsdaten bezüglich eines Referenzwertes bereitzustellen oder Handlungen vorzunehmen, durch die die Berechnung eines Referenzwertes manipuliert wird.

– **Art. 15, 12 I lit. a MAR (handelsgestützte Marktmanipulation – „trade based")** verbietet einen Geschäftsabschluss, die Erteilung eines Handelsauftrages („Order" an einen Finanzintermediär) sowie jede andere Handlung, die falsche oder irreführende Signale hinsichtlich des Angebots, der Nachfrage oder des Preises eines Tatobjektes gibt oder bei der dies wahrscheinlich ist oder die ein anormales oder künstliches Preisniveau eines Tatobjektes sichert oder bei der dies wahrscheinlich ist.

Beispiele: „**improper matched orders**" (Transaktionen zwischen zwei oder mehr Personen, die sich darauf verständigt haben, korrespondierende gegenläufige Order abzugeben, wobei durch das Hin- und Herschieben von Papieren der Eindruck von Liquidität entsteht, obwohl das Wertpapier lediglich zwischen zwei Teilnehmern in Absprache gekauft und wieder verkauft wird); **„wash trades"** (Transaktionen, bei denen wirtschaftlich gesehen kein Eigentümerwechsel stattfindet, z.B. Geschäfte zwischen Schwesterunternehmen eines Konzerns); **„painting the tape"** (durch fiktive Geschäfte soll der Eindruck lebhafter Umsätze erweckt werden, um damit andere Marktteilnehmer zum Handel mit dem betroffenen Instrument zu bewegen); **„spoofing"** (Übermittlung von Großaufträgen im Hochfrequenzhandel, die sofort wieder storniert werden, nachdem der Kurs gesunken und der Handelnde billig gekauft hat).

405 – **Art. 15, 12 I lt. b MAR (Marktmanipulation durch eine „sonstige Täuschungshandlung")** verbietet als Auffangtatbestand schließlich einen Geschäftsabschluss, die Erteilung eines Handelsauftrages oder jegliche sonstige Tätigkeit oder Handlung an Finanzmärkten, die unter Täuschung den Preis eines Tatobjektes beeinflusst oder hierzu geeignet ist, z.B. durch Verschaffen einer

marktbeherrschenden Stellung, so dass die Nachfrage kontrolliert und der Preis manipuliert wird (sog. **„cornering“**) oder durch Steigerung des Preises durch Ankäufe, bevor die Beteiligung gewinnbringend abgestoßen wird (sog. **„pump and dump“**).

In **Fall 53** (**Scalping**) liegt in der Anlageempfehlung entgegen der eigenen Überzeugung eine sonstige (konkludente) Täuschungshandlung, da die Kaufempfehlung die stillschweigende Erklärung beinhaltete, dass sie nicht mit dem sachfremden Ziel der Kursbeeinflussung zu eigennützigen Zwecken bemakelt war (BGHSt 48, 373 [380 f.]). A hat sich daher nach §§ 38 I Nr. 1, 39 IIIc, 12 strafbar gemacht.

Jeweils nicht tatbestandsmäßig sind gemäß Art. 13 II MAR von der BaFin als solche (möglicherweise auch erst nachträglich) festgestellte **Marktpraktiken**, wenn der Handelnde hierfür legitime Gründe hat; bislang hat die BaFin hiervon noch keinen Gebrauch gemacht.

bb) Taterfolg: Der als Erfolgsdelikt ausgestaltete § 38 I WpHG **406** verlangt die Feststellung (zur vollen Überzeugung des Gerichts), dass die Tathandlung auf den inländischen Börsen- oder Marktpreis eines Tatobjekts, den Preis eines Tatobjekts in einem Mitgliedsstaat der EU oder einem Vertragsstaat des EWR , den Preis einer Ware, einer Emissionsberechtigung oder eines ausländischen Zahlungsmittels an einer inländischen Börse oder einem vergleichbaren Markt in einem Mitgliedsstaat der EU oder auf die Berechtigung eines Referenzwertes im Inland oder in einem Mitgliedsstaat der EU oder des EWR eingewirkt hat, d.h. dass der Preis entgegen des Markttrendes künstlich erhöht, erniedrigt oder stabilisiert wird (Preiseinwirkung „nach oben“, „nach unten“ oder „zur Seite“); eine Preisänderung ist nicht zwingend erforderlich. Hierbei hat der Gesetzgeber bewusst auf eine bestimmte Erheblichkeitsschwelle verzichtet – eine „spürbare“ Einwirkung (so aber *Schröder*, HbKap, Rn. 588) ist daher nicht zu fordern.

cc) Kausalität und objektive Zurechnung: Diese künstliche Preis- **407** änderung muss kausal sowie objektiv zurechenbar auf der Manipulationshandlung beruhen (BGH NJW 2016, 3459 [3460 f.]), d.h. der Börsen- oder Marktpreis wäre ohne das manipulative Verhalten anders festgestellt worden; eine Mitkausalität genügt. Dennoch ist wegen der Komplexität der Preisbildung auf den Kapitalmärkten der Kausalitätsnachweis (insbesondere wenn die Kurse volantiler sind) schwierig und praktisch nur in ohnehin evidenten Fällen möglich. Nach Ansicht des Bundesgerichtshofs (BGHSt 48, 373 [384]; ebenso OLG Stuttgart NJW 2011, 3667 [3670] – „ergebnisorientierte Lösung“) dürften an die Beurteilung einer tatsächlichen Einwirkung auf den Kurs keine überspannten Anforderungen gestellt werden, da der Tatbestand ansonsten Gefahr laufe, leerzulaufen. Notwendig sei eine Gesamtbewertung der erlangten Erkenntnisse und Indiztatsachen, zu denen ein Vergleich des bisherigen Kursverlaufes und Umsatzes, die Kurs- und Umsatzentwicklung am konkreten Tag sowie die Ordergröße zähle. Im Schrifttum ist dies zu Recht auf Kritik gestoßen, da die Ansicht des BGH Gefahr läuft, das Erfolgsdelikt des § 38 II WpHG zum bloßen Gefährdungsdelikt zu transformieren (*Kutzner*, WM 2005, 1401 [1406 ff.]).

408 **dd) Tatbestandsausschluss:** Nicht anwendbar sind die Verbote der Marktmissbrauchsverordnung auf den Handel mit eigenen Aktien im Rahmen von Rückkaufprogrammen (Art. 5 I MAR), auf den Handel mit Finanzinstrumenten im Rahmen von Maßnahmen zur Preisstabilisierung (Art. 5 IV MAR)(sog. **„Safe-Harbour-Regel"**) sowie auf Maßnahmen im Rahmen der Geldpolitik, der Staatsschuldenverwaltung, der Klimapolitik, zur Umsetzung der Gemeinsamen Agrarpolitik der Union sowie der Gemeinsamen Fischereipolitik der Union (Art. 6 MAR).

b) Subjektiver Tatbestand

Im subjektiven Tatbestand genügt dolus eventualis, der sich insbesondere auf die Preismanipulationseignung beziehen muss, wenngleich hier eine „Parallelwertung in der Laiensphäre" genügt. Eine Marktmanipulationsabsicht ist nicht erforderlich (BGHSt 59, 80 [91 f.]).

2. Insiderhandelsverbot (§ 38 III Nr. 1 WpHG)

a) Objektiver Tatbestand

409 **Fall 54**: A und B, Vorstandsmitglieder der S-AG, erhielten als Gratifikation Optionsscheine auf börsennotierte Aktien ihrer Gesellschaft, wobei die Optionsscheine nicht im organisierten Markt gehandelt oder in den Freiverkehr einbezogen wurden. Als sie durch die Lektüre interner Aufstellungen von einer dramatischen Verschlechterung der Vermögenssituation der S-AG erfuhren, verkauften sie schnell ihre Optionsscheine, noch bevor entsprechende Ad-hoc-Mitteilungen herausgegeben wurden. Strafbarkeit von A und B?

aa) Tathandlung: Taugliche Tathandlungen des Allgemeindelikts des § 38 III Nr. 1 WpHG sind nach Art. 8 I 1 MAR der **Erwerb** oder die **Veräußerung** eines Finanzinstruments (für eigene oder fremde Rechnung, im eigenen wie fremden Namen), wofür es nicht einer dinglichen Rechtsänderung bedarf, sondern nach h.M. (OLG Karlsruhe NJW-RR 2004, 984 [985 f.]; *Park*, JuS 2007, 621 [623]; *Wittig*, § 30

Rn. 72) auch ein schuldrechtliches Verpflichtungsgeschäft ausreicht, was dem umfassenden Schutzzweck des WpHG entspricht. Erforderlich ist dann aber eine hinreichende Sicherung der Gewinnerwartung, d.h. bedingte Übertragungen von Insiderpapieren genügen dann nicht, wenn der Eintritt der Bedingung nicht ausschließlich vom Verhalten des Insiders, sondern von einer Willensentschließung des jeweiligen Vertragspartners abhängt. In **Fall 54** fehlt es beim Verkauf der Optionen (bedingtes Rechtsgeschäft) an einer hinreichenden Veräußerungsposition, so dass das OLG Karlsruhe NJW-RR 2004, 984 ff. in einem vergleichbaren Fall die Nichteröffnung des Hauptverfahrens bestätigte.

Beispiele für taugliche Erwerbs-/Veräußerungshandlungen (vgl. BaFin, Emittentenleitfaden, 4. Aufl. 2017, S. 37): Ausführung einer Kauf- oder Verkaufsorder; Pensionsgeschäfte (Geschäfte, bei denen ein Wertpapier bei gleichzeitiger Vereinbarung eines Rückkauftermins verkauft wird); Wertpapierleihe (Eigentumsübertragung für eine bestimmte vertraglich vereinbarte Zeit gegen Entgelt auf den Entleiher).

Keine tauglichen Tathandlungen sind: die Erteilung einer Kauf- oder Verkaufsorder (allenfalls Versuchsstrafbarkeit); Vererbung von Wertpapieren; Erwerb von Optionen durch Zuteilung im Rahmen eines Aktienoptionsplanes für Mitarbeiter; Schenkung von Wertpapieren.

Der Erwerb, die Veräußerung oder die Auftragsänderung muss unter Verwendung einer **Insiderinformation** erfolgen, worunter nach Art. 7 I MAR konkrete Informationen (Tatsachen, Werturteile, Absichten, Prognosen oder sogar Gerüchte) über Umstände (nach Art. 7 II 1 MAR einschließlich zukünftigen Ereignissen, deren Eintritt vernünftigerweise erwartet werden muss) gemeint sind, die sich auf einen oder mehrere Emittenten von Insiderpapieren oder auf Insiderpapiere selbst beziehen, nicht öffentlich bekannt und geeignet sind, im Falle ihres öffentlichen Bekanntwerdens nach einer objektiven ex-ante-Prognose den Börsen- oder Marktpreis des Finanzinstruments erheblich zu beeinflussen (d.h. wenn ein verständiger Anleger die Information wahrscheinlich als Teil der Grundlage seiner Anlageentscheidung nutzen würde [Art. 7 IV MAR]). Öffentlich bekannt sind die Informationen, wenn sie der möglichst breiten Öffentlichkeit nichtdiskriminierend zugänglich sind (Art. 2 I lit. a (i) Durchführungsverordnung [EU] Nr. 2016/1055 vom 29.6.2016 [ABl. L 173, S. 47]); entgegen der früheren h.M. (BT-Drs. 12/6679, S. 46; Park/*Hilgendorf*, § 13 WpHG Rn. 96) reicht eine sog. Bereichsöffentlichkeit für eine Bekanntgabe nicht mehr aus. 410

Nach Art. 8 I 2 MAR gilt als Insidergeschäft auch die Stornierung oder Änderung eines Auftrags in Bezug auf ein Finanzinstrument, auf das sich die Informationen beziehen, wenn der Auftrag vor Erlangen der Insiderinformation erteilt wurde.

411 Das in **Fall 53** dargestellte **„Scalping“** stellt kein Insidergeschäft dar, weil einer selbst geschaffenen inneren Tatsache – hier: Absicht der späteren Empfehlung – regelmäßig der Drittbezug fehlt, der dem Begriff der „Information“ evident ist; es fehlt also an einer Insiderinformation (BGHSt 48, 373 [377 ff.]; *Gaede/Mühlbauer*, wistra 2005, 9 ff.; aA LG Frankfurt a.M., NJW 2000, 301). Darüber hinaus beruht die zu erwartende Kurssteigerung auf einer durch die Täuschung des A bedingte Überreaktion des Marktes, die ein rational denkend verständiger Anleger nicht berücksichtigt (*Wittig*, § 30 Rn. 69). Gegeben ist der Drittbezug demgegenüber beim sog. **„Frontrunning“**, also bei Eigengeschäften von Wertpapierdienstleistern in Kenntnis von existierenden Kundenaufträgen, um vom Preisanstieg durch die Kundenorder zu profitieren.

412 **Genutzt** werden die Insiderinformationen, wenn der Insider in Kenntnis der Information handelt und dabei die Information in sein Handeln mit einfließen lässt; notwendig ist also eine Kausalbeziehung zwischen der Kenntnis der Insiderinformation und dem Tätigen des Insidergeschäfts(*Wittig*, § 30 Rn. 78). Dies ist auch gegeben, wenn jemand zwar nicht selbst über eine Insiderinformation verfügt, aber eine Empfehlung bekommen hat bzw. zur Vornahme eines Insidergeschäfts verleitet wurde und er die Empfehlung nutzt oder der Verleitung folgt (Art. 8 II, III MAR).

cc) Tatbestandsausschluss: Safe-Harbour-Regel (Art. 5 I, IV MAR) sowie Art. 6 MAR (hierzu oben Rn. 408).

b) Subjektiver Tatbestand

Der subjektive Tatbestand des § 38 III Nr. 1 WpHG setzt einen bedingten Vorsatz voraus; die nach § 38 I Nr. 1, IV WpHG a.F. noch ausreichende Leichtfertigkeit führt seit dem 1. FiMaNoG nur noch zu einer Ordnungswidrigkeit nach § 39 IIIb WpHG. Irrt sich der Täter darüber, dass die ihm bekannten Umständen rechtlich eine Insiderinformation darstellt, so stellt dies keinen Tatbestandsirrtum, sondern einen bloßen Verbotsirrtum (§ 17 StGB) dar.

3. Insider-Empfehlungs-, Verleitungs- und Offenlegungsverbot (§ 38 III Nr. 2 und 3 WpHG)

a) Objektiver Tatbestand

aa) Täter: Täter des § 38 III Nr. 2 und 3 WpHG kann seit der Neuregelung durch das 1. FiMaNoG neben den in Art. 10 I UA2 MAR aufgelisteten **Primärinsidern** auch sonstige Kenntnisträger der Insiderinformation (sog. **Sekundärinsider**) sein **413**

bb) Tathandlungen: Erfasste Tathandlungen sind die Empfehlung oder das Verleiten (jede Willensbeeinflussung) zum Tätigen eines Insidergeschäfts (Art. 14 lit. b MAR – sog. „Tipping") sowie die unrechtmäßige (d.h. die nicht im Zuge der normalen Ausübung einer Beschäftigung oder eines Berufs oder der normalen Erfüllung von Aufgaben erfolgende [*Wittig*, § 30 Rn. 88]) Offenlegung von Insiderinformationen (Art. 14 lit. c MAR: hieran fehlt es bei gesetzlichen Mitteilungspflichten [z.B. §§ 21 ff. WpHG, 145 II, 170 AktG] oder im Fall der Marktsondierung [Art. 11 MAR]). **414**

cc) Tatbestandsausschluss: Safe-Harbour-Regel (Art. 5 I, IV MAR) sowie Art. 6 MAR (hierzu oben Rn. 408).

b) Subjektiver Tatbestand

Der subjektive Tatbestand verlangt zumindest dolus eventualis; einer zusätzlichen Beeinflussungsabsicht bedarf es nicht (G/J/W/*Diversy/Köpferl*, § 38 WpHG Rn. 111). Leichtfertiges Handeln erfüllt allenfalls den Ordnungswidrigkeitentatbestand des § 39 IIIb WpHG. **415**

IV. Verleitung zur Börsenspekulation (§ 49 BörsG)

Der mit der Verbotsnorm des § 26 I BörsG auszufüllende Blanketttatbestand des § 49 BörsG bestraft als abstraktes Vermögensgefährdungsdelikt zum Schutz allein des Vermögens von Anlegern (als Rechtsgut) denjenigen, der gewerbsmäßig (idR als Berater oder Finanzdienstleister) andere unter Ausnutzung ihrer Unerfahrenheit in Börsenspekulationsgeschäften (Termingeschäfte [§ 26 II Nr. 1 BörsG: An- und Verkaufsgeschäfte mit aufgeschobener Lieferzeit], Optionen auf solche Geschäfte [§ 26 II Nr. 2 BörsG] sowie Finanztermingeschäften [§ 2 II Nr. 2 lit. a WpHG: z.B. Kassageschäfte]) zu solchen Geschäften oder zu einer unmittelbaren oder mittelbaren Beteiligung an einem solchen Geschäft verleitet (also „bestimmt" iSd § 26 StGB). Ein Anleger ist hierbei unerfahren, wenn er infolge fehlender Einsicht die Tragweite des konkreten Spekulationsgeschäfts nicht in seiner ganzen **416**

Bedeutung verlässlich überblicken kann (BGH NStZ-RR 2002, 84); davon ist bei Privatanlegern regelmäßig auszugehen. Dies nutzt der Täter aus, wenn er die Unerfahrenheit kannte und ihm bewusst war, dass der Anleger das Geschäft anders gewürdigt hätte; erforderlich ist eine unlautere Willensbeeinflussung, etwa wenn der Täter das Opfer zum Geschäftsabschluss gedrängt hat. An einem Ausnutzen fehlt es, wenn der Täter selbst unerfahren war. Im subjektiven Tatbestand genügt ein bedingter Vorsatz.

V. Straftaten nach dem KWG

417 **§ 54 I Nr. 1, II KWG** stellt das vorsätzliche oder fahrlässige **Betreiben verbotener Bankgeschäfte** (iSd § 3 I Nr. 1 KWG: Einlagengeschäfte, wenn der Kreis der Einleger überwiegend aus Betriebsangehörigen des Unternehmens besteht [§ 3 I Nr. 1 KWG: Werksparkassen] sowie die Annahme von Geldbeträgen durch Zwecksparunternehmen, wenn der überwiegende Teil der Geldgeber einen Rechtsanspruch auf Darlehen aus diesen Geldern hat [§ 3 I Nr. 2 KWG], Kredit- und Einlagengeschäfte, wenn die Verfügungsmöglichkeiten durch Barabhebung ausgeschlossen oder erheblich erschwert sind [§ 3 I Nr. 3 KWG]) unter Strafe, **§ 54 I Nr. 2, II KWG** das vorsätzliche oder fahrlässige **Betreiben von Bankgeschäften** (§ 1 I 2 KWG) **oder Finanzdienstleistungen** (§ 1 Ia 2 KWG) **ohne** die nach § 32 I 1 KWG erforderliche schriftliche **Genehmigung** der BaFin (Verwaltungsakzessorietät!). Ebenso wird bestraft, wer vorsätzlich oder fahrlässig ohne Zulassung eine **Clearingdienstleistung** (iSv Art. 2 Nr. 3 VO [EU] Nr. 648/2012 vom 4.7.2012 [ABl. L 201, S. 1]) (**§ 54 Ia, II KWG**) oder eine **Zentralverwahrertätigkeit** (**§ 54 Ib, II KWG**) erbringt.

Nach **§ 55 KWG** macht sich strafbar, wer als Geschäftsleiter eines Instituts iSd § 1 KWG (entgegen § 46b I KWG) vorsätzlich oder fahrlässig nicht rechtzeitig, fehlerhaft oder nur unvollständig der BaFin anzeigt, dass das Institut zahlungsunfähig oder überschuldet ist. Diese Norm tritt an die Stelle von § 15a InsO (oben Rn. 269 ff.), da die Geschäftsleiter zur Stellung eines Insolvenzantrags nicht befugt sind. Zu **§§ 55a und b KWG** oben Rn. 375.

Kapitel 9. Arbeitsstrafrecht

418 Das Arbeitsstrafrecht umfasst alle Straf- und Bußgeldvorschriften, die das Arbeitsleben regeln. Weil nicht auch alle nur bei Gelegenheit der Arbeit begangenen Delikte erfasst sein sollen, sondern ein enger sachlicher Bezug zur Arbeit verlangt wird, gilt das Arbeitsstrafrecht primär als „Arbeitgeberstrafrecht" (*Ignor/Rixen*, NStZ 2002, 510; *Tiedemann*, BT, Rn. 564). Entsprechend der Komplexität und Streubreite des Arbeits- und Sozialrechts ist auch die Bandbreite der sozialrechtsakzessorisch ausgestalteten arbeitsstrafrechtlichen Delikte breit und reicht vom kernstrafrechtlichen Bereich des StGB (insb. §§ 233, 263 [z.B. Anstellungsbetrug], 266a, 291 I Nr. 3 StGB) über die Bekämpfung illegaler Beschäftigung (§§ 404 II Nr. 3 SGB III, 10 und 11 SchwarzArbG) und illegaler Arbeitnehmerüberlassung (§§ 15, 15a AÜG) bis hin zum Arbeitsschutzstrafrecht, den Straftaten und Ordnungswidrigkeiten nach §§ 119 ff. BetrVG sowie den Bußgeldvorschriften des Arbeitszeitrechts (hierzu M/B/*Henzler*, § 34 Rn. 52 ff.) und des Schutzes von Jugendlichen und werdender Mütter).

I. Vorenthalten und Veruntreuen von Arbeitsentgelt (§ 266a StGB)

1. Vorbemerkungen

a) Deliktsstruktur und praktische Bedeutung

419 Der durch das 2. WiKG eingeführte § 266a StGB ist von „erheblicher praktischer Bedeutung" (*Wittig*, § 22 Rn. 2), da die vom Arbeitnehmer und Arbeitgeber grundsätzlich zur Hälfte zu tragenden Beiträge zur Sozialversicherung (d.h. Renten-, Arbeitslosen- und Pflegeversicherung), für deren Entrichtung an den Versicherungsträger allein der Arbeitgeber verantwortlich ist (§ 28e SGB IV), von diesem vor allem in Zeiten einer wirtschaftlichen Krise häufig nicht oder nicht rechtzeitig abgeführt werden. Zum Schutz der Abführung der Sozialversicherungsbeiträge enthält § 266a StGB drei Tatbestände, die nur der Arbeitgeber (Sonderdelikt!) begehen kann: Abs. 1 bestraft als untreueähnliches echtes Unterlassungsdelikt das Vorenthalten der vom Arbeitnehmer einbehaltenen Beitragsteile gegenüber der Einzugsstelle, Abs. 2 die Nichtabführung der eigenen Beitragsanteile des Arbeitge-

bers unter dem Tätigen unrichtiger oder unvollständiger Angaben (§ 266a II Nr. 1 StGB: betrugsähnlich) oder dem Verschweigen sozialversicherungserheblicher Tatsachen (§ 266a II Nr. 2 StGB: untreueähnliches echtes Unterlassungsdelikt) und Abs. 3 als untreueähnliches echtes Unterlassungsdelikt die Nichtabführung treuhänderisch einbehaltener Teile des Arbeitsentgelts an Dritte (z.B. vermögenswirksame Leistungen, Lohnpfändungen).

b) Rechtsgut

420 Die § 266a I und II StGB schützen alleine das Interesse der Solidargemeinschaft (Versichertengemeinschaft) an der Sicherstellung des Aufkommens der Mittel für die Sozialversicherung und nicht das Vermögen des Arbeitnehmers (*Fischer*, § 266a Rn. 2; aA BSGE 78, 20 [24]); erst § 266a III StGB schützt ausschließlich das Vermögen des Arbeitnehmers (OLG Celle NJW 1992, 190).

c) Aufbauschema

Aufbauschema (§ 266a StGB)

I. Tatbestandsmäßigkeit

1. Objektiver Tatbestand

- a) Täter: Arbeitgeber oder eine diesem gleichgestellte Person (§ 266a V StGB)
- b) Tathandlung:
  - aa) Vorenthalten von Beiträgen des Arbeitnehmers zur Sozialversicherung (Abs. 1)
  - bb) Vorenthalten von Beiträgen des Arbeitgebers zur Sozialversicherung durch
    - Angabe unvollständiger oder unrichtiger sozialversicherungsrechtlich erheblicher Tatsachen (Abs. 2 Nr. 1)
    - Pflichtwidriges Unterlassen der Mitteilung sozialversicherungsrechtlich erheblicher Tatsachen (Abs. 2 Nr. 2)
  - cc) Nichtabführen sonstiger einbehaltener Arbeitsentgelte (Abs. 3)

2. Subjektiver Tatbestand: Vorsatz

II. Rechtswidrigkeit (insb. § 15a I InsO)

III. Schuld

IV. Evtl. Regelbeispiel, § 266a IV StGB
V. Evtl. Absehen von Strafe, § 266a VI 1 StGB
VI. Evtl. persönlicher Strafaufhebungsgrund, § 266a VI 2 StGB

2. Der objektive Tatbestand

Fall 55 (nach BGH NStZ 2010, 635): A war faktischer Geschäftsführer der auf die Durchführung von Baustahlarbeiten spezialisierten A-GmbH. Gegenüber der BG Bau-Berufsgenossenschaft für Bauwirtschaft ließ A jeweils bewusst pflichtwidrig zu niedrige Lohnnachweise zur Bemessung der Umlagebeträge für die gesetzliche Unfallversicherung abgeben, was zur Folge hatte, dass die Umlage nicht in voller Höhe berechnet wurde und der Berufsgenossenschaft ein Schaden iHv 39.000 € entstand. Strafbarkeit des A? **421**

a) Täter

Täter des Sonderdelikts § 266a StGB kann in allen Tatbestandsvarianten nur der Arbeitgeber oder eine ihm nach § 266a V StGB gleichgestellte Person sowie, wenn es sich hierbei um eine juristische Person handelt, über § 14 StGB (oben Rn. 41 ff.) deren Organe (einschließlich faktischer Organe wie des A in **Fall 55**: hierzu oben Rn. 49), Vertreter (insb. der Insolvenzverwalter) und Beauftragte sein; für Teilnehmer gilt § 28 I StGB (Lackner/Kühl/*Heger*, § 266a Rn. 2).

Wegen der Anknüpfung des § 266a StGB an die Pflicht zur Abführung des Gesamtversicherungsbeitrags ist der Begriff des **Arbeitgebers** akzessorisch zum Sozialversicherungsrecht zu bestimmen, das nach § 7 I 1 SGB IV nur die „nichtselbstständige Arbeit, insbesondere in einem Arbeitsverhältnis" erfasst und so für den Arbeitgeber-Begriff auf die nach §§ 611 ff. BGB Dienstberechtigten abstellt. Maßgebliche Kriterien für ein nichtselbstständiges Arbeitsverhältnis ist eine persönliche Abhängigkeit des Arbeitnehmers durch örtliche, zeitliche und inhaltliche Weisungsgebundenheit, die Eingliederung in den Betrieb, die Bezahlung eines festen Entgelts oder Entgeltsatzes (z.B. Stundenlohn) sowie das Fehlen eines eigenen unternehmerischen Risikos (BGH NJW 2014, 1975 [1976]; BGH NStZ 2015, 648). Der Abschluss eines Dienst- oder Arbeitsvertrages ist nicht erforderlich, ein faktisches Arbeitsverhältnis genügt. Maßgeblich sind also stets nicht die jeweiligen vertraglichen Gestaltungen der Parteien, sondern – zur Vermeidung von Umgehungen der Abführungspflicht – allein die tatsächlichen Verhältnisse (BGH NStZ 2016, 348); das Ergebnis eines

Statusfeststellungsverfahrens nach § 7a SGB IV (beim Verdacht der Scheinselbstständigkeit) ist im Strafprozess nicht bindend. Für **§ 266a III StGB** muss jedoch eine wirksame Verpflichtung zur Lohnzahlung begründet sein.

Bei **zulässiger Arbeitnehmerüberlassung** ist allein der Verleiher beitragspflichtiger Arbeitgeber (§ 3 I Nr. 2 AÜG), bei **unerlaubter** oder nach § 9 AÜG **unwirksamer Arbeitnehmerüberlassung** gilt nach § 10 I AÜG der Entleiher als Arbeitgeber; hierneben ist der lohnzahlende Verleiher zur Abführung des Gesamtsozialversicherungsbeitrags verpflichtet (§§ 10 III AÜG).

Zu den nach § 266a V StGB dem Arbeitgeber **gleichgestellten Personen** zählen der Auftraggeber eines Heimarbeiters (§ 12 III SGB IV), Hausgewerbetreibenden (§ 12 I SGB IV) oder einer diesen gleichgestellten Person (Arbeitgeber ist also die Person, für dessen Rechnung die Arbeit erbracht wird) sowie der Zwischenmeister (§ 12 IV SGB IV).

b) Tathandlung

422 **aa) § 266a I StGB:** § 266a I StGB erfasst als wichtigste Tatbestandsvariante der Vorschrift lediglich das Vorenthalten des fälligen Anteils des Arbeitnehmers am Gesamtsozialversicherungsbeitrag einschließlich der Beiträge zur Arbeitsförderung (§ 28d SGB IV). Die Norm ist hierbei sozialrechtsakzessorisch, so dass **vorenthaltene Beiträge** nur solche sein können, die aufgrund einer versicherungspflichtigen Beschäftigung (§ 7 SGB IV) nach dem geltenden materiellen Sozialversicherungsrecht (Beitragspflicht nach § 22 I SGB IV) geschuldet sind (BGHSt 51, 124 [128]). Die jeweilige Beitragshöhe bemisst sich nach dem Brutto-Arbeitsentgelt (§ 14 I SGB IV; BGHSt 53, 71 [75]) und dem für das betreffende Jahr gesetzlich oder durch Satzung der jeweiligen Krankenkasse festgelegten Beitragssatz (BGH BeckRS 2017, 109715); bei lückenhaften Erkenntnissen kann im Strafprozess geschätzt werden (BGHSt 53, 71 [73]).

Beispiele für eine fehlende Beitragspflicht des Arbeitnehmers (und damit von § 266a I StGB nicht erfasst):
- geringfügige Beschäftigung („450 €-Job“, §§ 8, 8a SGB IV, 7 SGB V)
- Beschäftigung von Studenten (§ 6 I Nr. 3 SGB V, 5 III SGB VI, 27 IV 1 Nr. 2 SGB III) oder Personen mit Vollendung der Renten-Regelaltersgrenze (§§ 346 III SGB III, 172 SGB VI)
- Beschäftigung in Berufsausbildung mit geringem Arbeitsentgelt (bis 325 €: §§ 20 III 1 Nr. 1 SGB IV)
- Ableistung eines sozialen Jahres (§ 20 III 1 Nr. 2 SGB IV)
- Beiträge zur gesetzlichen Unfallversicherung (wie in **Fall 55**) werden nicht von § 266a I StGB erfasst, da der Arbeitgeber diese nach § 150 I 1 SGB VII alleine schuldet.

Die Abführung des Arbeitnehmeranteils zum Gesamtsozialversicherungsbeitrag steht nicht zur Disposition des Arbeitnehmers, so dass die Abführungspflicht des Arbeitgebers auch bestehen bleibt, wenn dieser im Einvernehmen mit dem Arbeitnehmer auf sein Rückgriffsrecht verzichtet oder er sogar mit dem Arbeitnehmer (iSv § 14 II 1 SGB IV) vereinbart, ihm seinen Lohn dauerhaft ohne Abzüge auszuzahlen (sog. legale **Nettolohnabrede**). Unberührt bleibt die Arbeitgeberpflicht gleichfalls bei entsprechenden Abreden im Rahmen eines illegalen Beschäftigungsverhältnisses iSd § 14 II 2 SGB IV (sog. **Schwarzlohnabrede**: BGHSt 38, 285 ff.). Die Beitragshöhe wird hier jeweils durch eine Hochrechnung des ausgezahlten Nettolohnes auf ein fiktives Bruttoentgelt berechnet.

Die Beitragspflicht muss im **Inland** bestehen, was grundsätzlich für alle Arbeitnehmer gilt, die im Geltungsbereich des StGB tätig sind (Ort der Beschäftigung: § 3 SGB IV); für transnational entsandte Arbeitnehmer gelten die §§ 4, 5 SGB IV. Liegt für den Arbeitnehmer eine sog. **A1**(ehemals E101)**-Entsendebescheinigung** durch einen Sozialversicherungsträger aus einem EU-Land vor, so besteht keine Beitragspflicht in Deutschland; § 266a I StGB ist unanwendbar, selbst wenn die Bescheinigung im Ausland durch Manipulation erschlichen wurde (BGHSt 51, 124), nicht jedoch, wenn das ausländische Unternehmen eine bloße Scheinfirma eines deutschen Unternehmens ist (BGHSt 51, 224 [232]). Für Entsendebescheinigungen von Nicht-EU-Mitgliedstaaten gilt dies nicht gleichermaßen (BGHSt 52, 67 [71]).

Fall 56 (nach *Hellmann/Beckemper*, Rn. 845): R, Alleingesellschafterin und Geschäftsführerin des Reinigungsunternehmens H-GmbH mit den beiden einzigen angestellten Reinigungskräften A und B, stellte am 25.2. fest, dass die Zahlungsverpflichtungen der GmbH die liquiden Mittel überstiegen. Die auf dem Geschäftskonto verbliebenen 1.800 € verwendete R am 5.3. zur Begleichung der fälligen Miete für die von der H-GmbH genutzten Geschäftsräume und der Leasingraten für den Firmenwagen, um eine Fortsetzung der Geschäftstätigkeit zu gewährleisten und die Arbeitsplätze von A und B zu sichern. R konnte deshalb weder die Löhne für Februar noch die Beiträge zur Kranken-, Renten-, Pflege- und Arbeitslosenversicherung an die AOK X (für A) und die AOK Y (für B) abführen. Am 10.3. stellte ein Gläubiger Insolvenzantrag, der später mangels Masse abgelehnt wurde. Strafbarkeit des R? **423**

„**Vorenthalten**" ist die unterlassene Abführung der (nach § 23 I 2 SGB IV grundsätzlich am drittletzten Bankarbeitstag) fälligen Arbeitnehmeranteile am Gesamtversicherungsbeitrag gegenüber der zuständigen Einzugsstelle, also der Krankenkasse, die die Krankenversicherung durchführt (§§ 28h und i SGB IV). Verhandlungen mit der Einzugsstelle schieben den Fälligkeitszeitpunkt nicht hinaus, wohl aber eine Stundungsvereinbarung mit der Einzugsstelle (§ 76 II SGB IV). Als echtes Unterlassungsdelikt setzt der Tatbestand voraus, dass die Erfüllung der Handlungspflicht dem Täter möglich und zumutbar ist. Eine tatbestandsausschließende Unmöglichkeit ergibt sich hierbei primär aus **Liquiditätsproblemen** (sofern der Täter dies nicht im Sinne der omissio libera in causa selbst verursacht hat, z.B. indem der Arbeitgeber für die Zahlung der Arbeitnehmeranteile vorgesehene Gelder aus dem Unternehmen entnimmt: vgl. BGHSt 47, 318 [322]), grundsätzlich jedoch nicht aus **konkurrierenden Zahlungspflichten** (z.B. Lohn- und Lieferantenforderungen), weil die Pflicht zur Abführung der Sozialbeiträge wegen des strafrechtlichen Normbefehls in § 266a StGB (und dem dahinter steckenden Schutzbedürfnis der Sozialversicherungsbeiträge) allen anderen (nicht titulierten) Forderungen vorgeht (BGHSt 47, 318 [321]; BGHSt 48, 307 [313]; aA OLG Düsseldorf NJW-RR 1993, 1448 [1449]).

Wer dem folgt und der Beitragsabführungspflicht (trotz fehlender ausdrücklicher Regelung im Zivil- oder Sozialrecht) einen Vorrang vor den Miet- und Leasingsforderungen in **Fall 56** einräumt, der muss den objektiven Tatbestand bejahen (zur Rechtswidrigkeit unten Rn. 430).

424 Die Beitragspflicht besteht grundsätzlich auch in der einer **Insolvenz** vorgelagerten Krisenzeit (zur dreiwöchigen Insolvenzantragspflicht unten Rn. 430), nicht dagegen im Insolvenzverfahren – hier ist die Abführungspflicht suspendiert, so dass eine Strafbarkeit nach § 266a I StGB ab dem Zeitpunkt eines seitens des Arbeitgebers gestellten Insolvenzantrags ausscheidet, unabhängig davon, ob es zu einem Eröffnungsbeschluss kommt oder nicht (BGHSt 48, 307 [312 f.]).

Bei **illegalen Beschäftigungsverhältnissen** wirkt eine Unmöglichkeit dagegen nach BGH NJW 2011, 3047 nicht tatbestandsausschließend, weil das Vorenthalten hier nicht in einem schlichten Nichtzahlen bestehe, sondern vielmehr Folge der aktiven Tathandlung des § 266a II Nr. 1 StGB sei.

425 Einen nur schmalen Anwendungsbereich hat die tatbestandsausschließende **Unzumutbarkeit**, die nur gegeben ist, wenn das der (wegen zumindest verbliebener Rest-Vermögenswerte fortbestehenden) Beitragspflicht zugrunde liegende Allgemeininteresse das wirtschaftliche Individualinteresse des Täters am Vermögenserhalt und einer Unternehmenfortführung überwiegt, etwa wenn der Täter Behandlungskosten aufbringen muss, um eine eigene lebensbedrohliche Erkrankung abzuwenden (G/J/W/*Wiedner*, § 266a Rn. 55).

bb) § 266a II StGB: § 266a II StGB stellt das Vorenthalten von Beiträgen zur Sozialversicherung, die einzig der Arbeitgeber zu tragen hat, unter Strafe, sofern dies durch eine bestimmte Handlung erfolgt. 426

Beispiele für Arbeitgeber-Beiträge:
- Arbeitgeber-Anteil am Gesamtsozialversicherungsbeitrag (Beiträge zur Kranken-, Pflege- und Rentenversicherung)
- Beitrag zur gesetzlichen Unfallversicherung nach § 150 I SGB VII, der allein vom Arbeitgeber zu entrichten ist: In **Fall 55** hat sich A somit nach § 266a II StGB strafbar gemacht.
- Beiträge für geringfügige Beschäftigte, die allein der Arbeitgeber zu tragen hat (§§ 8 SGB IV, 249b S. 1 SGB V, 172 III SGB VI), mit Ausnahme von Beiträgen für geringfügige Beschäftigte in Privathaushalten iSd § 8a SGB IV, deren unterbliebene Abführung lediglich bußgeldbewehrt ist (§§ 111 I 1 Nr. 2a, S. 2 SGB IV, 209 I 1 Nr. 5, S. 2 SGB VII).

Nicht erfasst ist nach § 266a II 2 StGB eine nicht abgeführte **Lohnsteuer**, deren nach §§ 38 III 1, 41a EStG geschuldete Abführung durch den Arbeitgeber bereits nach §§ 370, 378 AO strafbewehrt ist.

Dies ist jedoch nur dann tatbestandsmäßig, wenn das Vorenthalten darauf beruht, dass der Arbeitgeber gegenüber der Einzugsstelle über sozialversicherungsrechtlich erhebliche Tatsachen (d.h. solche, die die Sozialversicherungspflicht und die Höhe der Sozialversicherungsbeiträge materiell beeinflussen können: vgl. Katalog in § 28a SGB IV) unrichtige oder unvollständige Angaben gemacht hat (**Nr. 1**) oder dass der Arbeitgeber die Einzugsstelle über sozialversicherungsrechtlich erhebliche Tatsachen pflichtwidrig in Unkenntnis lässt, also ihr als Mitteilungspflichtiger (nach § 28a SGB IV oder der auf Grundlage der § 28c SGB IV, § 195 SGB VI ergangenen „Verordnung über die Erfassung und Übermittlung von Daten für die Träger der Sozialversicherung“ vom 23.1.2006 [DEÜV – BGBl. I, S. 152]) solche Tatsachen gar nicht oder nicht rechtzeitig übermittelt (**Nr. 2**). Hauptanwendungsfall von Nr. 2 sind Fälle vollständiger Schwarzarbeit, in denen den Sozialversicherungsträgern der Arbeitgeber und sein Unternehmen insgesamt unbekannt sind (G/J/W/*Wiedner*, § 266a Rn. 63). 427

cc) § 266a III StGB: Der untreueähnliche § 266a III StGB bestraft es, wenn der Arbeitgeber (von ihm rechtswirksam geschuldete) Arbeitsentgeltanteile einbehält, ohne diese an den Gläubiger des Arbeitnehmers auszuzahlen (z.B. vermögenswirksame Leistungen nach § 2 VII 1 des 5. VermBG, dem Arbeitgeber angezeigte Lohnabtretungen an Unterhaltsgläubiger oder mit dem Arbeitnehmer vereinbarte Abführungspflichten zugunsten privater oder freiwilliger Renten- und Krankenversicherung) und ohne den Arbeitnehmer darüber bei Fälligkeit oder unverzüglich (§ 121 BGB) zu unterrichten (formlose Mitteilung). 428

Der verbleibende Lohn ist nach h.M. dem Arbeitnehmer auszuzahlen, da nur der Auszahlung der strafbarkeitsbegründende Rechtsschein zukomme, dass der Arbeitgeber sich auch im Übrigen pflichtgemäß verhalte und die geschuldeten Beträge an den Dritten weiterleite (*Fischer*, § 266a Rn. 22b; MüKo-StGB/*Radtke*, § 266a Rn. 86; aA G/J/W/*Wiedner*, § 266a Rn. 73). Eine Unmöglichkeit oder Unzumutbarkeit hindert die Strafbarkeit (*Fischer*, § 266a Rn. 22b; aA Sch/Schr/*Perron*, § 266a Rn. 14: das Nichtunterrichten bilde das eigentliche Unrecht).

3. Der subjektive Tatbestand

429 In allen Tatvarianten genügt dolus eventualis; eine Schädigungs- oder Bereicherungsabsicht ist nicht erforderlich.

4. Rechtswidrigkeit

430 Während der **dreiwöchigen Insolvenzantragspflicht** des **§ 15a I InsO** besteht nach h.M. der „absolute Vorrang" der Beitragspflicht nicht, sondern hiernach (als Rechtfertigungsgrund) besteht keine Abführungspflicht, da die verteilungsfähige Vermögensmasse eines insolvenzreifen Unternehmens in dieser Zeit zu erhalten und eine bevorzugte Befriedigung einzelner Gläubiger zu verhindern ist und die organschaftlichen Vertreter betroffener Gesellschaften aus diesem Grunde zudem nach §§ 64 S. 1 GmbHG, 92 II AktG, 130a I HGB für Zahlungen nach Eintritt der Insolvenzreife persönlich haften (G/J/W/*Wiedner*, § 266a Rn. 51; aA *Hellmann/Beckemper*, Rn. 855 f.: der Vorrang der Beitragspflicht gelte auch während der dreiwöchigen Insolvenzantragspflicht). Mit Ablauf der Dreiwochenfrist entfällt der Rechtfertigungsgrund ex nunc, so dass der Vorrang der Beitragspflicht vor anderen Forderungen wieder auflebt (BGHSt 48, 307 [310 f.]; aA SK-StGB/*Hoyer*, § 266a Rn. 72: Fortbestand des Rechtfertigungsgrundes für die gesamte Zeit der Insolvenzreife).

Nach der h.M. entfällt in **Fall 56** die Rechtswidrigkeit, weil die dreiwöchige Insolvenzantragspflicht weder zum Fälligkeitszeitpunkt noch zum Zeitpunkt des gestellten Insolvenzantrags abgelaufen war. Auch eine Strafbarkeit wegen Insolvenzverschleppung (§ 15a I 1, IV InsO) scheidet aus, weil ein Gläubiger vor Ablauf der Dreiwochenfrist einen Insolvenzantrag gestellt hat. Eine Strafbarkeit nach § 283 I Nr. 1 StGB scheitert daran, dass Leistungen an Gläubiger, die den Grundsätzen kongruenter Deckung entsprechen, nicht tabestandsmäßig sind (oben Rn. 276). R bleibt straflos.

431 Eine **Einwilligung des Arbeitnehmers** ist wegen seiner fehlenden Dispositionsbefugnis bei § 266a I und II StGB unbeachtlich; bei § 266a III StGB wirkt sie bereits als tatbestandsausschließendes Einverständnis. Eine **rechtfertigende Pflichtenkollision** gelangt nur selten zur Anwendung, da entsprechende Kollisionslagen zumeist bereits zu einer tatbestandsausschließenden Unzumutbarkeit führen.

5. Regelbeispiele (§ 266a IV StGB)

§ 266a IV 2 StGB regelt in bewusster Anlehnung an § 370 III 2 AO **432** (BT-Drs. 14/8221, S. 18) besonders schwere Fälle nach der Regelbeispielstechnik: **Nr. 1** verlangt kumulativ das objektive Vorenthalten von Beiträgen in großem Ausmaß (Gesamtschaden deutlich über dem Schaden bei einem gewöhnlichen Fall von § 266a StGB, nach BGHSt 53, 71[81 f.]: 50.000 €, nach *Ignor/Rixen*, NStZ 2002, 510 [512]: Schaden in Millionenhöhe) sowie subjektiv ein Handeln aus grobem Eigennutz (Streben nach eigenem Vorteil in einem besonders anstößigen Maß: BGH NStZ 1990, 497), **Nr. 2** das fortgesetzte Vorenthalten von Beiträgen unter Verwendung nachgemachter oder verfälschter Belege und **Nr. 3** (entsprechend § 264 II 2 Nr. 3 StGB: oben Rn. 187) das Ausnutzen der Mithilfe (mindestens Beihilfe) eines Amtsträgers (§ 11 I Nr. 2 StGB), der seine Befugnisse oder seine Stellung missbraucht.

6. Absehen von Strafe und persönlicher Strafaufhebungsgrund (§ 266a VI StGB)

In Anlehnung an das steuerliche Selbstanzeigeverfahren (§ 371 AO) **433** sieht **§ 266a VI 1 StGB** zur Entkriminalisierung von Beitragsvorenthaltungen im Falle der wirtschaftlichen Krise eines kleinen oder mittleren Unternehmens eine fakultative Möglichkeit des Absehens von Strafe vor, wenn der Arbeitgeber spätestens zum Fälligkeitszeitpunkt oder unverzüglich danach (§ 121 I BGB) der Einzugsstelle schriftlich die Höhe der vorenthaltenen Beiträge mitteilt (wofür die Angabe sämtlicher sozialversicherungsrechtlich erheblicher Tatsachen genügt, aus denen sich die Höhe der vorenthaltenen Beiträge ergibt) und wahrheitsgemäß, schlüssig sowie inhaltlich ausführlich darlegt, warum die fristgemäße Zahlung nicht möglich war, obwohl er sich darum ernsthaft bemüht hat (BT-Drs. 10/318, S. 31: der Arbeitgeber muss sich das Absehen „verdienen"). Werden zusätzlich zu diesen Voraussetzungen die Beiträge innerhalb der von der Einzugsstelle zu bestimmenden angemessenen Frist nachentrichtet, liegt sogar ein obligatorischer persönlicher Strafaufhebungsgrund (**§ 266a VI 2 StGB**) vor. Nach **§ 266a VI 3 StGB** soll dies für die Fälle des § 266a III StGB entsprechend gelten, obwohl die Einzugsstelle hier nicht eingeschaltet ist und bereits die Mitteilung an den Arbeitnehmer tatbestandsausschließend wirkt (krit.

hinsichtlich einer Anwendungsmöglichkeit daher zu Recht *Fischer*, § 266a Rn. 30a).

7. Konkurrenzen

434 Das gleichzeitige, d.h. zu demselben Fälligkeitszeitpunkt unterbliebene Abführen von Beiträgen mehrerer Arbeitnehmer gegenüber der gleichen Einzugsstelle bildet eine einheitliche Tat, da beide Zahlungen durch eine Handlung vorzunehmen gewesen wären (BGH BeckRS 2007, 09380; aA OLG Frankfurt a.M. NStZ-RR 1999, 104: Tatmehrheit). Das Nichtabführen gegenüber mehreren Einzugsstellen (BGHSt 48, 307 [314]) oder das Nichtabführen zu unterschiedlichen Fälligkeitszeitpunkten steht in Tatmehrheit (OLG Frankfurt a.M. NStZ-RR 1999, 104). Zwischen Taten nach Abs. 1 und Abs. 2 besteht, wenn sie sich auf den gleichen Arbeitnehmer beziehen, Tateinheit (*Fischer*, § 266a Rn. 36; aA BGH NStZ 2015, 648 [649]: einheitliche Tat). Gegenüber § 266 StGB ist § 266a StGB lex specialis, genauso wie § 266a I und II StGB (wie in **Fall 55**) gegenüber § 263 StGB (BGH NStZ 2007, 527).

II. Illegale Beschäftigung

435 Durch die einen wesentlichen Teil einer „Schattenwirtschaft" ausmachende Schwarzarbeit entgehen der Tarif- und Solidargemeinschaft schätzungsweise bis zu 400 Mrd. € jährlich und somit 17 % des Bruttoinlandsprodukts (BeckOK-StGB/*Heintschel-Heinegg*, Lexikon des Strafrechts: Arbeitsstrafrecht, Rn. 102). Die Solidargemeinschaft sowie fiskalische Belange zu schützen dient ein gestuftes Sanktionssystem:

1. § 404 II Nr. 3 SGB III

436 Faktisch den „Grundtatbestand" illegaler Beschäftigung bildet der Ordnungswidrigkeitentatbestand des § 404 II Nr. 3 SGB III, der denjenigen mit einer Geldbuße bis zu 500.000 € bedroht, der vorsätzlich oder fahrlässig einen Ausländer beschäftigt, ohne dass der Ausländer über eine Erlaubnis in seinem Aufenthaltstitel (Visum, Aufenthalts- oder Niederlassungsbefugnis – § 4 III AufenthG) bzw. ein EU-Ausländer über die für eine Erwerbstätigkeit notwendige Genehmigung der Bundesagentur für Arbeit (§ 284 I SGB III) verfügt. § 404 I SGB III sanktioniert ergänzend denjenigen, der vorsätzlich oder fahrlässig Leistungen in erheblichem Umfang von einem Subunternehmer erbringen lässt, der seinerseits Ausländer illegal beschäftigt. Der illegal beschäftigte Arbeitnehmer begeht eine Ordnungswidrigkeit nach § 404 II Nr. 4 SGB III.

2. § 10 SchwarzArbG

Zum Straftatbestand erhoben wird die illegale Beschäftigung zum einen nach § 10 I SchwarzArbG, wenn jemand (als Arbeitgeber) vorsätzlich nach § 404 II Nr. 3 SGB III einen Ausländer beschäftigt und dies in einem auffälligen Missverhältnis zu den Arbeitsbedingungen deutscher Arbeitnehmer steht, die die gleiche oder eine vergleichbare Tätigkeit ausüben. Das Vorliegen eines auffälligen Missverhältnisses ist hierbei nach einer Gesamtschau aller wesentlichen Merkmale zu bestimmen, wofür die im entsprechenden Branchentarifvertrag enthaltenen Angaben zu Arbeitsentgelt, Urlaub, Sachbezügen und Kündigungsmöglichkeiten heranzuziehen sind (*Wittig*, § 34 Rn. 14). Ein besonders schwerer Fall liegt nach § 10 II 2 SchwarzArbG in der Regel vor, wenn der Täter gewerbsmäßig (Rn. 156) oder aus grobem Eigennutz (Rn. 186) handelt. 437

Hinweis: Hierneben kann die Beschäftigung eines Ausländers eine Beihilfe zur Straftat des Ausländers nach §§ 96 I Nr. 2, 95 I Nr. 2 AufenthG darstellen.

3. § 11 SchwarzArbG

Über **§ 11 I SchwarzArbG** wird die illegale Beschäftigung zu einer Straftat, wenn der Täter mehr als fünf Ausländer ohne Genehmigung beschäftigt (**Nr. 1**) oder wenn er als Arbeitgeber eine vorsätzliche illegale Beschäftigung nach § 404 II Nr. 3 SGB III (**Nr. 2 lit. a**), § 98 IIa AufenthG (**Nr. 2 lit. c**: Ausländer mit Dienst- oder Werkleistungen) oder § 98 III AufenthG (**Nr. 2 lit. d**: selbstständig erwerbstätige Ausländer) bzw. als Arbeitnehmer eine vorsätzliche illegale Beschäftigung nach § 404 II Nr. 4 SGB III (**Nr. 2 lit. b**) beharrlich wiederholt. Eine beharrliche Wiederholung verlangt hierbei, dass durch den (zumindest zweiten) Verstoß objektiv eine besonders rechtsfeindliche Einstellung des Täters zu Tage tritt, der Arbeitgeber also trotz Abmahnung, Ahndung oder vergleichbarer Erkenntnisse die Verstöße fortsetzt (Erbs/Kohlhaas/*Ambs*, § 11 SchwarzArbG Rn. 12). Die Fälle der Abs. 1 Nr. 1, 2a und 2c werden über § 11 II SchwarzArbG qualifiziert, wenn der Täter aus grobem Eigennutz handelt. 438

III. Illegale Arbeitnehmerüberlassung

1. § 16 AÜG

439 Die entgeltliche Überlassung abhängig beschäftigter Arbeitnehmer durch den Arbeitgeber (**Verleiher**) an einen Dritten (Entleiher) bedarf einer Erlaubnis durch die Bundesagentur für Arbeit (§§ 1 I 1, 17 I 1 AÜG). Der Ordnungswidrigkeitentatbestand des § 16 AÜG sanktioniert u.a. den Verleih ohne Erlaubnis (§ 16 I Nr. 1 AÜG) und das Tätigwerdenlassen eines Leiharbeiters ohne Erlaubnis (§ 16 I Nr. 1a AÜG) oder eines ausländischen Leiharbeiters ohne Aufenthaltstitel oder Genehmigung (§ 16 I Nr. 2 AÜG).

2. § 15 AÜG

440 Handelt es sich bei den überlassenen Arbeitnehmern um Ausländer ohne Erlaubnis zur Erwerbstätigkeit (§ 404 II Nr. 3 SGB III) und handelt der **Verleiher** vorsätzlich ohne Erlaubnis nach § 1 I 1 AÜG (§ 16 I Nr. 1 AÜG), so führt diese Kombination zweier Ordnungswidrigkeitentatbestände zur Straftat nach § 15 I AÜG. § 15 II AÜG erblickt nach der Regelbeispielsmethode einen besonders schweren Fall darin, dass der Verleiher gewerbsmäßig oder aus grobem Eigennutz handelt.

3. § 15a AÜG

441 Nach **§ 15a I AÜG** macht sich der **Entleiher** strafbar, der einen ihm legal (also mit Erlaubnis nach § 1 I 1 AÜG) entgeltlich überlassenen ausländischen Arbeitnehmer, der keine Erlaubnis zur Erwerbstätigkeit besitzt, entsprechend § 10 SchwarzArbG zu Arbeitsbedingungen beschäftigt, die in einem auffälligen Missverhältnis zu den Arbeitsbedingungen deutscher Arbeitnehmer stehen, die die gleiche oder eine vergleichbare Tätigkeit ausüben. **§ 15a I 2 AÜG** regelt nach der Regelbeispielsmethode besonders schwere Fälle (gewerbsmäßig oder aus grobem Eigennutz), **§ 15a II AÜG** einen Qualifikationstatbestand entsprechend § 11 SchwarzArbG, wenn die Beschäftigung illegaler Leiharbeitnehmer in großem Umfang (fünf Ausländer) oder beharrlich erfolgte.

IV. Straftaten nach dem Betriebsverfassungsgesetz

442 **Fall 57** (nach BGH NJW 2011, 88 ff.): A, Mitarbeiter der S-AG und Vorsitzender der „Aktionsgemeinschaft Unabhängiger Be-

triebsräte“ (AUB), schied in Absprache mit Vorstandsmitglied B der S-AG aus dem Unternehmen aus und erhielt neben personeller Unterstützung über zum Schein geschlossene Beratungs- und Schulungsverträge mit gesondert ausgewiesener Umsatzsteuer (die die S-AG als Vorsteuer geltend machte) Millionenbeträge aus dem Vermögen der S-AG (ohne Prüfung, ob die Gelder tatsächlich für die AUB verwendet wurden) zur Etablierung einer „zweiten Kraft in den Betriebsräten“ neben der IG Metall. So konnten AUB-Kandidaten gefunden und so beworben werden, dass sie in den Betriebsrat gewählt wurden, was zu Vereinbarungen zwischen der S-AG und dem Betriebsrat führte, die aus Arbeitgebersicht erhebliche wirtschaftliche Vorteile einbrachten und firmenstrategische Maßnahmen erleichterten. Strafbarkeit von A und B?

§ 119 I BetrVG bestraft die Behinderung der Wahl eines Betriebsrats und aufgezählter vergleichbarer Arbeitnehmervertretungen sowie die Wahlbeeinflussung durch das Zufügen oder Androhen von Nachteilen oder durch das Versprechen von Vorteilen (**Nr. 1**: z.B. durch Manipulation der Wahlunterlagen [LG Braunschweig NStZ-RR 2000, 93 f.]), die Behinderung oder Störung der Tätigkeit u.a. eines Betriebsrats, Gesamtbetriebsrats oder Konzernbetriebsrats (**Nr. 2:** z.B. Aushang des Arbeitgebers mit der Empfehlung, keine Betriebsratsversammlung zu besuchen) sowie die Benachteiligung oder Begünstigung von Betriebsratsmitgliedern um ihrer Tätigkeit willen (**Nr. 3**); nach **§ 119 II BetrVG** handelt es sich jeweils um ein Antragsdelikt.

In **Fall 57** erachtete der BGH den „U-Boot-Einsatz“ (*Jürgen Fischer*, AuR 2010, 4) einer („gelben“) gewerkschaftsähnlichen Institution als nach § 119 I Nr. 1 BetrVG strafbare Beeinflussung der Wahl des Betriebsrats und (wegen des steuerrechtlichen Betriebsausgabenabzugsverbots des § 4 V Nr. 10 S. 1 EStG) als Steuerhinterziehung (§ 370 AO) sowie die Tätigkeit des A als Beihilfe hierzu. Dies erscheint indes mit Teilen des Schrifttums (ausführlich *Kraatz*, wistra 2011, 447 [449 f.]) als fraglich, weil B keinen Wahlbeteiligten unmittelbar bevorteilt hat und sich § 119 I Nr. 1 BetrVG somit nur mit der vom BGH angenommenen Verletzung der Neutralitätspflicht begründen ließe, was jedoch in Widerspruch zu der von der Rechtsprechung zu § 266 StGB entwickelten „formal-zivilistischen Einzelaktstheorie“ tritt, erfolgte die Vorteilsgewährung doch unmittelbar an A persönlich. Vielmehr legt der Wortlaut („die Wahl […] behindert oder […] beeinflusst“) nahe, dass nur Beeinflussungstaten ausreichen, die sich auf konkrete Wahl- oder Kandidaturentscheidungen beziehen – pauschale Vermögenszuwendungen an eine Gewerkschaft oder gewerkschaftsähnliche Institution genügen richtigerweise nicht! Immerhin verneint der BGH eine **Untreue**, weil die verletzte außerstrafrechtliche Pflicht (§ 119 I Nr. 1 BetrVG schützt nur die Integrität der Betriebsratswahl) keinen spezifischen Vermögensbezug aufweist (oben Rn. 215).

Nach dem Sonderdelikt des **§ 120 BetrVG** macht sich strafbar, wer als Betriebsratsmitglieds ein ihm in dieser Eigenschaft bekannt gewordenes fremdes Betriebs- oder Geschäftsgeheimnis des Arbeitgebers, das dieser ausdrücklich als geheimhaltungsbedürftig bezeichnet hat, offenbart (**§ 120 I BetrVG**) bzw. ein ihm als Betriebsratsmitglied bekannt gewordenes fremdes Geheimnis eines Arbeitnehmers offenbart (**§ 120 II BetrVG**). Strafschärfend wirkt nach **§ 120 III BetrVG**, wenn der Täter gegen Entgelt oder mit Bereicherungs- oder Schädigungsabsicht handelt.

§ 121 BetrVG sieht einen Ordnungswidrigkeitentatbestand in der vorsätzlichen Verletzung einer der in §§ 90 I, II 1, 92 I 1, III, 99 I, 106 II, 108 V, 110, 111 BetrVG normierten Aufklärungs- oder Auskunftspflichten vor; eine fahrlässige Begehung kann allenfalls zu § 130 OWiG (oben Rn. 71 ff.) führen.

443 Parallele Strafnormen existieren für die **Mitglieder des Sprecherausschusses der leitenden Angestellten** (Legaldefinition in § 1 SprAuG iVm § 5 III 2 BetrVG) in § 34 SprAuG (Wahl- und Tätigkeitsbeeinflussung) und § 35 SprAuG (Verletzung von Geheimnissen). § 36 SprAuG enthält schließlich eine Bußgeldvorschrift für die Nichterfüllung von Unterrichtungs- oder Mitteilungspflichten.

Sachverzeichnis

Die angegebenen Zahlen beziehen sich auf Randnummern.

A1-Entsendebescheinigung 422
Abrechnungsbetrug 130
Absprache 119, 131, 336 f.
– horizontal 336
– vertikal 337
– s. auch wettbewerbsbeschränkende Absprachen
Allzuständigkeit 54
Amtsträger 292 ff.
– Europäischer Amtsträger s. dort
Anteile 381
Arbeitgeber 421
Arbeitsstrafrecht 418 ff.
– illegale Arbeitnehmerüberlassung 439 ff.
– illegale Beschäftigung 435 ff.
– Straftaten nach dem Betriebsverfassungsgesetz 442 f.
– Vorenthalten und Veruntreuen von Arbeitsentgelt s. dort
Ausschreibung 334
– s. auch wettbewerbsbeschränkende Absprachen

Bankrott (§ 283 StGB) 237 ff.
– besonders schwerer Fall 260
– drohende Zahlungsunfähigkeit s. Zahlungsunfähigkeit
– faktischer Geschäftsführer 240
– Konkurrenzen 261
– objektive Bedingung der Strafbarkeit 258 f.
– Schuldner 238 ff.
– subjektiver Tatbestand 257
– Tathandlungen 246 ff.
– Überschuldung s. dort
– Verbraucherinsolvenz 239
– Widerspruch zum ordnungsgemäßen Wirtschaften 248
– wirtschaftliche Krise 241 ff.
– Zahlungsunfähigkeit s. dort
– Zahlungsunwilligkeit 244
Beauftragtenhaftung 41 ff.
Beihilfe durch berufstypische Handlungen 85 ff.
Berufsverbot 91 ff.
– Anlasstat 92
– Gefahrenprognose 94
– Verfahren 95
Besondere persönliche Merkmale 42 f.
Bestechlichkeit (§ 332 StGB) 306 ff.
Bestechlichkeit und Bestechung im geschäftlichen Verkehr (§ 299 StGB) 311 ff.
– Angestellter 313
– Aufbauschema 311
– Beauftragter 314
– Bestechlichkeit 312 ff.
– Bestechung 318
– Deliktsstruktur 311
– Handlungen im ausländischen Wettbewerb 3187
– Konkurrenzen 322
– Pflichtverletzungsvariante 316
– Rechtsgut 311
– Regelbeispiele 320
– Strafantrag 321
– subjektiver Tatbestand 317
– Täter 312

– Tathandlung 315
– Unrechtsvereinbarung 316
– Unternehmen 312
Bestechlichkeit und Bestechung im Gesundheitswesen (§§ 299a und b StGB) 323 ff.
– Bestechlichkeit 323
– Bestechung 327
– Konkurrenzen 326
– Rechtsgut 323
– subjektiver Tatbestand 326
– Täter 324
– Tathandlung 325
– Unrechtsvereinbarung 325
Bestechlichkeit und Bestechung von Mandatsträgern (§ 108e StGB) 309 f.
Bestechung (§ 334 StGB) 308
Bestechung im Ausland (§ 335a StGB) 308
Betriebliche Aufsichtspflichtverletzung (§ 130 OWiG) 71 ff.
– Aufbauschema 73
– Aufsichtspflicht mehrerer 78
– Dokumentationspflichten 76
– gesteigerte Aufsichtspflichten 77
– kriminalpolitischer Zweck 72
– objektive Bedingung der Ahndung 80
– Organisatorische Maßnahmen 76
– Rechtsgut 73
– Schulungsmaßnahmen 76
– subjektiver Tatbestand 79
– Täter 74
– Überwachungsmaßnahmen 76
– Unterlassen von Aufsichtsmaßnahmen 75
– Verfolgungszuständigkeit 81
Betrug (§ 263 StGB) 125 ff.
– Aufbauschema 126
– Dreiecksbetrug 143
– Eingehungsbetrug 149
– Erfüllungsbetrug 149
– Irrtum 135 ff.
– konkludente Täuschung 131
– Konkurrenz 161
– persönlicher Schadenseinschlag 151
– Qualifikation 160
– Rechtsgut 125
– Regelbeispiele 155 ff.
– schadensgleiche Vermögensgefährdung 148 ff.
– Sportwettenbetrug s. dort
– Stoffgleichheit 154
– subjektiver Tatbestand 152 ff.
– Täuschung 127 ff.
– Täuschung durch Unterlassen 133
– Theorie sozialer Zweckverfehlung 150
– unbewusste Selbstschädigungen 150
– Unmittelbarkeit der Vermögensverfügung 142
– Verfügungshandlung 141
– Vermögensbegriff 138 ff.
– Vermögensschaden 144 ff.
– Vermögensverfügung 137 ff.
– Versicherungsbetrug 192 f.
Bezugsrechte 380
Bilanzstraftaten 278 ff.
Blankettnorm 12
– Abgrenzung zu normativen Tatbestandsmerkmalen 14
– Bestimmtheitsgrundsatz 15
– Irrtum 16

Compliance-Officer 69 f., 75
Compliance-Vorschriften 315 f.
Computerbetrug (§ 263a StGB) 162 ff.
– Aufbauschema 163

– Beeinflussung eines Datenverarbeitungsvorgangs 164
– computerspezifische Auslegung 171
– Mahn- und Vollstreckungsbescheid 168
– Rechtsgut 163
– sonstige unbefugte Einwirkung auf den Ablauf 174
– subjektiver Tatbestand 176
– täuschungsäquivalente Auslegung 172 f.
– Tankkarte 173
– Tatbestandsstruktur 162
– Tathandlungen 165 ff.
– unbefugte Datenverwendung 169 ff.
– unrichtige Programmgestaltung 166 f.
– Vermögensschaden 175
– Verwendung unrichtiger/unvollständiger Daten 168
cornering 405
Corporate crime 3

Derivat 403
Dreiecksbetrug s. Betrug
Drittmitteleinwerbung 302

EC-Karte 164, 169, 173, 227 f.
Einziehung 98 ff.
Einziehung von Taterträgen 103 ff.
– Einziehung des Wertes von Taterträgen 109
– erlangtes Etwas 106 f.
– erweiterte Einziehung von Taterträgen 111
– im Ordnungswidrigkeitenverfahren 112
– Umfang 106
– Verfahren 113
– Wirkungen 113
Europäischer Amtsträger 295

Faktischer Geschäftsführer
– Bankrott 240
– Beauftragter (§ 299 StGB) 314
– Gründungsschwindel 285
– Insolvenzverschleppung 270
– Organhaftung 49
– Untreue 204
– Vorenthalten von Arbeitsentgelt 421
Falschangabedelikte (§§ 399 AktG, 82 GmbHG) 284 ff.
– Abwicklungsschwindel 287
– Begebungsschwindel 287
– Eignungsschwindel 287
– Gründungsschindel s. dort
– Kapitalerhöhungsschwindel 287
Finanzinstrument 403, 408 ff.
Fremdrechtsanwendung 28 ff.
Frontrunning 411
Funktionstheorie 52

Geheimnisverrat nach §§ 55a und b KWG 375
Geheimnisverrat und Betriebsspionage (§ 17 UWG) 359 ff.
– anvertraut 365
– Betriebsgeheimnis 361 ff.
– Betriebsspionage 367
– Geheimnishehlerei 368
– Geheimnisverrat 360 f.
– Geschäftsgeheimnis 361 ff.
– mitteilen 366
– Regelbeispiele 371
– Strafantrag 372
– subjektiver Tatbestand 369
Geldautomat 164, 173, 227 f.
Generalklauseln 18
Geschäftsherrenhaftung 67 ff.
Gesellschaftertheorie
– eingeschränkte 208

– uneingeschränkte 208
Gesellschaftstheorie
– eingeschränkte 208
– strenge 208
Gesetzliche Vermutungen 22
Gewerbsmäßigkeit 156
Gläubigerbegünstigung (§ 283c StGB) 263 ff.
– Aufbauschema 263
– Inkongruenz 265
– subjektiver Tatbestand 267
– Taterfolg 263, 266
– Tathandlung 264
Gründungsschwindel 285 f.

Handeln „als" Vertreter 50 ff.
Haushaltsuntreue 219

Improper matched order 404
Insertionsoffertenbetrug 129, 136, 144
Insiderhandelsverbot (§ 38 III Nr. 1 WpHG) 409 ff.
– Einziehung von Taterträgen 107
– Insiderinformation 410
– Insiderpapier 409
– Safe-Harbour-Regel s. dort
– subjektiver Tatbestand 412
– Tathandlung 409 ff.
Insider- Empfehlungs-, Verleitungs- und Offenlegungsverbot (§ 38 III Nr. 2 und 3 WpHG) 413 ff.
– Primärinsider s. dort
– Safe-Harbour-Regel s. dort
– subjektiver Tatbestand 415
– Tathandlungen 414
Insolvenzstrafrecht 234 ff.
Insolvenzstraftaten 235 ff.
– Bankrott s. dort
– Deliktsnatur 236
– Gläubigerbegünstigung s. dort
– Insolvenzverschleppung s. dort
– Rechtsgut 235
– Schuldnerbegünstigung s. dort
– Verletzung der Buchführungspflicht s. dort
– Vorteilsannahme s. dort
Insolvenzverschleppung (§ 15a IV, V InsO) 269 ff.
– Aufbauschema 269
– pflichtwidriges Unterlassen 271
– subjektiver Tatbestand 272
– Täter 270
Interessentheorie 50 ff.

Kapitalanlagebetrug (§ 264a StGB) 377 ff.
– Adressatenkreis 387
– Anteile s. dort
– Aufbauschema 378
– Bezugsrechte s. dort
– Deliktsnatur 378
– Einlagenerhöhung 384
– Erheblichkeit der Angaben 386
– Konkurrenzen 392
– Prospekt s. dort
– Rechtsgut 377
– subjektiver Tatbestand 390
– tätige Reue 391
– Tathandlung 385 ff.
– Tatmittel 388
– Treuhandverhältnisse 382
– Verjährung 392
– Vertrieb 383
– Wertpapiere s. dort
– Zusammenhang 389
Kapitalmarktstrafrecht 376 ff.
– Kapitalanlagenbetrug s. dort
– Kreditbetrug s. dort
– Straftaten nach dem WpHG s. dort
Kartellbußrecht 344 ff.
– Bußgeldhöhe 351

– europäisches Kartellordnungswidrigkeitenrecht 352
– nationales Kartellordnungswidrigkeitenrecht (insb. § 81 GWB) 345 ff.
Kick-Back 131, 218
Kollegialentscheidungen 55 ff.
Korruptionsdelikte 289 ff.
– Amtsträger s. dort
– Bestechlichkeit s. dort
– Bestechlichkeit und Bestechung im geschäftlichen Verkehr s. dort
– Bestechlichkeit und Bestechung im Gesundheitswesen s. dort
– Bestechlichkeit und Bestechung von Mandatsträgern s. dort
– Bestechung s. dort
– Bestechung im Ausland s. dort
– Europäischer Amtsträger s. dort
– Korruption gegenüber Amtsträgern 289
– Sportwettenbetrug s. dort
– Vorteilsgewährung s.dort
Kreditbetrug (§ 265b StGB) 393 ff.
– Aufbauschema 393
– Deliktsnatur 390
– Konkurrenzen 401
– Kredit 395
– Rechtsgut 393
– subjektiver Tatbestand 399
– tätige Reue 400
– Tathandlungen 396 ff.
– Tatsituation 394
– Zusammenhang 398
Kreditkarten s. Scheck- und Kreditkartenmissbrauch
Kunden-Karten s.Scheck- und Kreditkartenmissbrauch

Lederspray-Entscheidung 82
Leichtfertigkeit 20

Makeltheorie 145
Mandatsträger s. Bestechlichkeit und Bestechung von Mandatsträgern
Manipulation berufssportlicher Wettbewerbe (§ 265d StGB) 329
Marktmanipulation (§ 38 I WpHG) 403 ff.
– Finanzinstrumente s. dort
– handelsgestützte 404
– informationsgestützte 404
– Kausalität 407
– referenzwertbezogene 404
– Safe-Harbour-Regel s. dort
– sonstige Täuschungshandlung 405
– subjektiver Tatbestand 408
– Taterfolg 406
– Tathandlung 404
Mittäterschaft 59
– fahrlässige 59
– sukzessive 59
Mittelbare Täterschaft 64
– kraft Organisationsherrschaft 64 ff.

Nahezu-Identität 122
Nettolohnabrede 422
Normative Tatbestandsmerkmale 13
– Abgrenzung zu Blankettnormen 14
– Bestimmtheitsgrundsatz 15
– Irrtum 17

Occupational crime 3
Optionen 409, 416
Organhaftung 41 ff.
– besondere persönliche Merkmale s. dort

– faktischer Geschäftsführer s. dort
– Handeln „als“ Vertreter s. dort

Painting the tape 404
Persönlicher Schadenseinschlag s. Betrug
Primärinsider 413
Produkthaftung 82 ff.
– Garantenstellung 84
– generelle Kausalität 83
Prospekt 388
pump and dump 405

Rabattbetrug 138
Rechtfertigungsgründe im Unternehmensstrafrecht 89
Rechtsrat als Beihilfe 88
Ressortprinzip 53
Risikogeschäfte 206, 208, 217
Rückgewinnungshilfe 105

Safe-Harbour-Regel 408, 412, 414
Sanktionen 90 ff.
– Abführung des Mehrerlöses 114
– Berufsverbot s. dort
– Einziehung s. dort
– Einziehung von Taterträgen s. dort
– europarechtliche Unternehmensgeldbuße 123
– gegen das Unternehmen 97 ff.
– Gewinnabschöpfung im Kartellordnugnswidrigkeitenrecht 115
– Hauptsanktionen 90
– Nebenfolgen 96
– Verbandsgeldbuße s. dort
Scalping 404 f., 411
Schadensgleiche Vermögensgefährdung s. Betrug
Scheck- und Kreditkartenmissbrauch (§ 266b StGB) 224 ff.
– Aufbauschema 225
– Drei-Partner-System 228
– Konkurrenzen 233
– Kreditkarten 228
– Kunden-Karten 229
– Rechtsgut 225
– Scheckkarten 227
– subjektiver Tatbestand 232
– Täter 226
– Tathandlung 230
– Vermögensschaden 231
– Vier-Partner-System 228
Schuldnerbegünstigung (§ 283d StGB) 268
Schwarze Kassen 70, 150, 220, 289
Schwarzlohnabrede 422
Sekundärinsider 413
Sonderdelikte 10, 40
Spendenbetrug 150
Sportwettenbetrug (§ 265c StGB) 328
Strafbare Werbung (§ 16 UWG) 353 ff.
– irreführende Werbung 355
– progressive Kundenwerbung 358
– subjektiver Tatbestand 357
– unwahre Angaben 354
– Verbreitung 356
Straftaten nach dem KWG 375, 417
Strukturvertrieb 358
Submissionsbetrug 131, 146
Subvention s. Subventionsbetrug
Subventionsbetrug (§ 264 StGB) 177 ff.
– Aufbauschema 178
– Deliktsnatur 178
– Konkurrenzen 190
– Qualifikation 188

– Rechtsgut 177
– Regelbeispiele 187
– subjektiver Tatbestand 186
– Subvention 179
– Subvention nach EG-Recht 180
– Subventionserhebliche Tatsache 181
– tätige Reue 189
– Tathandlungen 179 ff.

Täterschaft und Teilnahme 39 ff.
– Beihilfe durch berufstypische Handlung s. dort
– Betriebliche Aufsichtspflichtverletzung s. dort
– Geschäftsherrenhaftung s. dort
– horizontale Zurechnung 53 ff.
– Kollegialentscheidungen s. dort
– Mittäterschaft s. dort
– Mittelbare Täterschaft s. dort
– Organhaftung s. dort
Theorie sozialer Zweckverfehlung s. Betrug

Überschuldung 242
Umgehungshandlungen 21
Unternehmen als Adressat des Strafrechts 33 ff.
Unternehmensvereinigung 346 f., 351
Untreue (§ 266 StGB) 201 ff.
– Aufbauschema 202
– Deliktsnatur 202
– gravierende Pflichtverletzung 206
– Haushaltsuntreue s. dort
– Kick-Back s. dort
– Missbrauchshandlung 205
– Missbrauchstatbestand 204 ff.
– monistische Betrachtungsweise 202
– Pflichtverletzung 215
– Rechtsgut 201
– Regelbeispiel
– Schadensgleiche Vermögensgefährdung 217
– Schwarze Kassen s. dort
– Strafantrag 223
– subjektiver Tatbestand 222
– tatbestandsausschließendes Einverständnis 208
– Treubruchstatbestand 210 ff.
– Unmittelbarkeitszusammenhang 221
– Verfassungsmäßigkeit 203
– Verfügungsbefugnis 204
– Vermögensbetreuungspflicht 209 ff.
– Vermögensnachteil 216
– Verpflichtungsbefugnis 204
UWG-Straftaten 353 ff.
– Betriebsspionage s. Geheimnisverrat und Betriebsspionage
– Geheimnisverrat s. Geheimnisverrat und Betriebsspionage
– strafbare Werbung s. dort
– Vorlagenfreibeuterei s. dort

Verbandsgeldbuße (§ 30 OWiG) 116 ff.
– Adressaten 117
– Anknüpfungstat 118
– anonyme 120
– Nahezu-Identität s. dort
– Rechtsfolge 121
– Täter 119
Verbraucherinsolvenz s. Bankrott
Vereiteln der Zwangsvollstreckung (§ 288 StGB) 273 ff.
– Aufbauschema 273
– Drohen der Zwangsvollstreckung 275

– subjektiver Tatbestand 277
– Täter 274
– Tathandlung 276
Verfall s. Einziehung von Tatererträgen
Verleitung zur Börsenspekulation (§ 49 BörsG) 416
Verletzung der Buchführungspflicht (§ 283b StGB) 262
Vermögensbegriff s. Betrug
Vermögensverlust großen Ausmaßes 157
Versicherungsbetrug s. Betrug
Versicherungsmissbrauch (§ 265 StGB) 194 ff.
– Aufbauschema 194
– Deliktsnatur 194
– Rechtsgut 194
– subjektiver Tatbestand 197
– tätige Reue 198
– Tatgegenstand 195
– Tathandlung 196
– Verhältnis zum Versicherungsbetrug 199
Vertragsarzt
– als Beauftragter im geschäftlichen Betrieb 314
– Bestechlichkeit und Bestechung im Gesundheitswesen s. dort
– Untreue 214
Vertrauensgrundsatz 53
Vertreterhaftung 41 ff.
Vier-Konditionen-Test 32
Vorenthalten und Veruntreuen von Arbeitsentgelt (§ 266a StGB) 419 ff.
– Arbeitgeber s. dort
– Arbeitgeber-Beiträge 426
– Aufbauschema 420
– Beitragspflicht 422
– Deliktsstruktur 419
– Einwilligung 431
– in der Insolvenz 424, 430
– Konkurrenzen 434
– Rechtsgut 420
– Regelbeispiele 432
– Selbstanzeige 433
– subjektiver Tatbestand 429
– Tathandlung 422
– Unzumutbarkeit 425
– Vorenthalten 423
Vorlagenfreibeuterei (§ 18 UWG) 373
Vorteilsannahme (§ 331 StGB) 296 ff.
– Dienstausübung 301
– Genehmigung 304
– Konkurrenzen 305
– Sozialadäquanz 300
– subjektiver Tatbestand 303
– Täter 297
– Tathandlung 298
– Unrechtsvereinbarung 302
– Vorteil 299
Vorteilsgewährung (§ 333 StGB) 308

Wahlkampfspenden 302
Wash trades 404
Werbung s. Strafbare Werbung
Wertpapiere 132, 151, 379
– Bankrott 249 f.
– Kapitalanlagebetrug 377 ff., 384
– Straftaten nach dem WpHG 402 ff.
Wettbewerbsbeschränkende Absprachen (§ 298 StGB) 331 ff.
– Absprache s. dort
– Aufbauschema 333
– Ausschreibung s. dort
– Deliktsnatur 333
– Kartellrechtswidrigkeit 338
– Konkurrenzen 343
– Rechtsgut 332

– subjektiver Tatbestand 341
– tätige Reue 342
– Tathandlung 335 ff.
– teleologische Reduktion 340
– Ursachenzusammenhang 339
Wettbewerbsdelikte 330 ff.
– Kartellbußrecht s. dort
– wettbewerbsbeschränkende Absprachen s. dort
White collar criminality 3
Wirtschaftliche Not 158
Wirtschaftsstrafgesetz 7 f.
Wirtschaftsstrafrecht
– Begriff 1 ff.
– Europäisierung 25 ff.
– Fremdrechtsanwendung s. dort
– Harmonisierung 26
– historische Entwicklung 7
– kriminologische Aspekte 6
– Prinzipien 9 ff.
– Rechtsquellen 8

Zahlungsunfähigkeit 243
– drohende 245
Zurechnungsmodell 52
Zwischenstaatlichkeitsklausel 345